stliche Schloß sambt
arckh Riedt.

CARL OSKAR RENNER · DER REBELLER

CARL OSKAR RENNER

# Der Rebeller

*Das Leben des*
*Bildschnitzers Thomas Schwanthaler*

SÜDDEUTSCHER VERLAG

Gestaltung des Schutzumschlags: Cornelia von Seidlein.
Die Vorderseite zeigt den Henker aus der Barbaragruppe
(1672; Pfarrkirche Schalchen/Oberösterreich. Aufnahme:
Josef Mader), die Rückseite die Schutzmantelmadonna
(um 1670; Sebastianskirche in Andorf/Österreich.
Aufnahme: Josef Mader). Beide Plastiken von Thomas Schwanthaler.

Auf dem Vorsatz: Stich von Michael Wening,
Das Churfürstl. Schloß samt dem Markh Riedt (um 1720).

ISBN 3–7991–6001–9

© 1978 Süddeutscher Verlag GmbH, München
Alle Rechte vorbehalten
Printed in Germany. Schrift: Aldus-Antiqua
Satz: Fertigsatz GmbH, München. Druck: K. Wenschow, München
Bindearbeit: H. Klotz, Augsburg

# Inhalt

# Der Festakt

Im Gymnasium der Jesuiten bei St. Joseph in Burghausen ging es hoch her. Man feierte, denn genau vor zwanzig Jahren, im Juni 1627, waren die Jesuiten hierher in die trutzige Stadt an der Salzach gekommen, hatten ihr Kolleg gegründet und ihre berühmte Schule eröffnet.

Die geladenen hochherrschaftlichen Gäste kamen gerade in den Hof hereingeritten und -gefahren: In schwarzer, vergoldeter Karosse, sechsspännig, Johann Christoph Graf Lichtenstein von Kastelkorn und Schenna, der Bischof von Chiemsee; im Viererzug der Direktor des fürstbischöflichen Konsistoriums von Salzburg, Dr. Christoph Schreph; ebenfalls im Viererzug der erst achtzehnjährige böhmische Graf Wenzeslaus von Thun, Domkanoniker zu Passau. Auf einem schlichten Rößlein ritt der Graf Johann Jakob von Preysing daher – trotz seiner schwarzen Benediktinerkutte eine stattliche Erscheinung. Zu Fuß aber kam Jakob Balde, selbst Jesuit und Hofdichter und Hofprediger zu München. Er brachte die Glückwünsche seiner Durchlaucht, des Herrn Kurfürsten Maximilian. Zugleich mit diesem berühmten Manne erschien auch der seltsame Herr Bartholomäus Holzhauser aus dem nahen Kollegiatsstift Tittmoning. Er trug unterm Arm das Kompendium seiner Visionen, denn er war – wie man sagte – ein gottbegnadeter Seher. Den Rentmeister von der Burg, Sigismund von Tumberg, dann die Vertreter des Magistrats und die Abgeordneten der Gilden und Zünfte mußte man bei der Vielzahl der Nobilitäten fast übersehen.

Als dann alles, was Rang und Namen hatte, in der St. Josephskirche versammelt war, trat der Bischof in vollem Ornat an den Altar. Er zelebrierte ein levitiertes Hochamt, während etwa siebzig Studiosi eine Missa solemnis von

Orlando di Lasso sangen. Das rauschte durch den Raum wie eine italienische Oper.

Es folgte das Mittagessen, danach traf man sich zu einer Festakademie in der Aula des Hauses. Da trat der heiligmäßige Bartholomäus Holzhauser an das Rednerpult, um die Festansprache zu halten. Er stand da, ein verschrobenes und verquetschtes Männlein, unscheinbar und winzig.

Holzhauser verneigte sich tief: »Ich bitt euch allesamt um Vergebung, aber mich treibt der Geist, euch meine neunte Vision vorzutragen, die da befaßt ist mit unserem geliebten Vaterland. Neunundzwanzig Jahre lang wird es schon von den Kriegsfurien gepeitscht, und immer noch ist kein End und kein Ausgang abzusehen. Und warum?«

Während dieses »Warum?« wie eine Fanfare im Saale widerhallte und am Horizont, über dem Dorfe Hochburg, ein Gewitter aufzog, schlug der Herr Bartholomäus Holzhauser bedachtsam sein Kompendium auf, legte es mit ausladender Gebärde auf das Pult hin und fing mit lauter Stimme beschwörend zu lesen an:

»Dies spricht der Herr: Wach auf, wach auf! Erwache, o Germania, trunkene Tochter, nichtswürdige Tochter, ehebrecherische, lasterhafte und lügnerische Tochter, wach auf, damit Ruhe habe vor dir der Ingrimm meines Zornes, meiner Gerechtigkeit und meiner Entrüstung!«

Da zuckte ein greller, bläulicher Blitz auf, und die Fenster klirrten unter dem nachhallenden berstenden Donnerschlag. Der helle Nachmittag wich zusehends einer aufziehenden Nacht. Und der prophetische Mann auf der Bühne fuhr fort:

»Wie lange noch willst du in deiner Torheit und in deinem Rausche das Gericht deines Herrn verkennen? Der Händel ist kein Ende, bei denen deine Schenken lachen und deine Kucheldirnen sich betrinken . . . «

8

Und er wütete weiter. Blitz auf Blitz fuhr nieder, Donner folgte auf Donnerschlag, und Hagelkörner, groß wie Taubeneier, platzten auf die gepflasterte Gasse und auf die unter den Fenstern vorüberrauschende Salzach. Es war mittlerweile so finster geworden, daß man den Herrn Holzhauser auf der Bühne kaum mehr erkennen konnte. Darum zündete der Gangpräfekt eine Lampe an und stellte sie aufs Proszenium; sie beleuchtete schemenhaft das dürre Männlein und warf seinen Schatten gespenstisch an die hintere Bühnenwand. Und der Seher schrie auf: »Germania, o Germania, der Adler wacht, der Hahn kräht, der Hund bellt, und die Zungen stimmen ein, – spricht der Herr! Wach auf, o wach auf, mein geliebtes Deutschland!«

In der Aula herrschte eine unheimliche Stille. Sie wurde noch dadurch unterstrichen, daß der im Flackerlicht der Lampe heftig gestikulierende Redner fast hinter jedem seiner Sätze eine lange Denkpause einlegte.

Endlich schien das Gewitter seinen Höhepunkt überschritten zu haben. Der Donner grollte fernab, rauschender Regen schnürte an den Fenstern. Auch die Redegewalt von Bartholomäus Holzhauser sank in sich zusammen. Gleichsam als ob er sich entschuldigen wollte, hauchte er seinen letzten Satz: »Dies spricht der Herr!«

Der Bischof von Chiemsee, Graf Lichtenstein, trat jetzt selbst auf die Bühne und holte den Holzhauser aus dem Hintergrund. Vor aller Augen umarmte er ihn, gab ihm den Bruderkuß und geleitete ihn zu seinem Sessel. Merkwürdig! Scheint also doch ein heiligmäßiger Mann zu sein, der Holzhauser!

Inzwischen hatte sich der Sängerchor abermals im Halbkreis aufgestellt. Ein dreizehnjähriger Bub, schwarzhaarig, schwarzäugig, stand inmitten der raunenden Schar und trat von einem Bein aufs andere. Seine großen Augen flackerten. Als es ganz still geworden war, stieg er auf das

Podium des Dirigenten und machte vor den Herrschaften eine tiefe Verbeugung. Alle Zuschauer waren froh, nach der seherischen Kanonade Holzhausers dem Buben herzlich zulächeln zu dürfen. Da lächelte dieser auch und zeigte seine weißen Zähne: »Wir singen jetzt«, sagte er, »ein Gedicht von unserem berühmten Pater Jacobus Balde; dort sitzt er. Es ist das einzige Gedicht, hohe Zuhörer, das er bisher in der deutschen Muttersprache gemacht hat. Das einzige, Gott sei's geklagt! Denn seine anderen, die vielen lateinischen, versteht unsereiner sowieso nicht. Weil es jedoch schwierig ist, sogar ein deutsches Gedicht richtig zu verstehen, wenn drei oder vier oder gar fünf Gesangsstimmen durcheinanderschreien, wie ihr das gleich hören werdet, so will ich euch das Gedicht vorsagen. ›Ehrenpreis Mariä‹ so heißt die Überschrift; und so lautet's:

> Wenn bei dem Bett die Kerze brinnt,
> Die Augen nimmer wachen,
> Vom Leib der kalte Todschweiß rinnt,
> Die Beiner schon erkrachen:
> Dein schöne Hand, dein milde Hand,
> o Jungfrau auserkoren,
> Schneid oder halt,
> Gleich wie's dir g'fallt,
> Sonst ist es alls verloren!«

Der Bub verneigte sich wieder und verschwand unter der Sängerschar. Da gab es viel Heiterkeit und Händeklatschen. Als das Lied abgesungen war, traten zwei Studenten der höheren Klassen auf. Der eine deklamierte eine lateinische Laudatio auf das erhabene Haus Wittelsbach, der andere hielt einen griechischen Panegyrikos, einen Preisgesang auf den Jesuitenorden. Nach einem abermaligen Gesang beendete der Bischof die Feier mit einer brillanten Stegreifrede in Deutsch, Latein und Griechisch. Da lauschten selbst die gescheiten Jesuitenväter voll stiller Bewunderung. Nur die zwei ältesten unter ihnen flüsterten einander zu: »Kunststück, er hat ja bei uns studiert!«

Beim Verlassen des Festsaales fragte der junge Domkanonikus von Passau einen Präfekten, ob er nicht den Buben sprechen könnte, der das Gedicht vorgetragen hatte.

Im Nu war er herbeigeholt.

Graf Thun gab ihm die Hand: »Du bist ein vortrefflicher Deklamator, und Witz hast du auch! Wie heißt du?«

»Danke, Euer Gnaden! Ich bin der Thomas Schwabenthaler aus Ried.«

»Ist dein Vater ein Bildhauer?«

»Ja, Euer Gnaden!«

»Dann stammt der Grabchristus in der Eitzinger Kirche wohl von ihm?«

»Gewiß, Euer Gnaden!«

»Sag deinem Vater, daß Wir seine Kunst bewundern!«

»Danke! Werd's ausrichten!«

Der junge böhmische Graf im feinen, schwarzen spanischen Kostüm drückte dem Buben unauffällig einen Gulden in die Hand: »Wenn du etwas brauchst – Wir wohnen in Passau!«

Thomas Schwabenthaler wollte nochmals danken, doch da war der vornehme Herr unter den anderen hohen Gästen bereits verschwunden.

## Im Kosthaus

Als sich am Abend dieses Jubiläumstages die älteren Schüler und die Lehrer des Jesuitengymnasiums über den allgemeinen Hergang unterhielten, waren alle einer Meinung: Thomas hatte den Vogel abgeschossen. Nicht deswegen, weil er einen Gulden erhalten hatte, sondern weil alle von der natürlichen und frischen Art seines Vortrages entzückt waren: Ja, so sind sie, die aus dem hinteren Rentamt! Halb Künstler, halb Zigeuner! Lernen wollen sie nichts, aber fordert man sie, so können sie auf einmal mehr als die anderen, die Streber und Stubenhocker.

Sagte der Magister Hacklinger, der aus Ebersberg stammte und die Hausaufgaben der Schüler zu überprüfen hatte: »Mit dem Schwabenthaler ist es merkwürdig. Er tut nur, was er gern tut. Zwang verträgt er nicht.« Ihm erwiderte der Generalpräfekt: »Thomas geht jetzt ins vierzehnte Lebensjahr. In dieser Zeit werden aus den Buben meist Flegel. Rücksichtslosigkeit, bewußte Übertretung der Verordnungen, Mißachtung der Autorität, dumme Liebeleien — das sind die Merkmale dieser Flegeljahre.«

Während man so die Person dieses Thomas Schwabenthaler aus Ried beredete, war dieser längst ins Kosthaus am Burgsteig und dort zu Bett gegangen. Dieses Kosthaus hatte der Rentmeister Sigismund von Tumberg, der von Amts wegen auf der Burg residierte, für unbemittelte Studenten gestiftet. Pfarrer Haurapp von Ried war es gelungen, den kleinen Schwabenthaler in diesem Hause unterzubringen, weil er hoffte, daß aus ihm einmal ein Geistlicher werden könnte. Für den frommen Rentmeister war das ein hinreichender Grund, den Buben in den Genuß seiner Stiftung kommen zu lassen. Drei Jahre, seit 1646, weilte Thomas schon im Kosthaus.

Thomas hatte ein singendes Herz, und singende Herzen

können mitunter auch falsch singen. Er gewann sich unter den Kameraden drei Freunde, und gemeinsam heckten sie Pläne aus, die das Licht scheuen mußten und die geheimzuhalten sie sich freuten. Die vier Freunde gaben sich zunächst andere Namen und erfanden eine Geheimschrift. Dann gründeten sie einen ewigen Treuebund und besiegelten ihn mit ihrem Blut, indem sie sich gegenseitig mit einer Nadel in den Finger stachen und die daraus hervorgequetschten Blutstropfen feierlich zusammentaten. Neben nächtlichen geheimen Sitzungen im Kerzenschein unter den Sparren des weiträumigen Dachbodens, wurde gegenseitige Schulhilfe und das Hinters-Licht-Führen der Professoren mit als wichtigstes Ziel ihres Bundes genannt. Leider konnte die Schulhilfe nicht sehr viel verheißen, denn mit Ausnahme des »Langen Elends« waren die Bundesbrüder nur durchschnittliche Schüler. Immerhin hatte der Thomas, der übrigens das »Rote Nashorn« hieß, seitdem der einst als Missionar in Afrika tätig gewesene Pater Lohmeier über die Fauna dieses Erdteils gesprochen hatte, die Aufgabe zugeteilt bekommen, seinen Brüdern die Zeichnungen zu machen. Er hatte nämlich eine gute Hand. Das »Lange Elend« seinerseits war zuständig für die Spickzettel bei mathematischen Arbeiten sowie für kunstgerechtes Einsagen griechischer Vokabeln, während die »Fette Schlange«, Sohn eines vermögenden Grundherrn, vor allem die leiblichen Bedürfnisse der Bundesbrüder in Form von Schinken und Geselchtem zu befriedigen hatte. Dieser Schüler war nur deshalb im Kosthaus, weil ihn seine Eltern — er war das einzige Kind — nicht ohne Gesellschaft aufwachsen lassen wollten. Er mußte natürlich Kostgeld zahlen. »Schlotterhose« dagegen blieb immer nur stiller Mitgenießer, war jedoch deshalb bundeswürdig geworden, weil er — wahrscheinlich wegen seines betont guten Auftretens — zu Professor Stranskis Lieblingen zählte.

Pater Hubertus Stranski, Klassenvorstand und Lehrer für Latein und Deutsch, war ein stattlicher Mann und stammte aus vornehmem Hause. Für Schmeichelei war er empfänglich, den sogenannten kleinen Mann übersah er gern. Zwischen ihm und Thomas Schwabenthaler herrschte eine unausgesprochene, aber fühlbare Spannung.

Als der schöne Monat Mai 1648 gekommen war und an der Salzach die Kirschen blühten, setzte der Pater Rektor den Termin für einen ganztägigen Maiausflug fest. Da mußte der Klassenprimus einen bestimmten Professor um seine Begleitung bitten, den die Klasse dafür ausgewählt hatte. Ein alter Brauch wollte es, daß der Klassenvorstand mit den Seinigen ging; er mußte aber trotzdem geladen werden. Also wurde Professor Hubertus Stranski von seiner Klasse gebeten, und sagte zu.

Im Grunde mochte ihn keiner, denn er war kleinlich und spielte immer den unnahbaren Vorgesetzten. Auch im freien Gelände mußten die Buben streng je drei und drei gehen, und wenn es ihm einfiel, mußte gesungen werden, obwohl die Burschen dazu nicht aufgelegt waren.

Der Vierbund hatte an diesem Tage Großes im Sinne.

Man wollte zu Fuß nach Tittmoning wandern und von dort auf einem bereitstehenden Floß nachmittags nach Burghausen zurückfahren. Weil aber in der Nähe der Stadt eine kurfürstliche Tabakfabrik errichtet worden war, hatte der Bund geplant, dort ein Beutelchen dieses dürren Krautes samt Gipspfeife zu erstehen. So eine Pfeife fehlte ihnen noch – als Sinnbild wahrer Verbrüderung. Sollte man sich irgendwo in Stadtnähe zu kurzer Rast niederlassen, hatten die geldkräftige »Fette Schlange« und das kluge »Lange Elend« die Aufgabe, sich zur Erledigung des Einkaufs unbemerkt abzusetzen, während von diesem Zeitpunkt an die »Schlotterhose« Pater Stranskis Aufmerksamkeit durch

14

besondere Annäherung verdoppelt auf sich zu lenken hatte. Thomas, das »Rote Nashorn«, sollte von einem geeigneten Punkte aus die Absetzbewegungen durch Zeichen dirigieren.

Das Manöver gelang bereits unterwegs, als man am linken Salzachufer eine kleine, aber steile Böschung zu überwinden hatte. Ja, es war dermaßen gefahrlos, daß sich wohl die halbe Klasse vorübergehend hätte verziehen können, ohne daß es dem Pater aufgefallen wäre. Das kam so: Der beleibte Stranski, gestützt auf seinen knorrigen Stock, stapfte nur schwer den steinigen Weg hinauf und mußte sich ständig den ausbrechenden Schweiß aus dem Gesicht wischen. Da kam »Schlotterhose« eine Idee, und er meinte in gespielter Naivität, man könnte doch zu fünft oder sechst den Stock ziehen, und der hochwürdige Pater bräuchte sich bloß daran festzuhalten. Stranski fand den Gedanken köstlich, quittierte ihn mit einem anerkennenden Lächeln – und der Aufstieg begann unter dem Hallo der zum Zugdienst herandrängenden Buben. Während sich das fast eine Stunde lang auf die fröhlichste Art abwickelte, vollführten die beiden Verbündeten leicht ihr Werk.

Der Ausflug war schön gewesen. Pater Stranski lobte am nächsten Tage vor der ersten Stunde die Klasse wegen ihres disziplinierten Verhaltens. Für den Nachmittag war eine Spielstunde anberaumt, die von einem weltlichen Herrn geleitet wurde und im großen Festsaal stattfand.

Im Hinblick auf den langen Marsch am Vortage und die Blasen an den Füßen entschuldigten sich einige, darunter auch der Vierbund. Dieser hatte nämlich in ungeduldiger Erwartung beschlossen, schon jetzt und ohne Verzug ein erstes Rauchopfer des Friedens und der Treue zu »trinken« – damals hieß es noch »Tabak trinken«. Der Festsaal hatte hinten eine aufsteigende Tribüne, die auf einem massiven Gerüst verspreizter Balken ruhte: ein prächtiges Versteck für die Vier. Während also der Spielleiter vorne mit verschiedenen Übungen beschäftigt war, schlichen sich die vier Burschen unter die Tribüne, und das »Rote Nashorn« entfachte, mächtige Wolken paffend, den heiligen Brand. Dann wurde das dampfende Trinkgefäß brüderlich herumgereicht. Doch bereits nach kurzen zehn Minuten zog dem Spielleiter der blaue Dunst an der Nase vorbei. Er brach seine Übungen ab und suchte nach dem Ausgangspunkt der Witterung. Er entdeckte schnell die Übeltäter, gab Thomas, der die Pfeife eben in der Hand hielt, ein paar Watschen und schickte unverzüglich den Primus mit der Meldung des Vorfalls an den Klassenvorstand ab.

Pater Stranski war entsetzt. Mit zornesbleicher Miene betrat er am nächsten Tag die Klasse. Kaum war das Gebet gesprochen, kommandierte er die vier Verbrecher zum Knien in die vier Ecken des Raumes. So ließ er sie die erste Stunde verharren. In der anschließenden zweiten eröffnete er das Verhör. Wohl kannte er den Hergang der Sache noch nicht, doch der Ausgang war ihm ungefähr klar: die Hauptlast mußte auf Thomas Schwabenthaler fallen. Denn »Schlotterhose« stand ihm nahe, das »Lange Elend« war ein guter Schüler, und der Papa der »Fetten Schlange« hatte ihn schon etliche Male auf seinen Edelsitz eingeladen. Mit feierlichen und einprägsamen Worten begann er nun in eben dieser Reihenfolge seine Befragung. Da wurde die mit dem eigenen Blut besiegelte, mit Tabakrauch beschworene Treue rasch brüchig und sank schließlich unter den finster forschenden Blicken Stranskis dahin. Jeder der drei Gefragten suchte nach allen Kräften die Schuld von sich abzuwälzen, so daß sie schließlich an Thomas Schwabenthaler hängenblieb, denn der hatte ja die Pfeife angezündet. Als dies alles soweit klar war, hub Pater Stranski zu einem Strafplädoyer an und malte, ausgehend von allgemeiner Lasterhaftigkeit, die Schrecken der Verführungskunst in den grellsten Farben, so daß Thomas am End zu einem Missetäter und zum Schandfleck nicht nur der Klasse, sondern der gesamten Jesuitenanstalt gestempelt war. Der Bildschnitzerbub aber kniete in der Ecke. Er hörte das Niederrauschen der Kaskaden seiner Sündhaftigkeit nur wie von ferne. Das, was ihn niederdrückte, war der Treuebruch und die schnöde Feigheit, mit der seine Freunde alles auf ihn abgewälzt hatten.

Stranski hatte von ihm, so wie es bei seinen Komplizen eingetreten war, zumindest einen Tränenausbruch heilsamer Reue erwartet und ein um Verzeihung flehendes Klagen. Da dieses aber ausblieb, deutete er den Seelenzustand des armen Buben als Verhärtung und brach die Verhandlung drohend ab. Er besprach augenblicklich den Fall mit der Generalpräfektur und verlangte Schwabenthalers Entlassung. Der Generalpräfekt, ein weitblickender Mann, maß nun der Angelegenheit nicht die Bedeutung bei, die ihr Stranski gab, sondern hielt ein paar leichte Stockhiebe, durch den Magister erteilt, für ausreichend. Diese sollten aber erst nach einigen Tagen verabfolgt werden.

Während dieser Tage vollzog sich in Thomas' Seele eine jener Wandlungen, die oft für das ganze Leben bestimmend sind: er verlor weitgehend das Vertrauen zu den Menschen. Nachdem ihn die Freunde verkauft hatten, war er durch Stranski öffentlich seiner Ehre beraubt worden. Seine Klassenkameraden wagten kaum mit ihm zu reden, aus Furcht, von ihm angesteckt zu werden oder in den Augen der Vorgesetzten in schiefes Licht zu geraten. Ja, die Kunde von seiner Schlechtigkeit trug sich von Klasse zu Klasse, und bald sahen ihn die Größeren und die Kleineren verwundert oder verächtlich an. Der Bub fühlte sich mutterseelenallein einer Übermacht von Feinden gegenüber, die ihn vorschnell in ihren Herzen abgeurteilt hatten, ohne ihn

zu kennen. Und so zog sich in jenen Tagen ein Sperrgürtel
um seine Seele, den er ein gutes Jahrzehnt tragen sollte, ehe
es einem Menschen gelang, ihn zu zerreißen.

Nachdem man ihn mehrere Tage hatte schmoren lassen,
sollte dann Magister Hacklinger den Auftrag des General-
präfekten durchführen. Er rief den Buben auf sein Zimmer.
Thomas ahnte, was kommen würde. Er betrat des Magisters
Behausung, sah auf dem Schreibtisch ein schweres metal-
lenes Tintenfaß und an der Wand einen mittelgroßen Spiegel. Er schwor sich selbst: Der Mann sollte es nur wagen,
ihn anzurühren, dann würde das Tintenfaß in den Spiegel
fliegen und ein Buchenholzscheit durch die Fensterschei-
ben, und schreien würde er, daß es durch Mark und Knochen
ginge, und beißen und kratzen wie ein Raubtier!
Aber der Magister setzte sich an seinen Schreibtisch und
ließ Thomas daneben in einem weiten, gepolsterten Lehn-
stuhl Platz nehmen. Der Knabe drückte sich lauernd in die
abgewandte Seite des Sessels.
»Nun, Thomas Schwabenthaler, weißt du, weshalb du bei
mir bist?«
»Ja!«
»Und was sagst du dazu?«
Keine Antwort. Thomas visierte das Tintenglas an.
»Thomas, du bist ein lieber, guter, dummer Bub! Und ich
denke nicht daran, dich zu prügeln!«
Sprach's und lächelte. Doch Thomas war diese Wendung
der Dinge nicht ganz geheuer. Er saß da und starrte vor sich
hin.
»Thomas, geh, sitz nicht da wie ein Haubenstock!«
»Bin kein Haubenstock nit!«
»Weiß ich! Aber dahocken tust wie einer!«
»Was soll ich dann?«
»Du sollst dich nicht darum bekümmern, was die anderen

von dir denken und über dich reden! Gib's zu, das mit der Tabaktrinkerei war unrecht. Und ich geb' zu, daß es ebensowenig recht war, wie dich der Pater Stranski behandelt hat. Aber beides ist geschehen, und über beides müssen wir Beide hinwegkommen! Du wirst im Leben noch manchen Mist machen, und manche Laus wird dir noch über die Leber kriechen. Das darf man aber nicht so tragisch nehmen, denn das Leben geht weiter, trotz Mist und Laus! Wer sich aber stets um die Meinung der anderen kümmert, ist der ärmste Hund, denn er ist bei sich ausgezogen und hat nirgendwo mehr eine Bleibe.«

»Ihr habt leicht reden, Magister!«

»Das weiß ich, Thomas! Bald sind große Ferien. Dann wirst du durch den Hausruck streunen, wirst uns alle hier in Burghausen vergessen und damit auch die ganze dumme Geschichte. Und wenn du im Herbst wiederkommst, fängst du neu an und tust, als ob nichts gewesen wär! Jetzt aber geh schlafen und laß dir die anderen auf den Buckel steigen! Gute Nacht!«

Mit seinen schlichten Worten schob der Magister viel Last vom Herzen des jungen Schwabenthalers weg.

## Der Sündenbock

Gestärkt durch die Mahnworte seines Vaters und ermutigt durch die Belehrungen des Rieder Pfarrers Haurapp, kehrte Thomas Schwabenthaler im Herbst 1649 nach Burghausen zurück, um seine »studia latinitatis« bei den Vätern der Gesellschaft Jesu fortzusetzen. Das wäre wegen der Armut des Vaters nicht mehr möglich gewesen, wenn er nicht im Kosthaus die Stelle eines »famulus« bei zwei älteren Mitschülern übernommen hätte, nämlich beim Freiherrn Karl Heinrich von Rechlingen und dem Herrn Franz Heinrich Joseph Mägerl zu Wegleiten.

Die Familie des Letztgenannten hatte ein Schloß – eine kleine Wasserburg – nicht weit vor den Mauern von Ried. Außerdem waren schon einige Herren von Mägerl Pfleger in Ried gewesen. Thomas durfte deshalb im Wagen des jungen Herrn mitfahren. Dieser und der von Rechlingen würden im Kosthaus zwei kleine Zimmerchen für sich haben, und auch Thomas durfte allein in der Dachkammer über ihnen wohnen. So konnte er jederzeit ihre Wünsche entgegennehmen, sie brauchten dazu nur an den Plafond zu klopfen.

Auf der stundenlangen Fahrt zur Residenzstadt an der Salzach hatten sich der zwanzigjährige Edelmann und der fünfzehnjährige Sohn des »Bildschnitzlers« bald einander genähert – dies um so mehr, als der von Mägerl den anderen wegen der Affäre des Tabaktrinkens noch in guter Erinnerung hatte.

»Du scheinst ein ausgekochtes Bürschchen zu sein!« sagte er.

»Ob ausgekocht oder nit, ein Jammerlappen bin ich jedenfalls keiner!«

»Haben sie dich nicht an die Luft setzen wollen?«

»Hatten mich schon fast gesetzt, wenn's nach Stranskis Willen gegangen wär. Glücklicherweise kamen aber der Generalpräfekt und der Magister dazwischen und natürlich auch der Dienst bei Euch und dem anderen Herrn. Und auch die Fürbitte unseres Pfarrers darf ich nit vergessen.«

»Was willst du denn einmal werden?«

»Mein Gott, Herr, die Frage ist bei mir verfrüht. Aber vielleicht ist jetzt nach dem Frieden, den sie zu Münster und Osnabrück ausgehandelt haben, auch dem kleinen Mann ein leichteres Aufsteigen möglich.«

»Bist du gescheit?«

»Nun, für dumm schätzen mich die hochwürdigen Väter jedenfalls nit ein.«

»Du gefällst mir! Wir werden uns gut verstehen.«

»Danke, Herr! Ich mag Euch auch!«

Die Freude des Wiedersehens im Kosthaus nach zwei Ferienmonaten war bei den vierzig jungen Bewohnern nur gedämpft, die meisten hatten noch Heimweh. Denn wenn auch jeder wußte, daß die jesuitische Ausbildung in Burghausen für seinen weiteren Lebenslauf fast wie eine Gnade zu werten war, so unterwirft sich halt das junge Gemüt doch nur widerwillig den harten Forderungen der im heiligen Gehorsam erzwungenen Disziplin. Bei Thomas Schwabenthaler verhielt sich's allerdings anders. Er, der aus Ried nur Enge, Dürftigkeit und Not kannte, empfand hier in der Stadt etwas vom Atemgang der großen Welt: Da zogen Gesandte auf, Fürsten ritten ein, Verbrecher wurden gerichtet, und auf dem Floß fuhren die Nauflözer talwärts mit dem Reichtum des Salzburger Landes. Zwischen den Salzscheiben hatten sie die Fäßlein mit billigem Südwein versteckt, die sie da und dort an den Ufern den armen Landpfarrern verkauften, damit sich auch die Kleinbauern einen Weinrausch gönnen konnten, wenn sie heirateten oder ein Kind zur Taufe trugen. Thomas schlenderte gern durch Burghausen und blieb überall stehen, wo was los war. Daheim in Ried tat sich nicht viel, und außerdem mußte er da dem Vater in der Werkstatt helfen, zumal er — wie sie alle sagten — eine gesegnete Hand hatte.

Jetzt kam der Freiherr von Rechlingen ebenfalls im Kosthaus an. Thomas richtete den beiden jungen Edelmännern die Zimmer im oberen Stockwerk ein, so wie sie's haben wollten, und seine eigene Kammer ordnete er auch. Diese hatte nur ein größeres Guckloch gleich unter dem Dachfirst, von dem aus man über die Dächer der Stadt und hinein in die umliegenden Hinterhöfe schauen konnte. Thomas fühlte sich wie ein Turmfalke.

Einen Ofen gab es in der Kammer zwar nicht, doch zog der mächtige Kamin aus der Kuchel durch. Das mußte für den Winter reichen. In den anderen Jahreszeiten war's eine Plage, die nur dadurch gelindert wurde, daß bei offener Kammertür ein leiser Luftzug über den ganzen Dachboden strich.

Und dann begann der Schulbetrieb wie eh und je. Thomas mußte jeden Morgen um sechs Uhr aufstehen, seinen Herren die Schuhe oder Stiefel putzen, die Kleider bürsten und das Essen aus der Kuchel holen. Vor und nach dem Unterricht hatte er ihnen auf dem Schulwege die Bücher und Skripten zu tragen. Jeden Samstag war die abgelegte Wäsche zu den Wäscherinnen zu bringen und die Kammern zu putzen, was besonders bei dem von Rechlingen Mühe machte. Der junge Herr pflegte nämlich viel zu reiten und trug jedesmal an seinen Stiefeln ganze Klumpen von Ackerboden heim.

Für seine Dienstleistungen durfte Thomas umsonst wohnen und essen. Was das Essen betraf, so erhielt er nur vom Übriggebliebenen; da waren freilich die Leckerbissen bereits weg, aber es war reichlich, und das zählte. Daheim bei der Mutter hatte er sich selten so satt essen können wie hier im Kosthaus.

Nach alter jesuitischer Tradition wurde zweimal im Jahr Theater gespielt: vor Weihnachten und vor Schulschluß. Für das heurige Weihnachtsfest hatte Magister Hacklinger das Drama »Stratokles« des berühmten Jesuitenpaters Jacobus Spanmüller-Pontanus ausgewählt, ein Heldenstück, so recht für angehende Männer. Der Magister war zwar von den schauspielerischen Qualitäten des Thomas Schwabenthaler überzeugt, überging ihn aber bei der Rollenbesetzung bewußt. Einmal brauchte er ihn als Bühnentechniker und fürs andere war er ja noch mit dem Makel des Tabaktrinkens behaftet. Theaterspielen aber galt als eine Auszeichnung. So entwarf und baute Thomas also Kulissen, versuchte Beleuchtungseffekte und war bei den Theaterproben das Faktotum; alles wandte sich an ihn, wenn sich ein Engpaß zeigte.

Das Weihnachtsfest kam heran. Wie alle Jahre, waren auch diesmal die geistlichen Würdenträger von Passau und Salzburg zur festlichen Aufführung am Tage vor dem Heiligen Abend geladen. Es erschienen der Graf von Lichtenstein aus Salzburg und der junge Graf von Thun aus Passau, die beiden großen Jesuitenfreunde. Außerdem kamen natürlich die Honoratioren der Stadt und der Burg, an der Spitze Herr von Tumberg mit seiner schönen Tochter Uta, welche die erst kürzlich verstorbene Mama zu vertreten hatte. In seinem schwarzen Prunkkleid sah das langhalsige Fräulein aus wie eine vom Münchener Hof, nur daß sich die an der Isar in der Kleidung sehr bescheiden mußten, denn der sparsame und sittenstrenge Kurfürst Maximilian liebte Firlefanz gar nicht und vertrat die Meinung, den Weibern gezieme Bescheidenheit, und sie gehörten ins Hauswesen, als da sind Kuchel, Vorratskammer und Stall. Seine Kurfürstin gab dafür ein Beispiel. Sie werkelte in Schleißheim wie eine Kuchelmagd und Stalldirn. Und zur Winterszeit schaute sie abends durchs ganze Schloß, ob auch die Öfen leer seien, denn wer fröre, der sollte schlafen gehen; im Bett sei noch kaum jemand erfroren!

Jetzt strömten die Geladenen in den prächtigen Saal herein, und jedermann wurde von den hochwürdigen Vätern der vorbestimmte Platz nach Rang und Namen angewiesen. Schlag sieben Uhr setzten die Musikanten mit einem altdeutschen Tanzlied ein. Danach sollte sich der Bühnenvorhang für den »Stratokles« heben.

23

In diesen knisternden Minuten vollzog sich hinter der Bühne ein Drama für sich: Der Schüler, der die Titelrolle spielen sollte, war seit den Mittagsstunden von grimmigen Halsschmerzen befallen, zu denen sich ein ebenso arges Kopfweh gesellte. Und obwohl er bereits sechs rohe Eier ausgetrunken hatte, verschleimte sich seine Stimme so, daß er jetzt kaum ein Wort hervorbringen konnte. Was tun? Der Saal war berstend voll, und die Musikanten hatten ihren Tanz abgespielt!

Der arme Magister rannte zum Pater Rektor. Der kam hinter die Bühne, examinierte den Sachverhalt und zuckte mit den Achseln. Dann schauten sich die beiden Männer ratlos an, und die übrigen Schauspieler — gekleidet und geschminkt — starrten auf die Vorgesetzten. »Weiß denn niemand einen Ausweg?« fragte händeringend der Rektor und ging verzweifelt auf und ab. »Doch! Ich!« kam es hinter den Kulissen vor. Und den Worten folgte der Schwabenthaler. »Wenn ich das Textbuch in die Hand nehmen darf, spiele ich die ungekürzte Rolle. Hab' sie ja zu oft bei den Proben gehört!« Von den Herzen aller Beteiligten rollten ganze Berge von Steinen.

Thomas mußte sofort in die Garderobe, um sich umzukleiden und von dem gemieteten Schönmacher schminken zu lassen. Der Rektor begab sich schnurstracks auf die Vorbühne und verkündete der Versammlung das Desaster, meldete aber zugleich, daß sich ein Freiwilliger gefunden habe, dem man freilich das Rollenbuch verzeihen möge. Darauf spielten die Musikanten noch ein paar Tanzlieder. Dann wurde es dunkel im Saal, der Vorhang ging auseinander.

Ein antikes Bühnenbild, Säulen, ein Triumphbogen, blumenstreuende Sklaven, würdige Patrizier in prächtigen Tuniken. Einer von diesen schreit die Sklaven an, warum sie mit dem bunten Gemüse die Straße beschmutzten. »Weil unser Herr kommt!« ist die Antwort. Und da tragen sie ihn auch schon auf hoher Sänfte herein: Stratokles, den Freund des kleinen Volkes, dargestellt von Thomas Schwabenthaler, dem armen Buben aus Ried. Jubel auf der Bühne, aber auch helle und laute Begeisterung im Saal. Ein tapferer Kerl! Mit seinem schwarzen Haar und der weißen, fast mädchenhaften Haut ein gewinnender Anblick. Und wie er spricht! Eine vortreffliche Diktion! Graf Thun von Passau denkt sich: Wenn der Geistlicher wird, holen wir ihn uns als Domprediger. Graf Lichtenstein aber sieht ihn schon im Salzburger Kapitel, einen kleinen, schwulstigen Wappenbrief könnte er ihm leicht zuschanzen. Mein Gott, was kriegt denn heutzutage nicht alles Wappenbriefe! Der Kaiser braucht Geld und adelt, wenn's hilft, selbst den Toteneinmacher... Aber dieser Bub da ist hervorragend! Er bediente sich des Rollenbuches nur selten, dann aber so, als sei es im Spiel vorgeschrieben.

Als das Spiel aus war, mußte sich Thomas im Kostüm vor den hohen Herrschaften zeigen, um ihre Glückwünsche entgegenzunehmen. Als er wieder hinter den Vorhang schlüpfte, zählte er aus der Tasche seiner Tunika achtunddreißig Dukaten und viele Gulden.

Mit diesem Tage war in den Herzen der würdigen Väter die Erinnerung an jenes leidige Tabaktrinken erloschen und ausgetilgt. Als der Rektor am anderen Morgen die Schüler im Festsaale in die Weihnachtsferien verabschiedete, vergaß er nicht, vor allen die Leistung Schwabenthalers rühmlich zu erwähnen.

Danach fuhr Thomas im Rennschlitten des Herrn von Mägerl mit bis Schloß Wegleiten. Am Heiligen Abend aber saß er beglückt im Kreise seiner Lieben und erzählte. Sie freuten sich mit ihm, die Eltern und die drei Schwestern — der Bruder Matthias war erst vier Jahre alt. Der Vater richtete erstmals die Frage an ihn, wie er sich denn die Zukunft vorstelle: »Denn du weißt ja, der Gesünd'ste bin ich nit!« »Ich spür's schon lange, Vater, wie sehr Euch diese Frage auf den Nägeln brennt, aber ich hab mich noch nit entschieden. Die zu Burghausen wollen, daß ich ein Geistlicher soll werden, und unser Pfarrer tät's auch gern sehen. Wenn ich Euch jedoch so in Eurer Werkstatt betracht' und mir Eure ›Maria mit dem Kind‹ anschaue, dann krampft's mir die Finger zusammen, und ich möcht ein Messer packen und Euer Gesicht in den nächstbesten Baumstamm schneiden, denn weiß der Himmel, Ihr habt ein wunderbares Gesicht!«

Hans Schwabenthaler wandte sich errötend zur Seite: »Wenn das so ist, daß du kein Pfarrer werden willst, was ich um deinetwillen bedauere, denn du hättest's leichter, dann wird's Zeit, Bua, daß du dich ernstlicher auf mein Handwerk besinnst. Denn nimmt mir der Herrgott das Messer plötzlich aus der Hand, steht ihr mit der Mutter zu sechst da und wollt essen und trinken. Dann werden sich alle an dich halten.«

Dieses Thema wurde während der Weihnachtstage in allen Schattierungen durchgesprochen. Am Ende kam man zu dem Entschluß, Thomas sollte ruhig noch weiterstudieren, sollte aber in Burghausen versuchen, viel nach dem lebendigen Modell zu zeichnen, und während der Ferien sollte er dem Vater in der Werkstatt fleißig an die Hand gehen oder – wenn keine Aufträge da wären – selbst neue Gestalten erfinden. Denn damals konnte nur der Bildschnitzer mit Aufträgen rechnen, der imstande war, den geistlichen Herren Bestellern gute Zeichnungen und reife Modelle vorzulegen. Die meisten von ihnen konnten sich ja unter einer Beschreibung nichts vorstellen, weil ihnen das innere Gesicht fehlte.

So reiste Thomas Mitte Januar wieder nach Burghausen

zurück, fest entschlossen, zu zeichnen, was ihm unter die Augen käme. Und so geschah es auch.

Zunächst waren es seine beiden Dienstherren, die ihm in allen möglichen und unmöglichen Haltungen Modell standen. Sie bewunderten seine Blätter und kauften ihm manches ab. Dann kamen die Lehrer dran, aber nicht verzerrt wie früher, sondern in der ganzen Echtheit ihres Gehens, Stehens und Gestikulierens. Auch diese Zeichnungen erregten allgemeines Wohlgefallen. Thomas mußte manches markant blickende Professorengesicht oft und oft kopieren, weil die Mitschüler es haben wollten. Er zeichnete die Bettelleut auf der Kirchentreppe, die Schiffleut an der Urfahr, die Bauern, die zum Markte kamen. Frauen zeichnete er nicht, das vertrug sich nicht mit seiner Eigenschaft als Jesuitenschüler. Es hieß nämlich in den Predigten und Exhortationen immer wieder, daß allein schon der Anblick des Weibes die fleischliche Begierde wecke. Das konnte er zwar nicht verstehen, denn schließlich waren seine drei Schwestern auch Menschen, nur eben anderen Geschlechts. Aber er wollte den Weisungen der hochwürdigen Jesuitenväter nicht zuwiderhandeln und zog darum die Frauen nicht in Betracht. Das änderte sich aber eines Tages im Mai.

Während des vergangenen großen Krieges hatten auch ein paar päpstliche Gardisten auf der Seite der katholischen Liga mitgekämpft, so zum Beispiel der Conte Costa, ein waschechter Welscher aus Rom. Ihn hatte leider der Soldatentod ereilt. Seine junge Frau, Contessa Olympia, war vom Kurfürsten mit einer leidlichen Pension bedacht worden und hatte sich zu Burghausen niedergelassen, weil man sich ja in der Nähe des Geldes aufhalten muß, wenn man nicht befürchten will, daß es sich in unrechte Kanäle verliert. Außerdem hegte sie die Hoffnung, irgendein bayerischer oder sonstiger Edelmann würde bei ihr schon noch

anbeißen. Aber es biß keiner an, und die allseits tempera-
mentgeladene Contessa sah die Jahre fliehen und die den
Männern zugedachten Reize schwinden. Da wurde sie verbittert in ihrem Herzen und gründete im Schatten der Burg
ein »Convivium nobile«, einen Bund, in welchem sich
Damen von Stand, denen es ebenfalls irgendwo gebrach,
zu Spiel und Tanz und jeglicher Unterhaltung zusammen-
fanden. Wegen gewisser unlauterer Praktiken, die in diesem Convivium ausgeübt wurden, hatte sich das ganze
Unternehmen mit dem Schleier des Geheimnisvollen umgeben.

Nun war die Contessa Olympia in diesem Frühjahr auf
den – ihrer Meinung nach – göttlichen Einfall gekommen,
im Convivium einen »Tanz der Bacchantinnen« von rei-
fenden Mädchen aufführen zu lassen. Solche Späße waren
damals im Welschland, selbst unter den Augen des Heiligen Vaters, sehr in Übung. Die Contessa hatte sich an die
mutterlose Uta von Tumberg herangemacht und sie dafür
gewonnen, noch ein paar verschwiegene Freundinnen zu
werben und dann im großen Salon ihres Hauses die Proben
für diesen Tanz zu gestatten. Uta war mit ihren siebzehn
Jahren unerfahren und dumm genug, auf das Ansinnen
der reifen Sünderin hereinzufallen und ein paar ähnlich
Dumme dafür zu begeistern.
Das Tumberg'sche Haus, unterhalb des Kosthauses gelegen, war höher als dieses. Es war so hoch, daß Thomas durch
sein Guckloch gerade auf die breite Veranda und in den
großen Salon hineinschauen konnte, wo sich seit Ende April
der »Tanz der Bacchantinnen« zu entwickeln begann. Thomas hatte, durch schallendes Lachen angelockt, zufällig
einmal hinübergeschaut. Da war ihm der Atem stehen
geblieben. Er sah sieben oder acht Mädchen, nackt, nur in
durchsichtige, bunte Netze gehüllt. Sie bewegten sich mit

wilden Gliederverrenkungen durch den hellen Raum und schwangen dazu knorrige Stäbe. Waren sie alle im Saale einmal herumgetanzt, ordnete die Contessa sie zu einem anderen Motiv, wobei die Mädchen stets darauf zu achten hatten, daß sie sich mit den Beinen nicht in den Netzen verstrickten.

Plötzlich sah Thomas auf einmal das vor sich, wonach er schon oft verlangte: echte, schöne Frauenkörper, stehend, sitzend und in Bewegung. Er nahm seine Mappe, ergriff Rötel- und Bleistift und zeichnete. Und weil sich diese Tanzproben durch den halben Monat hinzogen, so zeichnete er fast jeden Tag – immer wieder neue Gesten, neue Posen.

Eines Tages nun überhörte er im Eifer seiner Tätigkeit das Klopfen des Herrn von Rechlingen. Der stand dann plötzlich in der Dachkammer, sah die auf dem Bett und Boden ausgebreiteten Zeichnungen, flüchtige Skizzen, aber ausdrucksvoll aufs Blatt geworfen. Er machte Augen wie eine Kuh. Thomas aber deutete zum Guckloch. Da saß er nun wie ein Frosch vor der Ringelnatter: »Und diesen Auslug hast du uns nicht früher gegönnt?«

»Herr, ich wußt nit, ob's recht wär!«

»Für dich aber ist's schon recht!« erwiderte der andere vorwurfsvoll.

»Brauch's doch einmal für meinen Beruf!«

»Und ich für mein Herz!« Flugs packte er die Skizze der langbeinigen und schwanenhalsigen Uta von Tumberg und draußen war er.

Was hatte er im Sinn? Am nächsten Tage erfuhr es Thomas über die Veranda herüber. Der Rechlingen verlangte von Uta, daß sie sich ihm schenke, wo nicht, würde er mit der Skizze zu ihrem Vater auf die Burg hinaufgehen und die ganze Tanzerei auffliegen lassen. Eine Sensation bahnte sich an, für Burghausen und bis hin an den kurfürstlichen Hof. Die Folgen solch infamer Unzucht würden sicher grausam sein, man kenne ja die Gesetze. Was nun? Auf die Frage entgegnete Uta weinend, ihr bliebe ja gar keine Wahl ...

Da ging im Herzen des jungen Schwabenthalers das vor sich, was sich im indianischen Hahn vollziehen mag, wenn er ein rotes Tuch sieht: Er grunzte hörbar, nahm die Mappe mit den Skizzen und eilte hinab ins Jesuitenkolleg. Er trat bei Magister Hacklinger ein, knallte ihm die Zeichnungen auf den Tisch und sagte keuchend: »Bevor sie sich schänden läßt, sollt ihr mich vom Gymnasium relegieren!«

Hacklinger schaute verwirrt, nötigte aber dabei den Jüngling, zuerst sich niederzusetzen. Thomas erzählte alles und beschönigte sich nicht, denn hier gab es — so schien ihm — nichts zu beschönigen. Und dem Magister schien es auch so. Doch weil die Sache wegen ihres heiklen Charakters dem Pater Rektor weitergereicht werden mußte, war sein Urteil nicht maßgebend.

Einen ganzen Tag lang prüfte der Pater Rektor alles, erwog es auch im Gebet hin und her und ließ dann am Abend den jungen Herrn von Rechlingen mit dem Schwabenthaler zu sich kommen. Zunächst malte er ihnen in dunkelsten Farben die Entrüstung, den Aufruhr und den Haß aus, die durch die Veröffentlichung dieses Skandals entstehen würden. Er vergaß dabei nicht zu erwähnen den ganz üblen Leumund, in den das Jesuitenkollegium durch die Sache käme — und das nur wegen der Skizze einer bloßen Mädchengestalt. Wenn dagegen die Skizze wieder in die geheime Verwahrung ihres rechtmäßigen Besitzers zurückgelangte oder gar mit allen übrigen der Vernichtung preisgegeben würde, so könnte er das bereits entstandene Gerede niederschlagen und alles übrige werde er in den Mantel der Verschwiegenheit hüllen. Sie beide hätten also jetzt das Wohl und Wehe einer ehrwürdigen Stadt und einer blühenden Institution

der Gesellschaft Jesu in ihren Händen. Sollte denn nach
dreißig Jahren Krieg im Lande nicht jedermann auf seine
Weise bemüht sein, dem Frieden eine Gasse zu bahnen!
Eindringliche Worte fand der Pater Rektor — und sie wirk-
ten. Die Skizze ging aus den Händen des von Rechlingen in
Schwabenthalers Mappe zurück, der junge Edelmann ge-
lobte feierlich Reue über seine unlauteren Begierden und
wurde mit der Weisung, unverzüglich ein anderes Kosthaus zu beziehen, wohlwollend vom Rektor verabschiedet.
»Und nun zu dir, Thomas! Du wirst all die unzüchtigen
Bilder, dieses Gebirge von Sünde, diesen Nährboden wil-
desten Gelüstens, sofort in diesem Kamin unter meinen
Augen verbrennen!«
Als der Rektor bemerkte, daß der Schwabenthaler überlegte, schrie er ihn an: »Wagst du etwa, dich noch zu bedenken?«
Doch dieser überlegte noch immer.
»Thomas Schwabenthaler, bei fristloser Entlassung aus
unserem Hause fordere ich dich auf, die Unkeuschheit der
Flamme zu überantworten!« Und der Rektor schritt mit
einer brennenden Kerze zum offenen Kamin hin.
Da ging ein Ruck durch den Körper des großen Buben, als
begänne ein gewaltiges Hebewerk sich zu bewegen:
»Hochwürdiger Pater Rektor, ich sag Euch und allen anderen Lehrern vielmals Vergelts-Gott, daß ihr mich ausge-
bildet habt. Nach fünf Jahren solltet Ihr mich eigentlich
kennen, daß ich kein solches Schwein bin wie der andere!«
Er verbeugte sich elegant und verließ das Zimmer und den
ratlos mit dem Kerzenlicht dastehenden Mann.
Er kehrte auf seinen Dachboden zurück und öffnete die
Mappe noch einmal. Da lag sie obenauf, die Skizze des
Fräuleins von Tumberg, der Tochter des Rentmeisters.
Stehend auf dem rechten langen Bein, das linke spielend
abgewinkelt, streckte das Mädchen lässig den Bauch ein

31

bißchen vor, so daß die Nabelgrube deutlich hervortrat. Der Knoten des üppigen schwarzen Haars hatte sich während des Tanzes gelöst; ein Zopf fiel über den langen, dünnen Nacken auf die kleine rechte Brust herab. Ein Haarzipfel hing über die Stirn herein. Unter den hohen Brauen schauten ihre freundlichen Kinderaugen auf die linke Hand, mit der sie den Netzschleier gerafft hatte, während die rechte den Dionysosstab hielt. Das war keine trunkene Bacchantin, sondern eine von den drei Grazien.

Siebenundzwanzig Jahre später wird Thomas dieses vollkommene Mädchenbild in ein faltenreiches, goldenes Barockgewand hüllen, wird ihm anstatt des Stabes ein Schwert in die Hand geben und eine Krone aufs Haupt, und wird das überlebensgroße Kunstwerk aus Ahornholz als heilige Jungfrau und Märtyrerin Katharina auf den Altar von Arnsdorf erheben — vielleicht auch zur Abbitte dafür, daß er einmal ein Mädchen in Not gebracht hatte.

## Der Wilderer

Thomas Schwabenthäler kam eineinhalb Monate früher nach Hause als sonst. Die Leute in Ried wunderten sich. Da aber von Herrn Pfarrer Haurapp, der sich gleich einen ganzen Vormittag mit dem Buben unterhalten hatte, keinerlei abfällige Erwähnung zu hören war, hielt man es allgemein für richtig, daß der alte Hans, der Bildschnitzer, endlich seinen Nachfolger daheim um sich habe. Und weil man schon gehört hatte, wie begabt er sei, freute man sich sogar mit dem Alten. Dies um so mehr, als der andere Schnitzer in Ried, der Ludwig Vogl, sowieso nicht viel zählte. Er hatte schon unter den großen Weilheimer Bildhauern — obwohl sie ihn zum Meister gemacht hatten — nicht bestehen können und war darum ins einschichtige Ried geflüchtet, wohl erhoffend, daß sichs bei den Pfarrern der »Mostschädel«, will sagen, der Bauern und Leinwandweber, schon werde leben lassen. Außerdem saß ja Vogls eigener Bruder Andreas als Pfarrer im nahen Hohenzell. Die Rieder waren dafür, daß nun dem Vogl etwas zugesetzt wurde, dem Häuselschleicher, der hier sein Auskommen doch nur deswegen hat, weil er damals vor dreizehn Jahren hurtig eine Einheimische heiraten mußte, die ein einstöckiges Haus und ein schieches Gesicht in die Ehe mitgebracht hatte. Setzt ihm zu, dachten sie, der Schwabenthaler soll ihn nur ausstechen, denn der Vogl macht ja Schulden, wo immer er kann. Und merkwürdig, immer wieder findet er einen Deppen, der ihm auf die Leimrute hüpft!

Diese nicht sehr freundlichen Gedanken der Rieder waren verständlich, änderten aber an der traurigen Lebenslage der Schwabenthaler nichts. Die Leute schoben der abgerackerten Schwabenthalerin höchstens ab und zu einen Bund Möhren aus dem Wurzgarten oder ein paar Eier zu, und im Winter, um die Weihnachtszeit, ein Sackerl Mehl oder ein Tüterl Lebzelten. Doch was ist das schon für sieben Mäuler, wenn der Ernährer Monat für Monat um Aufträge bangen muß!

Der heimgekehrte Thomas, der fünf Jahre lang kaum mehr mit am Tische gesessen hatte, sah die Not und erkannte, daß der Vater dem baldigen Ende entgegen gehen würde, wenn nicht mehr Fleisch in den Kochtopf käme. Fleisch aber war sündteuer. Und die jüngeren Geschwister wurden groß und größer, hungrig und hungriger. Er half zwar dem Vater fleißig, und die Auftraggeber lobten seine Arbeit sehr, aber es gab eben wochenlang nichts zu tun. Ein Glück, daß sich die Schwestern verdingen konnten, die eine bei einem Bäkker, die andere bei einem Bräu, die dritte auf der Thannreitermühl. Die wollten aber auch einmal heiraten und woher sollte für sie die Aussteuer kommen?

Die Zeit verging. Thomas war jetzt achtzehn Jahre alt. Eines Abends begab er sich zum Büchsenmacher Andreas Leitl, der im Schatten des Kaplanhauses wohnte.

»Was gibt's, junger Bildschnitzer?«

»Meister Leitl, etwas, das unter uns bleiben muß: Gib mir eine Büchs', und ich liefere dir einen Hirschen mit Haut und Haaren!«

»Hm, nit übel, doch lieber ist er mir ohne Haut, der Sicherheit wegen!«

»Dann ohne!«

»Ja, und wie wird er zu mir kommen, der Hirsch? Ich mein', wie bringst du ihn zum Tor herein?«

»Soll ich ihn dir auch noch braten? Dort, wo er fällt, gehört er dir!«

»Ah so, das soll heißen, daß ich dir helfen müßt?«

»Wenn nicht du, dann ein anderer! Wir zwei sind nit die einzigen zu Ried, die am Hungertuch nagen!«

»Warum denn gleich so hitzig, junger Schwabenthaler! Man muß eine solche Sach' doch bereden!«

»Nix bereden — beschweigen!«

»Also gut, hier ist die Büchs!«

Um diese Zeit merkte der junge Graf Gottfried Wilhelm von Tattenbach auf Eberschwang vorm Hausruck, daß sich in seinen Jagdgründen ein Wilderer zu schaffen machte. Es war aber keiner von den üblichen herumstreunenden Marodebrüdern, die eben kamen und wieder gingen, sondern einer mit Hirn. Als er das bei Tafel mitteilte, da meinte seine jüngere Schwester Anna spitz: »Endlich einer, der Euch die Zähne zeigt!«

Sie war verbittert über Bruder und Vater, weil sie ihr die Aussteuer vorenthielten, um ein neues Schloß, angeblich ein Wasserschloß, zu bauen. Das mit der Aussteuer sprach zwar allem Recht hohn, doch der noch unbeweibte Graf Gottfried Wilhelm pflegte zu sagen: »Schwesterherz, Ihr braucht kein Geld, sondern bloß eine Harfe. Mit der heiratet Ihr einen ausgedörrten alten Wittiber. Dem spielt Ihr dann seinen Ärger über das Unvermögen, sein junges Weiblein nicht besser bedienen zu können, am Abend vor dem Kamin von der Seele. Für Euch selber sorgt gern hinter dem Kamin ein kerniger Weidgesell. Ist dann der Alte eines Tages bei seinen Vätern, seid Ihr vermögend und nehmt Euch, wen Ihr wollt!«

Solch empörende Rede nährte im Herzen Annas Haß auf Vater und Bruder, einen ohnmächtigen Haß freilich, denn wer hätte sich ihnen widersetzen können. Jetzt aber war einer da, der's konnte!

»Der räumt uns das Revier aus«, sagte der alte Herr grimmig, »wir müssen ihn noch vor dem Winter zur Strecke bringen!«

Doch der Winter kam, verging und das Frühjahr kam — und sie hatten ihn nicht zur Strecke gebracht. Aber der alte Graf war auf der Strecke geblieben.

»Einer weniger, der mich quält!« sagte Anna beim Trauermahl zu zweit. »Einer genügt!« erwiderte der Bruder und bleckte dabei die Zähne.

Als der Sommer kam und der Wilderer nach wie vor im Tattenbach'schen Revier abschoß, rief Graf Gottfried Wilhelm seine Weidgesellen, Knechte und Treiber zusammen und heckte mit ihnen einen feinen Plan aus, wie man sich des Bösewichts endlich bemächtigen könnte. Eines Morgens sagte er zu Anna: »Wenn Ihr wollt, könnt Ihr uns begleiten. Denn wir wissen, welches Tier der Räuber heut' nacht erlegen will. Dabei geht er uns in die Falle!«

Warum nicht, dachte sich Anna. Einmal etwas anderes! »Reitet aber nicht vor Abend ins Revier, Ihr könntet sonst unsere Manöver durchkreuzen!«

Es war ein dämpfiger Abend, als die junge Gräfin draußen beim Forsthaus ankam, wo die Falle zuschnappen sollte. Die Mücken fielen wie die Harpyien über sie her, so daß sie absitzen und das Roß zwischen dichteres Gesträuch führen mußte. Während sie selbst abwehrend um sich schlug und den weiten Ausschnitt des Kleides an Hals und Brust mit dem Schleier zu bedecken versuchte, trat aus dem Unterholz ein junger schwarzhaariger Mann mit der Büchse unterm Arm.

Das ist er! dachte sie. Und weiter dachte sie: Wenn sie ihn haben, werden sie ihn in eine Hirschdecke nähen und von der Meute zerreißen lassen, so wie es kürzlich der Herr drüben im Salzburgischen gemacht hat.

Sie trat auf ihn zu und redete ihn an: »Dort ist mein Roß! Reit' auf Eberschwang und stell' es vor's Schloßtor. Kommt dann die Schafferin, wird sie's nehmen. Schlüpf' hinter ihr hinein und schleich dich neben dem hinteren Turm in meine Kammern!«

Während Thomas Schwabenthaler sprachlos dastand, fuhr sie fort: »Schau nit so blöd, sonst vergeht dir das Schauen!« Da schwang er sich rasch auf das Roß der Gräfin und verschwand in der Dämmerung. Kurz danach vernahm man ringsum das Bellen der Meute, und der Graf mit seinen Leuten umzingelte hellauf lachend das Forsthaus.

»Ihr freut Euch zu früh, Herr Bruder! Der Gesell hat mein Roß gepackt, da ich hier abgesessen war, und ist davongesprengt.«

»Dann sprengt er nicht weit! Auf, Leut, der Meute nach, denn noch hat sie die Witterung!«

Gräfin Anna bestieg das Roß eines Jägers.

Die Meute jagte aufs Schloß zu. Sagte Graf Gottfried Wilhelm zu seinem Oberjäger, weil ihm diese Richtung nicht gefiel: »Ob die Hunde auch die rechte Fährte aufgenommen haben?«

»Ich hab' auch Zweifel, Herr Graf!«

Sie jagten trotzdem der Meute nach durch die sechsunddreißig Häuser von Eberschwang und standen dann vor
der Schloßbrücke. Die Hunde bellten und begeiferten das
Tor. Die Schafferin trat heraus, sie wurde von den Viechern
schier umgerannt.

»Pfeift sie zurück!« schrie sie gottsjämmerlich.

Da pfiff der Oberjäger die Meute zurück.

»Habt ihr die Jungfer Gräfin gesehn?« fragte die Schafferin.

»Vor etlichen Augenblicken kam ihr Rappe dahergetrabt.«

Anna stieg ab, ging auf die verängstigte Frau zu und schloß
sie in die Arme.

»Gottlob, Herrin! Mir ist gleich ganz elend worden, als ich
so den leeren Rappen sah, der aus allen Poren geschwitzt
hat. Hab' sofort an die Wölf' denken müssen, die der alte
Herr Graf — Gott hab ihn selig! — noch vor etlichen Jahren
g'schossen hat.«

»Hast dich gesorgt um mich? Bist eine treue Seel!«

Während die beiden Frauen ins Schloß gingen, sagte der
Graf laut zum Oberjäger, so daß es alle hören konnten: »Die
Hunde magst du erschießen vom ersten bis zum letzten!
Flieht denn ein Wilderer ins Haus seines Rächers?«

Der Oberjäger wollte etwas entgegnen, doch der andere
schrie ihn an: »Aus! Blöde Leut sind mir noch verhaßter
als blöde Hund!« Und auch er saß ab und ging ins Schloß,
blaß vor Wut über den Mißerfolg.

Als Gräfin Anna mit dem Kien ihre Kammern betrat, stand
Thomas im Schatten eines tiefen Schrankes. »Wer immer
du sein magst«, sagte sie, »heut' nacht bist du mein lieber
Gast!«

Die beiden jungen Menschen setzten die Gastfreundlich-
keit dieser einen Nacht noch viele Nächte fort, bis in den
Winter hinein, und ins folgende Frühjahr hinaus. Und als
wieder der Herbst kam, da schaukelte die Schafferin in

Annas Kammer eine Wiege, wenn der Herr Graf über Land war. Und der ritt jetzt häufig über Land, weil er mit Maurern und Zimmerern den Bau des neuen Schlosses betrieb. Mit seiner Schwester redete er nicht mehr, denn sie hatte seine Pläne durchkreuzt. Jetzt sah er sich gezwungen, die Ehrvergessene und ihren Bankert — auch noch ein weiblicher! — bis an ihr Ende auf Eberschwang zu füttern. Anders hätte man's ihm ja verübelt in seinen Kreisen.

Thomas ging jetzt, wenn die Luft rein war, auf Eberschwang ein und aus, als ob er dahingehörte. Alle wußten, daß er der war, welcher sich im Tattenbach'schen Revier holte, was er brauchte, nicht mehr und nicht weniger. Und niemand wehrte es ihm. Wenn aber die Luft nicht rein war, so kam er wie der Dieb des Evangeliums in der Nacht, und alle im Schloß waren seine Hehler.

Es verging wieder ein Jahr, und wieder wurde es Herbst, da hatte die kleine Anette laufen gelernt und tappte munter über alle Treppen und durch alle Räume. Und eines Tages kam Thomas wie gewöhnlich. Da standen Mutter und Tochter in der Nachmittagssonne auf der Brücke, um auf ihn zu warten. Als er den langen Lindenweg herunterkam, nahm die zur schönen Frau erblühte Gräfin das Kind an der Hand, zeigte auf Thomas und rief: »Lauf, da kommt der Vater!« Die Kleine ließ die mütterliche Hand los und rannte ihm in die Arme. Diese Gebärde von Mutter und Tochter wirkte auf das Herz des jungen Bildhauers wie der Zugriff eines inneren Gesichts. Und weil er wußte, daß sein Tun und Lassen nicht geordnet war, sondern nur seine andere Seite war, nahm er am nächsten Abend, als er wieder daheim in der Werkstatt saß, ein Stück Lindenholz.

Er zog die vierzig Schnitzmesser aus dem Schubkasten der Werkbank heraus, prüfte Spitze und Schneide mit dem Daumen und merkte, daß sie schon ein bißchen stumpf waren. Er trug sie zum Schleifstein, der drüben an der

Wand stand, und prüfte sie abermals. Dieses zweite Prüfen geschah unbewußt, denn vor seinem Geiste standen jetzt in großer Klarheit die zwei lieben Menschen auf der Brücke zum Schloß Eberschwang. Er wollte ihre Gesichter erfassen und ihre Gestalten ergreifen und sie hineinzwingen in eine Form, die nicht kommt und geht wie der Mensch, sondern die bleibt, die schon gestern war und vorgestern, die auch morgen noch sein wird und übermorgen. Aus Annas Mutterliebe sollte das sorgende Behüten eines Schutzengels werden, aus Anettes Kindlichkeit ein hingebendes Vertrauen zur überirdischen Schutzmacht. Hand in Hand sollten sie gehen: Himmel und Erde Hand in Hand auf der schwankenden Brücke von hier nach dort.

Noch ehe er ans Schleifen der Messer ging, packte Thomas Schwabenthaler einen vorbereiteten Lindenstamm, setzte ihn auf den verstellbaren Arbeitsbock und übertrug mit dem Kohlestift seine Phantasiegestalt des himmlischen Schutzgeistes, die im aufrauschenden Goldgewand tanzend dahinschwebende Gräfin Anna von Tattenbach.

Dann trat er ans Fenster, blickte in die aufziehende Nacht hinaus. Er zündete die Gasöllampe an, die in der Nische stand, hakte sie an den von der Decke herunterhängenden Draht. Dann nahm er den groben Geißfuß in die Linke und fuhr mit der Rechten streichelnd über das weiche Lindenholz. »In Gottes Nam'!« sprach er halblaut zu sich selbst — darauf fielen die ersten Späne.

Er arbeitete wie einer, dessen Geist von Furien gehetzt wird. Am anderen Morgen stand es roh vor ihm auf der Werkbank, vor seinem inneren Auge aber stand es in leuchtenden Goldfarben: das Bild des heiligen Schutzengels, des rechten Wegweisers durch die Fährnisse dieses Daseins.

Hatten Mutter und Kind oder hatte eben dieser Schutzengel ihn auf einen anderen Weg gewiesen? Wir wissen es nicht,

39

denn die Einfältigen vor Gott — und das sind meist die großen Liebenden — pflegen keine Tagebücher zu führen. Was
wir wissen, ist, daß Graf Gottfried Wilhelm von Tattenbach
in jenem Jahr das alte Schloß niederreißen ließ, um das neue
in Vierungen, doppelstöckig und mit vier doppeltgehäu-
belten Ecktürmchen erbauen zu lassen. Dann wurde Gräfin
Anna mit dem Kind und einigen Dingen, die ihr teuer waren,
in einen großen Wagen gesetzt und viele Tagereisen weit
fortgebracht auf Schloß Rheinstein im Harz, wo die Stamm-
verwandten der Tattenbachs lebten.

Als Thomas Schwabenthaler vierzehn Tage danach durch
den Lindenweg auf Eberschwang zuging, sah er, wie Taglöhner mit der Spitzhacke gerade jene Wände einrissen,
zwischen denen er die Freude seiner ersten schönen Liebe
erfahren hatte. Ein vorbeigehender Gesell erzählte ihm
kurz, daß man die junge Frau weggebracht hätte und daß
sie geweint habe. Und gleichsam zum Troste fügte er hinzu:
»Jetzt magst dir draußt im Wald holen, was d'willst, denn
die nächsten drei Jahr wird gebaut!«

Wieder war die Zeit, da man Hirschen schießt, und grad
wichtig hatten sie's, der Büchsenmacher und der Thomas,
daß sie das erlegte Wildzeug bei günstigem Wind und
unter dem Rübenkraut versteckt, über den Vormarkt und
dann beim Tändlmarkt zum Tor hineinbrachten. Beim
alten Torwärtl war's leichter gegangen, denn dem war
schon alles Wurscht gewesen. Der neue dagegen, der
Himbler Sepp, wollte oben gut angeschrieben sein und
nahm's daher genau. Und so geschah's halt, daß er herging
und das welke Rübenkraut ein wenig lupfte. Da lag ein
Hirsch in seiner ganzen Größe — und nicht der kleinste!
»Also einen Hirschen habt ihr da!« sagte er amtsgeschäftig.
»Meinst etwa, 's ist ein Hund?« fragte der Thomas gereizt.

»Nur nit rebellisch werden, junger Schwabenthaler! Dergleichen hab ich gar nit gern!«

»Was du gern hast oder nit, Himbler, das ist mir egal! Was willst du jetzt?«

»Den Hirschen werdet ihr abladen und in die Torstuben hängen!«

»Du hast wohl Wespen im Hirn! Den Hirschen brauch ich für meinen alten Vater und er da für sein sieches Weib!« Und mit geballten Fäusten stand Thomas vor dem Torwärtl. Der bekam's mit der Angst zu tun und sagte kleinlaut: »Gut, dann melde ich's dem Marktrichter; er mag entscheiden!« Inzwischen hatte sich allerhand Volk beim Tor versammelt: Bauern, die zum Markte gingen, Bürgerinnen, die vom Markte kamen. Als nun die beiden Sünder mit ihrer Beute weggefahren waren, hieß es in den Reihen der Gaffer: »Ist das ein wilder Hund, der Schwabenthaler!« Und die Jungfer Pfarrkocherin Philomena piepste gescheit: »Ja, ja, ein echter Rebeller!« Etliche lachten über dieses Wort, andere nickten der angesehenen Sprecherin achtungsvoll zu, am End gingen alle ihrer Wege und wiederholten das Wort vom »Rebeller« und schüttelten lächelnd die Köpfe. Der Himbler aber übergab die Aufsicht am Tor einem Knecht und eilte zum Marktrichter. Wolf Aemersperger, der würdige Amtmann, vernahm den leidigen Bericht mit überlegener Ruhe, dankte und ließ den Torwärtl wieder gehen. Er ließ auch den ganzen Tag verstreichen. Erst am darauffolgenden schickte er den Amtsboten zum Büchsenmacher und zum Bildhauer. Der Leitl lag mit seiner Alten im Bett und entschuldigte sich demütig, daß er ein fürchterliches Bauchgrimmen habe und später kommen werde; der Schwabenthaler ging sofort mit. Als sie zu zweit vom »Winkl« her zur Rathausgasse kamen, hatten sich schon ein paar Neugierige in Gruppen versammelt, um – wie sie sagten – den »Rebeller« zu sehen, denn es hatte sich wie

ein Lauffeuer verbreitet, daß der marktrichterliche Amtsbote zum Schwabenthaler gegangen war. Thomas winkte
ihnen zu. Besonders vor den Weibern machte er eine artige
Reverenz, so daß sich manch eine über ihn lobend vernch-
men ließ. Das war aber der Jungfer Philomena, der Pfarrkocherin, gar nicht recht. Sie geiferte, daß er ein verkrach-
ter Jesuitenschüler sei und sicher schon zu Burghausen
einiges ausgefressen habe. Doch die Leute kannten den
Giftzahn der halbgeweihten Jungfer und scherten sich
nicht weiter darum.

Dann stand Thomas vor dem Aemersperger, der, von zwei
Beisitzern eingerahmt, mit dem Pfarrer Haurapp am großen
Tische in der Amtsstube ihn erwartete.

»Thomas Schwabenthaler, Sohn des Hans Schwabenthaler
aus Altötting und der Katharina, Hoffischerstochter aus
Trostberg, du weißt, *quibus ex causis*, das heißt aus welchem Grunde, du vor uns stehst?«

»Ich nehme an, Herr Marktrichter, daß mich der Himbler
Sepp bei Euch hingehängt hat.«

»Sag nicht Himbler Sepp, sondern Torwärtl, und nicht
hingehängt, sondern angezeigt! Ihr jungen Leut müßt euch
an eine Regel gewöhnen! Denn wenn's keine Regel nicht
gäb, gäb's nur totale Unordnung, und die wär für ein Gemeinwesen, wie es unser Markt ist, der unabwendbare
Untergang. Dies voraus!«

»Ich danke für die Belehrung, Euer Vest!«

»So ist's recht, Thomas Schwabenthaler! Wer einem alten
Manne für ein wohlmeinend Wort noch danken kann, ist
kein schlechter Mensch nicht. Also sag uns jetzt: Woher
habt ihr den Hirschen?«

»Euer Vest, das werd ich nicht sagen!«

»Wenn du's nicht sagen willst, dann hast du wohl auch
einen Grund dafür!«

»Es könnt sonst einer hingehen und es dem Grund-

herrn weitertragen und ich hätt einen Feind mehr.«
»Das leuchtet mir ein, und wir respektieren's. Damit stehst
du jetzt unter der Gerichtsbarkeit dieses kurfürstlichen
Marktes Ried und hast das Mandatum der Regierung Burghausen vom sechsten Juli anno sechzehnhundertfünfzig,
betreffend Wildbretschützen, zu vernehmen. Ich lese jetzt
besagtes Mandatum vor und bitte die Herren Beisitzer, nach
jedem Punkt ihre Meinung hören zu lassen!«
Die drei nickten.
Der würdige, weißhaarige Mann schlug einen hölzernen
Aktendeckel auf und las: »*Primo:* Wildbretschützen, welche viel und oft Wildbret niedergeschossen und unseren
Förstern, Überreitern, Amtleuten oder anderen auf Leib
und Leben nachgegangen, sollen ohne alles fernere Recht
auf der offenen Straße aufgehängt werden. Trifft das hier
zu?« Der Brezenbäck Franz Dobler, der Fleischhacker
Georg Wenger und der Pfarrer Haurapp verneinten.
»*Secundo:* Die aber, welche über ein oder zwei Stück nicht
gefällt, doch den Leuten am Leben mit Ernst bedrohlich
waren, sollen mit dem Schwert vom Leben zum Tod gerichtet werden. Trifft solches zu?«
Die Beisitzer verneinten abermals.
»*Tertio:* Diejenigen Wildbretschützen, welche auf Leib und
Leben nicht bedrohlich waren, sollen fürs erste Mal mit
Abhauen der rechten Hand, das andere Mal aber gleich mit
dem Strang gestraft und auf offener Straßen gehängt
werden.«
Da war es plötzlich ganz still in der Amtsstube. Man hörte
nur ein paar hungrige Fliegen ans sonnige, dreckige Fen-
ster stoßen. Nach einer Weile wiederholte der Aemersper-
ger ganz sachte: »Fürs erste Mal Abhauen der rechten
Hand. Was dünkt euch, ihr Männer des Gerichts?«
Nach einer abermaligen langen Weile sprach der Pfarrer:
»Euer Vest, es ist nicht eine Hand gleich der anderen Hand.

43

Die Hand des Mistfahrers ist eine andere Hand als die des Bildhauers. Laßt uns nicht in den Fehler des weiland Herrn Würzburger Fürstbischofs fallen, der dem wunderbaren Bildschnitzer Tillmann Riemenschneider die Hände aus den Gelenken zerren,ließ, daß er fortan kein Messer mehr führen konnte. Mir scheint, auch dieser Thomas Schwabenthaler hat begnadete Hände.«

Sagte der Marktrichter: »Dann vernehmet, was das Mandatum in seinem vierten Puncto verfügt: Diejenigen Delinquenten, welche aus Armut ein oder zwei Stück auf fremden Gütern oder Hölzern geschossen, sollen mit einer empfindlichen Schanzstraf in Wasser und Brot angesehen werden.«

Nun antwortete der Brezenbäck: »Es ist Frieden. Gott sei's gedankt, daß wir keine Schanz haben und keine brauchen!«
Und der Fleischhacker fragte mit hinterlistigem Blick: »Wieviel Stucker waren's denn?« Doch ihm fiel der Marktrichter ins Wort und sagte: »Junger Schwabenthaler, geh hinaus vor die Tür und wart' dort, bis wir dich rufen!«
Thomas verließ den Raum.

Der Aemersperger wandte sich an die Männer: »Daß es nicht nur ein oder zwei Stucker waren, ist offensichtlich; wovon hätten denn die sieben hungrigen Mägen gefüllt werden sollen? Und anstelle der Schanz haben wir ja unseren Rieder Landfahnen für sechsundvierzig ›Auserwählte‹!«
Bei dieser Bemerkung von den »Auserwählten« schmunzelte der alte Richter vor sich hin, und die drei anderen grinsten jeder auf seine Weise. Dann wurde der junge Mann wieder hereingeholt.

»Thomas Schwabenthaler, du wirst hiermit dem kurfürstlichen Landfahnen einverleibt und hast dich mit den anderen Auserwählten zwischen Ostern und Michaeli exerzieren zu lassen, jeweils an den Sonntagen nach dem Gottesdienst.«

»Euer Vest, ich bin aber nit ausgerüstet und hab' auch kein Geld, mich auszurüsten!«

»Du bist zu ungestüm, junger Mann, und läßt mich nicht ausreden! Die Ausrüstung, als da sind Sturmhut, Halsring, Armschirm, Blechhandschuhe, Spieß und Pallasch, dazu fünf Schuß Pulver samt dreien Kugeln, das alles wird dir von dem mannhaften Leutnanten Hans Venusbeckhen am Tage des ersten Exerzitiums ausgegeben. Hast du gegen dieses Urteil des Marktgerichts Ried einen Einwand, so rede!«

»Keinen Einwand, Euer Ehrenvest!«

»Bist du auch willens, dem Landfahnen redlich zu dienen?«

»Bin doch ein Bayer, Euer Vest! Wie sollt ich da meinem Land nit dienen wollen – auch wenn sie mich einen Rebeller nennen!«

»Wer hat dich so genannt?« fragte der Alte aufgebracht.

»Die Jungfer Philomena, die Kocherin des Herrn Pfarrers!« Der Pfarrer Haurapp fuhr entrüstet in die Höhe: »Dann hättest du sie aufs Maul schlagen sollen!«

»Da sei Gott vor, daß ich ein Weib schlag' – und gar noch aufs Maul!«

»Man merkt's«, meinte genüßlich der Fleischhacker, »ihm fehlt die Erfahrung!« Und er fühlte sich gut, daß ihm dieses weise Wort so flüssig entschlüpft war.


## Die Jungfer Almayerin

Als am darauffolgenden Sonntag nach dem Pfarrgottes-dienst der Landfahnen am Kirchplatz antrat, um zur Schieß-statt hinauszumarschieren, war alles Volk von Ried zu beiden Seiten gaffend versammelt, insbesondere die hei-ratslustigen Jungfern. Diese empfanden Sehnsüchte beim

Anblick der in Eisen und Leder starrenden jungen Männer. Ja, so sollte er sein, der Künftige! Stramm und aufrecht und — wie der Landhauptmann sagte — mit so zusammengezwickten Hinterbacken, daß man »einen Hufnagel abbiegen tät, wenn man ihn herausziehen wollt«.

Heut war auch der junge Schwabenthaler unter den Auserwählten. Es hatte sich herumgesprochen, daß das die Buße fürs Wildbretschießen war. Ganz vorne stand er, gleich hinter dem Trompeter und den beiden Trommelbuben. Der Hauptmann hatte ihn wegen seiner Größe dahingestellt. Tatsächlich überragte er alle um einen halben Kopf. Ein schöner Mann! Das schwarze Haar quoll ihm unter dem blechernen Sturmhut in langen Locken hervor, und seine Brust wölbte sich breit unter dem Halsring. Da ruhten von den fünfzig sich drängelnden Jüngferlein sicherlich fünfundvierzig Augenpaare verlangend auf ihm. Er aber stand da und schaute, gleich den anderen, dem Landhauptmann ins verbissene Gesicht. Hier durfte man sich nicht bewundern lassen, denn der alte Soldat konnte einen auf offenem Platze mit seinen wüsten Worten bloßstellen, als hätte man nur ein Hemd an, ein zu kurzes. »Im dritten Glied der Zweite von links: der steht da wie ein ausgewachsener Hühnermist. Drück die Knie durch, du Hammel, daß dir die Krampfadern heraustreten! Und du Rothaariger im sechsten Glied: dich hat wohl die Mutter in Katzendreck gebadet. Willst du gleich deinen zwiegenähten Ranzen einziehen! — Ja, gibt's denn dös aa! Der Bucklige dort im zwölften Glied: hast du heut früh deine ausg'schamt feisten Metzgerschenkel verkehrt eingehängt? . . . « Das war die Art, mit der der mannhafte Leutnant Hans Venusbeckh das allsonntägliche Exerzieren begann, und jeder Auserwählte war froh, wenn man endlich unter Trommelschlag und Trompetenblasen auf den Vormarkt zu abrückte. Die Jungfrauen und die vielen Kinder aber ließen sich's nicht nehmen und marschierten bis zum Tor mit.

Erst nach dem Mittagessen, so gegen zwei Uhr, stellte der Hauptmann die Übungen im Schießen und Schanzen, im Kriechen und Graben ein und schickte die Leute nach Hause. Wer sie jetzt auf der Straße daherkommen sah, mußte schier Mitleid haben mit ihnen. Ihre Uniform war verdreckt und durchgeschwitzt, und sie selbst trotteten daher, als hätten sie dem Kurfürsten soeben die allergrößte Schlacht geschlagen: müde, erschöpft und ausgemerkelt.

Als Thomas Schwabenthaler beim Tändlmarkt durchs Tor hereinkam, gelüstete es ihn, dem Himbler Sepp, dem Torwärtl, einen kurzen Besuch abzustatten und ihm dabei mit seinen lehmigen Händen die Backen einzusalben – schließlich hatte er ihm ja all dies zu verdanken. Doch er sah davon ab, denn da standen im Schatten des Torturmes die Wirtstochter Eva Almayerin und die Buchbinderstochter Eva Vorburgerin und winkten und lächelten ihm zu. Die eine, die vom Wirt, war fest und rund gebaut; die andere hatte ein feines und ganz zartes, fast zerbrechliches Figürchen. Sie konnte so unschuldig schauen. Thomas gesellte sich zu ihnen.

»Habt ihr etwa auf mich gewartet?«

»Eingebildet bist du gar nit!« erwiderte die Wirtstochter.

»Aber lieb wär's gewesen nach der Sauerei!«

»Natürlich haben wir gewartet!« meinte die vom Buchbinder. »Die Eva hat dir doch was zu essen gerichtet.«

»Eva«, rief Thomas, »ich könnt dich abbusseln auf offener Gassen! Denn seitdem Hirsch und Reh, Hase und Fasan an Schwabenthalers Tisch ausgangen sind, hängt mir der Magen bis in die Kniekehlen; und grad wollt ich hingehen und mich beim Himbler Sepp mit einer kleinen Abreibung herzlich bedanken.«

Da sagte die zarte Eva: »Du solltest nit so wild sein, Thomas;

bist's ja in Wirklichkeit auch nicht, sondern meistens tust nur so!«

»Im Gegenteil! Jetzt erst recht, wo sie mich den Rebeller nennen!«

Da packte die Wirtstochter den Arm des jungen Mannes, drückte ihn herzhaft an sich und meinte: »Vielleicht hätt' die Pfarrkocherin gern etwas von deiner Wildheit gespürt; aber wie's heißt, gibst du's nit unter einer Gräfin!«

»Oder einer Wirtstochter!« entgegnete Thomas.

Da lachten sie herzlich und eingehängt gingen sie zu dritt zum Almayer-Wirt. Der war verliebt in seine Tochter. Er konnte ihr keine Bitte abschlagen, obwohl er sich ganz im klaren war, daß er eine Verbindung seines Hauses mit dem des armen Bildschnitzers nie dulden noch gestatten würde. Da könnte jeder Hanswurst daherkommen! Doch wegen eines Essens und einiger Schoppen Wein wollte er kein Aufheben machen. Er ließ dem Schwabenthaler eine Schweinshaxn servieren – und nicht die kleinste.

Nach dem Essen gingen sie abermals zu dritt in Evas Kammer.

Da fragte sie: »Gehst du mit wallfahrten am Frauentag?«

»Wohin?«

»Nach Maria Zell am Pettenfirst.«

»Willst du, daß ich mitgeh?«

»Warum nit?«

Das war eine Einladung. Und eine Einladung zur Wallfahrt nach Maria Zell galt damals in der Gegend um Ried soviel wie eine Zusage.

Der Tag vor Mariä Himmelfahrt war ein Tag voller Sonne und voller Duft über Feld und Wald. Die zahlreiche Wallfahrtsgemeinde zog mit Leuchtern und Fahnen singend und den Rosenkranz betend zum Tor hinaus. Ganz vorne hinter dem Kreuz schritt der Kaplan Wurm mit den zwei

Vorbetern; darauf folgten die ledigen Mannsbilder, die es mit dem Beten nicht so hatten, sondern bei jeder Wegbiegung nach den ledigen Weibern umschauten, die mit verschämt gesenkten Köpfen hinter den alten Männern einhergingen. Den Schluß bildeten die Frauen, junge und ältere. Sie waren es, die am innigsten beteten; ihnen war ja auch das größte Maß an Leid zugemessen: Arbeit vom Morgen bis zum Abend, immer dasein für den Mann zu jeder Tages- und Nachtzeit, und in der Regel jedes Jahr ein weiteres Kind. Und viele dankten noch ihrem Herrgott, daß sie nicht verprügelt wurden wie die Nachbarin dort, weil diese für den fast täglich betrunkenen Ehemann nicht genug Geld erwirtschaften konnte.

Der Zug kam nur langsam voran, denn die vielen alten Leute, die sich teils mit Stöcken und Krücken stützten, teils von Jüngeren geführt werden mußten, verlangten schon bei Hohenzell nach Rast und Ruhe. Das war seit Väterszeiten so, ebenso, daß man an diesem Tage nur bis zum großen gräflichen Feldstadl bei Eberschwang käme und dann darin übernachten durfte. Auf dieses von alters her datierende Übereinkommen zwischen den Grafen und der Kirche in Ried hatte sich jenes barocke Brauchtum gegründet, daß in dieser Nacht Ehen angebahnt wurden, vor allem unfreiwillige, weshalb man denn auch allenthalben die um Ostern herum Geborenen »Maria Zeller Kinder« nannte.

Als die Wallfahrer am späten Nachmittag bei dem Feldstadl eintrafen, waren auf Tenne und Boden die üppigen Strohschütten bereits aufgestellt; man brauchte sie nur noch auseinanderzubreiten. Das besorgten grundsätzlich die Burschen. Auf der Tenne war das leicht, denn die besaß rechts und links je einen verschalten großen Raum, darin leicht hundert und mehr Leut Platz fanden: auf der einen Seite die g'standenen Männer, auf der anderen die verheirateten Weiber. Auf dem Boden dagegen, der sich über die ganze Tenne erstreckte und nur über eine Leiter zu erreichen war, gestaltete sich die Trennung der Geschlechter des jungen Volkes schwieriger. Kaplan Wurm, der die Organisation überwachte, ordnete deshalb an, daß der weite Boden der Quere nach in zwei Teile geteilt, in der Mitte aber ein breiter Gang nicht mit Stroh bedeckt werden sollte, auf dem er ganz allein sein Nachtlager aufschlagen wollte. Durch diese Trennung der Geißen von den Böcken hoffte er dem sündigen Wallfahrtstreiben wirkungsvoll begegnen zu können. Aber der gute, fromme Hirt hatte nicht mit der Schlauheit seiner Böcke gerechnet. Auf der einen Giebelseite des Bodens befand sich nämlich zum Abladen des Strohes eine Brettertür, die wegen der schweren Sommergewitter über dem Pettenfirst allnächtlich verriegelt wurde. Auf dieser Seite postierten die Burschen die Lagerstatt für die Mädchen. Als dann der Abend hereingebrochen war, machte sich der Schwabenthaler in aller Stille aus dem Staube und begab sich ins nahe Dorf, um eine passende Leiter zu besorgen. Die Burschen hatten ihm diese Aufgabe zugedacht, weil er unter ihnen mit der Stärkste war und weil sich's ja schon in ihren Reihen herumgesprochen hatte, daß er von der Almayer Eva geladen war.

Während er nun bis zur heraufziehenden Dunkelheit im Dorf blieb, wo er ja kein Unbekannter war, schickte der Herr Kaplan die Jungfräulein allesamt auf den Boden und folgte ihnen nach. Die jungen Männer hatten erklärt, sie seien noch nicht müde und wollten noch ein paar Pfeifen Tabak nehmen, das aber wäre im Stadl viel zu gefährlich. Nach der zehnten Stunde rückte Thomas mit der Leiter an. Man stellte sie auf und lupfte die schon vorher entriegelte Giebeltür, so daß, wer wollte, unbehindert und unbeachtet, doch inbrünstig erwartet, einsteigen konnte. Was dann geschah, begleitet und untermalt von den tiefen Schnarchtönen des Herrn Kaplan Wurm, braucht hier nicht weiter breitgetreten zu werden, ist auch für den Fortgang der Wallfahrt nur insofern von Bedeutung, als die Burschen und Jungfern den Kapuzinern in Maria Zell noch ein Zusätzliches zu beichten hatten. Auf dem Rückweg bestand dann keine todsündige Gefahr mehr, denn die Burschen pflegten nach dem Wallfahrtsgottesdienst aufzubrechen und auf Umwegen heimzugehen. Der diesjährige Umweg führte sie über Geboltskirchen, denn Winfried der Zärtl, der sich unter ihnen befand, hatte sie auf sein dortiges hölzernes Vaterschloß eingeladen aus Dank dafür, daß sie ihn hatten mitwallfahrten lassen.

Seit dieser Maria Zeller Wallfahrt verkehrte der junge Bildhauer häufig im Hause des Almayer-Wirts und – zum Leidwesen des Alten – ebenso häufig in der Kammer seiner Tochter. Darüber war der Pfarrer Haurapp untröstlich.
»Daß du nicht ohne ein Weib auskommst, Thomas, das ist mir schon klargeworden. Aber muß es denn die junge Almayerin sein? Es pfeifen doch die Spatzen von den Dächern, durch wie viele Hände sie schon gegangen ist, und du machst nun den Nachkehrer?«
»Herr Pfarrer, bei einer, die in Evas Alter ist, ist unsereiner immer der Nachkehrer. Bedenkt aber auch dieses: ich bin ein armer Bildschnitzer und sonst nix. Mein Vater ist bloß Inwohner in Ried, und ich bin auch kein Bürger. Und ich kann's nicht werden, wenn ich keine Bürgerliche heirate. Mit der Eva wären all meine Sorgen behoben: der Almayer hat das Bürgerrecht auf seine Wirtschaft, und sie ist die einzige Tochter. Gewiß, Herr Pfarrer, ich seh's Euch an, was Ihr sagen wollt: meine Beweggründe sind armselig und nicht gerade geeignet für eine gute Ehe.«
»Du bist ein Künstler, Thomas! Wenn du keine Frau kriegst, die in ihrem Herzen mit deinen Plänen und Ideen mitschwingt, ist's vorbei mit dir. Die körperliche Liebe im Bett

ist keine Garantie für geistige Inspirationen, im Gegenteil. Denn hierin wirst du mir Recht geben: Bist du einmal von einem großen Augenblick angerührt und von einer großen Idee besessen, dann sammeln sich all deine Kräfte, und kein Weib sollte dir da begehrend sich nähern. Im Gegenteil: dann muß dein Weib bereit sein, alles von dir abzuschirmen, was dich zerstreuen könnt. Kannst du dir das bei der Almayerin vorstellen?«

»Ihr mögt recht haben, Herr Pfarrer, aber auch der Hunger im Leibe tötet alle Ideen.«

»Das ist nur bedingt richtig, denn die Satten werden faul! Ich habe am letzten Sonntag von der Kanzel herunter gesagt: Wer einen Dorn im Schuh hat, kriegt einen aufrechten Gang. Du hast das wohl nicht gehört, weil du dich droben am Chorboden von den Strapazen der vorherigen Nacht hast ausschlafen müssen! Thomas, treib kein Schindluder mit deiner Berufung! Der göttliche Funke in dir ist eine Gnade; und ich möcht nicht wissen, wie viele solcher Funken zwischen den Brüsten eines Weibes schon erstickt worden sind!«

Thomas saß vor dem würdigen geistlichen Herrn wie ein gemaßregelter Lehrbub.

»Jetzt wirst du mir mit Recht sagen: Na ja, der Pfarrer hat gut reden; besser wär's, er tät mir helfen! Thomas, ich hab mit dir etwas vor!«

Der junge Mann horchte auf.

»Ich möcht, daß du auf die Walz gehst!«

»Auf die Walz? Mit Zweiundzwanzig auf die Walz? Und meine Leut, die jetzt schon halb verhungern?«

»Für deine Leut wird gesorgt werden! Aber du mußt einmal heraus aus der Enge eurer Werkstatt. Du mußt andere Bildhauer und vor allem andere Werke sehen! Du kriegst von mir fünfzig Gulden mit für die Tage und Wochen des Hungerns; im übrigen wirst du dich mit der Arbeit deiner guten Hände durchfretten. Als erste Station empfehle ich dir den Pfaffenwinkel um Weilheim, als zweite das Böhmerland, insbesondere Prag, als dritte dann Salzburg.«

Thomas sah den Pfarrer an: »Und wie lange, meint Ihr?«

»Ich glaube, daß dir eine kurze Zeit genügt: ein Jahr oder etwas länger. Du brauchst nur hineinzuhorchen in andere Werkstätten; einen Reim darauf machst du dir dann selber. Bei aller Verehrung für deinen Vater, dessen erschütternden Grabchristus von Eitzing ich so liebe, bei aller Achtung vor seinem Können — ich glaub', du kannst mehr, denn du hast die große Leidenschaft, die aus dem Könner erst den Künstler macht, und diese Leidenschaft braucht mehr Nahrung, als die väterliche Werkstatt bieten kann.«

»Ihr sprecht schön von mir, Pfarrer Haurapp, und erhebt meine Leidenschaft noch zur Ehre der Altäre.«

»Sie ist eine Gabe Gottes, Thomas, wenn sie gebändigt und in die rechte Bahn geleitet wird. Zur Bändigung der deinen freilich wird diese Bahn ein Felsenbett sein müssen!«

»Ich weiß, was Ihr sagen wollt. Bei den Jesuitenvätern zu Burghausen hieß das ›Sublimierung‹ oder Vergeistigung. Ich muß gestehen, daß mich dieser Gedanke stets fasziniert hat, wenn er auch leider oft alles Menschliche verdrängt. Und es ist halt so verdammt schön, Mensch zu sein.«

»Mit diesem Widerstreit, mein Lieber, wirst du dein Leben lang zu tun haben. Gott sei Dank! Das ist nämlich dein Dorn im Schuh.«

»Und wann sollt ich loswalzen?«

»Bald, denn zum Winter mußt du schon irgendwo untergekommen sein.«

Thomas Schwabenthaler besprach die Unterredung im Widum, wie man damals eine Pfarrei mit Landwirtschaft nannte, mit seinen Eltern. Der alte Hans mußte gleich ein paar Tränen weinen, denn er hatte ein sehr zartes Gemüt.

Die Mutter, die aus härterem Holze geschnitzt war, meldete allerhand Bedenken an, wurde aber vom Vater auf die Gutherzigkeit des Herrn Pfarrers vertröstet.

Anders die Almayerin. Als Thomas an jenem Abend bei ihr einkehrte und von der Walz zu reden begann, bäumte sie sich auf. Jetzt, wo sie sich eben erst gefunden hätten, wo der Vater langsam weich werde und ihre eheliche Verbindung zu erwägen beginne, ausgerechnet jetzt wolle er sie verlassen! Das dürfe er ihr nicht antun! Der ganze Markt wetze bereits die Zungen an ihnen. Wie würde sie dastehen, wenn er plötzlich fortginge! Wie eine Wittib würde man sie behandeln! Habe sie das um ihn verdient? Habe sie ihm nicht alles gegeben, was eine Jungfer geben könne? Sei er denn nicht mit der ganzen Kraft seiner Zuneigung bei ihr gewesen — und das solle jetzt mit einem Male aus und dahin sein?

Sie warf sich an seine Brust und ließ nicht ab von ihm, bis die Hähne das Morgengrauen ankündigten. Thomas hatte seinen Plan verworfen. Wie ein geprügelter Hund kehrte er in die väterliche Werkstatt zurück. Er schnitzte an ein paar ornamentalen Akanthusblättern herum, die für ein Rieder Bürgerhaus bestimmt waren. Dafür würden sie ein besseres Almosen bekommen, vielleicht einen Sack Weizen, ein Stück G'selchtes und zwanzig Eier. Damit ließ sich wieder ein paar Wochen weiterleben. Und was dann, wenn keine Aufträge kämen? Was war das für ein elendes Dasein! Dem wird er aber jetzt ein Ende machen! Er wird die ganze Bildhauerei an den Nagel hängen und die Eva heiraten. Sie, das einzige Kind, bringt die große Wirtschaft neben dem Rathaus in die Ehe mit. Er wird einen ehrsamen Wirt machen, dazu auf den dreißig Tagwerk Weideland ein wenig Viehzucht betreiben. Sie, die Evi, wird mit einigen Mägden in Kuchel und Kammer wirtschaften und den ererbten Segen zur Freude ihres Mannes vermehren. Und wenn dann alles einmal gut läuft und der Wohlstand aus allen Fenstern leuchtet, mein Gott, dann kann er sich ja wohl auch für ein paar Stunden hinsetzen an die Werkbank und an einem Stück Lindenholz die Kunst seiner Hände spielen lassen. Das, was die Vogls können und an die Dorfpfarrer verkaufen, das schafft er mit der linken Hand. Und so wird er gewiß das eine oder andere gute Stück hervorbringen. Und wenn's nur für den eigenen Hausgebrauch ist.

Am Abend war er wieder bei der Evi und beglückte sie mit seinen neuen Gedankengängen, gab ihr auch zu verstehen, daß sie nunmehr die Angelegenheit des Heiratens bei ihrem Vater tatkräftig betreiben möge, denn jeder Tag, an dem sie nicht beisammen wären, sei ein verlorener Tag.

Das Mädchen freute sich und war über diesen vollkommenen Gesinnungswandel fast ein bißchen erstaunt. Auch wollte es ihr nicht so ganz behagen, daß Thomas die Bildhauerei einfach hinzuwerfen gedachte; einen Wirt machen, das konnte jeder, ein Bildhauer war etwas Besseres. Zum Bildhauer kommen doch vornehme Leut aus den besseren Kreisen: Adlige und Geistliche, die gescheit reden und auch vor der Frau des Künstlers Respekt haben. Und wenn irgendwo ein Werk seiner Hände enthüllt wird, ein Altar oder eine Statue, dann wird ein Fest gegeben und sie werden bejubelt, er und seine Frau. Wer dagegen bejubelt einen Wirt? Höchstens ein paar Schmarotzer, die umsonst an seinem Tische sitzen und dafür Kuchel und Keller hochleben lassen!

»Thomas, den Wirt müßtest ja nit machen; wir könnten die Wirtschaft verpachten, und du könntest weiterhin deine Figuren schnitzen.«

»Und du, Evi?«

»Ich? Oh, ich tät mir ein oder zwei Mägde halten, damit ich nur für dich und die hohen Herrschaften dasein könnt, die dir die Aufträge bringen.«

»Denkst du auch an Kinder?«

»Na ja, darüber müssen wir auch einmal reden!«

»Reden wir doch gleich, Evi!«

»Grundsätzlich hab ich nichts gegen ein Kind, es darf aber keine ganze Hecke sein. Und dann wollen wir uns damit Zeit lassen, denn ich will erst noch meine Jugend auskosten. Sobald einem nämlich ein Kind am Schürzenbandl hängt, ist's vorbei mit der Jugend. Dann ist's auch vorbei mit der ganzen Figur: man kriegt einen Bauch und einen schweren Gang, die Brust fällt einem herunter und die Zähne fallen aus. Nein, mit dem Kinderkriegen soll's uns gar nit pressieren!«

»Und wie willst du das aufhalten?«

»Da brauchst du dich nicht darum kümmern, Thomas! Ich kenne da eine weise Frau zu Aurolzmünster, die macht das schon. Und selbst wenn ich einmal dumm hineingesaust wär, dann macht sie's auch.«

Thomas hörte der jungen Almayerin zu und dachte bei sich: Weiß der Himmel, die ist im Grunde ihres Herzens ein gottloses Weib! Deshalb fragte er weiter: »Ist das nit eine Sünd, wenn man so unserem Herrgott ins Handwerk pfuscht?«

»Da magst schon recht haben, Thomas!«

Als sie sah, daß ihm das Gesicht ein bißchen zusammenfiel, lachte sie und setzte sich auf seine Knie: »Was machen wir uns da für dumme Gedanken! Kommt Zeit, kommt Rat!« Und ganz im Inneren ihres Herzens dachte sie sich dazu: Der hat's eilig mit der Heiraterei! Ich muß dem Vater sagen, daß er ihn abbremst, wenn er um meine Hand anhält. Zu der Aussprache der Tochter mit dem Vater kam es gleich am anderen Tag. Der alte Wirt lobte den gesunden Hausverstand seines Kindes. Mit der Wahl des Bildschnitzers war er nicht ganz einverstanden, hoffte aber im stillen, daß seine Tochter schon noch zur Vernunft kommen werde, nachdem sie ja eine Heirat hinausschieben wollte. Außerdem wußte er genau, worauf es ihr mit dem schwarzhaarigen Schwabenthaler ankam, und dafür hatte er Verständnis. Der Apfel fällt da nicht weit vom Stamm.

## Das Ochsenrennen

Tatsächlich erschien den darauffolgenden Sonntag nach der Frühmesse der junge Bildschnitzer beim alten Wirt in der hinteren Stube, in der die Rechnungsbücher lagen, und brachte sein Anliegen vor. Der Almayer grinste, als kitzelte ihn einer an den Fußsohlen: »Na ja, mein Lieber, das sind so Sachen! Wenn unsereiner ein so köstlich Ding wie die Evi hergeben soll, dann erwartet er halt auch einen entsprechenden Gegenwert. Was kannst du bieten, Schwabenthaler?«

»Wenn Ihr's so betrachtet, Almayer, dann muß ich passen!« Und Thomas packte seinen Hut, den er auf die Knie gelegt hatte. »Die Lieb scheint aber nit tief zu gehen, wenn du so rasch aufgibst«, lenkte der andere ein.

»Was heißt aufgeben? Mit solchen Werten, die Ihr meint, kann ich nun mal nicht dienen! Ich hab nix anderes als meine Arbeit und meine Kunst.«

»Na also, das ist doch was! Nur läßt sich halt die Bildschnitzerei schwer in bare Münze umsetzen.«

»Sie ließe sich schon, wenn ich erst einen Namen hätt!«

»Und wie kriegst du den Namen?«

»Es müßt mir ein großer Auftrag zugehen. Ihr könntet etwas für mich tun, Almayer, bei den großen Beziehungen, die Ihr weitherum im Lande habt.«

»Na ja, Schwabenthaler, darüber könnt man sich unterhalten, wenn's einmal so weit ist. Ich hab nix dagegen, daß du in meinem Hause verkehrst; mein Haus ist ein Gästehaus. Doch übers Heiraten wollen wir vielleicht nächstes Jahr um die Zeit reden. Behüt dich Gott, mein Lieber!«

Das war ein deutliches Wort und vertrug keine Widerrede. Die Not bei Schwabenthalers würde also weitergehen! Und was sollte er jetzt dem Pfarrer Haurapp sagen? Der wartete doch sicher schon jeden Tag darauf, daß Thomas käme, um die fünfzig Gulden für die bevorstehende Walz abzuholen. Nein, hochwürdiger Herr, es wird keine Walz geben! Das wird er ihm sagen, wenn er ihm begegnen sollte. Aber er hütete sich tunlichst, ihm zu begegnen.

Es kamen die tristen Tage von Allerheiligen, und der Winter zog ins Land. Schneeweiß lag die lange Bank des Hausruck hinter den Dörfern und Hütten. Niemand verließ jetzt den warmen Ofen, es sei denn, er mußte Geschäfte halber hinaus. Der alte Hans Schwabenthaler zog sich mit seinem Jüngsten, dem elfjährigen Matthias, zur Mutter in die Kuchel zurück, denn in der Werkstatt gab's nichts zu schaffen. Thomas arbeitete beim Almayer in Keller, Stall und Stadl und erhielt dafür ein paar Nahrungsmittel; ebenso brachten die drei Töchter ab und zu etwas mit, was von den Tischen ihrer Herrschaft abfiel. Thomas selbst aß in der Wirtschaft. Es war gut und reichlich, doch die Kräfte, die er am Tage gewann, verzehrten die Nächte. Oft bohrten sich seine Augen ins Dunkel, als könnten sie die Zukunft ergründen oder doch wenigstens einen Ausweg erspähen. Doch da blieb alles düster. Hinzu kam noch, daß die Evi auch nicht mehr so war wie am Anfang. Gewiß, solange er sie in seinen Armen hielt, floß sie über von Liebe und Zärtlichkeit, doch sonst verhielt sie sich mehr und mehr kühl und zurückhaltend. Er fragte sie nicht, und sie sagte ihm nichts. Aber beide spürten, daß das Zigeunerleben, das sie mit- und nebeneinander führten, keine Erfüllung sein konnte.

In den Weihnachtsfeiertagen schien sich das Verhältnis noch einmal zu beleben. Das war jedoch nur dem Umstande zuzuschreiben, daß wenig gearbeitet und viel gefeiert wurde. Mit Beginn des neuen Jahres 1657 fror ihre gegenseitige Zuneigung weiter ein und erreichte ihren tiefsten Punkt am Walpurgistage. An diesem Tage wurde zu Ried jedes Jahr ein Volksfest begangen, dessen Hauptattraktion ein Ochsenrennen war. Da trieben die Bauern etwa zwanzig junge Ochsen auf die Schullerwies, denen sie um den Bauch einen festen Hanfgurt geschnallt hatten. Die Burschen und jungen Männer setzten ihre Ehre darein, ohne Sattel und Zaum einen solchen Ochsen dreimal um die ganze Wiese herumzureiten, während das gaffende Volk die Tiere durch Schläge und Geschrei rebellisch machte. Wurde einer bereits während der ersten Runde abgeworfen, so mußte er neun Gulden zahlen, während der zweiten sechs und während der dritten Runde drei. Das konnte also ein teurer Spaß werden, und nur den wohlhabenden Bürgersöhnen war die Teilnahme an diesem Spiel möglich.

So strömten also die Leute nach der ersten Mittagsstunde an einem lauen Frühlingstag beim Pulverturm zum Törl hinaus und suchten sich am Rande der Wiese einen guten Platz aus. Nicht zu nah an die Umzäunung hin! hieß es, denn wenn es so einem dummen Ochsen einfällt, dann bricht er durch und stößt einen ins Wasser. Besonders wichtig hatten es die heiratsfähigen Jungfern; sie wollten ja sehen, was ihr heimlich oder offen Zugesprochener auf dem knochigen Buckel des Tieres zu leisten imstande sei. Unter ihnen befand sich natürlich die Evi Almayerin. Denn wenn sie auch für den Thomas nicht mehr viel übrig hatte, so galt er doch als ihr Verlobter, und sie mußte eine besondere Teilnahme an seinem Ritt zumindest heucheln. Das tat sie auch, wohl wissend, daß der Schwabenthaler ganz elend beisammen war und während der ganzen Nacht ein fiebriges Geblüt gehabt hatte, so daß sie vor lauter Schwitzen dreimal hatte das Bettzeug wechseln müssen. Er wollte auch gar nicht mittun. Da war sie ihm aber schwer übers Maul gefahren und hatte ihn einen feigen Schwächling gescholten, der zwar ein langer Lulatsch sei, aber kein Schmalz in den Gliedern habe. Wenn er sich nicht am Rennen beteilige, stelle er sie bloß und bringe Schande über sie. Im Grunde ihres Herzens wußte sie genau, daß er, der mit der kernigen Statur eines Metzger-, Maurer- oder Zimmerergesellen nicht wetteifern konnte, den kürzeren ziehen würde.

Schlag zwei Uhr trompetete der Metzgermeister Lindinger, der das Fest organisiert hatte, in ein blankgeputztes Horn und sagte nach ein paar schwerfälligen Witzen den Beginn des »gar possierlichen Rittes« an. Die ersten zwanzig Burschen machten ihre Sache recht ordentlich; nur in der dritten Runde konnten sich zwei nicht mehr halten und wurden vom Lindinger sofort um drei Gulden erleichtert. Die zweiten zwanzig gelangten ohne jede Schwierigkeit ans Ziel. In der dritten Gruppe, die zuletzt antrat, befand sich auch Thomas Schwabenthaler. Er hatte es versäumt, auf die Mucken der einzelnen Ochsen achtzugeben, und geriet deshalb – weil er zu langsam war – just an den, der beim Aufsitzen besonders bockig war. Als daher der Lindinger jetzt den letzten Ritt anschrie, brausten die neunzehn anderen los, Thomas aber stand bei seinem Ochsen, mühte sich, ihn zu besteigen, und es gelang ihm doch nicht. Immer dann, wenn er den Hanfgurt erfaßte, fing der Störrische zu hopsen an und schlug mächtig aus. Thomas trat ihn in die Weichen, doch das machte ihn nur noch wilder. Außerdem rief der Bauer, dem er gehörte: »He, du Rebeller, mach meinen Ochsen nit hin!«

Als die Zuschauer das Wort »Rebeller« vernahmen, johlten sie und griffen es gleich auf: »Rebeller, du mußt ihn auf der

Stirne kraulen! Warum kitzelst du ihn nit unterm Schwanze, Rebeller? Ja, ja, Rebeller, die Kripperlochsen, die du schnitzelst, sind sanfter!«

Als der junge Schwabenthaler diese niederträchtigen Zurufe hörte und dazu jedesmal das Gebrüll der Menge, ließ er den Ochsen stehen. Sofort trat der Lindinger hinzu und verlangte neun Gulden. Du lieber Himmel, woher sollte der arme Kerl neun Gulden nehmen!

»Was?« brüllte der andere, »du hast kein Geld und tust beim Ochsenrennen mit?«

Da schrie einer aus dem Volke: »Lindinger, laßt ihn laufen, die Almayer Evi zahlt alles!«

Nun wollte das Gejohle kein Ende mehr nehmen. Die junge Almayerin aber lief im Gesicht ganz rot an und kreischte: »Wir haben genug getan für ihn und seine Sippschaft! Zahlen soll er, der Rebeller!«

Wie ein giftiger Wurm fraß sich dieses Wort des Mädchens in das Herz des jungen Mannes. Er wurde blaß wie eine Kalkwand. Zum Lindinger sagte er: »Ich bitt Euch, stundet mir die Schuld. Ihr kriegt gewiß Euer Geld!«

»Na ja«, meinte der, »solang ich das Ochsenrennen ausricht, ist mir solches noch niemals vorkommen. Merk dir, junger Mann: Klettre nie auf einen Baum, der für dich zu hoch ist, sonst wirst du schwindlig! Und die neun Gulden sind dir erlassen, denn der Lindinger ist kein Unmensch.«

Inzwischen hatten die anderen neunzehn Burschen ihre drei Runden gedreht, aber niemand hatte sie beachtet; alle hatten sich an der Demütigung des Schwabenthalers geweidet. Er stand da und sah und hörte das Hohngelächter der Menge und die spöttischen Worte der Almayerin, die den umstehenden Mädchen zurief: »Hab's schon lange gemerkt, daß er ein Versager ist; dabei hat er immer getan, als könnt er Bäum' ausreißen!«

Das Volk verzog sich, er aber stand immer noch allein auf der Schullerwies. Nein, nicht allein! Denn jetzt nahte sich ihm die Vorburger Evi, die zarte Buchbinderstochter. In gemessener Entfernung blieb sie stehen und sagte: »Thomas, du bist krank. Du gehörst ins Bett. Komm, ich führ dich zu deinen Leuten!«

Wortlos ging er zu ihr. Sie nahm ihn am Arm und brachte ihn heim. Dann begab sie sich zum Marktphysikus Gottfried Zauner und bat ihn, den Bildschnitzer Thomas Schwabenthaler auf ihre Kosten zu betreuen. Er möge aber nicht sagen, daß sie für ihn aufkomme, denn das gäbe nur böses Gerede. Der Zauner stand noch in den besten Jahren und war ein guter Arzt. Er streichelte der Evi sanft über das weiche Haar und meinte: »Jungfer, Ihr werdet mich doch nicht für ein Waschweib halten. Und was die Kosten der Betreuung betrifft, so laßt das ruhig meine Sorge sein, denn für die Schwabenthaler hab ich etwas übrig!«

Eva machte eine artige Verbeugung, sagte »Vergelt's Gott!« und kehrte in ihr Vaterhaus In-der-Gigl zurück.

Der Marktphysikus hatte mit dem Thomas seine liebe Not, denn der Kranke schwebte drei Wochen lang zwischen Leben und Sterben. Am End ging es ihm so schlecht, daß man den Matthias ins Widum schickte, der Pfarrer möge jemanden mit der letzten Wegzehrung kommen lassen. Der schickte den Kaplan Wurm. Thomas beichtete und empfing das Sakrament. Darauf schlief er ein und wachte sechzehn Stunden lang nicht auf, so daß seine Leut schon das Äußerste befürchteten. Als tags darauf der Marktphysikus wieder nachsah, sagte er: »Mutter Schwabenthalerin, daß er noch lebt, das verdankt er Eurem gekochten Leinsamen; ich hätt keinen schwarzen Pfennig mehr für ihn gegeben!« Von da ab erholte sich der junge Bildhauer sichtlich, zumal die Buchbinder-Evi etliche Male eine schöne Taube für ihn abgab, davon die Mutter ein kräftigendes Süpplein kochte.

Am Tag der Sommersonnenwende konnte er erstmals das Haus wieder verlassen. Er ging ins Widum zum Pfarrer Haurapp. Sie hatten einander seit einem Jahr nicht mehr gesehen und dies in einem Marktflecken, der nicht ganz dreitausend Leut zählte.

»Wir sind uns aus dem Weg gegangen, Thomas; du hast mich gemieden wegen der unterlassenen Walz, und ich hab mir gesagt: Man darf einen ausgewachsenen Baum nicht binden, sonst leidet er Schaden; denn Gott läßt sein Gewächs oft wunderlich aufgehen, nur in den Himmel läßt er die Bäum' nit wachsen.«

»Und ich hab eben das nit bedacht!«

»Dafür ist dir auf der Schullerwies die Quittung gegeben worden. Ein Kapitel deines Lebens fand sein End; ein neues kann beginnen. Und wühl' mir jetzt nicht in dem Misthaufen herum, den du angesetzt hattest, denn Reue ist gut, aber Vorsatz ist besser!«

»Um Mariä Namen herum, wenn der Roßmarkt ist, möcht ich fort. Vielleicht find't sich einer, der gen Weilheim fährt und mich mitnimmt.«

»Die fünfzig Gulden liegen immer noch abgepackt in der Schublade; und um deine Leut kümmere ich mich, wie versprochen.«

Das war die noble Art des damaligen Rieder Pfarrers Johann Jakob Haurapp.

# Im Pfaffenwinkel

An Mariä Geburt zog man wie üblich wieder wallfahrend nach Maria Zell am Pettenfirst; wie üblich nächtigte man im gräflichen Feldstadl bei Eberschwang. Und auch alles andere geschah wie üblich. Wieder befand sich die Eva Almayerin unter den jungen Wallfahrerinnen und man erzählte sich, daß heuer der Sohn des anderen Rieder Bildhauers, Veit Adam Vogl, ihrer Einladung gefolgt war. Genaues wußte man jedoch nicht, viele hielten es auch für unwahrscheinlich, war doch der junge Vogl sogar um ein Jahr jünger als die Wirtstochter.

Thomas Schwabenthaler dachte an diesem Tage ein paar wehmütige Gedanken, denn die Stunden des Rausches verlieren sich zwar schnell, aus der Erinnerung aber entweichen sie nur langsam.

Am 12. September begann dann zu Ried der große Markt, Roßmarkt geheißen. Da kamen die Käufer und Verkäufer von weither: aus dem Salzburgischen, aus dem Fränkischen und aus der oberen Pfalz; sogar ein paar Böhmische aus dem Wald pflegten unter ihnen zu sein.

Auch Thomas, dessen Gesundheit sich wieder gekräftigt hatte, schlich am Markt herum und horchte, ob unter den Feilschenden nicht einer aus dem Pfaffenwinkel wäre. Und tatsächlich, bei den Pferdehändlern fand er einen gewissen Simon Altsee aus Rottenbuch. Der war mit einem leichten Wägelchen da und konnte bequem noch jemanden mitnehmen.

Tags darauf fuhren sie durch den schönen Herbst über Burghausen, Baumburg und Seeon nach Rosenheim. Thomas konnte sich ungestört an der Natur freuen, denn sein Begleiter redete fast nichts. Über Reichersbeuern, Polling und Peißenberg kamen sie nach Tagen in Rottenbuch an. Thomas läutete bei der Stiftspforte der Herren Augustiner an,

64

sagte, daß er ein Bildschnitzer aus Ried und auf der Walz sei, und bat um Brot, Bett und Arbeit. Brot und Bett könne er um der Liebe Christi willen haben, meinte der Pfortenbruder; über Arbeit werde morgen der hochwürdigste Herr Propst entscheiden.

Anderen Tags wurde Thomas vor den Propst, Herrn Michael Piscator, geführt und erzählte, er sei etliche Jahre bei den Jesuiten in Burghausen zur Schule gegangen, habe aber dann wegen der Armut seiner Eltern aufhören müssen, und nur durch die Wohltätigkeit des Rieder Pfarrers sei es ihm ermöglicht worden, in seinen schon vorgerückten Jahren noch auf die Walz zu gehen. Er gedenke ein Jahr hierzubleiben und die Werkstätten der großen Weilheimer Meister zu besuchen.

»Von den Meistern findest du keinen mehr am Leben; es gibt nur noch ihre Schüler, aber auch die verstehen sich auf ihre Kunst. Brot, Bett und einen Zehrkreuzer kannst du dir bei uns verdienen, wenn du mit unseren Kistlern zusammenarbeiten willst. Es sind fromme Männer, die ein gutes Handwerk ausüben; und außerdem werden sie dir den Kopf wieder zurechtsetzen.«

Die fünf mönchischen Herren, die das Kistlerhandwerk im Stift Rottenbuch betrieben, nahmen den Schwabenthaler wie einen jüngeren Bruder in ihre Werkstatt auf. Als sie seine ersten Arbeiten – schlichte Blattschnitzereien – sahen, waren sie entzückt und beeilten sich, ihre Eindrücke dem Herrn Propst zu melden. Der meinte darauf, sie sollten den jungen Mann mit sehr viel Freundlichkeit umgeben, damit er vielleicht gar eines Tages das Kleid der Söhne des heiligen Augustinus anziehe, denn im Augenblick sei sein Herz sehr wund.

An einem freundlichen Oktobersonntag saß Thomas mit dem Herrn Gregor, der sich seiner besonders annahm, im

Stiftsgarten. Es war schon gegen Abend und die Bäume warfen lange, dunkle Schatten. Er hatte dem Mönche soeben die Schmach erzählt, die ihm bei dem Ochsenrennen auf der Schullerwies widerfahren war. Darauf sagte der andere: »Schwabenthaler, schaut hin auf diese Schatten! Auch wir werfen unsere Schatten auf diese Welt — Verzerrungen. Wir merken das, wenn wir in einer stillen Stunde bei uns selbst einkehren. Dann spüren wir die Bosheit und das vielgestaltige Falsch, das hinter unserer Sonnenseite liegt. Aber die Sonnenseite, die haben wir auch! Jeder Mensch hat sie, auch jenes Jüngferlein Eva, das Euch abgehängt hat. Und nur der Teufel weiß, warum wir an unseren Mitmenschen so gerne die Schattenseiten sehen! Als ob diese den Menschen ausmachten!«

Thomas schwieg. Es war ihm, als hörte er noch einmal das aufbrandende Gelächter jenseits des Wiesenzaunes.

Da fuhr der Mönch fort: »Freilich, des Menschen Schattenseiten sind nicht zu übersehen. Es ist jedoch das Zeichen eines bösen Herzens, wenn man im Mitmenschen nur sie anvisiert. Wir sollten nicht vergessen, daß wir den Bruder besser machen, wenn wir ihn für besser halten. Denn so sprechen wir in ihm das Gute an und machen ihn vielleicht erst darauf aufmerksam, daß er das auch hat.«

»Lieber Herr Gregor, Euch schützen die Klostermauern vor Neid, Mißgunst und Haß. Lebtet Ihr draußen im kalten Zugwind der betriebsameren Welt, dann würden auch Euch die Teufel begegnen, sogar in der Gestalt einer Eva Almayerin!«

»Das sei nicht geleugnet«, entgegnete der andere. »Denn es gibt mehr Dinge zwischen Himmel und Erde, als unser getrübter Verstand ahnt. Doch darauf, Thomas, kommt's nicht an. Selbst wenn alle Teufel auf uns losgelassen würden — mit der Gnade Gottes haben wir uns immer noch selbst in der Hand und brauchen uns von ihnen nicht unterkriegen zu lassen. Seid darum frohen Muts, lieber Schwabenthaler, und laßt Euch zum Überfluß drüben in der Ökonomie von den Mägden ein sonderlich Süpplein kochen, denn es steht geschrieben: ›Wer ein trauriges Herz hat, der soll die Königskerze zusammen mit Fisch und Fleisch kochen und verzehren, dann wird er wieder fröhlich und stark werden!‹ Sagt's also der Urschl, und sie wird Euch beistehen!«

Diese Urschl war Melkerin im klösterlichen Kuhstall und hatte, ohne daß Thomas es wahrgenommen, schon seit geraumer Zeit nach ihm hingeschielt. Dem Klosterbruder war das nicht entgangen. Und wenn er jetzt den jungen Mann gerade an sie verwies, so hatte das seinen guten Grund. Sie würde ihm den Kopf schon zurecht setzen.

Als Thomas ihr anderen Tags nach dem Abendläuten im Gevierthof der Ökonomie begegnete und sein Anliegen vortrug, lachte sie ihn an: »Hat dich leicht eine schwach gemacht?«

»Und wie schwach!« erwiderte er. »So schwach, daß ich gleich gar nit mehr ruhig schlafen kann.«

»Das ist fei' arg!« antwortete sie und stemmte dabei ihre festen Arme in die Hüften. »Schaust ja auch drein, als hätten dir die Hühner's Brot verzogen. Gut! Morgen mittag bring ich dir die Supp' in die Werkstatt.«

Sie wandte sich von ihm ab und ging den Ställen zu. Er schaute ihr ein Weilchen nach.

Als die Urschl tags darauf die zauberische Speise zubereitete, versäumte sie nicht, ihr auch etwas Johanniskraut beizumischen, denn von alters her glaubte man daran, daß es von angehexter Liebe befreien und eine echte Liebe bringen könne. In diese echte Liebe, die sie dem jungen Mann anwünschte, schloß sie sich natürlich selbst mit ein.

Und das Wunder geschah tatsächlich, wie sich's am Sankt Kathreinenfeste deutlich erwies!

An diesem letzten Tanzabend vor dem Advent gehörte

sich's, daß jeder Bursch sein Mädchen zum Mettrinken ein-
lud. In Rottenbuch hielt man den Kathreintanz auf der
großen Tenne des Klosterstadls; hier wurde auch an ein paar
zusammengezimmerten Tischen der Met kredenzt, dazu
Klosterbrot und G'selchtes, das der Propst stiftete.

Am Kathreintage in der Frühe nun erschien die Urschl in
der Klosterwerkstatt, stellte sich vor den Schwabenthaler
hin und sagte das alte Sprücherl auf:

>    »Heut ist Kathrein,
>    Hat jeder die Sein';
>    Wer's nit hat,
>    Der mag's nit!«

Dieser Spruch war Einladung und Aufforderung zugleich.
Herr Gregor und die vier anderen grinsten, als sie gewahr-
ten, daß Thomas verlegen wurde. Weiß Gott, er hatte seine
Gedanken und Wünsche in eine ganz andere Richtung gebracht, seitdem er in Rottenbuch weilte. Er wollte lernen
und arbeiten. Tagaus-tagein schnitzte er an den Zierstücken
zur neuen Orgel! Blattwerk und Engelsköpfchen gediehen
ihm meisterlich, und ein über das andere Mal drückte ihm
der Propst seine Bewunderung aus. Und da kam jetzt diese
Urschl daher!

Der Herr Gregor meinte: »Schwabenthaler, Euch bleibt
keine Wahl, Ihr müßt die Urschl zum Met führen! Tätet
Ihr's nicht, müßtet Ihr gewärtigen, daß Euch die Knecht'
windelweich schlagen; denn die Urschl ist unter ihnen eine
angesehene Jungfer: sie beleidigen, hieße, dem ganzen
Gesinde ins Gesicht widerstehen. Wie mancher wär froh,
wenn ihre Einladung an ihn ergangen wär!«

Thomas geleitete also das Mädchen am Abend auf die Tenne
zum Met. Beim anschließenden Tanz unterließ er aber das
gebräuchliche Umschwingen und Umdrehen der Tänzerin,

denn er wollte nicht den Eindruck erwecken, als beabsichtige er, mit der Urschl ein vertrauliches Verhältnis zu beginnen. Sonst benahm er sich aber sehr zünftig und führte sogar den in der Rieder Gegend bekannten Tellertanz auf. An den Händen, den Ellenbogen, den Knien und über dem Gesäß befestigte er sich hölzerne Teller; diese wurden dann bei den Hauptkadenzen der Musik aneinandergeschlagen. Das sah sehr lustig aus und machte einen respektablen Krach, wie sich's beim Kathreintanz eben gehört. Die Urschl war freilich ein bißchen enttäuscht, weil er nicht mehr von ihr wollte, sondern ihr unter der Tür zu den Mägdekammern nur ein Busserl gab und dann in seinem Klostertrakt verschwand. Aber sie hoffte auf die Fastnacht: Auf einen so feschen Buam wie den Thomas lohnte es sich zu warten! Der ist eben jetzt geschreckt, man darf ihn keineswegs drängen!

Seit diesem Abend war Thomas Schwabenthaler tatsächlich anders geworden: freundlich, beschwingt und sogar ein wenig redselig. Sein düsteres Gesicht klärte sich langsam wieder auf, sein Gang wurde fester und seine Haltung gerader. Herr Michael Piscator, der Propst, freute sich heimlich über diesen Wandel; dies um so mehr, als er wahrnahm, wie ernst es dem jungen Manne mit der Vervollkommnung seiner großen künstlerischen Anlagen war. Dieser Eifer war in der Zeit, die damals im Bayernlande begann, zu bewundern. Denn mehr und mehr wurde jetzt auch der kleine Mann angesteckt von der »liederlichen« französischen Lebensweise und dem Wiener Hofleben. Die kleinen Leute sahen's bei den großen, wenn diese über Land fuhren, da und dort ihre Jagden abhielten und ihre Feste feierten. Von der Gläubigkeit während des Dreißigjährigen Krieges war nichts mehr da. Im Gegenteil, die Leut sagten sich: Wir haben gedarbt genug, jetzt laßt uns leben!

An einem Abend im Advent versammelte der Herr Propst seine Klostergemeinde im Kapitelsaal. Auch der Schwabenthaler war von seinen klösterlichen Arbeitskollegen dazu eingeladen worden. Herr Piscator hielt ihnen, wie jeden Monat, eine Exhortatio:

»Es könnte sein, ehrwürdige Mitbrüder, daß wir, die wir christlichen Glaubens sind, angesichts der Säkularisierung unserer Welt langsam zu resignieren beginnen. Wir werfen die Flinte ins Korn, legen die Hände in den Schoß und denken: Macht euch eueren Kram selber! Vernehmet indes, liebe Brüder, ein Beispiel!

Als der Römer Coriolan vor den Mauern seiner Vaterstadt stand und die letzten Vorbereitungen zum Sturm traf, irrten die Consuln und Senatoren hilflos durch die Straßen, den sicheren Untergang vor Augen. Da trat die edle Veturia, die Mutter des gefürchteten Rächers, vor sie hin und erklärte, sie wolle hinausgehen vor die Tore und den wütenden Sohn zu besänftigen versuchen – sie, das schwache Weib gegen den in Waffen starrenden Heerführer. Hoffnung war da keine mehr. Doch die Mutter tat, was eben nur eine Mutter tun kann: gegen alle Hoffnung auf die Hoffnung hoffen – *contra spem in spem sperare*.

Unsere Zeit, die von Coriolanen wimmelt, kann von Zaghaften nicht bestanden werden. Wir bedürfen eines grenzenlosen Vertrauens in den christlichen Ablauf der Geschichte, bedürfen ferner des starken Bewußtseins, daß die gegenwärtige Verwirrung und Haltlosigkeit nichts gar so Ungewöhnliches ist; die Kirchengeschichte beweist das. Freilich ist es etwas anderes, von einem niedergehenden Steinschlag zu lesen, und etwas anderes, unter einem Steinschlag hindurchgehen zu müssen. Und darum meinen die Getroffenen gern, solches Desaster habe es noch nie gegeben, sie allein seien als des Schicksals Stiefkinder geboren!

Liebe Brüder! Blinden Erwartungen zu frönen, ist gewiß dumm; doch ein gesunder Optimismus, gepaart mit einem handfesten Gottvertrauen, hat schon manches unüberwindlich scheinende Hindernis genommen. Erinnern wir uns bloß des stillen Wortes jener anderen Mutter auf der Hochzeit zu Kana: Tut alles, was er euch sagt! – Laßt uns also tun, was er uns gesagt hat! Laßt uns gut sein und Gutes tun! Vielleicht wird auch aus den Wassern dieser Zeit noch ein köstlicher Wein. Wir wissen nicht wie, doch es könnte sein! Amen.«

Diese Exhortatio verriet Einsicht in die Gefahren der Zeit, verriet aber auch klassische Bildung. Thomas, der von den Jesuiten her die römische Geschichte kannte, war entzückt und fühlte sich gedrängt, dem Propst unverzüglich unter der Tür zu danken, als er den Kapitelsaal verließ. Dieser Dank kam für den Herrn so überraschend, daß er den jungen Bildhauer sofort mit zu sich aufs Zimmer nahm. Dort kredenzte ihnen der Kammerdiener des Propstes eine Kanne neuen Ungarwein, den die Innschiffmeister eben in den Handel gebracht hatten. Michael Piscator trank seinem Gaste zu:

»Lieber junger Freund, mögest du in der sittlichen Verderbtheit unserer Tage bestehen! Mögest du vor allem deine hohe Kunst retten!«

Thomas verstand diesen Zuspruch nicht ganz und fragte deshalb: »Ehrwürdiger Herr Propst, was gibt es da zu retten?«

»Deine Frage beweist, wie unbefangen du bist und wie wenig Einblick ins Leben euch die Väter der Gesellschaft Jesu zu Burghausen vermittelt haben. Denn es ist die freizügige und hemmungslose Sinnlichkeit der Antike wieder aufgelebt und offenbart sich vor allem in Skulpturen und Gemälden. Rette also deine Kunst vor dem Verfall in die Begierde! So wenig nämlich der Mensch alles tun darf, so

71

wenig darf es auch die Kunst. Sie teilt mit dem Menschen die Freiheit des Willens, aber auch die moralische Gebundenheit an das Gesetz von Wahrheit und Sitte. Kunst als solche ist niemals unsittlich; ein Kunstwerk wird erst dann unsittlich, wenn es einer verwerflichen Absicht des Künstlers entspringt oder den Willen anderer Menschen verderblich beeinflußt. Ist die Kunst so, dann wäre es besser, es gäbe sie nicht!«

»Würdet Ihr es also für unsittlich halten, wenn ich die Urschl in meine Zelle hole und ein paar Zeichnungen von ihrem nackten Körper mache?«

Diese Frage kam dem ehrwürdigen Herrn so unvermittelt entgegen, daß er erst ein paarmal tief Atem schöpfen mußte, ehe er antworten konnte: »Von dir aus, lieber Freund, mag ein solches Vorhaben gerechtfertigt sein, denn für deine Kunst ist die Kenntnis der Anatomie des menschlichen Körpers unerläßlich. Überleg dir aber, was es für die Urschl bedeutet, wenn sie sich vor dir auszieht! Du weißt vielleicht, daß sie noch sauber ist, weißt aber auch, daß sie an dir den Narren gefressen hat. Mal dir also aus, was im kleinen Hirn dieser dummen, aber unbescholtenen Magd vor sich gehen wird! Laß dir jedoch einen Rat geben: Geh nach Weilheim in eine Badestube! Für einen Viertelgulden steht dir jede Bademaid stundenlang Modell. Sei aber vorsichtig und laß dich mit keiner ein, denn es heißt, die französische Krankheit sei im Umlauf. Und jetzt laß uns von anderen Dingen reden!«

Propst Michael Piscator, einer der fähigsten Vorsteher, die das Augustiner-Chorherrenstift zu Rottenbuch je hatte, lenkte das Gespräch auf die Erneuerung der Klosterkirche, für die er selbst — er war ein begnadeter Musiker — eine elegante und wertvolle Orgel baute. »Ich weiß deine Kunst sehr zu schätzen, junger Schwabenthaler, denn deine Schnitzereien am Prospekt sind von hohem Wert. Darum wäre es wichtig für dich, daß du zum kommenden Frühjahr von uns fortgehst. Versteh mich recht: Nicht, als ob ich dich wegschickte! Meinetwegen könntest du zeitlebens bei uns bleiben und fändest Arbeit und Brot. Doch du bist nicht von dem Holze, aus dem man Mönche macht. Mir scheint, du würdest bei uns verkümmern. Du brauchst zum Schaffen einen frischen, wenn auch rauhen Wind um die Nase; die Klosterluft ist zu moderig für dich. Außerdem — und ich will kein schlechter Prophet sein — mußt du ab und zu Hunger leiden, denn Hunger verjüngt.«

Sie redeten noch lange in dieser dunklen Adventnacht. Der Kammerdiener mußte eine zweite Kanne Wein holen. Als im Klosterhof der erste Hahn zu krähen begann, sagte Michael Piscator: »Schwabenthaler, du beherbergst in dir zwei Welten, die gegeneinander rebellieren.«

Da antwortete der junge Mann: »Ehrwürdiger Herr, darum heißen sie mich ja auch zu Ried den Rebeller!«

## Die Urschl

In den nachfolgenden Rauhnächten wurde unter dem Gesinde des Klosters Rottenbuch allerhand heidnischer Mummenschanz getrieben. Es kann nicht mit Sicherheit gesagt werden, ob nicht gar der »böse Feind« in jener Zeit den einen oder anderen Knecht in die Kammer zu der einen oder anderen Dirn geführt hat, denn in diesen Nächten waren die Mädchen allesamt mit Liebeszaubereien beschäftigt. Selbst die Urschl ließ es sich nicht nehmen, etliche Blütenknospen vom Johanniskraut mit Weihbrunn zu benetzen, in ein Tüchlein einzuwickeln und fest zu drücken. Dabei dachte sie inbrünstig an den Schwabenthaler und wispelte ständig die Worte:

> »Kommt heraus ein rotes Blut,
> Dann ist meine Liebe gut!«

Sie drückte und drückte. Aber die Knospen waren offenbar schon zu dürr gewesen, oder man hätte mehr von dem Weihbrunn hintun müssen. Jedenfalls ließ sich weder ein rötlicher noch ein farbloser Saft herausquetschen. Somit war der Liebeszauber mißglückt. Und es sah ja auch tatsächlich so aus, als hätte der Bildschnitzer an ihr keinen Gusto, denn er kam nicht ein einzig Mal in die Gesindestuben; dabei redete man dort tagtäglich über ihn und malte sich mit oft sehr dicken Farben aus, wie es wäre, wenn ... Doch der so oft Beschworene saß in seiner Zelle und zeichnete. Er entwarf die herrlichsten Altäre mit gedrehten Säulen, so wie sie die Sankt Peterskirche in Rom hatte. Zwischen den Säulen bewegten sich heilige Männer und Frauen: Da ein heiliger Simon mit der Säge, der im Weiterschreiten bannend die Hand ausstreckt; dort ein David mit der Harfe, in dessen Mantel sich ein zarter Aufwind verfangen hat. Hier ein heiliger Rochus, um dessen Sicherheit sich vier Engelchen und ein rasseloses Hündchen bemühen; da ein heiliger Wolfgang mit einem vom Sturmwind gepeitschten Bart und einem wuchtig niederwallenden Rauchmantel. Seinen Vater, an den er jetzt oft denken mußte, zeichnete er mit dem Rötelstift als einen zerschundenen und schwitzenden Bauer mit Garbe und Sichel. Er hängte das Blatt an die weißgetünchte Wand seiner Zelle und betrachtete es oft wie ein Heiligenbild.

Am Tage der Heiligen Drei Könige schritt der Propst mit großer Assistenz durch das ganze Stift und schrieb mit Kreide an jede Zellentür: 16 C + M + B 58. Dabei betete

er laut, daß es durch die weiten Gänge hallte: »Herr, unser
Gott, du hast den Caspar, den Melchior und den Balthasar
auf Pfaden geführt, die ihnen zum Heil geworden. Lenke
auch die Schritte derer, die hinter dieser Türe leben, der
ewigen Seligkeit zu!« Dem Schwabenthaler, der unter dem
Türstock seiner Zelle stand, legte er dann die Hand auf den
Arm und sagte leise: »Deine Schritte mögen in Zukunft
ganz besonders gesegnet sein!« – »Gott geb's!« antwortete
der und folgte dem Propst und der ganzen Klostergemeinde
ins Refektorium. Das war mit Kerzen hell erleuchtet, auf
den geräumigen Tischen dampften wuchtige Schüsseln, ein
gaumenlüsterner Duft schwebte durch den Saal. Am hinteren Ende des Refektoriums glomm in einer eisernen Wanne
eine Glut von Holzkohle, in die jetzt der Propst unter Se-
gensworten Weihrauch streute. Dann zog er seine Sandalen
aus, setzte sich nieder und hielt die entblößten Füße in Kreu-
zesform über den aufsteigenden Weihrauch, ebenso die
Hände; und er sprach wiederum ein Gebet: »Herr, gib uns,
die wir diesen frommen Brauch in inniger Liebe zu dir vollziehen, die Kraft und Ausdauer der heiligen drei Könige,
auf daß wir deiner mehr und mehr würdig werden! Nimm
auch von uns jegliches Siechtum an Händen und Füßen,
und laß uns mit den Füßen nur redliche Pfade wandeln, mit
den Händen aber nur Gutes tun! Und wenn unser Leben
dereinst gleich dieser Glut verlöscht, dann nimm uns wie
den Duft des Weihrauchs auf in deine himmlische Herr-
lichkeit! Amen.«
Darauf taten es alle dem Propste nach und hielten Hände
und Füße über das Räucherwerk. Als die Zeremonie beendet war, setzte man sich an die Tische und aß mit Behagen
die wohlschmeckende Bratwurstsuppe, die es in dieser
Güte eben nur am Dreikönigstage gab. Schäumende Krüge
voller Klosterbier wurden von den Kellerknechten aufgetragen.

Thomas Schwabenthaler dachte noch einmal über das Gebet des Propstes nach: Mit den Händen Gutes tun! Das traf genau auf ihn zu! Denn alles Sinnvolle und Wertvolle, das jetzt und im weiteren Leben von ihm ausgehen würde, ging ja von seinen Händen aus. Diese Hände und die dahinterstehende Einbildungskraft, die waren sein Reichtum und sein Schatz. Andere hatten Geld und Besitz, hatten Häuser, Äcker und Wälder – er hatte allein seine Hände! Er bat seinen Herrgott um dessen Segen auf seine Hände!

Mit dem Beginn der närrischen Fastnachtswochen fingen auch die allsamstägigen Tanzereien auf der Tenne wieder an. Den Stiftsherren lag sehr viel daran, daß diese Verlustierungen ihres eigenen Ingesindes mit den jungen Leuten des Dorfes unter ihren Augen stattfanden; manches sündhafte Tun konnte so rechtzeitig unterbunden werden. Nicht vermieden wurden freilich die wilden Bräuche in den Mägdestuben beim Spinnen und Flachsbrechen. Hier, wo das Weibervolk unter sich war, geschahen düstere Zaubereien, besonders durch die alten Mägde, die von keinem Manne mehr beachtet wurden. Sie brauten Liebestränke und Lustsalben aus einer stark eingesottenen Fleischsuppe, die mit Epfich, Wolfswurz, Pappelzweigen und Weihrauch angereichert war. Die alte, gichtige Buchberger Nanni mischte dann unter unverständlichen, gereimten Sprüchen noch etwas Fünffingerkraut, Nachtschatten, Öl und Fledermausblut hinzu und befahl nach beendeter Zeremonie den anderen, sich zu entblößen und alle Glieder mit der Salbe so lange einzureiben, bis sie rot würden und das Fleisch locker sei. Sie würden dann alsbald die herrlichsten Gesichte und Empfindungen haben. Und wahrhaftig, so geschah's! Kaum hatten sie sich eingeschmiert, wurde ihnen übel, und sie fielen wie die Maltersäcke um und lagen stocksteif da. Man konnte sie anschreien, ja sogar schlagen – sie merkten nichts. Wenn sie aber dann nach ein paar Stunden wieder aufwachten, erzählten sie die merkwürdigsten Phantastereien: sie seien beim Mondenschein durch die Lüfte hingefahren, hätten geschlemmt, getanzt und süßes Saitenspiel gehört, ja, sie seien sogar bei jungen Gesellen gewesen und hätten sich mit ihnen vergnügt in vielfacher Weise. Manche schmückten ihre Träume noch mit den Erlebnisberichten wüster Abenteuer aus, wobei natürlich jedermann die dikken Lügen hätte mit Fausthandschuhen greifen können.

Thomas Schwabenthaler nahm an diesen Fastnachtstänzen nicht teil, obwohl ihm Herr Gregor und die anderen Brüder aus der Kistlerwerkstatt immer wieder gut zuredeten. Sie mußten ja auch, denn die Urschl wandte sich jeden Freitag bittend an sie. Aber der junge Mann, der genau erkannte, daß sie hinter den Aufforderungen der Klosterbrüder steckte, ließ sich nicht bewegen. Er ließ sich dabei nicht etwa von Tugend leiten, sondern hielt sich jedesmal vor: Du hast die Gräfin gehabt und die Wirtstochter – und bei beiden ist es dir schief geraten! Sollst du das saubere Deandl schwanger machen und dann sitzen lassen? Ja, sitzen lassen! So müßte es nämlich geschehen, denn wovon solltest du sie ernähren, wo du doch nichts hast und nichts bist! Aber das sieht sie freilich nicht ein, die Urschl, dafür ist sie noch zu dumm. Deshalb muß ich der Gescheitere sein!

So vergingen die ausgelassenen Wochen, und die heilige Fastenzeit kam. Thomas hatte sich im Stift verabschiedet. Der Propst hatte ihm versichert, daß die Klosterpforte von Rottenbuch einem Bildhauer Schwabenthaler jederzeit, bei Tag und Nacht offenstünde. Bei dieser Bemerkung waren dem jungen Manne sogar ein paar Tränen in die Augen gestiegen.

Als jetzt der Märzmorgen des Aschermittwochs heraufdämmerte, begab sich der jetzt Fünfundzwanzigjährige mit seinen paar Habseligkeiten in die Stiftskirche und kniete bei den beiden Gewitterheiligen, den feinen Märtyrergestalten Johannes und Paulus des Weilheimer Bildhauers Barthlmä Steinle, andächtig nieder: »Ihr lieben Heiligen! In die Werkstatt, aus der ihr hervorgegangen seid, will ich jetzt eingehen. Ich will den Geist und die Kraft, die euch schufen, in mich aufnehmen wie den Duft des Feldes nach einem wohltätigen Gewitter. Helft mir dabei, öffnet mir das Herz und führt mir die Hände! Denn besser ist's, ich bin kein Bildhauer, als ein schlechter!«

Er verließ das Gotteshaus durch den Seitenausgang, schritt durch den Stiftsgarten und wandte sich dann der Böschung zu, die hinabfiel zur Ammer. Der Weg war beiderseits mit dichten Weidenbüschen bestellt, auf denen ein zarter Rauhreif glitzerte. Plötzlich hörte er hinter sich eilige Schritte. Er drehte sich um – und da hing auch schon die Urschl an seinem Hals, biß ihn seitlich in den Nacken und rannte davon. Das geschah so schnell und so überraschend, daß das Mädchen bereits wieder im Garten verschwunden war, als er nach dem Nacken griff und dann seine blutigen Finger besah. Obwohl ihm die Wunde wehtat, mußte er doch lächeln: Wie gefährlich ist ein liebendes Weib!

Als er die Ammer überschritten hatte und in die Nähe von Böbing kam, wandelte ihn ein Schwindelgefühl an und es wurde ihm schlecht, so daß er sich an einen Straßenbaum lehnen mußte. Es war gewiß eine glückliche Fügung, daß gerade der Wegmacher des Stiftes daherkam. Er brachte den jungen Mann, den er ja gut kannte, zu seiner Mutter, die gleich im ersten Häusl von Böbing wohnte. Die alte Margret schaute sich die Nackenwunde an und meinte: »Die Kleine hat ein gesunds Gebiß, nur ist's halt jetzt a weng giftig!« Der Schwabenthaler mußte sein blutiges Hemd ausziehen und sich auf die Ofenbank legen. Währenddem nahm die Alte einen weichen Eichenschwamm, klopfte ihn von allen Seiten und legte dann diesen »Zunder«, wie sie ihn nannte, auf die Wunde. Thomas schlief alsbald ein. Wirre Bilder jagten durch seinen Geist: Da kämpfte der Teufel mit dem Herrn Stiftspropst Piscator, die Urschl rang mit der alten Margret, und die beiden Gewitterheiligen klopften einen »Zunder«.

Es wurde Mittag und Abend, Thomas erwachte nicht. Erst als sich mit beginnender Nacht ein kaltes Wechselfieber einstellte, kam er kurz zu sich und trank einen Absud von Pfefferminzkraut in heißer Milch; außerdem legte ihm die Margret einen Beutel mit Kampfer, Safran und Asant in die Herzgrube und schob mächtige Buchenscheite in den alten Lehmofen. »Er hat's Viertagefieber«, sagte sie zu ihrem Sohn, als der in der Nacht heimkehrte.

»Sollte man's im Stift nit sagen?«

»Wenn er in den vier Tagen die Stuben verläßt, ist er eine Leich'!«

»Und das alles von dem Biß?«

»Leut gibt's, denen treibt die Wut ein Gift ins Maul. Besonders unter den Weibern gibt's die.«

»Und mit so einer Viper sollt' einer dann leben seine Lebtage?«

»Du sollst dich nit sorgen, kriegst eh keine!«

Da hatte sie nicht ganz unrecht, die Margret, denn ihr Sohn war ein Krüppel mit einem Holzbein bis ans Knie. Die Kugel einer schwedischen Feldschlange hatte ihn 1646 beim Einfall der wüsten Gesellen in Weilheim getroffen.

Wie sie's vorausgesagt hatte: am ersten Fastensonntag war das Fieber vom Schwabenthaler gewichen.

»Und was bin ich Euch schuldig, Mutter Wegmacherin?«

»Sag Vergeltsgott und bet' einen ordentlichen Vaterunser für mich! Wirst halt allweil deine liebe Not haben mit den Weibern. Schad, daß d' kein Türk bist, sonst könntest dir so a Stücker fünf halten. Die dürften dann 's Beißen untereinander besorgen!«

79

Anderen Tages gab er ihr einen halben Gulden, sagte Vergeltsgott und zog gen Peißenberg.

Als er hier zu Mittag ankam, fühlte er sich sehr elend. Er begab sich in die Kirche des heiligen Täufers Johannes, um dort ein wenig zu verschnaufen und dann hinten beim Beichtstuhl die nassen Fußlappen zu wechseln. Die Märzsonne taute halt doch schon den Schnee auf den Straßen auf, und sein Schuhzeug ließ zu wünschen übrig. Hier sah er auch die schöne Kreuzesgruppe von Hans Degler. So eine Gruppe möchte er auch bald schnitzen, dachte er bei sich. Dann ging er in die Tafern und aß mit Behagen eine Hühnersuppe, weil die Wirtin dort an diesem Morgen einem alten Gockel den Kragen umgedreht hatte, nachdem dieser vor lauter Eifersucht auf einen jüngeren giftig geworden war und ihn ständig gehackt hatte. Da dachte der Schwabenthaler und grinste in sich hinab: Man soll zwar Mensch und Tier nicht vergleichen, doch leichter tut man sich schon mit den Viechern; einer Urschl jedenfalls kann man den Kragen nicht umdrehen.

Gekräftigt verließ er Peißenberg, wanderte durch den dämmerigen Paterzeller Eibenwald und erreichte Polling. An der Stiftspforte bestellte er einen schönen Gruß von der Chorgemeinde in Rottenbuch, wofür man ihn unverzüglich mit frischem Käse und Buttermilch bewirtete. Er war ihnen kein Fremder, denn die Pollinger Augustiner spannen mit den Brüdern weiter droben einen guten Faden. So war das Lob seiner Begabung also auch in Polling bereits gesungen worden.

Später, am frühen Abend, betrat er durch das Pollinger Tor die ehrwürdige und feste Stadt Weilheim, nicht ohne daß ihn der Torwaibel nach dem Woher und Wohin gefragt hatte. Im neuen Franziskanerkloster suchte er um Herberge nach. Dabei nahm er wahr, daß sie ihn auch hier mit viel Rücksicht behandelten, als er ihnen seinen Beruf nannte.

In Weilheim waren sie ja zu Hause, die großen Meister der Bildhauerkunst, die den Namen der Stadt bis nach Holland und Italien, nach Böhmen und Schlesien berühmt gemacht hatten, die Krumper und Reichel, die Petel und Degler, die Steinle und Dirr. Wer als Bildschnitzer nach Weilheim kam, der führte Großes im Schilde und verdiente Respekt. In welcher Werkstätte er denn anfangen wolle, wurde er gefragt.

Nun, er habe gemeint, bei den Schülern des Barthlmä Steinle wolle er vorsprechen, weil ihm die Kunst dieses Meisters von den Rottenbucher Gewitterheiligen her ein wenig vertraut sei.

Gewiß, man wolle ihm nicht widerraten, doch säßen vom großen Hans Degler noch die Nachkommen in der Werkstatt, und der Ambros, der gegenwärtige Hausherr, sei ein gemütlicher Mann, im Gegensatz zu seinem berühmten Vater, der ein ausgesprochen wilder Hund gewesen sei und mit der halben Stadt prozessiert habe. Dafür habe man ihn freilich auch einmal in den Turm gesteckt und dann zu zweitausend Bausteinen verurteilt. Mit dem Ambros lasse sich gewiß gut hantieren, wenn er auch vielleicht nicht die Hände seines Vaters habe.

Thomas Schwabenthaler dankte für den guten Rat, schlug sich die Steinle-Schüler aus dem Sinn und betrat am anderen Morgen die Werkstätte des Ambros Degler.

Was? Aus Ried sei er? drängte man dort in ihn. Kenne er vielleicht den Vogl, den Ludwig?

Freilich kenne er ihn, gab Thomas zurück, der sei ja ebenfalls ein Bildschnitzer!

Habe man recht gehört: ein Bildschnitzer? Der Vogl, ein Bildschnitzer?

Gewiß! Und sein Sohn, der Veit Adam, auch!

Wenn der Sohn aber nicht mehr könne als der Vater, dann sei es um die Rieder Bildschnitzerei traurig bestellt. Der

Alte habe es ja vorgezogen, Weilheim den Rücken zu kehren, weil er von den hiesigen Meistern nur mitleidsvoll belächelt worden sei. Und er, Schwabenthaler, habe er etwa bei dem alten Vogl gelernt? Wenn das der Fall sei, dann möge er sich nur gleich wieder schleichen!

Nein, nicht beim Vogl, sondern bei seinem eigenen Vater habe er gelernt, dem Hans Schwabenthaler aus der Gegend von Altötting.

Sei das etwa der, welcher die sitzende Maria mit dem Kind und den toten Christus von Eitzing gemacht habe?

Genau der!

Dann Hut ab vor ihm! Dann dürfe er bleiben, solange es ihm fromme! Nur möge er sich gleich beim Altgesellen melden, so verlange es die Zunftordnung. Er selber, Ambros Degler, übe ja die Kunst des Bildschnitzens kaum aus, sondern führe in der Hauptsache den geschäftlichen Teil der vom großen Vater überkommenen Werkstatt.

Ambros führte seinen neuen Mitarbeiter in einen großen, lichten Raum, wo vier Gesellen und zwei Lehrbuben arbeiteten.

»Das ist unser Blasius Maß aus Rosenheim, einer der besten Meisterschüler von Hans Degler. Er gibt hier den Ton an.«

»Einen guten Ton, wie mir scheint«, erwiderte Thomas Schwabenthaler, »denn die Leut schauen vergnüglich drein!«

Blasius Maß lächelte über diese Bemerkung und meinte: »Bist du etwa der, den uns die Klosterbrüder von Rottenbuch gerühmt haben? Der von hinter dem Inn?«

»Werd's schon sein«, antwortete Thomas, »einen anderen aus der Gegend gab es dort nicht in den letzten Monaten.«

»Nun, Meister Ambros, dann dürft Ihr jetzt einen guten Osterwein herausrücken, denn Eurem Hause ist, wie die Bibel sagt, ein groß Heil widerfahren. Solche Gesellen sind

heutigentags rar und kehren nur alle heilige Zeiten ein.
Gott segne uns also diese Fastenzeit!«
Ambros Degler holte tatsächlich eine Kanne Wein herbei,
und der Einstand des jungen Schwabenthalers wurde redlich begossen. Und es war noch keine Stunde vergangen, da
fühlte sich Thomas wie daheim. Nach dieser festlichen Begegnung wies ihm der Meister seine Kammer an, so daß er
bei den Franziskanerbrüdern ausziehen konnte. Die Meisterin, eine noch junge Frau, begegnete ihm ebenfalls
freundlich; ihr kleiner Sohn Ignaz aber wollte gar nicht
mehr von dem Neuen weichen, so daß der Vater schließlich
gezwungen war, ein Machtwort zu sprechen.
Für den jungen Bildschnitzer Schwabenthaler aber begann
jetzt eine glückliche Zeit.

## Kampfhähne

Während des verwichenen Herbstes und Winters hatte sich
zu Ried im Verhältnis zwischen der Evi Almayerin und dem
Veit Adam Vogl die alte Tatsache bewahrheitet, daß alle
Leidenschaft rasch verraucht. Der junge Bildschnitzer fing
an, die Kammer der Wirtstochter mehr und mehr zu mei-
den. Die Evi, die um ein Jahr älter war als er, gewahrte das
mit Entsetzen. Und ein anderes gewahrte sie auch noch:
Ihr Leben der letzten drei Jahre war an ihr nicht spurlos
geblieben, ihre einst so glatte Haut begann zu welken, ihre
gepolsterten Hüften flachten ab, und Veit Adam hatte erst
vor wenigen Tagen zu ihr gesagt, sie solle nicht böse sein,
aber ihm komme vor, als nähere sich ihre Figur langsam der
einer Krautscheuche. Das war ein hartes Wort im Ohr eines
um den Mann ringenden Weibes! Sollte sie den Vogl jetzt
auch noch verlieren, dann mußte sie gewärtigen, sitzen zu

bleiben oder bestenfalls einen stinkbiederen Leinwand-
weber zu kriegen wie jede gewöhnliche Kuhdirn. Ja, der
Schwabenthaler, der wär schon der richtige gewesen! Der
war ein fescher Mann und in seinem Metier ein achtbarer
Künstler. Jetzt war er gar, wie es hieß, in die Welt hinaus-
gezogen, um sich weiterzubilden und Neues hinzuzulernen.
Der wird einmal ein großes Tier werden! Dabei wurde schon
jetzt seine Arbeit hochgeschätzt. Erst neulich waren zwei
Grafen aus dem böhmischen Hause Thun beim kranken
Hans Schwabenthaler gewesen und hatten ihm Krippen
abgekauft, die der Thomas geschnitzt hatte, noch ehe er auf
die Walz gegangen war. Und sie hatten, wie gemunkelt
wurde, in ihrer Begeisterung so viel gezahlt, daß die Familie damit ein ganzes Jahr lang auskommen konnte. Der
jüngere der beiden Grafen, Herr Wenzeslaus, Domherr in
Passau, soll sogar angeordnet haben, Thomas möge sich
nach seiner Rückkehr unverzüglich bei ihm melden. Dann
waren die zwei Hochwohlgeborenen weitergefahren nach
Salzburg, wo der ältere, Herr Guidobald, seit drei Jahren
den fürsterzbischöflichen Stuhl innehatte. Ja, mit so was
hat der Thomas Umgang! Und wie hatte sie ihn behandelt?
Schlechter als einen Putzlumpen! Denn einen Putzlumpen
schmäht man nicht; sie aber hatte den armen Kerl damals
auf der Schullerwies auch noch höhnisch verlacht!
Jetzt muß sie etwas tun, damit ihr wenigstens der Vogl
bleibt, denn der ist auch ein Bildschnitzer und kann es ja
noch zu etwas bringen; ist er doch um drei Jahre jünger als
der Thomas. Und außerdem stammen die Vogls aus dem
berühmten Weilheim, wo seit mehr denn hundert Jahren
die großen bayerischen Bildhauer am Werk sind. Da färbt
schon etwas ab. Vielleicht wird der Veit Adam gar noch
bedeutender und läuft dem Thomas den Rang ab! Das ist
alles möglich! Darum muß sie sich den Vogl sichern.
Zur gleichen Zeit etwa, als im fernen Pfaffenwinkel Thomas

Schwabenthaler das Stift Rottenbuch verließ, machte sich die Evi Almayerin von Ried aus auf den Weg gen Aurolzmünster. Sie zog im Tal der Antiesen dahin und bog, als sie um den Hollenberg herum war, in ein Seitental ein. Im Schnee war bereits ein Pfad getreten, ein Zeichen, daß die alte Unholdin immer noch ihren Dienst versah und Besuche empfing. Obzwar im Lande draußen viel von Hexen und Teufelsweibern die Rede ging und in den Städten immer mehr auf dem Scheiterhaufen verbrannt oder im Wasser ersäuft wurden, hatte man diese Alte bisher in Ruhe gelassen.

Jetzt saß das steinalte Weib in der verrauchten Blockhütte, eingehüllt in zerfetztes Gewand und zerschlissene Decken, und lauschte mit ihrem Hund in den Wintermorgen hinaus. Als der Hund anschlug, gab sie ihm einen Klaps und schnurrte: »Dummian tolpatschiger! Wenn's Töchterl kommt!« Der Gemaßregelte schnüffelte ein paarmal in der Luft herum und legte sich wieder zu den Füßen seiner Herrin. Da trat die junge Almayerin in die Hütte.

»Muhm, ich bring Euch da ein G'selchtes mit.«

»Recht so, Kind, häng's nur hin an die Stange dort überm Herd! Und setz dich her zu mir!«

Die Evi tat, wie geheißen. Die Alte befahl ihr, den Schafspelz auszuziehen: »Was du für ein Gerippe worden bist! Setz dich täglich in ein warmes Bad und koch dir dann eine fette Hühnerbrühe. Darein gibst du etwas von der indischen Pockenwurzel, auch Mandeln und Pistazien, und zuletzt das Fleisch von einer gemästeten schwarzen Henne. Es müßt doch mit dem verrufenen Gottseibeiuns zugehen, wenn du nit prall werden tätst wie die einjährige Kalbin!«

Evi grinste genüßlich: »Will alles machen, Muhm! Aber seht doch meine Haare an! Am Kopf gehen sie aus und am Kinn wachsen sie hin.«

»Dummes Ding, wasch dir das Hirn mit Zwiebelsaft und

streich es dann mit Bärenfett ein. Ich geb dir eine Unze mit. Wenn dir der Zwiebelsaft zu sehr stinkt, dann magst du auch starkes Bier nehmen. Dein Vater hat sicher nix dagegen. Was aber den Bart angeht, so schneidest du dir aus Leinwand fingerbreite Streifen, streichst gemeines Schusterpech messerrückendick darauf und hältst die Streifen über ein Licht, bis das Pech weich ist. Dann drückst du sie dahin, wo die Haare sind. Sind diese Pflaster kalt geworden, reißt du sie los und der Bart ist weg.«

»Tut das nit arg weh?«

»Das Kinderkriegen tut mehr weh! Schönheit läßt sich zwicken!«

»Ihr habt recht, Muhm!«

»Außerdem riechst du aus dem Maul! Such dir draußen bei der Kiesgrube einen Lärchenbaum, nimm ihm das Harz ab und kau es! Trink auch öfters einmal einen Rotwein mit geriebener Holzkohle. Überzuckerter Calmus ist auch gut.«

»Ob ich mir das alles merken kann?« Die Almayerin lächelte.

»Dann mußt du eben weiterstinken!« erwiderte barsch die Alte. »Daher kommt's dann, daß die Mannsbilder ihre Weiber sattkriegen, weil deren Kuhställe oft reinlicher sind als ihre Leiber. Gemeinhin aber heiratet ein Mannsbild keinen Kuhstall!«

Nachdem sie diese Belehrungen in sich aufgenommen hatte, erzählte nun die Evi ihre Schwierigkeiten mit dem Veit Adam Vogl und bat die Alte um einen Lusttrunk oder einen Liebeszauber, damit er ihr wieder gefällig werde wie vordem. Die schaute das Mädchen sehr sorgenvoll an und lehnte sich dann gravitätisch in ihren Decken zurück: »Kind, in dir ist dein Urgroßvater noch einmal Fleisch geworden. Jetzt hör zu und behalt dann das Gehörte für dich! Dein Urgroßvater war Scharfrichter und Freimann zu Burghausen, ein ehrloser Mensch, dem kein Weib in die Ehe folgte. Dabei ist er ein blitzsauberer Mann gewesen. Wenn er auf dem Marktplatze oder in den Burghöfen einen zu köpfen hatte, dann drängte sich das junge Weibervolk an die hohen Schranken. Da stand er dann droben in der engen schwarzen Hose und dem roten Hemd mit den aufgekrempelten Ärmeln. Da sah man an Beinen und Gesäß seine Muskeln spielen, und seine behaarte Brust wölbte sich wie die Rüstung eines Ritters. Nicht um das Köpfen zu sehen, drängelten sie sich in die ersten Reihen, sondern seinetwegen. Denn wenn er das lange Schwert in seine Hände nahm und vor sich zwischen die gespreizten Beine hinsetzte, da war er wie ein Standbild aus Marmor: ein herrlicher Mann! Da verwünschte manche Maid die Stunde, in welcher er wegen eines Totschlags zum Scharfrichter begnadigt und damit ehrlos geworden war. Hätt er nämlich damals das gräßliche Amt abgelehnt, wär er von einem anderen aus der Nachbarschaft geköpft worden.«

Evi Almayerin machte große Augen: »Und von dem soll ich abstammen?«

»Frag nit so dumm! Manch eine tät sich glücklich preisen, wenn sie unter ihren Altvordern einen solchen Mann hätt! Hör' weiter! Wenn er dann sein Geschäft mit einem Streich beendet hatte, schritt er wie ein Sieger in die Wirtschaft am Platze, wo an einer Kette sein eigener Löffel hing, damit die ehrenwerten Bürger nicht in die Gefahr kämen, sich ihre zahnlosen Mäuler daran dreckig zu machen. Da zogen sie mit ihm hin zur Wirtschaft und gafften durch die Türen und die Fenster hinein, um zu sehen, wie er sein großes Fleischgericht aß, das ihm die Stadt jedesmal stiftete. Ja, er aß mit Behagen und schaute immer wieder in die lüsternen Augen der jungen Weiber und lächelte und zeigte ihnen seine schönen Zähne. Dabei wußte er, daß er keine von ihnen nehmen durfte, obwohl sie sich hätten liebend gerne nehmen lassen.«

»Konnten sie denn des Nachts auch nicht zu ihm?«

»Wo denkst du hin, Kind! Der Scharfrichter durfte damals ebensowenig innerhalb der Stadt wohnen wie heutzutage. Sie hatten ihm ein Häusl gebaut, weit droben an der Salzach. Und wer da hinausging auf Raitenhaslach zu, der machte mit dem Wege einen großen Bogen um ihn herum. Einmal aber – 's war in den Hundstagen – da machte eine bürgerliche Maid keinen Bogen um ihn herum, sondern wich vom Wege ab, eilte schnurstraks aufs Häusl zu und zu ihm hinein. Und was soll ich sagen? Neun Monate drauf kamen wir in der Grüben zu Burghausen auf die Welt, ich und deine Großmutter. Niemand hat's erfahren, niemand hat's gewußt, wer unser Vater war. Erst am Totenbett hat's uns die Mutter verraten. Deine Großmutter – Gott hab sie selig! – war besser gediehen als ich. Deshalb hat sie auch einen Mann gekriegt. Von dem, der zu Schärding ein Bierbrauer war, stammt dann deine Mutter. Und du, Kind, ähnelst ihr aufs Haar. Wenn du so weitermachst wie bisher, dann haut's dich auch frühzeitig vom Stangl. Aber das ist wohl Erbgut! Jedenfalls bist du mit deinem Männerwechsel auf dem besten Wege, die Auszehrung oder ein anderes Leiden zu kriegen.«

Die Alte schwieg und schaute auf das Mädchen, das die Augen in unbestimmte Ferne gerichtet hatte. War es denn wirklich so, wie sie gesagt? Feierte die Triebhaftigkeit der Ahnen in ihrem Leibe fröhliche Urständ? Ist es denn schlimm, wenn sich ein Mädel um einen Mann bemüht und dabei den ewig gleichen Wünschen des Mannes beugt?

Die Alte erriet die Gedanken der Kleinen und sprach: »Ob es schlimm ist? – Schlimm ist nur, sich selber wegzuwerfen!«

Evi erwiderte geschmerzt: »Ihr habt gut reden, Muhm! Der Vogl, den ich jetzt hab, ist drauf und dran, mir davonzulaufen. So läuft mir einer um den anderen davon. Und ich will halt keinen Leinwandweber! Gebt mir doch etwas, daß er bleibt!«

Die alte Zauberin empfand Mitleid: »Nimm einen guten Rat, lieb's Töchterlein, und kauf dir einen Handspiegel, einen ganz kleinen, aber feilsche nit, wenn du ihn beim Juden kaufst. Geh dann in deine Kammer, löse den Spiegel aus seinem Rahmen und schreib hinten aufs Glas dreimal den Namen von dem Vogl. Kannst du überhaupt schreiben?«

»Freilich, Muhm, ich bin doch in die Lateinschule gegangen! Aber redet weiter!«

»Wenn jetzt im Frühjahr die Hunde läufig werden, so nähere dich mit dem Spiegel einem Hundepaar. Deckt dann der Rüde die Hündin, so halt ihnen das Glas vor. Versteck's alsbald neun Tage lang an einem Ort, an welchem der Geliebte oft vorbeigeht. Sind die neun Tage um, so nimm den Spiegel an dich, und du wirst sehen, daß sich der Mann wieder zu dir kehrt!«

Die junge Almayerin strahlte, doch die Alte fuhr fort: »Wenn er dann wieder zu dir in die Kammer kommt, richtest du ihm ein Tränklein aus Baldrian, Portulak, Jasmin, Krokus, Koreander, Farn und Stiefmütterchen, deren Absud mit dem Saft von Lorbeerblättern vermischt wird. Ein Löffel voll dieses Tränkleins, dem Weine täglich beigegeben, läßt die Liebe des Mannes wieder wachsen. Merk dir aber das Wichtigste: Bedräng ihn nicht, sondern lerne warten!«

Beglückt verließ Evi die Hütte und versprach wiederzukommen.

»Das glaub' ich gern!« erwiderte die Alte. »Du wirst schon wiederkommen müssen, wenn die Regel ausbleibt, und das wird sehr bald sein!«

Und wirklich, der Ratschlag mit dem Spiegel und der Zaubertrank taten bald die ersehnte Wirkung, so daß der von der alten Hexe vorhergesagte Besuch bereits kurz nach Ostern folgte.

In dieser Zeit wies der alte Ludwig Vogl seinen Sohn Veit Adam an, nach Weilheim zu reiten und die dortigen Verwandten, die auf dem elterlichen Hause saßen, an ihre Abschlagszahlungen zu erinnern. Sie hatten nämlich in diesem Punkte ein sehr kurzes Gedächtnis und redeten sich gewöhnlich darauf hinaus, daß sie einfach keine Zeit hätten, das fällige Geld dem lieben Anverwandten nach Ried zu bringen, obwohl es so vereinbart war. So mußte denn der »liebe Anverwandte« alle drei Jahre das Erbteil selber einholen. Weil aber dieses Geld bei den Weilheimern nicht griffbereit lag, sondern erst durch allerlei Machenschaften beigebracht werden mußte, dauerte diese Einholung meist mehrere Wochen.

Als Veit Adam den väterlichen Auftrag der Evi mitteilte, erklärte sie sofort, sie werde natürlich mitreiten, weil sie sich schon immer danach gesehnt habe, sein Vaterhaus kennenzulernen. In Wirklichkeit hatte sie Angst, er könnte ihr ganz verloren gehen. Der junge Vogl hatte nichts gegen die Begleitung, und ihr Vater durfte nichts dagegen haben. So ritten sie also los und kamen in den ersten Maitagen in das liebliche Ammertal nach Weilheim, von den Verwandten herzlich begrüßt, heimlich aber zu allen neun Teufeln gewünscht.

Gleich am ersten Samstag begab sich der junge Vogl in den Bierkeller des Zunfthauses, in welchem sich die Bildhauer und Maler trafen. Auch Blasius Maß, Deglers Altgesell, fand sich regelmäßig im Keller ein, denn dort war immer manch Neues aus der großen Welt zu erfahren, besonders was die Kunst betraf. So saßen sie beisammen, die vielen Gesellen aus den berühmten Weilheimer Werkstätten, und mitten unter ihnen führte Veit Adam Vogl das große Wort. Ja, er habe sich bereits selbständig gemacht und werde demnächst ins Haus des reichsten Rieder Gastwirts einheiraten. So werde es ihm möglich sein, bald eine große

Werkstatt aufzurichten, denn im Raum ob der Enns befinde sich außer ihm und seinem Vater kaum ein nennenswerter Bildhauer, so daß man praktisch auf ihn angewiesen sei.

Da warf Blasius Maß, dem die Großsprecherei des anderen zuwider war, die Frage dazwischen, ob es denn zu Ried nicht auch einen gewissen Schwabenthaler gebe, der sich mit der Bildhauerei beschäftige. Mit verächtlichem Achselzucken entgegnete Veit Adam: »Mein Gott, ja! Die Schwabenthaler sind halt armselige Krippenreiter! Der alte ist siech und wird bald ausgeistern; der junge, der Rebeller, hat sich nach einer leidigen Affäre aus dem Staube gemacht. Doch selbst wenn er wieder zurückkehrt, sind von ihm höchstens ein paar Kripperlfiguren zu erwarten, und mit denen ist nit viel Staat zu machen.«

»Und Ihr, womit macht Ihr Staat?« fragte der Degler'sche Altgesell weiter. Ihn empörte dieses abwertende Gerede des jungen Vogl. Der fühlte sich wie vor die Brust gestoßen und mußte tief Atem holen; dann meinte er: »Was soll diese Frage? Geht nach Geiersberg im Oberen Österreich und betrachtet Euch in der Pfarrkirche die beiden Seitenaltäre mit der thronenden Maria und dem heiligen Wolfgang! Sie sind vom Vater, und es gibt weit und breit nichts Ähnliches!«

»Junger Mann«, erwiderte Blasius Maß, »alles andere hättet Ihr sagen dürfen, nur das nicht, denn ich war erst vor zwei Jahren dort. Und ich muß Euch gestehen, so viel handwerksmäßige Schnitzerei und so wenig Kunst hab ich selten beisammen gesehen wie in diesen beiden Gestalten. Die kommen aus der Steifheit ihrer Bewegungen gar nicht heraus. Da helfen auch die dünnen, geknickten Gewandfalten nix, von denen man sowieso kaum weiß, wozu sie da sind.«

»Ihr nehmt das Maul ganz schön voll!« entgegnete der Vogl, indem er frech die Nase hochzog.

»Wie war das, du Rotzlöffel, du stellst das Urteil eines Alt-

gesellen aus der Degler'schen Werkstatt in Frage? Danke
Gott, daß du hier zu Gaste bist! Ich hätt dir sonst gezeigt,
wo der Barthl den Most holt!« Der Blasi sprach's, stand auf
und setzte sich an einen anderen Tisch. Dasselbe taten alle
anderen, so daß der Vogl allein hinter seinem Bierkrug
sitzen blieb.

Das behagte ihm natürlich nicht, und er verließ den Zunft-
keller. Als er droben durch die schwere Eichentür auf die
sonnenhelle Gasse trat, war er ein wenig geblendet und
rempelte einen Mann an, der gerade in den Keller hinab-
gehen wollte. Weil er den Bauch voller Wut hatte und die
Sinne nicht mehr ganz klar waren, dachte er gar nicht daran, sich bei dem Gerempelten zu entschuldigen, sondern
schaute ihn bloß mit erhabener, fast verächtlicher Miene an.
Und wie er so schaute, fiel ihm mit einem Male das Gesicht
zusammen: das war ja . . . »Ja, das ist doch der Rebeller!«
schrie er laut und brüllte vor Lachen, daß etliche vorbei-
gehende Bürger die Köpfe schüttelten. »Hat dich jetzt der
Hunger nach Weilheim getrieben? Kannst in den nächsten
Tagen ruhig bei unserm Haus in der Ammergassen vorbeikommen; ein Stück Brot und eine halbe Maß gibt's allweil!«
Und wieder erschallte sein niederträchtiges Lachen.

Thomas Schwabenthaler stand unter dem Tor. Er war zusehends blaß geworden, fand aber in seinem Herzen nach
all den Monaten des Friedens kein Aufbegehren. Das spürte
der Vogl trotz seiner Trunkenheit und wurde mutiger:
»Mußt aber, wann du in die Ammergassen kommst, auf-
passen, daß ich daheim bin. Denn die Evi, die Almayerin
nämlich, die mit mir gekommen ist, könnt dich sonst noch
einmal abblitzen lassen!«

Hört ein indischer Hahn, der gelassen durch den Hühnerhof
stolziert, plötzlich am Zaun einen Buben pfeifen, so krem-
pelt sich mit einem Male sein ganzes Innenleben um. Er
wird zunächst starr und bläht sich auf, dann macht er zuk-

kende Bewegungen und nähert sich mit wildem Gegacker dem Gartenzaun. Ein Glück für den Buben, daß es diesen Zaun gibt. Für Veit Adam Vogl gab es diesen Zaun nicht, als ihn jetzt der Schwabenthaler ansprang. So heftig sprang er ihn an, daß sie beide mitten auf der Gasse zu liegen kamen. Sie vergabelten sich ineinander wie zwei Hirsche in der Brunftzeit und versuchten sich an den Hälsen zu erwischen. Sie wälzten sich hin und her, einmal war der, dann wieder der andere obenauf. Im Nu stand eine große Menge von Weibern und Kindern um sie her. Ein paar Halbwüchsige schrien ermunternd bald dem, bald jenem zu: »Ja, pack ihn am Krawattl! Stülp ihm halt die Nase hoch! Richtig, dreh' ihm's Ohrwaschl ab! Jetzt die Gurgel zu, er gickst schon! Und eins auf's Nasenbein! Menschenskind, der kann nit mehr!« Solche Zurufe erschallten und lockten die Bürgersleut zu beiden Seiten an die Giebelfenster. Sie lockten aber auch drei Schergen herbei. Die zerteilten die gaffende Schar und erfaßten mit groben Zugriffen die beiden Kampfhähne, rissen sie auseinander und zogen sie hoch. Beide bluteten aus Mund und Nase. Sagte der eine Scherge und schaute sie an: »Fremdes, rauflustiges Gesindel in der Stadt, das mögen wir! Fort mit euch aufs Rathaus!« Bürgermeister Hans Dirr, ein Verwandter des berühmten Bildhauers Philipp Dirr, schämte sich fast für die zwei Raufbolde, als er erfuhr, daß sie beide dem edlen Stande der Bildschnitzer angehörten: »Mit den Händen, mit denen ihr Gott und alle seine Heiligen gestaltet, habt ihr einander den Leib zerschunden, der ein Ebenbild Gottes ist! Wenn ein Roßknecht und ein Metzgergesell oder ein Sauhirt ihre Eifersüchteleien auf der Gassen austragen, in Gottes Namen, sie brauchen's, weil sie ein paar Kucheldirnen imponieren wollen. Aber ihr? In dieser Stadt Weilheim reichen sich Bildner aus allen Gegenden des christlichen Abendlands die Bruderhände und freuen sich an dem Werk des

Zunftgenossen, ihr aber zerhaut euch das Gesicht und wälzt euch auf offener Gassen im Roßmist. Ihr habt euerem Stand Unehre angetan und damit jeden ehrbaren Bildschnitzer in dieser Stadt und überall beleidigt. Darum verfüge ich *primo*: Morgen, am hochheiligen Sonntag, werdet ihr bei der Kirche zu Unserer Lieben Frauen Himmelfahrt an der Schandsäule stehen, von der Frühmesse bis zum abendlichen Rosenkranz, und werdet darüber nachdenken, daß für euch die Kunst keine Zerstreuung ist am Rande des wirklichen Lebens, sondern daß sie in das Herz dieses Lebens hineinreichen muß, um seine noch unbewußten Geheimnisse zu offenbaren. Und ich verfüge *secundo*: Ab Montag morgen seid ihr verstrickt aus dieser unserer Stadt Weilheim und betretet sie nicht wieder bis ins fünfte Jahr! Habt ihr dagegen was zu sagen?«

Thomas Schwabenthaler erwiderte: »Nein, Bürgermeister!«

Veit Adam Vogl sprach: »Ich soll für den Vater den Abschlag vom Erbteil holen, hab' aber noch keinen Kreuzer bekommen!«

Es antwortete der Bürgermeister: »Du wirst den Abschlag erhalten, dafür sorge ich. Und jetzt geht und beherzigt, was ich euch zum Abschied sage: Ihr habt die Mitte verloren!«

## An der Schandsäule

Am anderen Morgen, schlag sechs Uhr, wurden die beiden jungen Männer von einem Büttel an die Schandsäule gebunden. Beide trugen Kratzer und Schrammen im Gesicht, Zeichen ihrer beiderseitigen Gewalttätigkeit. Als dann der Pfarrer Christoph Selhamer zur Frühmesse ging, trat er zu ihnen hin und meinte: »Liebe Freunde, ich schließe euch in das heilige Opfer ein, denn groß ist das Leid und das Leiden um die Kunst, und nur die werden's bestehen, die den Geist des Ganzen erkennen. Solange euch Wasser und Licht, Feuer und Blume und Tier nicht Bruder und Schwester sind, solange euch jeglicher Mensch nicht als ein Geleitengel Raphael erscheint, solange seid ihr nicht reif, den Leibern der Heiligen Form und Gestalt und ihren Gesichtern das Leuchten des Himmels zu verleihen. Ihr werdet elende Stümper bleiben und der Nachwelt zum Gelächter dienen, so wie ihr schon jetzt von den Bürgern dieser Stadt verlacht werdet!«

Gewiß, ein paar behäbige alte Männer schüttelten den Kopf, als sie an den Angeprangerten vorübergingen. Ein paar vorwitzige Kinder lachten sie sogar aus. Die meisten Kirchgänger hatten jedoch Verständnis dafür, daß junge Männer in gewissen Situationen einfach handgreiflich werden müssen, weil das Gefühl körperlicher Überlegenheit auch durch noch so viel Geist nie und nimmer wettgemacht werden kann. Ein harter Ringkampf löst oft vielgestaltige Verkrampfung und schafft einen klaren Blick auf sich selbst und die anderen. Darum wurden die beiden Bildschnitzer an der Schandsäule von manchem sogar mit Achtung betrachtet. Wenn man ihnen eines übelnahm, so war es die Tatsache, daß sie, die Zugereisten, sich ausgerechnet Weilheim zum Austragungsort ihrer aufgestauten Angriffslüste erwählt hatten. Das war nicht anständig! Dergleichen hat auf heimatlichem Boden zu geschehen, wo jedermann das Für und Wider abschätzen kann. Nun ja, die vom Stamme der Vogl sind keine ehrenwerten Leut! Deshalb hat ja auch der Ludwig, der Vater des Angeprangerten, vor Jahren schon das Weite gesucht. Vom jungen Schwabenthaler wundert's einen fast, denn er hatte einen guten Leumund, sogar in Rottenbuch, wo doch der Herr Propst Piscator eher ein strenges Regiment führt. Doch sei es, wie es sei! Ab

Montag ist man beide los! So waren die Gedanken der Kirchgänger an diesem Sonntag.

Anders dachte der Blasius Maß und setzte seine Gedanken auch gleich in die Tat um. Er suchte den Bürgermeister Dirr auf: »Bürgermeister, Ihr dürft mir den Schwabenthaler die nächsten vier Wochen nicht wegschicken, das würde unserer Werkstatt einen sehr großen Schaden zufügen. Der Thomas hat eine Arbeit angefangen, die muß er vollenden. Kein anderer kann sie vollenden, denn er hat eine viel zu ausgeprägte Handschrift, der Thomas, als daß ich einen anderen darüber lassen könnt. Und außerdem hab ich mit eigenen Ohren gehört, wie gar übel der junge Vogl über die Schwabenthaler im allgemeinen und über den Thomas im besonderen sich ausgelassen hat. Ich sag Euch, Bürgermeister, ein Hundsfott müßt er sein, wenn er sich nicht über ihn hergemacht hätt!«

»Daran hab ich keinen Augenblick gezweifelt, Blasi, aber hier gilt gleiches Recht für alle.«

»Erlaubt mir die Widerred', Bürgermeister: Hier darf das nicht gelten! Man darf doch nicht bloß sehen, daß sich alle beide gemeinsam auf der Gassen herumgewälzt haben. Man muß auch in Betracht ziehen, was der Herumwälzerei vorangegangen ist — und da trifft die Schuld ganz alleinig den Vogl. Also müßte ihn auch ganz alleinig das Recht treffen! Es war schon unrecht, den Thomas mit an die Säulen zu stellen. Und es wär noch viel schlimmer, wenn er jetzt auch noch weichen müßt gleich als ein räudiger Hund. Das darf einfach nicht sein, Bürgermeister! Wir dürfen uns an dem Schwabenthaler nicht versündigen, denn der ist ein begnadeter Mensch!«

»Erreg dich nur nicht so, Blasi! Was hat denn das mit seiner Verstrickung zu tun!«

»Das hat schon damit zu tun, Bürgermeister! Man verstrickt einen, wenn man befürchten muß, daß er seine Untaten in der Gemeinde fortsetzen könnt. Meint Ihr denn, der Schwabenthaler hätt Grund und Ursach, hier zu Weilheim nach Abgang des Vogl noch mit anderen anzubinden? Ich wett' mit Euch, daß der keinem anderen ein Haar krümmt!«

»So verbürgst du dich also für ihn, Blasius Maß?«

»Weiß Gott, ich verbürg' mich!«

»Gut, dann mag er bleiben! Schick ihn aber heut noch zum Pfarrer, auf daß er das Sakrament empfängt!«

»Dagegen wird er nichts einzuwenden haben, denn er ist ein durchaus christlicher Mensch. Und ich dank Euch schön, Bürgermeister!«

»Nichts zu danken! Ich freu mich, daß du dich für ihn so eingesetzt hast; das tut man nur, wenn man in dem anderen einen Wert erkennt. Außerdem wär es sowieso unrichtig, wenn sie beide an einem Tage die Stadt verließen.«

Als der Rosenkranz an jenem Sonntagabend abgebetet war und das Glockenläuten einsetzte, wurden die zwei jungen Männer von der Schandsäule abgebunden und eilten ihren Häusern zu.

Die Evi Almayerin hatte während des Tages ein paar Tränen vergossen, sich aber nicht hinausgetraut, dem Verlobten an der Säule ein Wort des Trostes oder der Aufmunterung zu sagen, denn an der Säule stand ja auch der Thomas, und dem mochte sie nicht in die Augen schauen. Der Vogl verübelte ihr das und beschimpfte sie als eine dumme Gans. Dafür tröstete ihn aber der Umstand, daß die lieben Anverwandten das fällige Geld bereitgestellt hatten, weil natürlich — was er nicht wußte — vom Bürgermeister kräftig nachgeholfen worden war. Am Montag in der Frühe ritt das Paar zum Ammertor aus Weilheim hinaus.

Thomas Schwabenthaler war, als er von der Säule in Ambros Deglers Haus zurückkehrte, ein gebrochener Mann. Willenlos ging er daher hinüber in die Kirchgasse, zum

Pfarrer Selhamer, und beichtete. Christoph Selhamer war ein vortrefflicher Gottesmann und erkannte sofort, daß im Herzen des jungen Künstlers etwas geradegebogen werden mußte. Er wußte ja, wie sie waren, diese Leutchen, die einen winzig blinkenden Tautropfen, einen Hahnenschrei, einen abendlich verglutenden Wolkenbrand und eine sternenklare Nacht noch erleben konnten, die noch etwas spürten, wenn der Wind im Espenlaub flüsterte oder über die herbstlichen Stoppeln strich. Er nahm daher den Thomas mit in seine große Schreibstube und setzte ihm da auseinander, daß ein öffentliches Ärgernis auch öffentlich gesühnt werden mußte, »daran beißt die Maus keinen Faden ab«. Er versicherte ihm auch, den Herrn Propst Piscator sachgerecht zu unterrichten, damit der von seinem einstigen Schützling kein falsches Bild bekäme. Und überhaupt sei das Stehen an der Säule im eigentlichen Sinne keine Strafe, sondern nur die Wiederherstellung der Ordnung im Gemeinwesen. Wie viele ehrsame Bürger seien nicht schon an der Säule gestanden und hätten dennoch an ihrer Ehrsamkeit nichts eingebüßt!

Getröstet ging der Schwabenthaler zum Degler zurück und arbeitete weiter wie zuvor, bis in den Juni hinein. Dann packte er Meißel, Hohleisen, Balleisen und Geißfuß und verließ — gut entlohnt und mit Segenswünschen begleitet — die schöne Stadt Weilheim auf der Poststraße in Richtung München.

## Beim Otto Seemoser

Wieder kam er nach Polling, um sich noch einmal die zwölf Altäre zu betrachten, die der berühmte Steinle begonnen und der noch berühmtere Degler zu Ende geführt hatte. Jetzt wurde er auch dem Propst Claudius Plank vorgestellt, der bereits von Rottenbuch und von Weilheim her viel Löbliches über ihn erfahren hatte: »Und Ihr seid, trotz Eurer vielberedeten Meisterschaft, immer noch auf der Walz?«

»Mit diesen Worten tut Ihr mir, gnädiger Herr, zu viel Ehre an, denn gerade in Weilheim habe ich sehen gelernt, was ich noch zu lernen habe.«

»Wohin führt Euch jetzt der Weg?«

»Im Bayernland führen alle Wege nach München.«

»Aha, Ihr wollt Eure Nase dem höfischen Wind aussetzen! Nicht schlecht! Ich werde bei unserem allergnädigsten Herrn Kurfürsten ein Wort für Euch einlegen, wenn er demnächst unserem Hause die Ehre erweisen wird.«

»Euer Gnaden, es ist nit so sehr der höfische Wind, als vielmehr der Hans Krumper, dessen Patrona Boiariae ich sehen möcht.«

»Immerhin, lieber Schwabenthaler, solltet Ihr die Gunst des jungen Herrn Ferdinand Maria nicht zu gering achten, denn er ist jetzt drauf und dran, natürlich auch unter dem Druck seiner kleinen Savoyerin, im Lande den Künsten auf die Beine zu helfen. Haltet Euch also ran, damit nicht ein anderer Euch den Rang abläuft!«

»Ich will mich gerne bemühen!«

»Wir haben übrigens die Münchner Patrizierin Justina Töpslin, unsere große Wohltäterin, im Hause. Sie wird Euch gewiß in die Hauptstadt mitnehmen. So erspart Ihr Euch ein paar beschwerliche Tagereisen.«

»Ihr seid zu gütig, gnädiger Herr!«

»Warum auch nicht? Zu uns ist man auch gütig. Die Töpslin
gibt uns Geld, der Kurfürst stiftet uns eine Garnitur silber-
ner Leuchter und seine Frau Mutter kostbare Paramente.
Und nach all dem, was ich über Euch gehört habe, verdien-
tet Ihr, daß man Euch helfe.«
»Habt Ihr auch gehört, daß ich an der Säule stand?«
»Wär mir das widerfahren, was Euch widerfuhr, Schwabenthaler, ich glaube, sie hätten mich auch an die Säule
gebunden!«
»Und Ihr glaubt nicht, daß mir das zu einem Auftrag hin-
derlich sein könnt?«
»Ihr wollt doch nicht als Hofrichter auf die Gelehrtenbank.
Nur die müssen einen sauberen Leumund haben! Wir anderen, wir gewöhnlichen Sterblichen, wir dürfen schon ein
wenig angekratzt sein!«
Mit freundlichem Lächeln geleitete der würdige Herr den
jungen Mann in die übrige Gesellschaft der Chorherren.
Dann schrieb er ein kleines Brieflein und ließ es durch seinen Kammerdiener in das Gästehaus zur Justina Töpslin
bringen.

Am Peter- und Paulstag stand Thomas Schwabenthaler
am Schrannenplatz in München vor der Säule Unserer Lieben Frauen.
Der Holländer Hubert Gerhard, so sagten sie, habe schon
im verflossenen Jahrhundert, also lange vor dem Dreißigjährigen Kriege, diese schlanke, hochgewachsene und fein-
gliedrige Figur geschaffen, diese hoheitsvolle, königliche
Frauengestalt, mit der üppigen Fülle gelösten Haares über
dem schweren Krönungsmantel. War auch die ganze herrliche Erscheinung mit dem unter der Brust gegürteten leichten Faltenkleid durchaus der griechisch-römischen Antike
nachempfunden, dieses in wunderbaren Wellen nieder-
fließende Haar war bayerisch und atmete den Duft der hei-

mischen Scholle. Mit diesem Haar gehen sie nämlich singend über die Felder, die Bauernmädchen in der Hallertau und im Gäuboden, die Fischermädchen an Inn und Salzach. Nur in den Städten kräuseln sie's hoch und äffen die Franzosen nach. Darum steht sie ja wohl auch hier, diese bayerische Madonna, mitten in der Landeshauptstadt, um ihnen den Hauch angestammter Anmut zu beweisen. Und hier unten, rings um sie herum, da fechten die vier kraftstrotzenden Heldenputten gegen die sich aufbäumenden Verführungen der Zeit.

»Streiten sie nicht elegant, diese kleinen Kriegsgötter?« Mit dieser Frage trat ein junger Mann an Thomas Schwabenthalers Seite. »Beim Anblick des Schlangenputto kommt es mir stets vor, als ob er lächelte.«

»Welch eine spielerische Kraft im Gegensatz zur erhabenen Ruhe der Madonna!« Thomas erwiderte es und schaute den anderen an. Der streifte einen feinen Handschuh von seiner Rechten, nahm den Hut ab und verneigte sich leicht: »Johann Kaspar von Kerll, kurfürstlicher Hofmusikant!«

Thomas, der weder Hut noch Handschuhe trug, konnte sich nur verneigen: »Thomas Schwabenthaler, angehender Bildhauer aus Ried!«

»Darum also steht Ihr vor diesem Kunstwerk! Hätte mir's denken können. Denn in Euren Augen sah ich etwas, als ob Ihr mehr als wir alle erkennen könntet.«

»Ihr seid sicherlich auch nicht ohne Grund hierher gekommen. Wer so spricht, hat gewiß auch ein hellhöriges Herz.«

»Ja, lieber Freund der bildenden Kunst, ich komme hierher, um mich für meinen Schwanengesang inspirieren zu lassen. Denn ich spüre es: der Tag ist nicht mehr fern, an dem ich den Stubenstaub der höfischen Kamarilla von meinen Schuhen wischen und dorthin gehen muß, wohin die schmeichlerischen Töne des Südens noch nicht gedrungen sind.«

»Verzeiht, Herr von Kerll, mir ist aber wiederholt zu Ohren gekommen, daß die neue Frau Kurfürstin der Musik geradezu verfallen sei!«

»Ihrer Musik, der südländischen, und noch mehr ihren Musikanten, den Italienern! Jetzt kommen sie bereits in Scharen angerückt, jede Woche ein anderer: Gestern der Raufboldini, heute der Schandbubino, morgen der Lumpini, übermorgen der Gaunerino. Hinten am Salvatorplatz läßt sie bereits eine Opera bauen, und nichts Bayerisches wird dort zu finden sein!«

Thomas Schwabenthaler seufzte hörbar: »Und ich hatte im stillen gehofft, mein Glück bei Hofe zu machen!«

Bedauernd erhob der andere seine Hände: »Nennt Euch Thomasini, vielleicht gelingt's Euch! Ich jedenfalls will, bevor ich weiterziehe, noch eine Hymne schaffen auf die Worte des großen Dichters Jakob Balde, den die Turiner Prinzessin auch schon aus München verjagt hat!«

Und er zitierte pathetisch:

> »Dem Volke gnädig immer sei,
> in seiner Mitte bleib zugegen:
> Du siehst, es wandelt hier vorbei,
> zahlreich auf seinen Erdenwegen.
> O Strahlende, umflossen ganz
> von Gold und von des Himmels Glanz!

Ich habe sonst niemanden in dieser Stadt, von dem ich Abschied nehmen müßte!«

Herr von Kerll verbeugte sich wieder und ließ den Schwabenthaler allein. Ihm waren die Augen feucht geworden, und das wollte er dem anderen nicht zeigen...

Thomas wandte sich der Dienergasse zu und ging vor zur Residenz. Hier wollte er die andere Madonna sehen, die »Patrona Boiariae« des Weilheimers Hans Krumper im Schrein an der Residenzfassade. Unter ihr brannte ein Ewiges Licht, und zwei Hartschiere in Galauniform standen die

Ewige Wache. Bei aller sonstigen Vergleichbarkeit der Werke des Meisters und seines Schülers – Krumper hatte ja bei Gerhard gelernt – war die Schutzfrau Bayerns am Hause des Kurfürsten doch mehr eine Mutter. Sie schreitet nicht leichtfüßig über den wechselnden Mond hin, sondern steht fest auf seiner Sichel; schwer fallen Mantel und Haar über ihre stattlichen Schultern, und der lebhafte Jesusknabe läßt sich von ihr kaum noch im Arme halten. Sie ist ganz Frau, die andere ist ganz Mädchen; bayerisch aber sind beide.

Der Krumper hatte es geschafft: er war Hofbildhauer geworden. Er hatte sich am Abend nicht fragen müssen, was er am kommenden Morgen essen sollte. Bei dir, dachte Thomas Schwabenthaler, ist das anders! Du wirst wahrscheinlich noch lange fragen. Und weil du immer nach dem täglichen Brot fragen mußt, geht dir viel Zeit verloren, kostbare Zeit, in der du Großes leisten könntest; denn du fühlst das Große in deinem jungen Herzen. Doch bescheide dich! Betrachte neidlos die Werke der anderen und laß dich von ihnen anregen! Einmal kommt auch für dich die große Stunde. Dann wirst auch du vor deinen Werken stehen und nicht mehr wägen, was sie wert sind, sondern nur noch fragen, ob sie schön sind!

Thomas kehrte ins Heiliggeist-Spital zurück, wo er untergekommen war, und zeichnete eine mädchenhafte Madonnengestalt mit einem ausgebreiteten Mantel, einen Schutzmantel, der von Engeln gehalten wurde. Das Gesicht sparte er aus, weil er noch keine Vorstellung von ihm hatte.

Am anderen Tag verließ er München und kam in den Nachmittagsstunden nach Freising. Hier residierte als Fürstbischof Albert Sigismund aus dem Hause Bayern, ein kunstsinniger und generöser Herr, der soeben begonnen hatte, seine Domberg-Festung mit eleganten Bauten und feinen Malereien zu bereichern. Thomas erstieg von der Unteren

Gasse her den Berg, ohne von den Knechten beim mächtigen Aufgangstor behindert zu werden. Das wunderte ihn, denn nicht überall läßt man einen fahrenden Gesellen unbefragt passieren. Müde vom langen Fußmarsch setzte er sich im ersten inneren Seitenschiff des Domes rechter Hand in eine Bank und betrachtete das uralte Grabdenkmal des einstigen bischöflichen Türhüters Otto Seemoser, das hier in die Wand eingelassen war. Da stand auf drei Steinen ein vornehm gekleideter Mann mit einem langen Spitzbart. Rechts und links davon reihten sich andere Epitaphien an, Denkmäler edler Herren und nobler Damen. Und Thomas stellte sich die Frage: Wie kommt ein Türhüter in solch erlauchte Gesellschaft?

Da hatte er plötzlich ein inneres Gesicht: Er sah den Seemoser vor sich stehen mit geschürztem Oberkleid, in dessen Bausch er drei Brote trug. Er ging vorüber, hinab zum Aufgangstor, um Arme zu beschenken. Plötzlich trat aus der Torstube der eisenharte Bischof Gerold hervor und schrie: »Otto Seemoser, du stiehlst aus meiner Vorratskammer! Was trägst du in deinem Schurz?« — »Herr«, erwiderte zittrig der alte Mann, »es sind Steine; ich trage sie aus Eurer Burg heraus, damit Ihr nicht stolpert!« Und wirklich, das Brot war zu Stein geworden! Dann kehrte der Seemoser wieder zurück und stand abermals vor Thomas. »Freund«, sprach er, »du willst dein Brot vor die hohen Herren tragen; fürchtest du nicht, daß es vor ihnen zu Stein wird? Gib es lieber den Armen, es wird sie nähren, und sie werden dich segnen! Denn die Herren taxieren das Werk deiner kunstreichen Hände nach dem modischen Gehalt, die armen Leut dagegen betrachten's mit den Augen des Herzens. Und selbst wenn du zeitlebens ein Habenichts bleibst, hadere nicht, sondern danke Gott für das Armsein; denn die Satten sehen meist nur das Äußerliche, doch den tieferen Blick haben die Hungernden.«

So sprach zu ihm im Geiste der Otto Seemoser, der fünfhundert Jahre zuvor einem Freisinger Bischof die Tür ge-
hütet hatte. Indem er jetzt vor dem Auge des Schwabenthalers in zartem Dunst verschwand, tauchte dahinter ein
anderes Antlitz auf und redete ihn an: »Die Hungernden
speisen ist eine hohe Tugend; junger Mann, wenn Ihr Hunger habt, kommt mit mir und eßt! Denn der Herr Fürstbischof gab mir die Weisung, alle Fahrenden zu speisen.«
Willenlos folgte Thomas dem anderen in seine Mesner-
wohnung, die neben der Sakristei lag. Hier werkelte eine
junge Frau. Als sich der Gast gesetzt hatte, schob sie ihm
einen Riegel G'selchtes und ein halbes Brot auf den hellen
Ahorntisch hin und holte danach eine Kanne Bier aus dem
Keller. Die zwei Männer unterhielten sich. Thomas sagte:
»Muß ein recht leutseliger Herr sein, Euer Fürstbischof,
wenn er wandernde Handwerksburschen so bewirtet.«
»Euer Wort in Gottes Ohr, junger Mann! Leutselig, recht-
schaffen, gütig — aber auch gefährlich!«
»Sagtet Ihr: gefährlich?«
Der Mesner nickte: »Er ist ein sehr gebildeter Herr und
beschäftigt sich in seinen Kellern mit allerhand Räucher-
werk und Schießerei. Das kracht bisweilen durch die ganze
Residenz und Dampf steigt auf aus allen Luken und Lö-
chern.«
»Was treibt er denn da?« fragte Thomas.
»Ja, wer das nur wüßte! Manche sagen hinter der vorge-
haltenen Hand, er mache Gold.«
»Und was meint Ihr selber?«
»Ich selber...«
Die junge Frau unterbrach ihren Eheherrn mit nicht sehr
schmeichelhafter Rede: »Hör auf mit deinem Geschwafel!
Wenn unser Herr Witterung davon kriegt, was du für sau-
dummes Zeug erzählst, setzt er uns den Stuhl vor die Tür!«
Doch der Mesner lächelte überlegen, packte die Frau sanft

am Arm und geleitete sie hin zur Kammertür. Dann fuhr er fort: »Ich selber bin überzeugt, daß er schweres Kriegsgeschütz fabriziert. Denn er ist, wie Ihr vielleicht wißt, der Bruder unseres gottseligen Herrn Kurfürsten Maximilian. Denen steckt das Kriegshandwerk in den Knochen. Vor einem Jahrzehnt war's der Schwede, morgen wird's vielleicht der Franzose sein, mit dem sich die Bayern prügeln müssen. Und da muß es krachen!«

»An der Bildhauerei trägt Euer Herr wohl kein Gefallen?«

»Wenig, junger Mann, wenig! Seid Ihr vielleicht ein Bildschnitzer? Nein, da braucht Ihr ihn gar nicht fragen. Wäret Ihr ein kundiger und weitgefahrener Maurer, dann ließe sich eher mit ihm reden. Hierin wird sich nämlich in den nächsten Jahren auf dem Domberg einiges tun. Mauern und Kanonen, ja, das liebt er!«

Da fuhr aus der Kammer die junge Frau herein: »Glaubt ihm den Schmarrn nit, lieber Herr, glaubt ihm gar nix! Er will nur den Leuten gefallen und lügt sich dabei selber an.«

Der Mesner stand vom Stuhle auf und fragte: »Hast du vielleicht gelauscht hinter der Tür?«

»Da braucht unsereins nit zu lauschen! Jedem Dahergelaufenen bindest du den gleichen Bären auf. Aber ich seh's kommen: einmal gerätst du an den Unrichtigen, und dann ist's aus mit der Mesnerei am Dom! Dann können wir durchs Land ziehn und betteln gehen. Was für ein Glück, daß wir keine Kinder haben!«

Der Mesner hatte sich in drohender Gebärde vor sein Weib hingestellt; es sah aus, als müßte man das Schlimmste befürchten. Als sie aber ihre Kinderlosigkeit erwähnte, duckte sich der Mann zusammen, nahm den abgeschabten Hut von der Ofenbank und schlich wie ein geprügelter Hund hinaus, ohne Gruß und Geste. Thomas beeilte sich jetzt, seine Brotzeit zu beenden, denn das junge Weib wollte ihm nicht recht gefallen. Er packte sein Felleisen, sagte »Vergelt's Gott!«

und verließ den Raum fast ebenso schleichend wie vorher der Mesner.

Draußen am Domplatz traf er ihn wieder. Er hatte gewartet. Betrübt schaute er drein und fragte: »Was ratet Ihr einem Manne, der seinem Weibe nicht mehr genügt? Muß er sich so demütigen lassen?«

»Was soll ich sagen, lieber Freund? Es ist unchristlich, was ich Euch sag', aber mich an Euer statt hätten sie schon längst als Mörder aufs Hochgericht gebracht. Wär ich jedoch ein Kapuzinerpater, dann müßt' ich Euch sagen: Ihr zwei seid einander in diesem Erdental zur Prüfung, am Jüngsten Tage aber zur Rechtfertigung aufgegeben.«

Der Mesner nickte und klopfte dem anderen auf den Arm: »Guter Gesell, heiratet lieber nicht! Wenn Ihr's aber dennoch tut, dann wünsch ich Euch entweder ein liebes Weib oder ein gottgläubig Herz!«

»Der liebe Herrgott mög Euch dies Herz bewahren!« erwiderte Thomas.

Dann trennten sie sich.

Der Schwabenthaler ging hinunter in die Stadt und legte sich in der Herberge zum Schlafen nieder. Er war müde und sehr verwirrt. Ihn quälte eine Frage: Wie war es möglich, daß man große Männer und Frauen, die in dieser Welt einst Geschichte gemacht hatten, einfach vergessen konnte, und einem armseligen Türhüter setzte man zwischen Bischöfen und Fürsten ein so stark geprägtes Grabmal? Rührte das etwa daher, daß – wie die Jesuiten in Burghausen immer gepredigt hatten – alles Unechte, alles Unfertige und Ungöttliche auch in den Augen der Menschen keinen Bestand hat? Und daß nur die Lauterkeit des Herzens und die ungeschminkte Natürlichkeit der Empfindungen das Brotwunder bewirkt haben? Wenn dem so ist, dann wird er, Thomas Schwabenthaler, in seiner Kunst auch nur das Echte, das Fertige und Göttliche darstellen dürfen, und das wird er hauptsächlich in den Gestalten der Heiligen finden. Dann werden vielleicht auch seine Werke überdauern. Mit diesem Gedanken schlief er ein.

Als er am anderen Morgen aufgestanden war und daran ging, die aufgeschmalzene Hafergrütze zu verzehren, trat die junge Mesnersfrau in die Gaststube. Sie war übel zugerichtet und trug im Gesicht etliche Schrammen und ein paar blaue Beulen. Als sie ihn sah, begann sie ein fürchterliches Lamento und machte ihm Vorwürfe, er habe ihren Mann gegen sie aufgehetzt und behauptet, sie hätte mit ihm getechtelmechtelt. Sie tobte derart, daß unverzüglich die Wirtsleut und die anderen Handwerksburschen herbeikamen, um diesen Auftritt zu genießen. Thomas aß geruhsam seine Grütze und ließ das Weib wettern. Als er fertig war, streifte er sich mit dem Handrücken den Mund ab und erhob sich an seinem Tisch. Und dann stand er da. Wie in Erz gegossen stand er, so daß es dem wütenden Weib mit einem Mal die Stimme verschlug. Da wurde es ganz ruhig in der Stube, und man hörte nur aus der Kuchel nebenan eine Grille zirpen. In diese Stille hinein sprach der Schwabenthaler die bedächtigen Worte:

»Liebe Mesnersfrau, du bist eine Natter und hast einen Giftzahn. Nix gegen die Nattern, denn sie fressen Fliegen und allerhand anderes Geschmeiß. Aber der Giftzahn muß weg. Gott segne den Mesner, daß er sich endlich erkühnt hat, dir den Zahn auszuschlagen! Es war die allerhöchste Zeit. Denn wenn du dir einbildest, euer Leben müsse sich nach den Sehnsüchten deines gierigen Schoßes richten, dann irrst du. Glaub mir, ich bin auch kein Mönch und kein Kostverächter, aber irgendwann muß sich der Handel aufhören, dann nämlich, wenn es um die Gefährdung des Menschen selbst geht. Doch davon hast du keine Ahnung. Darum lobe ich mir den Mesner und seine kräftige Handschrift!«

Da lachten alle ringsum, und das Weib ging keifend davon. Thomas Schwabenthaler aber nahm seine Zeichenblätter und begab sich wieder auf den Domberg. In Weilheim hatten sie ihm schon gesagt, er müsse sich, komme er je nach Freising, unbedingt die beiden Figuren ihres großen Landsmannes Philipp Dirr am Hochaltar anschauen. Ebenso dürfe er auf der Domorgel den Harfen- und den Lautenengel nicht übersehen.

Als daher die Herren des Kollegiatsstifts ihr Chorgebet beendet und sich in die Sakristei zurückgezogen hatten, stellte sich Thomas vor die Statue des heiligen Korbinian hin und bewunderte, indem er den Heiligen zeichnete, die in sich ruhende Haltung des Meisterwerkes. Und wieder fand er bestätigt, daß diese Bauern- und Taglöhnersöhne aus dem Pfaffenwinkel ganz besonders begnadet waren. Die Gestalten, die sie schufen, atmeten und redeten und trugen, trotz ihrer Übertragung ins Göttliche, so viel Menschliches an sich. Das war es wohl auch, warum man diese Heiligen ganz anders verehren konnte. Man brauchte nicht vor ihrer stummen Würde in die Knie zu gehen, sondern eher vor ihrer zutraulichen Anmut.

Wie er sich nun so recht in den Anblick des Bärenheiligen vertieft hatte, näherte sich ihm von hinten her der Mesner und schaute ihm ins Blatt. Thomas warf ihm einen Seitenblick zu: »Ja, mein lieber Freund, mit dem gutgezielten Handstreich hat man's leichter als mit dem einfühlsamen Herzen! Ging's aber wirklich gar nicht anders?«

»Es ging nicht! Sie hat mich geneckt und angewippt wie eine Bachstelze.«

»Und da habt Ihr dann draufgewippt!«

»Es tut mir nur leid, daß es so fast an heiliger Stätte geschehen ist. Wir wohnen ja hinter der Sakristei.«

»Das braucht Euch weiß Gott nicht leid zu tun! Unser Herr Jesus hat doch auch mit einem Kälberstrick an heiliger Stätte auf die Geldwechsler dreingeschlagen, im Hause seines Vaters, wie es heißt.«

»Guter Gesell, Ihr seid mir ein echter Anwalt. Mir scheint, ich könnt das Weib gar noch kurieren, wenn ich Euch in meiner Nähe wüßt.«

Thomas lachte und gab ihm einen leichten Schlag auf die Schulter: »Dazu bedarf's doch nicht meiner Nähe! Haltet Euch allweil aufrecht und benehmt Euch wie ein g'stand'ner Mann – und Ihr werdet sehen, daß in ein paar Wochen der Haussegen wieder gerade hängt! Vergeßt aber zu guter Letzt nicht Euer gottgläubig Herz, denn irgendwo sagt der Apostel: ›Ertraget einander in Liebe!‹«

»Ihr redet wie ein Geistlicher!« entgegnete der Mesner voll Bewunderung. Thomas zuckte mit den Achseln: »Hab einer werden wollen, aber sie haben mich hinausgeekelt.« Und ruckartig wandte er sich wieder seinem Zeichenblatt zu.

## Die Floßfahrt

Der Schwabenthaler wollte noch diesen und den nächsten Tag in der fürstbischöflichen Stadt Freising bleiben, bemühte sich jedoch nicht, obwohl er es eigentlich vorhatte, um eine Audienz bei dem allergnädigsten Herrn Albert Sigismund. Die Vision vom Türhüter Otto Seemoser hielt ihn ebenso davon ab wie die Aussage des Mesners, daß der Bischof nur auf gute Maurer aus sei.

Er erkundigte sich daher, wann das nächste Ordinari-Floß von Tölz herabkäme, und erfuhr, daß es am Feste des heiligen Willibald um die Mittagsstunde draußen an der Isar anländen werde. Als er fragte, ob er wohl auch noch auf der Weiterfahrt mitgenommen würde, wurde ihm gesagt, daß er sich keine Sorgen zu machen brauche. Die Ordinari seien in diesem Jahr lauter achtzehner Dillen, fünfzig Schuh lang, und könnten außerhalb der Hütte fünfzig bis sechzig Reisende mitnehmen. In Wien brauche man nämlich diese langen Stämme als Brückenbauholz und für die Befestigungsanlagen gegen die bedrohlich näherrückenden Türken. Der Preis für die Fahrt bis Passau koste laut den Tölzer Floßmeistern achtzig Kreuzer, wenn er auf dem Floß übernachte. Gehe er aber zum Schlafen an Land, dann neunzig. So bestieg also Thomas Schwabenthaler am 7. Juli 1658 das Ordinari nach Passau, nachdem er dem Drittförgen achtzig Kreuzer gezahlt hatte. Es war eine schöne Fahrt in der lieben Julisonne. In den Auen graste das gesunde Vieh und an den Hängen reifte die Saat. Die Bauern hackten mit dem Gesinde in den Rübenäckern. Die alten Großmütter gartelten an der Sonnenseite der Gehöfte und hüteten dabei die kleinen Kinder. Da und dort kläffte ein Hund, weil ihn eine vorbeiflitzende Schwalbe aus dem Mittagsschlafe aufgeschreckt hatte. Ein feister Kater strich mit lüsternen Blicken am Feldrain entlang.

Nachdem das Ordinari in Moosburg angeländet war, luden die biederen Förgen und der Stoyrer eine Kiste Geigen aus Mittenwald und etliche Steigen Tiroler Obst ab, welche für die Herrschaft auf Schloß Isareck bestimmt waren. Eine vornehme Dame mit zwei etwa siebzehnjährigen Töchtern stieg zu.

Als sich die Sonne zum Abend neigte, fuhren sie am Schloß Kronwinkl vorüber, auf dem das hochadlige Geschlecht der Preysinger saß und seine uralten Juwelen hütete. In der Ferne leuchtete rötlich der hohe Ziegelturm von St. Martin zu Landshut. Hier in der alten Herzogstadt wollte man die Nacht verbringen, denn bei dem niedrigen Wasserstand der Isar war an eine Weiterfahrt beim Laternenschein nicht zu denken. Einige Reisende gingen an Land, auch die Dame mit ihren Töchtern. Thomas blieb mit den Förgen am Floß.

Sie machten sich's im Windschatten der Hütte auf Säcken und Decken bequem.

Es war eine laue Julinacht. Thomas schlief selig bis in den Morgen hinein. Dann kamen auch die an Land Gegangenen wieder aufs Floß zurück, und gerade als die kleine Glocke bei St. Martin zur Frühmesse rief, legten sie ab. Um die Mittagszeit kam man nach Dingolfing. Unterwegs waren die drei Wallfahrerinnen gesprächig geworden und erzählten Thomas, daß sie ein Gelübde erfüllten, weil der Vater die Beulensucht gehabt habe, aber wieder genesen sei. Alle drei seien sie auf den Zweitnamen Gisela getauft und verehrten die selige Ungarnkönigin sehr.

Der Schwabenthaler bewunderte die fromme Gläubigkeit dieser Frauen und fragte dann die Mutter in aller Bescheidenheit, ob sie es gestatten würde, daß er als Bildhauer die Köpfe ihrer Töchter abzeichne. Er könne sich nämlich vorstellen, daß sie einmal als rauchfaßschwenkende Engel beiderseits eines Tabernakels aufgestellt würden. Die Dame hatte nichts dagegen. Thomas zeichnete die beiden Mädchen.

Als man in der Bischofsstadt Passau angelangt war, begleitete er sie in die Heilig-Kreuz-Kirche der Benediktinerinnen zu Niedernburg. Da standen sie nun vor dem Hochgrab und vor der weißen Kalksteinplatte mit den zwei sich erhebenden Adlern. Darunter ruhten die Gebeine jener Frau, die die erste gesalbte Königin der Ungarn war. Ein starker Rosenduft drang ihnen aus dem Grabe entgegen. Eine lateinische Inschrift aber lautete: »Hier starb und ward begraben als Äbtissin dieses Klosters im Jahr des Herrn 1060 am 7. Mai die ehrwürdige Herrin Gisela, Tochter eines Kaisers. Sie war die Gemahlin des heiligen Stephan, die Schwester des heiligen Heinrich, die Mutter des heiligen Emmerich«.

Thomas erkannte, daß er jetzt nicht mehr stören durfte. Die

Frauen waren am Ziel ihrer frommen Reise angekommen und wollten allein sein. Darum verabschiedete er sich und ging dem Domberg zu, von dem aus die herrliche Gotik des böhmischen Meisters Krumenauer aufragte. Vor dem Chorbau blieb er stehen. Männern, die solche Werke schufen, waren die Gesetze künstlerischen Fühlens und Handelns in die Seele gebrannt. Sie konnten nicht anders, sie mußten ihre Kraft bis zum letzten Quentchen in die Visionen ihres Geistes einbringen. Thomas spürte in diesem Augenblick, daß auch er in die Reihe solch begnadeter Männer gehört. Denn sonst, so sagte er sich, müßte er hinübergehen an die Mauerbrüstung und sein Handwerkszeug in den Inn hinabwerfen. Er ging darum in den Dom hinein, kniete nieder und betete.

Der Kanoniker Wenzeslaus Graf von Thun wohnte, wie Thomas erfragen konnte, in einem der innwärts gelegenen Domgebäude. Er habe sich aber längere Zeit bei seinem fürstbischöflichen Bruder in Salzburg aufgehalten, und man wisse nicht, ob er schon zurückgekehrt sei. Sein Sekretarius werde es wissen; der sei ja immer zu Hause, weil er an der Gicht leide.

Thomas Schwabenthaler trat ein. Es war die sechste Abendstunde, zu der eigentlich ein anständiger Christenmensch bei einem würdigen Domherrn keinen Besuch mehr macht. Ein hinkender Mann kam ihm durch den Couloir entgegen und fragte nach Begehr und Namen.

»Sagt Eurem gnädigen Herrn, ich sei der Bub, dem er vor zehn Jahren bei den Jesuiten zu Burghausen einen Gulden geschenkt und dazu gesagt habe: ›Wenn du etwas brauchst – Wir wohnen in Passau‹! Sagt das bitte so!«

Der Gichtige schlurfte durch den Gang zurück, und bald kehrten sie zu zweit wieder.

»Wie Ihr heißt, weiß ich nicht mehr, aber ich besitze von Euch eine vielbewunderte Krippe!« Der feine Herr in

Schwarz, den jetzt Schnurr- und Knebelbärtchen zierten, sprach's und begrüßte den Gast mit beiden Händen.

»Thomas Schwabenthaler aus Ried!«

»Richtig, Schwabenthaler! Ist Euer Vater wieder gesund?«

»Ich weiß es nicht, gnädiger Herr, denn ich war jetzt fast ein Jahr lang auf der Walz.«

»Nennt mich nicht gnädig, Thomas Schwabenthaler, sondern sagt Graf zu mir! Ob ich Euch gnädig sein kann, muß sich nämlich erst herausstellen. Ihr seid also auf dem Heimweg?«

»Ja, auf dem Heimwege nach Ried!«

»Und Ihr habt viel gelernt — oder brauchtet Ihr nichts mehr zu lernen?«

»Unsereiner lernt nie aus, Herr Graf! Und wenn einer glaubt, er könne es schon, dann ist er bereits auf dem absteigenden Ast.«

»Diese Rede ehrt Euch! — Ihr braucht mich also?«

»Wenn ich Euch das vorhin durch diesen Herrn so ausrichten ließ, wollte ich eigentlich bloß, daß Ihr Euch meiner erinnert.«

»Trotzdem! Wenn Ihr jetzt gerade von der Walz kommt, wird es Euch die ersten Monate, vielleicht sogar Jahre über durchs Dach regnen. — Aber warum stehen wir hier im Flur?«

Während er dem Sekretarius in böhmischer Sprache eine Anweisung gab, führte er den jungen Bildhauer in ein reiches Zimmer. Dort saßen sie einander gegenüber, der Feudalherr und der Bildschnitzer, nicht wie Herr und Knecht, sondern Mann bei Mann. Und Thomas berichtete von seiner Walz und daß er ursprünglich auch nach Prag habe ziehen wollen. Weil ihm aber das Geld ausgegangen sei, möchte er jetzt nur noch die Werke der welschen Meister in Salzburg studieren, um sich dann endgültig in Ried niederzulassen. Und so bitte er den Herrn Grafen um einen Brief an den fürstbischöflichen Herrn Bruder, damit man ihm auf Hohensalzburg sowie in Hellbrunn und anderswo freien Zugang zu stiller Betrachtung gestatte.

## Hans Schwabenthaler

Der Wasserburger Schiffmeister Mösner hatte vom Passauer Domberg den Auftrag bekommen, den jungen Schwabenthaler auf einem seiner Schiffzüge am Inn bis Dietrichshofen mitzunehmen und beim dortigen Burgvogt zu veranlassen, daß ihm ein Wagen nach Ried gestellt werde Thomas kehrte also Mitte Juli in seine Vaterstadt zurück. Er kam gerade recht, um dem sterbenden Vater Lebewohl zu sagen.

Als er in das ärmliche Haus eintrat, waren die Schwestern schon da und unterstützten die Mutter beim Weinen und Klagen. Der zwölfjährige Bruder Matthias hatte sich hinter den aufrecht im Bett sitzenden Vater gekniet, um ihn zu halten, weil er so besser Luft bekam. Dann erschien der Pfarrer Haurapp mit dem Krankenöl und dem Allerheiligsten Sakrament, um dem guten Meister Hans behilflich zu sein, das Leben in die Hände des himmlischen Vaters zurückzureichen. Er betete mit den Angehörigen und sprach dem Sterbenden Mut und Hoffnung zu. Als die letzte Minute gekommen war, hängte der alte Mann seinen rechten Arm über das Knie des Sohnes, legte sein Haupt darauf und schlief ein. Still, wie sein Leben gewesen, war auch dieser letzte Augenblick. Den heimgekehrten Sohn schien er nicht mehr erkannt zu haben. Sie waren ja auch stets einander ein bißchen fremd gewesen, weil der Vater die hochfahrende Art des anderen nicht verstehen konnte und ihm deshalb – um allen Streit zu vermeiden – gern aus dem Wege gegangen war.

Thomas stand wie versteinert da, als er den toten Vater gleich einem welken Blatt am Knie des Bruders hängen sah. Ist das alles, fragte er sich, was von der Leiblichkeit eines Menschen übrig bleibt? Matthias schaute in das verlöschte Gesicht und wagte sich nicht zu rühren, als fürchtete er, die begonnene ewige Ruhe des Vaters zu stören. »*Lux perpetua luceat ei* – das Ewige Licht leuchte ihm!« sagte der Pfarrer und bettete dann den leichten Körper auf das Kissen. Eine Stunde später läutete von St. Peter und Paul das Sterbeglöckerl. Die Mayerhoferin, die Totenfrau, kam, um den Leichnam zum Einsargen herzurichten. Als sie ihn wusch, sah man, daß der Körper des alten Meisters völlig ausgezehrt war. Da murmelte sie tonlos vor sich hin: »Auch er wird droben beim Himmelvater die verfluchten reichen Prasser von Ried verklagen!«

Da der Schwabenthaler kein Bürger gewesen war, sondern bloß Inwohner, durfte er nicht in den mittleren Reihen des Gottsackers beigesetzt werden. Hier ragten nur die großen herrschaftlichen und bürgerlichen Grabdenkmäler aus weißem, grauem, schwarzem und rotem Marmor auf. Unter diesen hätte sich das Holzkreuz eines armen Schluckers schlecht ausgenommen. Man grub ihn daher recht weit hinten ein, dort wo der Kasten war für die verwelkten Kränze und die verfaulten Blumen. »Für die Zuag'roasten, die sich kein Grab nit kaufen können, leid't's eben nit mehr!« hatte der junge Vogl, der Veit Adam, gesagt, als er auf der Marktrichterei den Todesfall registrierte. Wie er auf die Marktrichterei kam? Nun, er pflegte, wenn es in der väterlichen Werkstatt nicht viel zu tun gab – und das war häufig der Fall – bei den Behörden ein wenig auszuhelfen, nicht um des Entgelts willen, das sowieso sehr gering war, sondern weil es ihm Spaß machte, in den verstaubten Dokumenten herumzuschnüffeln, denn da kam manche Heimlichkeit ans Tageslicht.

Wie er nun den Akt »Hans Schwabenthaler« aus einem dicken Bündel hervorzog und zu blättern begann, entdeckte er einiges, das ihn stutzig machte. Da stand zu lesen, der Verstorbene habe eigentlich Schweinthaler geheißen und stamme aus dem Schweinthal im Loch, einem Einschichthof in der Nähe von Altötting. Er sei im Jahre des Herrn 1633 mit der Jungfer Katharina Oeberl, einer Hoffischerstochter aus Trostberg, nach Ried gekommen und habe diese daselbst am 24. Oktober geheiratet. Bei dieser Zeremonie habe er sich jedoch Schwabenthaler genannt und sei auch so in das Matrikelbuch eingetragen worden. Also Schweinthaler! Veit Adam grinste gehässig vor sich hin.

Und noch etwas war ihm aufgefallen: Auf keinem Blatt des gesamten Aktes wurde erwähnt oder auch nur angedeutet, daß der Hans Schweinthaler einen Meisterbrief der Bildhauerei besessen habe. Offenbar hatte er einen solchen nie erhalten. Wenn er nun kein Meister gewesen war, dann hatte er auch seinem Sohn Thomas keinen Gesellenbrief ausstellen können. Nachdem aber der Rebeller nur bei seinem Vater gelernt hatte, war er folglich nicht einmal Gesell, obwohl er tue, als hätte er zehn Meistertitel! Den Sachverhalt wird man sich merken müssen! Und der Vogl grinste abermals hinterhältig.

Veit Adam war mit der Evi Almayerin nach der Rauferei von Weilheim sofort heimwärts geritten. Das Geld hatte er mitgebracht, so daß er von der ganzen leidigen Affäre nichts zu beichten brauchte, obwohl der alte Vater Ludwig immer wieder fragte, warum es die lieben Anverwandten mit der Abschlagszahlung des Erbteils diesmal so eilig gehabt hätten.

»Ihr seid halt wohl nicht so ins Zeug gegangen wie ich!« meinte der Sohn gönnerhaft – und damit war für ihn die Angelegenheit erledigt. Bis zum nächstenmal! Der Vater

Vogl wurde nämlich langsam kindisch und konnte sich einfach nichts mehr merken. Dieser Verfall wirkte sich auch auf seine Arbeit aus. Der alte Mann brachte nichts mehr fertig und – was das Schlimmere war – er hatte keine Ideen mehr. Da war ihm doch vom Pfarrer Gleißer nahegelegt worden, die Visierung für zwei Altäre zu Zell am Pettenfirst zu erstellen. Unter Visierung verstand man damals eine Skizze des auszuführenden Werkes, dem oft noch ein Modell nach Baukastenart beigegeben wurde. Ludwig Vogl quälte sich nun schon monatelang herum und kam zu keinem Entwurf. Wenn sich aber Veit Adam zur Hilfe anbot, wurde er ausfällig und nannte den Sohn einen Aufhauer und Angeber, der sich lieber an Scheißhäusltüren als an Altären versuchen solle. Solche Gehässigkeit lähmten schließlich die schöpferische Kraft des alten Vogl und auch des jungen. Das hatte zur Folge, daß sich die Auftraggeber immer mehr verloren.

Seitdem sie den guten Hans Schwabenthaler in aller Stille begraben hatten, spürte man in der Werkstatt des jungen den Geist des neuen »Prinzen«. Und hatten die beiden Vogl heimlich gehofft, die Aufträge über die zwei Seitenaltäre für Eitzing und den Wolfgangsaltar für Kleinmurham, die dem Hans noch angedingt worden waren, würden jetzt an sie übergehen, so mußten sie enttäuscht erkennen, daß ihnen nun ein noch härterer Konkurrent erwachsen war. Im Innern aber hatten sie sich auch bereits selbst eingestanden, daß sie dem Thomas das Wasser nicht reichen konnten. Dieser machte gleich nach der Beerdigung seinen Besuch beim Pfarrer Johann Jakob Haurapp, dem großen Wohltäter seiner Familie. Er erzählte von den einzelnen Stationen seiner Walz und verschwieg nichts, auch nicht die Schandsäule von Weilheim. Der würdige Geistliche freute sich über die Offenheit seines Schützlings und überreichte ihm dabei ein Päckchen: »Das ist mit dem Salzburger Ku-

rier von Passau gekommen. Ich soll's dir übergeben.«
Thomas riß es auf, entfaltete einen Brief und las laut vor:
»Zunächst Unseren freundlichen Gruß, lieber junger Meister! Wir sind heute noch angetan von dem dialogue, den Wir neulich mit Euch geführt haben. Deshalb drängt es Uns um so mehr, Euch Unsere Empfehlung mit dem anhangenden Siegel an Unseren fürstbischöflichen Bruder in Salzburg zu überreichen. Außerdem haben Wir für richtig befunden, Euch hundertfünfzig Gulden beizulegen. Diese sollt Ihr nicht als Geschenk, sondern als ein Darlehen ansehen, denn Wir erwarten, daß Ihr Uns – so Gott will! – in den künftigen Jahren oder Jahrzehnten durch ein opusculum grande (Meisterwerk) aus Eurer kunstfertigen Hand dafür beglücken werdet. Wir bleiben Euch auch fürderhin zu Gnaden: Wenzeslaus Graf Thun, Kanonikus bei St. Stephan zu Passau.«
Hundertfünfzig Gulden! Dem Schwabenthaler traten Tränen in die Augen. Und wie taktvoll der Graf war! Ein Geschenk kann nämlich demütigen, ein Darlehen verpflichtet nur. Jetzt konnte Thomas ruhig an den drei vom Vater überkommenen Altären arbeiten, konnte auch sorglos nach Salzburg reisen, denn für Mutter und Bruder war der Lebensunterhalt gesichert. Wann aber sollte er reisen? Vor dem Frühjahr nicht, denn er mußte zunächst die Seßhaftigkeit der Bildhauerfamilie Schwabenthaler fortsetzen. Die beiden Vogl lurten ja schon wie die Geier und wären sofort dagewesen, ihm das Wasser abzugraben. Darum mußte er wachsam sein. Sie waren zu zweit und Veit Adams Verbindung mit der reichen Almayertochter wog in den Augen der selbstgefälligen Rieder Bürgerschaft schwer.
Diese Gedanken verriet Thomas auch dem Pfarrer und dieser bestärkte ihn: »So machst du's! Und jetzt sag ich dir noch etwas ganz und gar im Vertrauen. Wir brauchen drüben in unserer Kirch' einen neuen Hauptaltar. Der Holzwurm hat den jetzigen schier ganz ausgehöhlt. Nimm dir

einmal insgeheim das Maß und mach mir eine gute Visierung! Die stelle ich dann hier in meiner Schreibstuben auf.
Ich werde davon weiter kein Aufhebens machen, sondern
werde, wenn die Leut zu mir kommen, so tun, als wär's eine
Spielerei von mir. Da werden sie dann alle miteinand ihren
falschen Senf dreingeben und gescheit daherreden. Ich
aber erfahr' auf diese Weise, was sie wollen. Das hat jedoch
noch viel Zeit, Thomas, und pressiert nicht. Denn vor drei,
vier Jahren ist an diese Erneuerung nit zu denken.«
Mit einem herzlichen Vergelt's Gott und den Passauer Gaben verabschiedete sich der junge Mann.
Dann gingen die Monate dahin, und der Winter kam. Die
beiden Schwabenthaler Brüder arbeiteten an ihren Altären
vom Morgen bis zum Abend, denn sie konnten sich keinen
Gesellen leisten. Die Mutter war zwar oft mürrisch und
vergrämt, doch sie führte ihnen den Haushalt so schlecht
und recht weiter, wenn sie auch manchmal brummte, daß
sie den ganzen Kram hinschmeißen werde, wenn nicht bald
eine anständige Schwiegertochter ins Haus käme.
»Ihr habt gut reden, Mutter! Jetzt war ich ein Jahr lang weg,
und zum Frühjahr muß ich noch mal auf etliche Wochen
fort. Ich kann doch nit auf die Gassen hinausgehen und der
ersten Besten nachpfeifen!«
»Das braucht's auch nit! Aber beim Syndikatshaus um die
Ecken solltest schaun!«
Aha! Jetzt wußte er, woher der Wind wehte! Nun ja, das
war keine schlechte Richtung! Die Vorburger Evi war ein
liebes Mädl und ein Bürgerstöchterl obendrein. Sie hatte
sich damals nach jenem verhängnisvollen Ochsenrennen
liebevoll zu ihm bekannt. Sie zählte jetzt einundzwanzig
Jahre, war aber für ihr Alter noch sehr zart, ganz das Gegen-
stück zur Almayer Evi, die aufging wie eine Dampfnudel.
Er hatte beide erst neulich beim Kirchgang gesehen. Mutete
man der Buchbinderstochter nicht zuviel zu, wenn man ihr

dieses etwas verrückte Schwabenthaler'sche Hauswesen mit der stets übellaunigen Mutter aufhalste? Und gar erst, wenn noch Kinder kämen? Kinder aber mußten kommen, denn sie waren damals eine Stütze jeder Bildhauerwerkstatt. Die kleinen Ornamente, Früchte und das Blattwerk nämlich konnten gut und gern schon von Fünfjährigen geschnitzt werden. Das half Zeit sparen. Also, dachte sich Thomas, werde er bei der Evi mal auf den Busch klopfen! Am Sonntag »Gaudete« nach dem Gottesdienst pirschte er sich an sie heran. Und weil es ein frostigklarer und sonniger Tag war, konnte er sie bewegen, ihn zum Schloß hinauf und dann hinter zum Jungfrau-Klösterl zu begleiten. Er müsse sich nämlich dort hinten im Feld ein Marterl anschauen, weil der Holzkramer Sepp so etwas Ähnliches für seinen beim Fällen verunglückten Vater gewünscht habe. Die Evi war sehr redselig und erkundigte sich, wie es ihm auf der Walz ergangen sei und was er alles gesehen habe. Er erzählte ihr viel, auch den Abschiedsbiß der Urschl in Rottenbuch. Nur die Sache mit der Schandsäule erwähnte er nicht, weil er den jungen Vogl nicht ins Gerede bringen wollte.

»Und was ist bei euch alles losgewesen? Daß du überhaupt noch ledig bist?«

»Zum Heiraten gehören halt allweil zwei, und der Zweite hat sich eben noch nit gefunden.«

»Das wundert mich aber! Ein so sauberes Deandl wie du geht doch weg wie die frischen Semmeln.«

»Demnach ist's mit meiner Sauberkeit nit so weit her! Aber im Ernst, Thomas, ich versäum' noch nichts.«

»Das sollst du nicht so ohne weiteres behaupten! Schau her, heut drängeln sich ja schon die Sechzehnjährigen unter die Haub'n.«

»Weil s' halt meist müssen! Aber glaub mir's, zu denen möcht ich mich nicht zählen. Wenn mich einer erst mag, nachdem er in meiner Kammer war, dann kann er überhaupt draußen bleiben! Ich weiß schon, wie's unter euch heißt: Eine altmodische Schachtel, die so denkt! Meinetwegen, dann bin ich eben altmodisch!«

In dieser Aussage der jungen Vorburgerin blieb an Deutlichkeit nichts zu wünschen übrig, und Thomas konnte sich, wenn er wollte, eine Scheibe abschneiden. Lächelnd schaute er die Evi von der Seite an. Sie merkte es, wandte aber den Kopf nicht um. Auf ihren Wangen lag, nicht nur von der Kälte stammend, ein rosiger Schimmer über der reinen Haut. Dieser erinnerte an ein emailliertes Engelsgesicht. Da wußte er mit einem Male: Dieses Gesicht gehört auf die Schutzmantelmadonna, die er damals im Heilig-Geist-Spital in München gezeichnet hatte.

»Evi, ich muß dein Gesicht zeichnen!« sagte er.

»Hast du das von der Almayer Evi auch gezeichnet?« fragte sie und sah ihn scharf an.

Da blieb er ruckartig stehen: »Diese Frage hätt' jetzt nicht kommen dürfen!«

»Entschuldige, Thomas!« erwiderte sie. »Ich weiß es, aber ich hab' die Frage trotzdem stellen müssen, denn das, was zwischen euch beiden war, darf sich bei mir nicht wiederholen!«

Nach einer Weile stummen Stehens fragte er: »Darf ich aber unter dieser deiner Voraussetzung bei dir anklopfen?« Sie lächelte und entgegnete: »Du darfst mein Gesicht zeichnen!« Und sie henkelte sich in seinen Arm ein wie damals nach dem Ochsenrennen auf der Schullerwies. So gingen sie zusammen dann auch in den Ort zurück, passierten die Getreide-Schranne und den Hauptplatz und bogen hinten in die Rathausgasse ein. Viel herumstehendes Sonntagsvolk sah sie und wetzte sich die Schnäbel: »Da schaut sie euch an, dieses stille Wasser! Hängt sich an den Rebeller! Aber das ist ein Scharfer, der wird ihr einheizen!« Andere wieder meinten: »Die ist schon die Richtige für ihn, denn die Almayerin hätt' ihn fast ruiniert!« Der Totengräber-Loisl, der bloß den Namen »Almayerin« mitgekriegt hatte, schrie, denn er war schwerhörig: »Die Almayer Evi, die braucht doch an Hengst. Und jetz' hats an Vogl! A so a Viecherei!«

Da gab's beim Rathaus ein großes Gelächter, das man leicht beim Weingastwirt Almayer hören konnte, denn sein Haus lag ja daneben.

Nach dem Mittagessen kam die junge Vorburgerin zu Schwabenthalers. Thomas zog jenes Münchner Blatt hervor und vollendete die Zeichnung der Madonna mit dem ausgebreiteten Mantel: »Und wenn irgendwann ein Pfarrer einen lieblichen Altaraufsatz brauchen sollt, dann werd ich sie in Lindenholz schneiden, flach wie ein Relief, und sie wird aussehen wie ein gemaltes Bild.« Dabei schaute er die Evi ganz verliebt an, und sie ihn auch.

Zum Neujahr 1659, gute zehn Jahre nach dem großen Kriege, hatte sich die Rieder Bürgerschaft entschlossen, erstmals das althergebrachte »Gaßlfahrn« wieder aufleben zu lassen. Da rüstete jedes Bürgerhaus, das etwas auf sich hielt, einen kleinen Rennschlitten aus mit zwei aufgeputzten Rössern und schönen bunten Schabraken. In diesen Schlitten setzte sich im besten Festtagsstaat die Bürgersfrau, und hinter ihr auf dem schmalen Bock saß der kutschierende Hausvater mit einer langen Peitsche. Lebten irgendwo der Hausvater oder die Hausmutter nicht mehr, so übernahmen diese ehrenvolle Aufgabe Sohn oder Tochter mit ihren Angelobten. Die Schlitten stellten sich zunächst am Hauptplatz auf, kreuzten dann durch alle breiten Gassen und fuhren schließlich zum Schloßtor hinaus in die Wies und weiter nach Aurolzmünster. Dort wurde den Gaßlfahrern auf dem Schloßplatz ein heißer Umtrunk kredenzt. Anschließend fuhren sie wieder nach Ried zurück und hier abermals durch die Gassen.

Es verstand sich von selbst, daß der reiche Weingastwirt Almayer für seine Evi einen Prachtschlitten ausrüstete und daß diesen der Veit Adam Vogl zu kutschieren hatte. Die beiden jungen Leute waren schon Wochen vorher bei den Nadelmeistern gewesen und hatten sich gleichgestimmte Gewänder machen lassen in Grün und Rosenholz, während die neuen Schabraken schwarz waren, was wiederum von den beiden Schimmeln auffallend abstach. Der ganze Markt Ried sollte die Augen aufreißen angesichts dieser Almayer-Pracht!

Als sich dann die Schlitten einer nach dem anderen sammelten, erfüllten deren Geläute an den Deichselbäumen den ganzen weiten Platz. Alles, was Beine hatte, stellte sich beiderseits in den Gassen auf, denn seit vierzig Jahren hatte es kein »Gaßlfahrn« mehr gegeben. Auch bei Vorburgers kleinem Anwesen hinter dem Syndikatshaus standen viele Neugierige, unter ihnen die Evi mit dem Thomas. Schlag ein Uhr ruckten die ersten Schlitten an: der des Herrn Pflegsverwalters, des Herrn Marktrichters, der Herren vom Inneren Rat und des Herrn Physikus. Es folgten die zehn Schlitten der Bierbräuer, sechs der Fleischhacker und vier der Weißbierwirte. Dann sauste der Schlitten des einzigen Rieder Weinwirts daher. Auf dem Bock saß der junge Vogl wie ein Turmhahn.

Mit Luchsaugen blickte er um sich, und als er da den Thomas unter den Zuschauern erspähte, schnalzte er mit der Geißel und schrie über die Köpfe hinweg: »Gell, da schaugst, Thomas Schweinthaler, alter Rebeller!«

Kichernd steckten die Leut' die Köpfe zusammen: Was hatte er gesagt? Wie hatte er den Rebeller genannt? Schweinthaler! Warum Schweinthaler? Soll das heißen, daß der Schwabenthaler ein Schwein ist? Das wär eine arge

124

Beleidigung! Denn daß er ein Mädl hat, was soll das? Die hat in seinem Alter jeder andere auch! Aus dem Vogl spricht, scheint's, bloß der Futterneid; weiß man doch, daß es mit seiner Kunst nicht weit her ist! Nun, man wird ja sehen, ob sich's der Thomas gefallen läßt!

Der Thomas ließ es sich nicht gefallen, schon wegen der Buchbindersleut nicht.

Am 3. Januar trat er beim Marktrichter Wolf Aemersperger ein, trug ihm die leidige Geschichte in aller Klarheit vor, nannte etliche Zeugen und verlangte von Veit Adam Vogl Genugtuung. Der würdige Amtmann äußerte sich nicht, erkannte aber die Forderung Schwabenthalers als rechtens.

Zwei Tage danach standen die beiden jungen Männer vorm Marktgericht einander gegenüber.

Der Aemersperger begann: »Veit Adam Vogl, Bildschnitzer dahier, Ihr habt den gegenwärtigen Thomas Schwabenthaler, ebenfalls Bildhauer dahier, auf offener Gassen ›Schweinthaler‹ geheißen. Was wolltet Ihr damit zum Ausdruck bringen?«

»Euer Vest, ich hab ihn nur bei seinem rechten Namen genannt. Er heißt nämlich in Wirklichkeit ›Schweinthaler‹!«

Der Marktrichter schaute auf die Beisitzer und fuhr fort: »Wenn Ihr eine solche Behauptung aufstellt, Veit Adam Vogl, dann habt Ihr auch die Beweispflicht! Beweist also!«

»Den Beweis könnt Ihr nachlesen in Euren eigenen Akten, Euer Vest!«

Der Aemersperger deutete auf den Amtsschreiber. Er wollte ihn auffordern, den Akt ›Schwabenthaler‹ zu holen, doch Thomas fiel ihm ins Wort: »Euer Ehrenvest, der Vogl hat recht. Ich weiß von meinem seligen Vater, daß seine Ahnen ›Schweinthaler‹ geheißen haben, weil sie in dem Schweinthal bei Altötting seit urdenklichen Zeiten ihren Hof hatten, der denn auch heut' noch der Schweinthalhof genannt wird. Nur weiß der Vogl nit, daß die Alten ›sweinen‹ gesagt haben, wenn sie ›ausroden‹ sagen wollten. Denn hätt er's gewußt, dann wär ihm wohl nit eingefallen, den Namen meiner ehrwürdigen Väter mit dem Stallschwein in Beziehung zu bringen. So ist's also seiner Dummheit zuzuschreiben, daß er mich in aller Öffentlichkeit hat schmähen wollen.«

Da hielten sich die Gerichtsherren Kinn und Backe und machten fröhliche und verwunderte Gesichter. Pfarrer Haurapp aber meinte halblaut und an seine Kollegen gewandt: »Man merkt's halt, daß ihm die Jesuitenväter fünf Jahre lang den Geist massiert haben!«

Doch da wurde der Marktrichter sehr ernst und wandte sich an den Vogl: »Ihr habt die Auslassung des Thomas Schwabenthaler gehört; ob Ihr sie begriffen habt oder nit, das steht nicht zur Debatte. Auf alle Fälle geht daraus hervor, daß Euch die pure Gehässigkeit das Vorgehen gegen den Schwabenthaler diktiert hat, ist er Euch doch in gar nix zu nahe getreten. Damit habt Ihr Euch schuldig gemacht. Nun aber noch ein anderes: Woher wußtet Ihr, Veit Adam Vogl, daß der Name ›Schweinthaler‹ in den Akten steht?«

»Euer Vest, ich habe, wie Ihr wißt, auf der Marktrichterei ausgeholfen und habe dabei den bewußten Akt in die Hände bekommen.«

»Und von Amtsverschwiegenheit hattet Ihr keine Kenntnis?«

Da schwieg der Vogl und zuckte unbeholfen mit den Achseln.

Der Marktrichter schickte die beiden jungen Männer in zwei verschiedene Amtsstuben und unterhielt sich dann mit seinen Beisitzern. Die waren sich natürlich einig. Als ihre Beratung zu Ende war und die Gegner wieder hereingelassen wurden, verkündete der Aemersperger das Urteil: »Weil sich der Bildschnitzler Veit Adam Vogl gehässiger Verspottung und mißbräuchlicher Verwendung von Amtskenntnissen schuldig gemacht hat, hat er dem Thomas Schwabenthaler vor unseren Augen Abbitte zu leisten, welche Leistung dann acht Tage lang marktkundig gemacht wird. Außerdem hat er neun Gulden in die Armenkasse zu entrichten. Hat jemand was dagegen zu sagen?«

Niemand rührte sich.

»*Actum et perfectum* am 5. Jänner 1659!« beschloß der Marktrichter und sah den Vogl an. Der kehrte sich dem Schwabenthaler zu, aber nur halb, und brummelte etwas Unverständliches.

»Lauter, Veit Adam Vogl, und ganz deutlich!« sagte der Richter.

»Dann leiste ich also Abbitte!« wiederholte der andere, aber immer noch recht genuschelt, so daß der Aemersperger schon zu einem weiteren Wort ansetzen wollte. Da sprach aber der Schwabenthaler: »Ich bitt Euch, Euer Vest, laßt ihn! Er bestätigt nur, was ich vorhin über den Rang seiner Klugheit ausgesagt habe!«

In diesen Tagen und die ganze Woche danach hat der junge Vogl viel Gift und Galle hinuntergeschluckt, und manch spöttisches Wort hat er sich anhören müssen. Doch mehr als all das wurmte ihn Schwabenthalers hingeworfene Bemerkung, daß er dumm sei. Aber er konnte das nicht einmal entkräften.

# Orpheus und Eurydike

Als am Morgen des Dreikönigstages 1659 der Marktschreiber das große Blatt mit dem Vermerk von Vogls Sühneleistung in dem Kasten beim Rathaus befestigte, drängten sich sogleich die ersten Kirchgänger hinzu. Unter ihnen war auch der Totengräber-Loisl. Und weil er nicht lesen konnte, wartete er auf einen, der's verstand und auch anderer Leut wegen im Umkreis laut vorlas. Ein solcher kam dann auch bald, und der Loisl empfand danach eine diebische Freude: »Da habens aber den Vogl einidruckt! Jetz' wird ihm 's Schnabelspreizen und 's Aufplustern vergehn! Die neun Gulden, die muß ihm halt die Almayerin stiften zweg'n noch zu leistender Dienste!«

Er war schon, wie die Leut sagten, sein Geld wert, der Totengräber-Loisl. Sooft er seinen Mund auftat, mußte man lachen. Er gab sich immer so, als hätt' er nicht alle Sinne zusammen, dabei hatte er es aber faustdick hinter den Ohren. Der Herr Lateinhauptlehrer meinte sogar ganz öffentlich, der Loisl habe ein Ingenium, was heißen sollte, er ei sehr gescheit. Womit er sogar recht hatte, der Herr Lehrer!

Nach dem feierlichen Hochamt wartete der Loisl im Moos hinter der Kirche, weil er wußte, daß dort der Schwabenthaler vorbeikäme. Als er ihn sah, zog es ihm das Gesicht auseinander, und er schloß sich ihm an: »Wann d' leicht willst, Thomas, daß ich dem Vogl was antu', weißt, nur so ein paar Federn rupfen, nacher brauchst's nur sagen!«

»Du spinnst, Loisl! Meinst, ich möcht auch im Kasten hängen?«

»So nicht, Thomas! Aber nur eine Feder und dann noch ein Federl und am Schluß noch ein ganz klein's Federl, ein ganz winzig's. Ich versteh mich nämlich aufs Rupfen!«

»Nix da, Loisl! Laß mich in Ruh damit! Aber was anderes:

Wenn ich dich so anschau, was du für ein zünftiger Bursch bist, nacher gelüstet's mich, dich zu zeichnen.«

»Ah geh, mich zeichnen! Wo ich nix G'scheit's zum Anziehn hab!«

»Du brauchst nix anzuziehn! Im Gegenteil, das, was du anhast, mußt ausziehn!«

»Nackig? Naa, Thomas! Nackig stell ich mi nit hin!«

»Nicht nackig! Du kriegst ein Lendentuch, so wie der liebe Herrgott am Kreuz eins hat.«

»Und was hat das für einen Zweck, das Ganze?«

»Das hat einen sehr frommen Zweck, Loisl! Ich soll nämlich für die Eitzinger Kirch' zwei Altäre machen, und auf dem einen soll ein heiliger Sebastian stehen. Weißt, wer das ist, der heilige Sebastian?«

»Ja freilich! Der, dem s' die vielen Pfeile einig'schossen ham!«

»Na also! Wenn ich aber den Heiligen schnitzen soll, dann tu ich mir leichter, wenn ich eine Vorlage hab, ein Bild oder eine Zeichnung.«

»Da krieg ich ja gleich einen Respekt vor mir selber. Aber Pfeile schiebst mir nit eina?«

»Du Hirsch!«

»Nacher ist's ja recht, Thomas! Packen wir's gleich?«

»Nach der Vesper, Loisl!«

Um Ostern herum hatte der Schreiner Peter Widtmann den Kastenbau eines Altars beendet, und der kleine Matthias Schwabenthaler ging daran, die bereits geschnitzten Fruchtbuschen, Zieraten und Gehänge anzubringen und neue zu machen. Das viele Knorpelwerk und die Engelsköpfchen übernahm Thomas selber. Außerdem arbeitete er am heiligen Sebastian, der mit den seligen Patronen Rochus, Georg und Florian auf dem Altar thronen sollte. Dieser Heilige, nicht ganz zwei Ellen hoch, gedieh ihm vortrefflich, denn er empfand beim Formen und Bearbeiten des Bergahorns nach der Gestalt des Totengräber-Loisl so viel Freude, daß er sich bisweilen mit strahlendem Gesicht vor die sich sachte herausschälende Figur hinstellen mußte. Wenn ihn dann Matthias so stehen sah, fragte er: »Bist du zufrieden mit ihm?« Thomas erwiderte wie immer auf solche Fragen: »Wie sollten die anderen zufrieden sein, wenn ich's selber nit wär!«

Sonst aber war eine große Unruhe in ihm. Immer wieder mußte er an seine Kunstvorbilder weiter im Süden denken. Der Süden aber bedeutete für ihn Salzburg. Eines Tages im Mai kaufte er zwei leichte Rösser und ein Steyrerwägelchen, packte die Eva Vorburgerin und ihre Mutter darauf und fuhr mit ihnen bei der Spitalkirche zum Braunauer Tor hinaus. Im Mantelsack steckten neben der Zeichenmappe und den Rötelstiften der Empfehlungsbrief und die Büchse. Der Himmel mag selten zwei fröhlichere Menschen gesehen haben als die beiden jungen Leut' an diesem goldenen Morgen. Selbst die alte Vorburgerin freute sich, obwohl sie nur ihrer Tochter wegen mitgefahren war, damit das Deandl bei dem Rieder Volk nicht ins Gerede käme. Sie wollte sie auch nur bis Seekirchen begleiten und dort bei ihrer Schwester warten, bis die beiden wieder heimführen. Die alte Schwabenthalerin hatte beim Abschied noch lächelnd zu ihr gesagt: »So ist er halt, der Thomas! Kein Wunder, daß sie ihn Rebeller schimpfen!«

Sie fuhren dem Kobernauser Wald zu, Thomas und Eva dachten an nichts anderes als an sich selbst und ihr gemeinsames Glück. Um die Mittagszeit kamen sie ans Blockhaus eines Hegers aus dem Bambergischen, denn dieser Waldteil gehörte den fränkischen Bischöfen. Das Weib des Hegers kochte ihnen eine Wurstsuppe, weil ihr Mann eben erst geschlachtet hatte, während ein Halbwüchsiger die Rösser versorgte. Kurz vor Abend trafen sie in der Schenke unterhalb der alten Friedburg ein. Dieses Raubnest hatte der Konrad Kuchler voreinst den Bayernherzögen verkauft. Deren Besitznachfolger ließen es jetzt aber verlottern. Darüber schimpfte der Schankwirt wie ein Rohrspatz und gab alle Schuld der neuen Kurfürstin, diesem »welschen Früchterl«, das nichts anderes im Sinn habe als lauter Tanz und Firlefanz. Und der Kurfürst Ferdinand Maria, der brave Lapp, sei in sie vernarrt bis über beide Ohren und sage zu allem Ja und Amen. »Ja, ja, paß bloß auf, schwarzer Mann, und laß dich nit einseifen von dei'm Weiberl, denn so ein saubers Goscherl hat schon manchem Deppen die Lebensader abbissen, und als er's gemerkt hat, da ham s' ihm schon 's Miserere g'sungen!«

Die Nacht über schlief die Evi mit der Mutter in der Kammer der Wirtin, Thomas im Stallstroh bei den Rössern. Am Morgen war die Jungfer sehr müde, und alle Sitzflächen taten ihr weh. Doch sie fuhren weiter, am Wallersee vorüber, nach Seekirchen. Hier stellten sie den Wagen bei der Muhme ab. Die letzte Strecke wollten sie reiten. Mutter Vorburgerin flüsterte der Tochter noch eine leise Mahnung ins Ohr und winkte dem Thomas lächelnd mit erhobenem Zeigefinger zu. Am frühen Abend erreichten sie die fürstbischöfliche Residenzstadt an der Salzach. Nach kurzer Erkundigung wurde ihnen gesagt, der Herr sei erst vor wenigen Tagen in sein Lustschloß übergesiedelt. Dort pflege er keine Bittsteller zu empfangen, sondern dafür sei vorübergehend der Vogt auf der Hohensalzburg zuständig.

»Was nützt uns der Vogt, wenn wir den Fürsten brauchen!« flüsterte Thomas der Eva zu, und sie ritten hinaus nach Hellbrunn. Als sie an die zwei obeliskenbekrönten Mauerkulissen kamen, trat ihnen ein erzbischöflicher Trabant in spanischer Uniform entgegen. Thomas zeigte den Brief mit dem anhangenden gräflich Thun'schen Siegel, worauf ihnen die Rösser abgenommen und seitlich weggeführt wurden. Ein Gardesoldat geleitete sie eine lange Allee von Kugelakazien hinan in den geräumigen Hof vor die Doppelfreitreppe des breit hingelagerten Schlosses. Hier wurde von einer Wache das Siegel abermals geprüft und der Brief mitgenommen. Nach wenigen Minuten kam der Soldat zurück und führte sie hinein. Sie stiegen eine steile Marmortreppe hinauf und kamen durch ein vergoldetes Gitter in das Vorzimmer, dessen Wände mit farbigen, goldgepreßten Ledertapeten bespannt waren. Ein einziger Armstuhl stand an der Fensterseite. Kaum hatte der Soldat den grünen Brokat-Vorhang am Gitter zugezogen, tat sich eine Verbindungstür auf, und der Fürst erschien. Der lange rote Talar mit einem weißen Spitzenkragen und ebensolchen Manschetten machte den großen Mann noch schlanker. Er setzte sich auf den Armstuhl und winkte den beiden, näherzutreten.

»Unser lieber Bruder zu Passau empfiehlt Uns einen jungen Bildhauermeister Thomas Schwabenthaler; daß die Meisterin auch mitkäme, davon hat er Uns nichts geschrieben.« Fürsterzbischof Guidobald lächelte und blickte die Vorburgerin an.

Sie raffte ihren langen Rock und machte einen recht artigen Knicks, so wie sie es in der Lateinschule gelernt hatte: »Halten zu Gnaden, allergnädigster Herr, ich bin noch nit seine Meisterin, aber ich möcht's gern werden!«

»Und darum seit Ihr, zartes Jüngferlein, dem schwarzen Manne von Ried dahergefolgt? Ihr habt wohl Angst, er könnt Euch — wie sie sagen — aussigrasen?«

»Nit Angst, allergnädigster Herr, doch ich wollt gern dabeisein, wenn er bei Euch hier etwas lernt, und wollt mitlernen.«

»Ihr werdet eine vortreffliche Meisterin werden, Jungfer — wie heißt Ihr gleich?«

»Eva Vorburgerin!«

»Dann werden Wir also die Jungfer im Kapellenbau unterbringen lassen. Euch aber, Meister, wird man alle Unsere Mappen mit den römischen Kupfern auf die Stube bringen. Ihr habt auch freien Zugang in alle Teile Unseres Lustgartens. Und schließlich wird Uns die Comoedia des Fürsten Gonzaga von Mantua in drei Wochen eine Opera in Unserem Steinernen Theater aufführen. Die solltet Ihr sehen. Denn der Gonzaga dürfte heute der beste Kunstkenner sein zwischen Rom, Turin und Venedig.«

Der Fürst erhob sich und ging lächelnd davon, während sich die beiden tief neigten und ein paar Worte des Dankes sagten. Alsbald trat ein Kammerdiener, ein älterer Mann, zu ihnen und meinte: »Nur nit gar so bucklet! Unser Herr ist ein gar leutseliger Patron. Deswegen wird er ja auch von den Vagabunden, diesem welschen Zigeunervolk, allweil beschissen! Und wo seids ihr her?«

»Von Ried.«

»So, von Ried«, wiederholte er sichtlich enttäuscht, »da wo die Schläger hausen! Jetzt zeig ich euch die Stuben!«

Gleich am anderen Morgen, nachdem sie in der Unterkunft des Thomas eine Hafergrütze mit feinen welschen Früchten gegessen hatten, stürzte er sich auf die Kupferstiche in den Kunstmappen, während Eva das Gewand reinigte und sich ausruhte. Der gestreckte Ritt war für sie fast ein bißchen zuviel gewesen. Trotzdem strahlte aus ihrem zarten Gesicht die helle Begeisterung. So hatte sie es sich das ganze letzte Jahr über heimlich in ihrem Herzen vorgestellt: Mit dem geliebten Manne einmal fern von daheim sein und zuschauen, wie der Geist hinter seiner hohen Stirn arbeitete und wie seine Hände den Stift schwungvoll und sicher über das Blatt führten. Jetzt atmete sie dieses Glück tief ein, er aber schaute mit seinen kohlschwarzen Augen wie ein Besessener. Wenn es einen gab, an dem er sich mit der ganzen Hingabe seiner künstlerischen Seele schulen wollte, dann war es dieser Bernini!

»Schau dir das an, Eva!« sagte er und hielt ihr ein Blatt hin. »Das ist der Vierströmebrunnen in Rom. Diese Gestalt des Ganges-Flusses! Hier wird der Marmor zu atmendem Fleisch. Oder diese Verzückung der heiligen Theresa! Da fließen göttliche und ganz unheilige Empfindungen zusammen. Noch deutlicher siehst du's hier bei dieser seligen Ludovica Albertoni. Ihre Gewänder sind wie ausgegossene Wassermassen, darunter alles Feste zerschmilzt. Bei dem Meister Lorenzo Bernini wirken eben auch die Heiligen wie große Schauspieler, die gerade dabei sind, ein Theater zu machen. Oder betrachte diesen Apollo, wie er die Nymphe Daphne verfolgt! Als sie sich vor ihm nicht mehr retten konnte, bat sie ihren Vater, einen Flußgott, er möge sie in einen Lorbeerstrauch verwandeln. Diesen Augenblick des Überganges aus dem Fleischlichen ins Pflanzliche, wie könnte man ihn ergreifender gestalten!«

Jeden Tag saß er über den Mappen und schaute und staunte und zeichnete. Sie aber saß dabei und bewunderte ihn.

Durch den Lustgarten wandelten sie auch jeden Tag, und jeden Tag zeichnete Thomas eine jener in Grotten, Hainen und Nischen versteckten marmornen Gestalten: hier eine verschämte Najade, dort einen lüsternen Triton, da ein vielbeschwänztes Fabeltier. Und immer wieder verharrten sie vor der Orpheusgrotte, darin der göttliche Sänger das Saitenspiel strich, während die schöne Gemahlin Eurydike, vor ihm in gerundeter Fülle ausgestreckt, auf einem prallen Kissen den süßen Akkorden nachträumte.

Als Thomas und Eva wieder einmal dortstanden, gesellte sich zu ihnen ein alter Gärtner, der sie schon oft gegrüßt hatte.

»Wenn's erlaubt ist«, sagte er schüchtern, »ich hab fei dieses bildhübsche Weibers noch gekannt. Es ist die gnädige

Frau von Mabon gewesen, eine Freundin vom Herrn Fürsten Markus Sittikus. Ihr könnt's da an dem Anhänger sehen, den sie am Halse hat: Genau das Bild des Herrn Markus. War eine ganz und gar liebe Frau, die Frau von Mabon. Wenn sie allein da auf den Wegen spazieren gangen ist, da hat sie uns jungen Burschen immer freundlich zugelacht und -gewunken. Und mit dem Poldi — Gott geb ihm die ewige Ruh! — mit dem Poldi ist sie sogar etlichemal in die Orangerie hinein, wenn der Herr Fürstbischof unterwegs war. Aber das hat er nit wissen dürfen, der Herr Markus! Da wär er nämlich greißlich worden.«

Als sie wieder allein waren und sich beim Neptun in eine Nymphengrotte gesetzt hatten, fragte Eva ganz verwirrt: »Kann denn das stimmen, was der Gärtner da erzählt: der Bischof hätt' eine Freundin gehabt und hätt' sich sogar mit ihr verlustiert?«

Thomas lächelte und schlang den Arm um ihre Schultern: »Eva, das mußt du richtig verstehen. Ein Fürstbischof, das ist nicht so was wie ein Pfarrer bei uns am Land draußen. Ein Fürstbischof ist zuallererst ein Fürst, ein Landesherr; hier zum Beispiel regiert er das Salzburgerland. Solche Regenten werden vom Kaiser meistens nach der Würde ihrer adeligen Herkunft eingesetzt, nicht nach dem Grade ihrer Frömmigkeit. Da kommt's natürlich vor, daß einer Fürstbischof wird, ohne daß er die kirchlichen Weihen dazu hat. Dann kannst du dir denken, daß so einer auch ein Weib haben will.«

»Und so einer weiht dann die Pfarrer zu Geistlichen?«

»Nein! Wenn er selber keine Weihen hat, kann er auch keinen anderen weihen. Dafür hat er ja dann den Weihbischof.«

Das verstand die Vorburgerin. Was sie nicht verstand, war, weshalb man dann einen solchen Regenten überhaupt Bischof nannte: »Der Regent von Bayern, der Kurfürst Ferdinand Maria, wird ja auch nicht Bischof genannt!«

»Das kann ich dir schon sagen!« erwiderte der Schwaben-
thaler. »Das Bayernland ist ein Kurfürstentum, braucht
also einen Kurfürsten; das Salzburgerland ist ein Fürst-
bistum, braucht also einen Fürstbischof!«
»Wie gescheit du bist, Thomas! Habt ihr das alles zu Burg-
hausen gelernt?«
»Man lernt schon viel bei den Jesuitenvätern!«
»Tut's dir nicht leid, daß du hast gehn müssen?«
»Früher schon! Aber man soll nicht bedauern, was man
nicht ändern kann. Und jetzt hab ich dich gekriegt, Eva!
Das wär sonst nicht geschehen.«
»Hast mich noch nicht leid?«
»Dummes Ding!« Er küßte sie auf die Wange.

Der Juni 1659 hatte begonnen. Für den ersten Sonntag war
die Komödiantengruppe aus Mantua angesagt. In Hellbrunn hieß es, sie führten die musikalische Schöpfung
»L'Orfeo« des berühmten Maestro Claudio Monteverdi
auf, eine »favola in musica« in fünf Akten. Den Text habe
sogar der nicht minder berühmte mantuanische Kanzler
Striggio geschrieben.
Ja, der Text! Thomas konnte nicht viel, Eva überhaupt nicht
italienisch. Als sie sich jedoch darüber mit einem Garde-
soldaten unterhielten, meinte der: »Italienisch oder chi-
nesisch, das spielt gar keine Rolle. Bei dem hupfeten G'sangl
und den wütigen Musikanten versteht einer von dem und
von dem nix. Auch da werden vorher Zettel mit einem kurzen Inhalt verteilt. Dann merkt man schon, um was sich's
dreht.«
Und so war es auch. Sie gingen an jenem Abend durch die
große Eichenallee über den sanften Hang des Hellbrunner
Berges und betraten das Steinerne Theater, wo man sie in
die Schar der fürsterzbischöflichen Gäste eingliederte,
ohne an ihrer ärmlichen Kleidung Anstoß zu nehmen. Zu

sehr war die Stimmung der Gemüter auf das bevorstehende hochfestliche Ereignis gerichtet. Da stolzierten die Kavaliere mit ihren Damen und redeten in allen Sprachen – deutsch hörte man am wenigsten. Da rannten betreßte Diener vorüber und taten, als würden sie von Hunden gehetzt. Unter alle mischten sich kichernd und fächerwedelnd jene Demoisellen, die ihre durch Spitzen und Seide üppig leuchtenden Körper galanten Amateuren zum Kaufe anboten und die nach solchen nächtlichen Festivitäten auch guten Absatz fanden.

»Tätst du so eine mögen?« fragte Eva.

»Du denkst wohl, mir graust vor gar nix?« antwortete Thomas barsch. »Wenn ich mal lebensmüde werd', dann nehm ich mir vielleicht eine. Die hat mir dann nach vier Wochen die französische Krankheit so angehängt, daß ich aus allen Poren stinke.«

Dann erhielten sie von einem aufgedonnerten Piccolino ein bedrucktes Blatt mit den Namen der agierenden Personen und der jeweiligen Sänger. Auf der Kehrseite war in miserabler deutscher Sprache der Inhalt der Opera angegeben. Sie lasen, und Thomas ergänzte den griechischen Mythos an vielen Stellen, denn auch das hatten sie in Burghausen gelernt. Auf einmal vernahm man von der Höhe des Steinernen Theaters einen Posaunenchor, das Zeichen, daß die Herrschaften ihre Plätze einnehmen sollten. Im selben Augenblick zog auch der Fürsterzbischof mit einem Gefolge von ungefähr fünfzig Leuten ein.

Alles Volk war jetzt ruhig. Da sausten vor der gewaltigen Gartenbühne schwere Vorhänge nieder, und eine nach hinten gestaffelte Felsenhöhle, reich mit Teppichen, Gerüsten und Kulissen geschmückt und vielfarbig beleuchtet, tat sich auf. Sogleich setzte ein unsichtbares Orchester ein, und ein bombastisches Weib kam singend aus der Tiefe her, begrüßte die hohen Gäste und verkündete, daß die Opera dem ruhmreichsten aller Sänger, dem Sohne des Apoll, dem göttlichen Orpheus gewidmet sei.

Der Gardesoldat hatte recht gehabt: Thomas und Eva verstanden kaum ein Wort.

Als die heldische Dame nach der Seite hin zurückgewichen war, wechselte die Art der Musik, und hochgeschürzte Mädchen traten auf. Sie stellten sich zu farblich gleichgestimmten Gruppen zusammen und wiegten sich dann in einen so eleganten Tanz ein, daß der Beifall nicht enden wollte. Viermal mußten sie die gleiche Figur wiederholen. Thomas dachte sich: Es gibt doch nichts Schöneres anzuschauen als den leichten, wohlgeformten Körper eines Mädchens in tanzender Bewegung. Und er nahm sich vor, seinen Engeln und heiligen Frauen – trotz der in sich ruhenden Gestalten des großen Bernini, die er bewunderte! – manchmal auch leichte Füße und schwingende Schritte zu geben.

Als sich dieser Tanz nach der hintersten Grotte zu aufkräuselte, schwebte von dort das Liebespaar Orpheus und Eurydike herein und trat mit einem Duett auf das Glück der Zweisamkeit in den bunten, spielenden Reigen. Dann war der Akt zu Ende. Befremdet fragte Eva: »Hat denn den Orpheus eine Sie gespielt? Man hat aber keine Brust gesehen!«

»Das war keine Sie, sondern ein Mann, dem sie in der Jugend das Mannestum zerstört haben. Dadurch blieb ihm die Knabenstimme erhalten.«

Sie war entsetzt: »So was ist doch eine sündhafte Verstümmelung!«

»Leider! Aber im Welschland ist das Brauch, und manch arme Familie kriegt viel Geld, wenn sie ihren Buben zu diesem Zweck an einen Chor verkauft.«

Die Vorburgerin war verwirrt. Sie starrte immer wieder die Gestalt dieses Orpheus an und blieb vom weiteren Fortgang

der Opernhandlung unberührt. Thomas merkte das. Als
der zweite Akt mit Eurydikens Tod durch einen Natternbiß
zu Ende war, sagte er: »Eva, wir gehen!«
Es war eine lichte Nacht. Die vielen Brünnlein im Garten
von Hellbrunn plätscherten und rauschten. Schweigend
gingen die beiden nebeneinander her. Zwischen ihnen hing
etwas, das nach Aussprache drängte; aber wer sollte anfangen? So kamen sie vors Schloß. Die Wache ließ sie passieren. Droben im oberen Stockwerk, wo sich ihre Wege
trennten, ließ Eva einen Augenblick lang seine Hand nicht
los. Da ging er leise mit ihr.
Am anderen Tage ließen sie den Fürstbischof bitten, sie
wollten sich verabschieden. Wieder standen sie in dem ver-
goldeten Vorzimmer. Er erkundigte sich, ob der Aufenthalt
in Salzburg nützlich gewesen sei, und wünschte eine gute
Heimreise. Sie bedanken sich und knieten vor ihm nieder.
Er zeichnete ihnen ein Kreuz auf die Stirn, denn er war ein
geweihter Herr.

## Beim Rentmeister

Während sich der heimgekehrte Schwabenthaler mit Begeisterung und Schwung in die Arbeit an seinen drei Altären stürzte, wollte es in der Werkstatt der beiden Vogl nicht
recht vorangehen. Es lag ein Verhängnis auf ihrem Schaffen. Veit Adam hätte genügend Auftrieb gehabt, wurde
aber von seinem Vater, dem die Werkstatt gehörte, nieder-
gehalten. Der Alte wollte das Heft nicht aus der Hand geben.
Deshalb war der Junge mehr und mehr darauf bedacht, sich
selbständig zu machen. Dies war jedoch nur durch eine
reiche Einheirat möglich. Darum blieb ihm auch nichts
anderes übrig, als bei der Eva Almayerin auszuharren, trotz
aller Abneigung, die er bisweilen empfand. Sie zählte zu

den reichsten Rieder Bürgerstöchtern und brachte eines der schönsten Häuser in die Ehe mit. Das wußte sie, das wußte vor allem ihr Vater, der einzige Weinwirt im Markt. Darum warteten sie, ob nicht vielleicht doch noch einer daherkäme, der mehr Glanz ins Haus brächte als der simple Bildschnitzer.

Inzwischen war es wieder einmal Frühjahr geworden. Man schrieb das Jahr 1660. Das ganze Bayernland wartete immer noch, daß die Frau Kurfürstin Henriette Adelaide endlich den Kurprinzen zur Welt brächte. Volk und Adel wurden ungeduldig, und mit dieser Ungeduld wuchs die Abneigung gegen die »Welsche«, die noch dazu einen sündhaften Aufwand trieb, so sündhaft, daß der im Hofdienst ergraute Geheime Rat und Kammerpräsident Johann Freiherr von Mandl, ein hartköpfiger Schwabe, nicht an sich halten konnte und dem Herrn Ferdinand Maria ein Ersparungsgutachten in vierzig Artikeln übergab. Darin griff er die Verschwendungssucht der hohen Frau so hart an, daß er zwei Jahre später abdanken mußte.

Dieser ehrliche Mann – er hatte vierzig Jahre zuvor in der Schlacht am Weißen Berge neben dem großen Kurfürsten Maximilian gestanden – erhielt jetzt vom Obristhofmeister, dem Fürsten Hermann Egon von Fürstenberg, den Auftrag, dem Grafen Gottfried Wilhelm von Tattenbach die ehrenvolle Erwählung zum Obristjägermeister mitzuteilen und ihn nach München an den Hof zu beordern. Wieder ein Amt mehr, das monatlich seine dreitausend Gulden verschlingt! Jetzt hat sie ihn so weit, den Kurfürsten, argwöhnte der Kammerpräsident, daß er selber auch schon den Größenwahn kriegt! Wenn sich der Kaiser einen Obristjägermeister hält, dann in Gott's Namen! Aber sind wir in München denn Kaiser? Ja, wir hätten's werden können. Schließlich haben die Kurfürsten den Ferdinand Maria fast auf den Knien angefleht, die Krone zu übernehmen. Aber bei uns haben vor lauter Wenn und Aber alle die Hose voll! Der Freiherr von Mandl diktierte einen Brief an das kurfürstliche Regiment des Rentamtes in Burghausen, es möge einen der hohen Einladung gemäßen Kurier an den Grafen Tattenbach zu Eberschwang abordnen. Der Brief wurde zwei Tage später dem Rentmeister Johann Wolfgang Scharfseder übergeben, und dieser bestellte den angehenden Hof- und Kammerrat Karl Heinrich Freiherrn von Rechlingen zum Überbringer der ehrenvollen Botschaft. Der von Rechlingen, der jetzt am Beginn der Dreißiger stand, hatte sich damals doch nicht so leicht aus der Affäre ziehen können, wie es ihm der Jesuitenrektor angewünscht hatte; denn der alte Herr von Tumberg, der damalige Rentmeister, hatte von der Sache Wind bekommen und war dem Rechlingen mächtig auf die Eisen gestiegen: »Entweder du verlobst dich sofort mit meiner Uta und versprichst dokumentarisch, sie ehetunlichst zu heiraten, oder ich trage die ganze Geschichte dem Herrn Kurfürsten vor!« Diese Worte hatte er dem jungen Freiherrn so fest eingebunden, daß dem gar nichts anderes übrigblieb, als Ja zu sagen. Dafür war der alte Rentmeister freilich bedacht gewesen, den Eidam gleich nach Abschluß seiner studia latinitatis ins Rentamt einzuführen und ihm so den Weg an den Hof zu bahnen.

Uta von Tumberg und Karl Heinrich von Rechlingen führten seitdem eine Allerweltsehe, nun schon das achte Jahr. Der Himmel hatte ihnen bisher Kindersegen versagt. Der Ehemann war taktlos genug, sogar in Gesellschaft anzudeuten, daß seine Gemahlin kalt sei wie eine Hundeschnauze. Kein Wunder, daß sich das Verhältnis der beiden zueinander mehr und mehr trübte. Ihr Zusammenleben gewann langsam den Charakter einer bloßen Wirtschaftsgemeinschaft. Im übrigen gestatteten sie sich gegenseitig größte Freiheiten.

Es gehörte sich, daß der Überbringer einer solch bedeutsamen Botschaft nicht in einem gewöhnlichen Wagen, sondern im Viererzug zu Eberschwang vorfuhr.

Das Gefährt nahm den Weg über Braunau, Altheim und Mehrnbach. Als es durch Ried kam, erklärte der Torwärtl unter vielen Bücklingen, die besten Quartiere besäße unstreitig der Weingastwirt Almayer. Alle hohen Herrschaften stiegen bei ihm ab. Damit hatte der Himbler Sepp nicht unrecht, denn der Almayer war sehr darauf bedacht, seinem Hause den Ruf gewählter Gastlichkeit zu erhalten. Der Viererzug kehrte also bei ihm ein. Das ganze Weinhaus geriet in Aufregung: Ein Freiherr in allerhöchstem Auftrag nach Werweißwohin beehrte sich, daselbst logieren zu wollen!

Für die Eva, die Tochter des Hauses, war das eine große Stunde. Sofort eilte sie in ihre Kammer und kleidete sich prächtig. Denn wenn sie schon die Aufwartung des Freiherrn übernehmen mußte, was sie sehr gerne tat, dann sollte nicht bloß das Essen schmackhaft sein. Sie nahm die Brennschere und gab ihrem hellbraunen Haar einen beiderseitigen leichten Wellenschwung. Am hohen Hinterkopf raffte sie es mit einer Spange und ließ das übrige fein gekräuselt über den tiefen Nackenausschnitt hinabrieseln. Die weißen Schultern bedeckte eine feine Seidenspitze, die vorne durch eine echte Goldagraffe gehalten wurde, auf der eine große Perle saß. Um die Hüften schlang sich ein mit grünem Emaille besetzter Bronzegürtel, er hielt das Kleid aus dunkelrotem Samt in gemessen abgesetzten Falten. Mit strahlendem Gesicht trat Eva dem Gast entgegen und geleitete ihn in den ersten Obergaden, wo die drei miteinander verbundenen festlichen Zimmer lagen: zur Rechten das Schlafzimmer mit Himmelbett, zur Linken das Arbeitszimmer mit einem silberbeschlagenen Schreibtisch, in der Mitte der Salon, dessen Wände mit weißblaubestickten

Gobelins behängt waren. Als sie ihn durch diese Räume geführt hatte, fragte sie, wann er zu speisen wünsche und ob es vielleicht eine frische Bachforelle sein dürfe. Der von Rechlingen war von diesem Vorschlag ebenso entzückt wie von der Eva selbst und küßte ihr darum galant die Hand.

Während sie sich sodann in der Kuchel zu schaffen machte, horchte der alte Almayer die Kutscher des hohen Herrn fleißig aus, die er in der Gaststube mit gutem Wein traktierte. Die waren sehr gesprächig und erzählten auch, daß der Freiherr zu Burghausen sehr angesehen und beliebt sei. Man bedauere ihn nur wegen seiner Ehe. Die sei zwar nach außen durchaus korrekt, doch wüßten die Eingeweihten, daß der Herr zum Fremdgehen oder Aussigras'n fast gezwungen sei. An eine Scheidung könne freilich wegen der höfischen Satzungen nicht gedacht werden. So werde es wohl nicht mehr lange dauern, bis sich der Herr ganz offiziell eine Nebenfrau suchen müsse.

Diese Mitteilungen waren für den Almayer-Wirt hochwillkommen. Die Kutscher freuten sich diebisch, daß sie dem »dummen Dörfler« und mehr noch seiner »bedürftigen Tochter« einen ausgewachsenen Floh ins Ohr gesetzt hatten. Denn der Alte rannte jetzt hin und berichtete, keuchend vor Erregung, dem Mädchen die frohe Botschaft. Ihm ging es dabei nicht so sehr um das Wohl der Tochter, als vielmehr um die Mehrung des Besitzes. Wichtig schien ihm auch — man konnte ja nicht wissen! —, daß eines Tages die unfruchtbare Gattin des Freiherrn sterben könnte. Und dann würde natürlich sein Deandl in ihre Fußstapfen treten: Eva Freifrau von Rechlingen!

Evi, die am Kuchelherd mit der Forelle beschäftigt war, horchte auf. »Nebenfrau« hatten sie zum Vater gesagt. Freilich, was ist schon eine Nebenfrau! Als Nebenfrau konnte sie keinen Staat machen. Man würde höchstens, wenn sie mit Kindern durch Burghausens Straßen ginge,

auf sie hindeuten und sagen: Das ist sie, die Mutter der frei-
herrlichen Hecke! Und wenn sie hier blieb zu Ried? Was
würden sie da sagen? Seht hin, würden sie sagen, die Almayer Evi! Hat allweil hoch hinaus wollen! Und wen hat sie
gekriegt? Den Vogl, den mittelmäßigen Bildschnitzer!
»Was ist also besser?« fragte jetzt der Gastwirt. »Da
brauchst nit fragen, Vater!« antwortete sie fest entschlossen.

Während der von Rechlingen die vorzüglich mundende
Forelle genoß, scharwenzelte die Evi um ihn her, goß Wein
ein, zupfte bald hier, bald dort an einem Deckerl oder einer
Franse und redete ...

In dieser und in der folgenden Nacht teilte Eva Almayerin
das Schlafzimmer mit Karl Heinrich Freiherrn von Rechlingen, war er doch nach Erledigung seines hohen Auftrags
in Eberschwang wieder in die Weinwirtschaft nach Ried
zurückgekehrt. Der Graf Tattenbach hatte ihm zwar in
seinem neuen Schloß eine würdige Herberge angeboten,
doch die Sehnsucht nach den Freuden im Hause des Gastwirts war im Herzen des jungen Mannes zu mächtig gewesen. Zweifellos wäre er noch etliche Tage in Ried geblieben,
wenn nicht der Rentmeister Scharfseder einen genauen
Reisebericht mit Datum und Uhrzeit verlangt hätte. Denn
während man in München das Steuergeld der braven Untertanen mit beiden Händen zum Fenster hinauswarf, hielten sich die alten subalternen Regierungsbeamten auf dem
Land noch an den Geist maximilianeischer Sparsamkeit.
Seitdem die Almayerin, getreu der Anweisung ihrer Groß-
tante, die Prozedur mit dem Handspiegel gemacht und den
Liebestrank dem Weine eifrig beigemischt hatte, war am
Veit Adam Vogl nichts auszusetzen. Er besuchte sie regelmäßig, drängte auch nicht sonderlich auf eine Heirat, denn
je älter sie wurde, desto sicherer fühlte er sich, daß sie ihm
bleiben würde. Seit dem Besuch dieses noblen Herrn merkte

er aber, daß sie für ihn kein Auge mehr hatte. Außerdem wußten Almayers Kellerknechte Dinge zu erzählen, die ihm die Haare zu Berge steigen ließen. Als er daher die Eva zur Rede stellte und fragte, was an dem Gemunkel wahr sei, wurde sie patzig und meinte, er solle getrost tun und lassen, was er wolle, wenn er ihr nicht mehr trauen könne. Das war nun eine Tonart, die er kaum je aus ihrem Munde gehört hatte. Sie ließ ihn aufhorchen. Und er war Manns genug, sich zurückzuziehen, zumal er aus Erfahrung wußte, daß sie spätestens nach vierzehn Tagen oder drei Wochen wieder bei ihm ankommen würde.

Er wartete vierzehn Tage, wartete drei Wochen, ja, er wartete drei Monate. Es war Mitte Juni geworden. Wenn er ihr zufällig auf der Gasse begegnete, grüßte er. Sie dankte, ließ sich aber auf kein Gespräch mit ihm ein. Und auf einmal hieß es, Almayers Großknecht sei mit ihr weggefahren. Niemand wußte, wohin.

Nach Burghausen waren sie gefahren, wo die Eva Almayerin sich sofort in das Gebäude der Regierung begab und nach dem Herrn Baron von Rechlingen fragte.

Was sie denn von ihm wolle? wurde sie gefragt. Sie habe ihn in einer ganz persönlichen Sache zu sprechen. Das werde leider nicht möglich sein, denn der Freiherr sei in die Landeshauptstadt versetzt worden. Ob er denn auch nach München übergesiedelt sei oder seine Wohnung in Burghausen habe? Darauf könne man ihr keine Antwort geben; am besten frage sie da den Herrn Rentmeister.

Am anderen Morgen ging die Almayerin den Hofbergweg hinauf, durchs Öttinger Tor und dann durchs Christophtor zur Rentmeisterei. So hatte man ihr den Weg beschrieben. Johann Wolfgang von Scharfseder empfing sie sitzend in der großen Erkerstube und fragte, kaum daß sie die Tür richtig hinter sich zugemacht hatte, in barschem Ton: »Du kommst von Ried. Was willst du von mir?«

Evi erschrak über die krächzende Stimme und das wilde Aussehen des bärtigen Mannes und stammelte: »Ich krieg ein Kind . . . !«

Er unterbrach sie und schrie förmlich: »Ja, soll ich dir die Wehmutter oder die Godl machen? Und dir's Taufhemd schenken?« Dann starrte er sie an. Und weil er sah, daß ihr die Tränen kamen, stand er auf und führte sie an einen Stuhl. Ruhig fragte er: »Was ist's also jetzt mit dem Kindkriegen?« Wie sie seine großväterliche Stimme hörte, mußte sie erst richtig weinen.

»Jetzt flenn' halt nicht, dumme Gans! Da seid ihr Weiber alle gleich, wenn ihr schwanger seid! Du bist doch nicht von Ried hergekommen, um mir das vorzuheulen! Also red'!«

Nun erzählte Evi alles der Reihe nach, wie sich's zugetragen mit dem Herrn von Rechlingen und daß sie halt glaube, es wäre besser, wenn sie noch vor der Entbindung in den Adelsstand erhoben würde, denn dann gebe es nachher nicht die vielen Umschreibereien beim Pfarrer und beim Marktrichter.

Als der Rentmeister das alles hörte, verzog er das Gesicht, als hätte man ihm einen Schoppen Essig eingetrichtert: »Ein wenig dumm, Deandl, ist gut, aber so saudumm wie du, das ist schon was Rares! Der Stutzer hat dich sauber auf die Leimrute geführt. Jetzt klebst du dran und kommst nimmer los. Doch tröste dich! Ich werd ihm eine Suppe einbrocken. Er wird sicher öfter die Augen verdrehen, wenn er sie hinunterwürgt. Inzwischen fährst du getrost wieder heim nach Ried und siehst zu, daß du einen Mann kriegst und einen Ziehvater für dein Kind! In vier Wochen jedenfalls schick' ich dir den Freiherrn, nachdem ich ihm vorher gründlich den Kopf gewaschen habe. Dann magst du mit ihm einig werden, was das Kind betrifft. Adlig werdet ihr nicht, weder du noch das Kind. Aber setz' ihm ruhig ein paar Schröpfköpf an, sie tun ihm bitter not!«

»Wenn ich aber jetzt wegen dem Kind keinen Mann mehr krieg'?«

»Ja, Donner und Doria, was kann denn ich dafür? Ihr Pffersäcke auf dem Land draußen grölt, daß euch die Beutelschneider das Fell über die Ohren ziehen, dabei tragt ihr euer Fell selber zu Markte und haltet es denen feil, die eine spanische Hose anhaben! Weiß der Himmel, es muß noch viel Unrat auf dieses Geschlecht niedergehn, ehe es begreift, daß die Menschen vor unserem Herrgott und vor dem Teufel alle gleich sind, gleich dumm und gleich gescheit, gleich willig und gleich boshaft, und daß nur der in den Himmel kommt, der sich selber ordentlich am Riemen reißt! Jetzt geh heim, Deandl, und stiehl mir nicht die Zeit! Wirst schon noch einen kriegen, der dir das lüsterne Fell gerbt – einen anderen tätst du ja doch nur bescheißen!«

Der Scharfseder packte sie am Arm und geleitete sie zur schweren Eichentür. Dann gab er ihr ein Tatscherl auf die Backe und sagte: »Wenn du zufällig euren Rieder Pfleger triffst, sag ihm einen schönen Gruß von mir, und im Herbst möcht ich bei ihm auf die Jagd gehen!«

»Werd's ausrichten, Herr Rentmeister, und vielmals Vergelt's Gott für den guten Rat!«

»Einen besseren, lieb's Kind, hab ich leider nicht! Und wenn ich dann im Oktober nach Ried hinter komm, möcht ich dich verheiratet sehn! Wo wohnst du denn eigentlich?«

»Ich bin die Tochter vom Weingastwirt gleich neben dem Rathaus.«

»Ach, eine Almayerin bist du! Jetzt versteh ich einiges!«

»Ihr denkt an meine Urgroßmutter?«

»Weißt du's schon?«

»Hab's erfahren!«

»Mußt's halt mittragen, Deandl! Uns allen haben die Altvordern ein Bündel aufgeladen, das wir nicht abschütteln können.«

»Bleibt mir ja nichts anderes übrig!«

»Aber trotzdem! Der Mensch ist allweil seines Glückes Schmied und seines Unglücks Rufer, und der Hochmut kommt vor dem Fall! Pfüat di, Deandl!«

Die liebe Sonne strahlte auf das Gefährt nieder, als sie durch die alte agilolfingische Pfalzgrafschaft Mattighofen hinfuhren, und jedem anderen hätte das Herz im Leibe gelacht, wenn er in dem Wagen gesessen wäre. Die junge Almayerin jedoch hatte jetzt nichts zu lachen. Denn wie sollte sie in der kurzen Zeit, bis man's an ihrem Leibe sehen würde, zu einem Manne kommen! Auf den Vogl brauchte sie nicht zu hoffen, nachdem sie ihn monatelang links liegengelassen hatte. Und sonst? Sonst war keiner da, den sie gern gehabt hätte, außer der Thomas Schwabenthaler. Der aber ging mit der Vorburger Evi. Schade! Sie hätte sich's damals beim Ochsenrennen nicht mit ihm verscherzen sollen. Der Thomas war ein sauberes Mannsbild, und was seine Kunst betraf, konnte ihm der Veit Adam ja wirklich das Wasser nicht reichen. Das war allgemein bekannt. Sollte sie's nicht doch noch einmal versuchen? Schließlich brachte sie als Almayertochter ein ganz anderes Erbteil mit als die Buchbinder Evi. Das müßte sie dem Thomas deutlich zu verstehen geben. Und dann waren sie doch einmal miteinander herzlich verbunden gewesen, zu einer richtigen Liebe war ja die schmächtige Vorburgerin gar nicht fähig. Der Thomas brauchte etwas Kerniges, etwas Leidenschaftliches. Was aber das freiherrliche Kind betraf, so soll sich doch er mit dem von Rechlingen auseinandersetzen, er war ja gebildet! Dann würde der andere, der lausige Baron, erkennen, daß man sich nicht ungestraft mit der geldigen Tochter eines Weingastwirts vergnügt! Diese Erkenntnis wird ihm der Thomas schon beibringen! Dann werden die Leut' auch vor ihr wieder Respekt haben und sagen: Da schaut sie euch an, die Almayerin, sie ist doch eine prächtige

Frau! Sie kriegt einfach jeden, den sie haben will, und an jedem Finger könnt sie zehn haben! So werden sie reden. Und der Veit Adam, der Nichtskönner, der wird dann scheele Augen machen und sich denken: Ich Esel!

Mit solchen rachelüsternen Gedanken kehrte die Jungfer Almayerin nach Ried zurück.

## Der Kuhhandel

Obwohl der Weingastwirt vor Neugierde fieberte, kam die heimgekehrte Tochter einen ganzen Tag lang nicht aus ihrer Kammer. Sie ruhte sich aus, pflegte sich und überlegte vor allem die verschiedensten möglichen Redewendungen hin und her, die sie bei der Unterredung mit dem Thomas gebrauchen wollte. Sie stellte sich vor, was er ihr auf das oder jenes erwidern könnte. Außerdem fühlte sie sich nicht ganz wohl. Wenn sie sich dann im Spiegel betrachtete, konnte sie die Veränderung ihrer Gestalt vor sich selber nicht mehr verhehlen. Es war also hoch an der Zeit, wegen eines künftigen Mannes etwas zu unternehmen.

Am dritten Tag nach ihrer Heimkehr – sie hatte sich schön geputzt – ging die junge Almayerin zunächst kurz an Vorburgers Hause vorbei, um zu sehen, ob die Evi mit dem Gesellen in der Werkstatt wäre. Als sie sich davon überzeugt hatte, begab sie sich geradwegs zum Schwabenthaler. Thomas stand vor seiner Werkbank. Er schliff und schabte gerade am Gewand des heiligen Rochus. Diese fast zwei Ellen hohe Statue sollte ebenfalls auf einem der Eitzinger Altäre stehen. Als er die Almayerin eintreten sah, traute er seinen Augen nicht. Sie merkte, daß sie ihn überrumpelt hatte, und zeigte ihm lächelnd die gesunden Zähne: »Da staunst, Thomas, was?«

»Weiß Gott, ja!« erwiderte er. »Und ich kann mir beim besten Willen nit denken, warum du zu uns kommst.«

»Ich hätt dich gern eine Weile unter vier Augen gesprochen.« Dabei deutete sie auf Matthias hin, der auf einer Leiter an einem Altaraufsatz schnitzte.

»Komm mit in die Kuchel!« sagte er. »Die Mutter ist zum Markt weg.«

In der Küche bot er ihr einen Stuhl an; er selbst setzte sich nicht.

»Was tätst du sagen, wenn wir wieder zusammengingen, wir zwei?« begann sie. »Es war doch eine schöne Zeit damals!«

Fast mitleidig schaute er sie an: »O je, da kommst du reichlich spät! Wir haben bereits das Stuhlfest beim Pfarrer bestellt, die Evi und ich. Im August wollen wir Hochzeit machen.«

Da erstarb das Lächeln auf dem Gesicht der Almayerin. Es war, wie wenn eine tiefhängende Wolke in der Sommersonne über den braunen Acker streift. »Und ich hatte so gehofft!« sagte sie tonlos. Er zuckte die Achseln. Sie stand auf, gab ihm mit niedergeschlagenen Augen die Hand und verließ das Schwabenthalerhaus. Als sie in die Gasse einbog, kam der alte Vogl daher. Sie hätte ihn nicht gesehen, wenn er sie nicht freundlich gegrüßt und angeredet hätte. Weil ihr aber das Herz voller Kummer war, ging sie mit kurzer Erwiderung an ihm vorbei.

Da hat's was gegeben! dachte sich der Ludwig, blieb stehen und schaute ihr nach. Was hatte sie beim Schwabenthaler zu suchen gehabt? Ob da nicht gar das alte Verhältnis wieder aufgefrischt wird! Der Rebeller ist nämlich ein gerissener Gesell und zu allem fähig! Was wär das für ein Skandal, wenn er sie jetzt dem Veit Adam wegschnappen tät!

Sobald er daheim die Tür hinter sich zugemacht hatte, rief er den Sohn zu sich: »Weißt, was ich gesehn hab? Die Almayer-Evi war beim Rebeller! Stell dir das vor! Die ist imstande und angelt ihn wieder, und du, Depp damischer, hast das Nachsehen! Oder denkst leicht, du kriegst noch einmal eine, die so viel Geld und ein solches Haus hat wie die Evi? So was spielt einem das Glück nit ein zweit's Mal in die Hand!«

Der junge Bildhauer erblaßte. Jedem anderen könnte er sie gönnen, nur dem Rebeller nicht! Und wenn sie ihn auch zehnmal und hundertmal mit diesem Stutzer aus Burghausen ausgeschmiert hatte, er mußte wieder anfangen mit ihr, denn der Rebeller durfte und durfte sie nicht kriegen! »Ich werd' mich um sie kümmern!« sagte er zum Vater und ging wieder in die Werkstatt, wo endlich einer der seit langem bestellten Altäre Gestalt anzunehmen begann.

Am Abend erschien Veit Adam Vogl nach mehr denn drei Monaten wieder einmal im Weinhaus. Der Almayer wunderte sich nicht wenig, desgleichen die Stammgäste. Ist heut sein Geburtstag oder hat ihm irgendein Pfarrer einen Vorschuß gegeben? Denn so regnet's beim Vogl die Gulden nicht, daß sich einer wochentags ins Weinhaus setzen könnt! Und der Gastgeb strich hinter in die Kuchel, wo die Evi der Kocherin und ihren zwei Mägden half: »Der junge Vogl ist wieder da!« Da ging in den Augen des Mädchens ein Leuchten auf. Das war wie ein Hoffnungsstrahl in der äußersten Not, wie ein Regenbogen über der gewitterigen Ebene. Der Alte bemerkte das und war darüber gar nicht entzückt, träumte er doch immer noch den Traum von der Freifrau und dem großen Geld.

Ohne zu zögern, begab sich die Evi in ihre Kammer, um sie und sich selbst für die Nacht herzurichten. Zugleich wies sie den Stallknecht an, dem Vogl, wenn er heimginge, zu sagen, daß sie ihn erwarte. Diese Einladung entsprach Veit Adams Hoffnungen, und so war der Friede zwischen den beiden wieder hergestellt – wenigstens äußerlich. Die Wiederherstellung des inneren Ausgleichs dauerte allerdings länger. Den Betrug während jener zwei Nächte sah er ihr gerne nach, daß sie aber bereits vier Monate mit des Stutzers Nachkommenschaft gesegnet ging, war schwerer zu verkraften. Und er gab der Evi auch keine feste Zusage, sondern bedingte sich aus, vorher mit Herrn von Rechlingen verhandeln zu wollen.

Der Rat des Marktes Ried und der Kirchherr Johann Jakob Haurapp hatten beschlossen, einen neuen Choraltar in der Pfarrkirche St. Peter und Paul aufzustellen. Die Bildhauerarbeiten sollte der Rebeller ausführen. Das hatte dieser allein dem Pfarrer zu verdanken, denn wie hätte sonst einer, der noch nicht einmal Bürger war, einen solchen Auftrag erhalten können! Aber Haurapp übernahm vor dem Marktrichter und dem gesamten Rat die Bürgschaft für den Schwabenthaler, wie man's aus den alten Schriften des Marktgerichts Ried heute noch ersehen kann. Um den Vogl, den anderen Bildhauer am Platze, nicht völlig auszuschalten, hatten sie ein steinernes Denkmal über dem Marktbrunnen an ihn vergeben. Mit diesem Standbild des Dietmar Anhanger, des legendären Kreuzfahrers aus Ried, war natürlich nicht viel Staat zu machen. Dieser Auftrag war mehr ein Trostpflästerchen. Veit Adam durfte also seine Zukunft nicht auf die Bildhauerei setzen, sondern mußte sich zusätzliche, reichere Erwerbsquellen erschließen. Und er wußte auch welche. Die erste Quelle sollte das Weinhaus sein, denn für ihn stand nun fest, daß er die Evi heiraten würde. Die zweite Quelle sollte der Freiherr für das Kind aufmachen müssen, dafür wollte Veit Adam schon sorgen. Sein bedeutendstes Vorhaben jedoch war, in die Mitverwaltung des Marktes hineinzukommen, also zur Marktobrigkeit emporzusteigen, um schließlich die Stellung des Richters einzunehmen. Zur Erreichung dieses Ziels brauchte er vor allem die Mithilfe des Freiherrn von Rechlingen, der ja dem Geheimen Rat in München angehörte. Die Bildhauerei konnte man ja – vielleicht mit einem guten Gesellen – nebenher noch weiter betreiben, denn ein paar Gulden würde sie immer abwerfen.

Diese Überlegungen besprach Veit Adam auch mit dem Vater. Er fand dessen Zustimmung in allen Punkten. Auch die Evi hatte inzwischen mit ihrem Vater über die Pläne des Veit Adam gesprochen. So erwartete man sehnsüchtig die Ankunft des Herrn von Rechlingen.

Der kam denn auch zu der Zeit, die der Rentmeister vermutet hatte, von München nach Burghausen und brachte ein paar dienstliche Berichte mit, wie das im Getriebe der Landesverwaltung so zu sein pflegt. Doch bevor der alte Scharfseder die Schreiben entgegennahm, nahm er sich den jungen Herrn ins Gebet:

»Da seid Ihr so geschmacklos gewesen, Euch durch ein paar faustdicke Lügen das Bett einer Dorfschönen zu erschleichen! Wenn das mein gottseliger Vorgänger, der Herr von Tumberg, geahnt hätt', er wär mit dem Ochsenziemer auf Euch losgegangen, als Ihr um die Hand seiner edlen Tochter angehalten habt.«

Der Freiherr mußte nach Luft schnappen: »Exzellenz, wir haben ein Beispiel aus dem Hause Bayern . . . «

Der Rentmeister fiel ihm ins Wort: »Ihr seid doch ein ganz ausgekochter Hallodri! Wollt Ihr Euch auf Grund Eures Kanzleiadels mit einem Herzog aus dem erlauchten Hause Wittelsbach messen? Noch dazu, wo der Herzog Ferdinand mit der schönen Pettenbeck in großen Treuen zusammenlebte, gleich als wären sie durch das heilige Band der Ehe verbunden. Mit diesem herrlichen Fürsten wollt Ihr Eure Hundsfötterei in Vergleich setzen? Man müßt Euch einmal gründlich ausnüchtern!«

»Aber Exzellenz . . . !«

»Versucht Euch nicht zu rechtfertigen! Für diesen faulen Handel gibt es keine Entschuldigung, sondern nur eine ehrliche Bereinigung! Ihr begebt Euch daher nach Ried! Ich hoffe, daß die Kleine inzwischen einen Mann gefunden hat, der sie unter gewissen Voraussetzungen heiraten würde. Diese Voraussetzungen wird man Euch abverlangen; ich wünschte, sie wären so gehalten, daß Euch ein zweites Mal dieser Hafer nicht mehr sticht. Laßt Euch aber vor hinterlistigen Schlichen warnen! Ich komme nämlich heuer selber noch nach Ried und werde beim Almayer absteigen. Sollte wieder etwas nicht im Lot sein, dann nehmt schon jetzt die Versicherung, daß ich an den Herrn von Mandl einen Brief schreibe, à conto dessen man Euch mit Hunden aus dem Geheimen Rat hinaushetzen wird, Freiherr von Rechlingen!«

Der Angeredete, dem der alte Herr nicht einmal einen Stuhl angeboten hatte, machte eine Verbeugung wie ein Schüler und wandte sich zum Gehen. Als er bei der Tür war, rief ihm der Gestrenge noch nach: »Eure diplomatischen Fähigkeiten in Ehren, aber durch Eure Haltung macht Ihr den würdigen Vätern der Gesellschaft Jesu, deren Ausbildung Ihr genossen habt, wenig Ehr!«

Mit nochmaliger tiefer Verneigung empfahl sich der kurfürstliche Hofbeamte. Er nächtigte im Hause seiner Gemahlin, ohne daß er von ihr eines Wortes oder Blickes gewürdigt worden wäre. Dann ritt er am anderen Tag durch das hochsommerliche Land zwischen Inn und Salzach nach Ried. Er sah aus wie einer, den man am Hochgericht gehängt und gerade noch rechtzeitig abgeschnitten hatte. Schließlich war es für seinen beruflichen Aufstieg nicht ohne Bedeutung, welche Meinung der Rentmeister von ihm hatte, denn der war mit dem Freiherrn von Mandl gut befreundet. Es mußte also dem von Rechlingen glücken, diese leidige

Geschichte aus der Welt zu schaffen, wollte er nicht seine künftige Laufbahn aufs Spiel setzen.

Obwohl er sich nun in der denkbar lausigsten Stimmung befand, als er in Ried einritt, brachte er dennoch den Mut auf, beim Almayer abzusteigen, ja, es huschte sogar der aberwitzige Gedanke durch seinen Kopf, die Gastwirtstochter könnte noch einmal seine Gespielin sein. Er mußte aber nach der frostigen Aufnahme durch den Wirt sehr schnell erkennen, daß das Wetter umgeschlagen war und er mit einem harten Partner zu rechnen hatte. Zwar hatte man ihm wieder die schönen Zimmer gerichtet und brachte ihm auch die gewünschte Forelle, von der Evi selbst aber war nichts zu sehen. Er trank noch ein Kännchen Osterwein und begab sich dann zu Bett.

Nicht so der Almayer, der Marktrichter und die beiden Vogl. Sie tranken zwar auch ein paar Kännchen unten in der Gaststube, berieten aber dabei emsig den Plan, nach welchem sie am anderen Morgen mit dem adeligen Herrn verhandeln wollten. Denn es würde nicht leicht sein, meinte der würdige Aemersperger, einen Mann, der zu München im Geheimen Rate saß, in die Knie zu zwingen: »Und ich sag euch nur eins: Laßt euch nicht voreilig zu Worten hinreißen, die man euch hinterher ankreiden könnt! Die Juristerei besteht nämlich hauptsächlich aus solchen Praktiken, und die hat der andere mit gutem Erfolg studiert.«

Als der Herr von Rechlingen am anderen Morgen gegessen und die Magd sein Schlafzimmer hergerichtet hatte, stiegen die vier Männer die knarzende Treppe in den oberen Stock hinauf und klopften bei ihm an. Dann traten sie ein, vierschrötig, wie wandernde Bildstöcke, und stellten sich vor ihm hin. Er aber stand da wie ein Schachtelhalm auf der saueren Wiese.

»Je nun, ihr Männer«, begann er, »die ihr mit mir ins Gericht gehen wollt, wem habe ich am Ende meine Aburtei-

lung zu verdanken? Euch, Almayer, kenne ich. Wer sind die
drei anderen?«

»Ich bin der Marktrichter Aemersperger!«

»Ich bin der Bildhauer Veit Adam Vogl. Unter gewissen
Voraussetzungen bin ich bereit, die von Euch geschwän-
gerte Eva Almayerin zu heiraten und für das Kind gerade-
zustehen.«

»Und ich bin Ludwig Vogl, der Vater!«

»Ich dank Euch und bitt Euch, in den vornehmen Möbeln
dieses gepflegten Hauses einen Platz zu suchen!«

Sie setzten sich. Der von Rechlingen fuhr fort: »Zwar
könnt ich jetzt Gott zum Zeugen anrufen, daß mich die
Jungfer Almayerin ausdrücklich um das Kind gebeten hat.
Weil sie aber nicht zugegen und so nicht zu einer Bestäti-
gung bereit ist, wird sich diese Anmerkung erübrigen.«

Die anderen schauten auf den Marktrichter, der langsam
und bedächtig erwiderte: »Es ist niemand unter uns, Herr
Baron, der diese alberne Bitt der jungen Almayerin in Ab-
rede stellen will. Doch konnte diese Bitt nur ausgesprochen
werden, weil ihr einige Versprechungen Eurerseits voraus-
gingen, Versprechungen, um deren Richtigkeit oder Un-
richtigkeit es sich hier und jetzt handelt.«

Als der von Rechlingen diese wohlüberlegte Antwort hörte,
wurde er stutzig. Er merkte, daß er es mit einem Manne zu
tun hatte, der nicht auf der Wassersuppe dahergeschwom-
men war: »Ihr sagt Versprechungen, Marktrichter, und
meint Möglichkeiten, die ich der Jungfer in Aussicht gestellt habe.«

»Ich bitt Euch, Herr, wir wollen uns jeglicher Spiegelfech-
terei enthalten! Es sei gewesen wie immer, doch habt Ihr im
Herzen der Jungfer Almayerin die Hoffnung erregt, sie
könnt, falls sie von Euch ein Kind bekäm, um dieses Kindes
willen in den Adelsstand erhoben werden! Wollt Ihr das
abstreiten?«

»Marktrichter, wenn Ihr mit einem Farbenblinden vor einer Wiese steht und ihm sagt, die Wiese sei grün, er aber sieht sie rot, seid dann Ihr schuld, daß er sie rot sieht?«

Da fühlte sich der Almayer als Vater beleidigt und stand wutschnaubend auf. Der Aemersperger aber drückte ihn wieder in den Stuhl zurück und sprach zum anderen: »Ihr wollt also den nüchternen Tatbestand der vorsätzlichen Täuschung eines schlichten Landdeandls zum Zwecke der Unzucht nicht zugeben! Ihr zwingt uns demnach, den Beistand des hiesigen Pflegegerichts und damit die Regierung von Burghausen anzurufen. Denn Ihr habt doch gewußt, daß bei dem gegenwärtigen Stand unserer Gesetzgebung kein Kurfürst oder sonstiger Regent in Bayern die Kebsin eines verheirateten Barons in den Adelsstand erheben würde. Wenn Ihr das nämlich nicht gewußt hättet, dann wär Eure Berufung in den Geheimen Rat ein unverzeihlicher Fehlgriff gewesen, den man schleunigst korrigieren müßt. *Hisce sub praemissis* wiederhol' ich also meine Frage: Gebt Ihr die vorsätzliche Täuschung zu oder nicht?«

Der junge Edelmann sah nun endgültig seine Felle davonschwimmen und sagte kleinlaut: »Ich geb's zu!«

Darauf erhob sich der Marktrichter umständlich, nahm seinen Stock, den er über die Stuhllehne gehängt hatte, und setzte den breiten Hut auf: »Mehr hab ich hier nicht zu schaffen. Ich wünsch euch allen ein gutes Einvernehmen und einen gerechten Ausgang! Pfüat Gott!« Er ging.

Nun war also die Schuld des Freiherrn von Rechlingen festgenagelt und man konnte erwägen, wie sie wieder gutzumachen wäre. In diese Verhandlungen trat man jetzt ein. Während der Almayer die Interessen seiner Tochter und des ihr anhaftenden Kindes ins Feld führte, verfochten die beiden Vogl die sittlichen und ehrenrührigen Nachteile, die dem jungen Bildhauer durch die Verehelichung erwachsen würden. Beide suchten daraus Kapital zu schlagen. Hart prallten die Meinungen aufeinander. Der Jurist des Geheimen Rates mußte erfahren, wie eindringlich und aufsässig diese vermeintlich biederen Landleute argumentieren konnten. Freilich, er war ihnen gegenüber auf der ganzen Front im Nachteil, weil sie in den entscheidenden Augenblicken stets mit der Offenbarung des Falles drohten.

Als um elf Uhr die Mittagsglocke von St. Peter und Paul erklang, hatte der Almayer sein Schäfchen gründlich ins Trockene gebracht: Der Freiherr setzte ihm ein Legat von jährlich tausend Gulden aus, die zunächst für die kommenden zwanzig Jahre zu zahlen waren, vorausgesetzt, daß das Kind am Leben bliebe. Nach diesen zwanzig Jahren wollte man erneut miteinander zu Rate gehen, weil ja dann das Kind mitzusprechen hätte. Danach verließ auch der Gastwirt den Verhandlungsraum.

Die beiden Vogl konnten nun ganz offen und frisch von der Leber weg ihre Anliegen vorbringen. Um Geld ging es ihnen nicht einmal so sehr wie um die Reputation. Das stimmte den Baron freundlich, und er versprach den ganzen Einsatz seines hohen Einflusses. Denn gerade die Belange der kleinen Städte und Märkte rings im Lande gehörten in seinen Zuständigkeitsbereich. Und es müßte mit dem Teufel zugehen, wenn es ihm nicht gelänge, den jungen Vogl in den Inneren Rat von Ried und danach in die Stellung des Marktrichters zu bringen! Daß er noch nicht einmal Bürger sei, spiele keine Rolle, denn man werde die Aufnahme in die Rieder Bürgerschaft unverzüglich nach seiner Vermählung mit der Jungfer Almayerin betreiben. Dies lasse sich um so leichter bewerkstelligen, als er ja mit seinem Eingang in dieses vornehme Almayer'sche Haus einen guten Titel für die Anwartschaft erwerbe. Nur möge er die Hochzeit nicht mehr allzu weit hinausschieben, damit die Rieder nicht gleich merkten, was mit der Jungfer los sei. An der Verehelichung der Almayertochter lag dem Herrn von Rechlingen nämlich am meisten, denn erst wenn sie unter der Haube war, würde er wieder ruhig schlafen können.

In den frühen Nachmittagsstunden waren dann auch diese Verhandlungen zu einem allgemein befriedigenden Ende gediehen, und man konnte sich gemütlich in der Gästestube zum Essen niedersetzen. Zu viert ließen sie sich den hervorragenden Wildschweinbraten schmecken. Jetzt hielt es sogar die Evi für richtig, den Männern einen trefflichen Wein zu kredenzen, hatte ihr doch der Vater den glücklichen und lukrativen Ausgang der Gespräche berichtet. Dem jungen Vogl aber war ihr Erscheinen nicht sehr willkommen, zumal er sehen mußte, wie sehr sie noch um die Aufmerksamkeit des Barons bemüht war.

Wolf Aemersperger ließ am anderen Tag noch die beiden Vogl und den Almayer auf die Marktrichterei kommen und legte ihnen ein Dokument zur Unterschrift vor, darin das Eingeständnis des Herrn von Rechlingen niedergelegt war. Denn Ordnung muß sein!

## Hochzeit und Großjagd

Pfarrer Johann Jakob Haurapp stand vor der von Thomas Schwabenthaler angefertigten Visierung des Hauptaltares für seine Kirche. Wenn die endgültige Ausführung so wird wie dieses kleine Kunstwerk, dann darf sich die Bürgerschaft freuen! Kein Zweifel, der Thomas ist ein begnadeter Künstler! Nur fehlt ihm die seelische Seßhaftigkeit. Gebe Gott, daß ihm die Vorburgerin etwas von ihrer liebenswürdigen Gelassenheit übertragen kann.

Es schellte an der Tür der Pfarrei. Jungfer Philomena, die Kocherin, stapfte in ihren schweren Holzschuhen aus der Kuchel hervor, um zu öffnen. Als sie den Schwabenthaler

sah, zog es ihr das Gesicht in die Länge wie bei einem miß-
glückten Eierkuchen. Seinetwegen hatte sie schon einiges
gelitten, denn sie war es ja gewesen, die den Spitznamen
geprägt hatte, an dem der junge Mann vielleicht bis an sein
Lebensende tragen würde.

»Ach ja, der Meister Schwabenthaler und die Jungfer Evi!
Guten Abend miteinander! Ihr kommt gewiß zum Stuhlfest. Der hochwürdige Herr ist schon droben, gehts nur hinauf!« Die Worte quälten sich so teigig aus ihrem Munde,
daß man hätte mit Fäustlingen greifen können, wie hart
es sie ankam, freundlich zu sein. Darum entgegnete Thomas kurz: »Macht Euch unseretwegen nur keine Umständ,
Jungfer, geht wieder in die Kuchel! Es könnten Euch sonst
die Blutwürst' anbrennen!« Mit eingezogenem Kopfe eilte
sie wieder durch den gewölbten Hausflur nach hinten, während das junge Paar die ausgetretene Ziegeltreppe hinauf-
stieg.

Der Pfarrer stand bereits unter der Tür seiner Schreibstube
und hielt ihnen beide Hände hin: »Hab' mich selten so auf
ein Brautpaar gefreut wie auf euch!«

»So meint Ihr also, daß wir zusammenpassen?« Evi fragte
es fast schüchtern und lächelte dabei.

»Kind, ich könnt mir für ihn keine Bessere vorstellen. Nur
wird's von ihm abhängen, ob er das zu würdigen versteht!«

»Keine Angst!« erwiderte Thomas. »Ich weiß schon, Herr
Pfarrer, daß mir mit ihr eine Kostbarkeit geschenkt wird.«
Sie setzten sich alle drei nieder.

Seit der leidigen Geschichte beim Rieder »Gaßlfahrn«, wo
der Vogl die Unverschämtheit gehabt und seinen Neben-
buhler »Schweinthaler« genannt hatte, war dem Thomas
der Gedanke nicht aus dem Kopfe gegangen, sich und seinen eventuellen Nachkommen einen neuen Namen zu geben, einen gut zu sprechenden Namen. Dieser Name sollte
so klar sein, daß niemand, der ihn hörte, in die Versuchung

käme, erst nach seiner Herkunft zu fragen. »Schweinthaler« kommt eben vom Schweinthal und »Schwabenthaler« läßt vermuten, daß er mit den Schwaben zu tun habe, die während des Dreißigjährigen Krieges so zahlreich in den Innkreis eingewandert waren.

Er hatte sich bereits einen anderen Namen ausgedacht,. einen schönen Namen, der auch zu seinem Schaffen paßte! Da würde es keine Fragerei mehr geben – und auch keine Vogl'schen Anpöbeleien!

Während Pfarrer Haurapp die vielen von Amts wegen vorgesehenen Fragen stellte und ihre Beantwortung notierte, meinte Thomas, es müßte doch jetzt bei dem feierlichen Akt der Trauung möglich sein, den Namen zu ändern. Er wolle nämlich von nun an »Schwanthaler« heißen und habe sich auch schon ein Wappen geschnitten, das zu diesem Namen passe: Einen Schwan, der einen Taler im Schnabel trage. Der Pfarrer horchte auf. »Dagegen ist nichts einzuwenden«, sagte er dann. »Nur fürcht ich, daß sie wieder ihre giftigen Zungen an dir wetzen, wenn ich beim Aufgebot von der Kanzel herunter diesen neuen Namen verkünd'. Dir als Künstler steht es zu, einen anderen Namen anzunehmen. Die Humanisten taten es auch. Aber es wär noch besser, wenn du auf dem Vertrag, den du demnächst mit dem Markt und der Kirche über unseren neuen Hauptaltar schließen wirst, mit dem neuen Namen und dem Siegel unterschriebest? Wird dann dein erstes Kind geboren, so wollen wir's auch im Matrikelbuch mit dem schönen Namen »Schwanthaler« eintragen. Bist du damit einverstanden?«

Natürlich war er einverstanden, und die Evi freute sich mit ihm.

Dann kamen sie auf seinen Beruf und auf die Zukunft zu sprechen. Meinte der Pfarrer: »Thomas, du begreifst sicher, daß wir unsere Wurzeln tief ins Ewige hineinwachsen lassen müssen, wenn wir zur ganzen Größe unserer Persönlichkeit aufblühen wollen. Gerade du als Künstler mußt den Menschen in seiner Ganzheit sehen, in seiner Einfachheit und in seiner Würde. Du darfst in ihm nicht bloß die Verkörperung dieser oder jener Leidenschaft erblicken. Nur so kannst du den Menschen auch richtig bilden und stellst ihn nicht einfach als ein Wesen am Rande des Verhungerns dar, das an den Tischen des Herrn nicht mehr gespeist wird. Betrachte unter diesem Aspekt auch deine künftige Frau! Sie muß dir beides sein: Herrin und Gespielin. Dann wird sie dir auch immer eine schöne Frau sein. Eine bildnerisch gestellte Figur – du weißt es ja – ist an strenge künstlerische Gesetze gebunden. Ihre Schönheit aber steht hoch über solchen Gesetzen. Die Schönheit ist eben jene herrliche Harmonie von Gesetz und Freiheit.«

Thomas hörte diesen Worten des Priesters andächtig zu und schwor sich im stillen, sich daran zu halten.

»Deine Werke, Thomas Schwanthaler, müssen das gewisse Göttliche in sich tragen, das wir in jedem Menschen finden. Denn Gott hat sich mit den Menschen verbunden. Er bannt alle Schritte des Menschen in den Zauber eines geheimnisvollen Rhythmus unseres Lebens und beweist seine Liebe in der Schönheit des Daseins des Menschen. Darum ist die Schönheit der Kreatur sein Werben um das Menschenherz, jede Anmut der Form ist ein Ruf nach unserer Liebe.«

Das erste Mal hatte ihn einer »Schwanthaler« genannt, und das in einem Satz, der als Leitmotiv über seinem Leben und Wirken stehen konnte. Spontan dankte Thomas: »Ihr seid großartig, Pfarrer Haurapp!« Besonderen Stolz aber empfand dabei die Vorburger Evi auf ihren künftigen Mann. Was mußte er doch für ein gescheiter Mensch sein, daß er diese Worte verstand, die da der Pfarrer gesprochen hatte! Und was war sie doch für ein armes Hascherl. Aber sie besann sich auch sofort auf ihre Möglichkeiten. Auch der gescheiteste Mensch und der gefeiertste Künstler mußte essen und trinken. Und auf die Zubereitung von Speise und Trank verstand sie sich wie kaum eine andere. So wolle sie ihm denn eine gleichwertige Ehehälfte sein, nahm sie sich vor. Darauf würde sie sich aber niemals etwas einbilden, denn ein Mensch, der nur nach seiner eigenen Vergrößerung strebt, unterschätzt alles andere. Das hatte sie schon von ihrem Vater selig gesagt bekommen.

Eine Woche später erschienen der Veit Adam Vogl und die Almayer Evi beim Pfarrer, um ebenfalls das Aufgebot zu bestellen. Es pressierte nämlich. Wenn auch der würdige Herr beim folgenden Brautexamen seine Fragen sehr behutsam stellte und manch eine gleich ganz wegließ, so schien ihm doch geboten, hier nach den vorehelichen Beziehungen zu fragen und ob nicht vielleicht daraus Folgen zu erwarten wären. Denn dann müßte man daran denken, daß die Braut nicht im Jungfernkranz vor den Altar treten könnte. Der Vogl erklärte jedoch mit leicht spöttischer Miene, daß er im Hinblick auf dergleichen Folgen wahrhaftig ein sauberes Gewissen habe. Dem Pfarrer entging nicht, daß die Evi bei dieser Bemerkung rot anlief – oder war es bloß ihre kerngesunde Gesichtsfarbe?

Als die beiden die Schreibstube des hochwürdigen Herrn wieder verließen, mußte ihnen die Visierung des künftigen Hauptaltars auffallen, denn noch kein Gast war achtlos daran vorbeigegangen. Doch Veit Adam wußte, was er seiner eingebildeten Berufsehre schuldig war und tat, als wäre der in Schwarz und Gold gehaltene Entwurf Luft. Die Evi riskierte zwar ein paar neugierige Blicke. Als sie jedoch die Gleichgültigkeit ihres Verehrers sah, wandte auch sie sich jäh ab.

Bei Vorburgers wurde inzwischen gewaschen, geputzt und gebacken. Wenn man auch keine große Hochzeit machen wollte, ein paar Freunde und Nachbarn würden doch vorbeikommen. Sie sollten einen festlichen Eindruck und ein paar Stückchen Kuchen mit nach Hause nehmen können. Am 16. August 1660 war es dann soweit. In einer stillen Feier gab Pfarrer Haurapp sie zusammen und trug dann mit seiner klaren Schrift ins Heiratsbuch ein: »Der Bräutigam ist genannt der bescheidene Junggesell Thomas Schwanthaler, seiner Kunst ein Bildhauer, des weiland ehrengeachteten Johann Schwabenthalers, gewesten Bürgers und Bildhauers allhie, und der Katharina, seiner hinterlassenen Wittibin, noch zu Leben, ehelicher Sohn. Die Braut ist Jungfer Eva, des weiland Zachariä Vorburger, Bürgers und Buchbinders allhie selig, und der Martha, seiner hinterlassenen Hausfrau, noch am Leben, eheliche Tochter.«

Sechs Wochen darauf heirateten auch der Vogl und die Almayerin. Seit Menschengedenken, das heißt, seit dem Dreißigjährigen Kriege, hatte es zu Ried keine so prunkvolle Hochzeit mehr gegeben wie diese. Drei Hochzeitslader hoch zu Roß waren dem Brautzug vorangezogen. Sechs blumenverzierte Wagen waren hinterdrein gefahren. Die Hochzeitskutsche selbst hatte der Weingastwirt mit rotem Samt ausschlagen und mit weißen Nelken drapieren lassen. In der Wirtschaft aber ließ er den fünfundneunzig Gästen auftragen, was Küche und Keller nur hergaben. Er hatte sich nämlich noch immer nicht von dem Gedanken gelöst, seine Tochter könnte eines schönen Tages doch noch Freifrau werden. Darum sollte jetzt schon alle Welt sehen – und dem von Rechlingen sollte man's nur hintertragen – was an Reichtum und Geltung hinter seiner Eva steckte.

Leider war Veit Adam einfältig genug zu glauben, der Aufwand gelte wenigstens zur Hälfte auch ihm. Er hielt deshalb am Abend des Hochzeitstages eine Lobrede auf seine eigene Kunstfertigkeit, wobei er auch des Rebellers gedachte, dieses »armseligen Krippenreiters«, dem er in den nächsten Jahren das Leben gründlich versauern wolle. In Ried sei nämlich nur für einen Bildhauer Platz – und der heiße Veit Adam Vogl!

Es war bloß ein Glück, daß sich die meisten Hochzeitsgäste schon so in die Kannen vertieft hatten, daß kaum einer hinhörte. Die aber noch nüchtern waren, sagten sich: Heut muß man ihn halt reden lassen, er ist sowieso besoffen!

Als nach dem Abendessen der Braut plötzlich übel wurde, so daß die Kranzljungfern sie wegführen mußten, sagte der Marktrichter, der neben dem Almayer saß: »Mir scheint, dem Deandl fehlt was; sollt's denn gar schon so weit sein?« – »Wo denkt Ihr hin, Euer Vest!« erwiderte der andere. »Es sind doch erst sechs Monat her, daß ihr der freiherrliche Schößling eingepflanzt worden ist.« – Der Richter nahm es hin und setzte hinzu: »Und in den nächsten Tagen kriegen wir schon wieder einen hohen Besuch. Du darfst deine Zimmer richten lassen.« Der Wirt stellte darauf allerhand neugierige Fragen, aber der Aemersperger gab ihm keine Antwort.

Anfang Oktober kehrte dann ein großes Jagdgefolge mit Roß und Wagen zu Ried ein. Die Herrschaften kamen aus der Inn- und Salzachgegend und waren allesamt Gäste des alten Herrn Rentmeisters Scharfseder vom kurfürstlichen Regiment in Burghausen. Er pflegte jedes Jahr einmal in die Kobernauser Wälder, die zum guten Teil zu seiner Herrschaft Riegerting gehörten, zur Jagd einzuladen. Jetzt gehörte Riegerting freilich nicht mehr ihm, sondern einem Herrn von Seiboltsdorf, den seine Tochter Kordula in einem Anflug von »hanebüchener Dummheit« – wie er sich auszudrücken pflegte – geheiratet hatte. Dennoch durfte er in den Wäldern immer noch jagen, nur das Gefolge bekam keinen Zutritt mehr ins Schloß wegen der Estriche aus Edelhölzern, die der neue Herr hatte legen lassen. Deshalb stiegen die Herrschaften in Ried ab. Ein Teil wurde auf die Rieder Burg verlegt, die gegenwärtig keinen Pfleger besaß, sondern nur von einem Vogt verwaltet wurde. Der andere Teil – und das waren zumeist die Damen – kam beim Almayer unter. Im Kreise dieser Damen befand sich auch die Freifrau von Rechlingen, die der Scharfseder schon aus reiner Gehässigkeit gegen ihren Mann eingeladen hatte. Sie war ihm gerne gefolgt, weil sie sich von diesem Jagdtreiben Abwechslung in der Eintönigkeit ihrer Tage erhoffte.

Darin hatte sich Frau Uta auch nicht getäuscht, denn schon unterwegs hatten ihr der Freiherr von Lerchenfeld, der auf Schloß Mamling hauste, und der junge Graf Taufkirchen von Katzenberg abwechselnd den Hof gemacht, so daß der Herr von Paumgarten auf Frauenstein, den es auch in ihre Nähe drängte, gar nicht zum Zug gekommen war. Darüber untröstlich, hatte er sich dem würdigen Herrn Doktor Ferdinand von und zu Hagenau angeschlossen, dem ehemaligen Leibarzt des großen Kurfürsten Maximilian. Frau Uta, deren Schicksal unter den hohen Herren allgemein bekannt war, genoß allgemeine Verehrung, galt doch in diesen Kreisen der von Rechlingen als ein Windhund, der sich mit billiger Beute begnügte.

Es wurde viel gescherzt und gelacht, als man vor dem Rathaus in Ried an die Aufteilung ging, die der Rentmeister persönlich vornahm. Die Herren wollten sich nämlich nicht von den Damen absondern lassen, namentlich nicht von den ledigen. Doch der alte Herr erläuterte ihnen mit schalkhaftem Grinsen, daß eine Großjagd nur gedeihen könne, wenn Männlein und Weiblein all ihre Kräfte in sich bewahren würden. Dies sei aber nur durch eine säuberliche Trennung möglich, das wisse er aus Erfahrung.

Als dann die Böcke von den Schafen geschieden waren, gebot er ihnen allen, zunächst ihre Herberge aufzusuchen und sich dann zum gemeinsamen Souper beim Almayer einzufinden. Dabei werde er ihnen an einer großen Karte den Hergang der Jagd erläutern. Daraufhin ging man auseinander: die Herren auf die Burg, die Damen in die weiträumigen Stockwerke des Almayerhauses.

Der Scharfseder folgte dem Aemersperger, der zur Begrüßung erst in letzter Minute gekommen war, auf die Marktrichterei. Schließlich hatte man ja auch von Amts wegen einiges zu besprechen. So zum Beispiel, daß noch vor Weihnachten dem kurfürstlichen Markte Ried ein neuer Pfleger bestellt werde, nämlich Herr Franz Heinrich Joseph Mägerl von Wegleiten. Der Marktrichter nickte befriedigt dazu und meinte: »Die Herren von Mägerl hatten schon etliche Male das Burggrafenamt zu Ried in ihrer Hand. So wird wohl auch der neue Herr nichts ändern wollen und dem Markt die angestammten Freiheiten lassen. In diesem Punkt ist nämlich die Rieder Bürgerschaft recht empfindlich.«

»Darum brauchst du keine Bedenken haben, alter Freund, denn die Mägerl sind eine handsame Rass'. Und wenn, dann bin am End ich auch noch da!«

»Exzellenz«, erwiderte der Aemersperger und neigte sich dem anderen zu, »Ihr werdet keine Bäume mehr ausreißen, ebensowenig wie ich!«

»Was mußt du mich an meine Jahre erinnern!« drohte ihm der Rentmeister lächelnd. »Glaubst etwa nit, daß ich noch könnt, wenn ich wollt?«

»O je!« entgegnete der andere. »Denkt an das Wort der Schrift: Der Geist mag willens sein, aber mit dem Fleische hat's seinen Harm!«

Da lachten sie beide.

Der Scharfseder erkundigte sich noch, ob die Almayerin einen Mann bekommen habe und ob die ganze Geschichte mit dem von Rechlingen ordentlich bereinigt sei. Der Marktrichter konnte dies bestätigen.

»Und jetzt, Aemersperger, noch eins! Gib mir einen von

euren Leuten, der den Kobernauser Wald kennt und gut schießen kann! Den will ich um mich herum haben.«

»Er soll Euch wohl das schießen, Exzellenz, was Ihr nicht trefft?«

»Du bist und bleibst ein häßlicher alter Uhu! Natürlich muß er verschwiegen sein! Und er soll mich auch nicht bloßstellen! Hast du so einen in deinem verbauerten Ried?«

»Exzellenz, Ihr dürft mit der Zunge schnalzen. Von der Sorte, die Ihr verlangt, biete ich Euch ein Glanzstück!«

Eine Stunde später klopfte der Amtsbote beim Thomas Schwanthaler, und ein paar Minuten danach war der auf dem Rathaus.

»Thomas, ich hab für Euch einen Auftrag. Als alter Wilddieb kennt Ihr sicherlich auch die Wälder des Herrn auf Riegerting.«

Der Schwanthaler zögerte: »Wie soll ich, Euer Vest, denn darauf antworten?«

»Wie antworten? Nun, wie man halt antwortet, wenn man gefragt wird! Mit Ja oder mit Nein!«

»Erwächst mir aus der Antwort ein Nachteil?«

»Kein Nachteil, Schwanthaler, nur Vorteile!«

»Dann also Ja, Euer Ehrenvest!«

»Wußt ich's doch! So werdet Ihr denn morgen in aller Herrgottsfrüh mit dem Herrn Rentmeister von Burghausen und seiner Gesellschaft zur Jagd ausziehen! Weil der alte Herr schon etwas zitterig ist, werdet Ihr stets um ihn herum sein, ihm die Büchs' versorgen und vor allem, wenn er ein Stück aufs Korn nimmt, dasselbe von hinten her oder von der Seiten für ihn abschießen, damit's aussieht, als hätt' er's erlegt. Den Schwindel darf er aber nicht merken, er könnt sonst grantig werden!«

»Jetzt, wo ich Arbeit hab, ist mir halt jeder Tag kostbar, Euer Vest!«

»Vom Markt kriegt Ihr fünf Gulden. Was Euch der Herr selber gibt, ist seine Sach'.«

»Dann bin ich morgen früh da!«

Zwei Stunden nach Mitternacht bewegte sich die ganze Gesellschaft — es waren ihrer siebenundzwanzig ohne die Treiber — zum Fleischtor hinaus an das Flüßchen Antiesen und dann über Hohenzell auf Ötzling zu. Um den Turmberg herum kamen sie nach Arming und nach Rackering, wo der Scharfseder tief im Wald eine Mühle besaß und in deren Nähe ein Jagdhaus. Dort trafen sie im Morgengrauen ein. Das Haus hatte zwar eine geräumige Stube, sie mußten sich aber ziemlich eng zusammendrängen, um auf der Bank, die an der Holzwand entlanglief, ein Plätzchen zu finden. Der Scharfseder stellte in der Mitte ein Fäßlein mit gebranntem Korn auf, an dem sich jeder den Magen wärmen konnte. Darauf begaben sich alle ins Revier, während die Treiber mit den Hunden an den Rothlbach hinauszogen, um von hinten her das Wild aufzuscheuchen.

Thomas hatte sich in der Stube des Jagdhauses sehr zurückgehalten, da er ja unter all diesen noblen Damen und Herren der einzige Bürgerliche war. Außer dem Rentmeister hatte ihn auch niemand angesprochen. Als sie aber jetzt unterwegs waren und die aufgehende Sonne die Leute besser erkennen ließ, schien ihm doch, als ob er die Dame im engen Reitkleid, die vor ihm mit dem alten Herrn dahinschritt, schon irgendwo gesehen habe. Diese hochbeinige Gestalt mit den feingeformten Hüften, dazu die weich abfallenden Schultern, aus denen ein zarter Nacken herauswuchs, das alles kam ihm seltsam vertraut vor. Aber es war weder die Linie seiner Frau noch die der Gräfin Anna von Tattenbach noch gar die der Almayer Evi. Er hatte aber doch sonst keine andere Frau näher kennengelernt. Da blieb der Rentmeister stehen, um zu verschnaufen. Die Dame drehte sich halb zur Seite. Da erkannte er sie: Uta von Tumberg! Er war in geziemender Entfernung hinter den beiden stehengeblieben. Sie wandte sich ganz um und warf ihm einen Blick offensichtlichen Wohlgefallens zu, begleitet von einer leichten Verneigung des Kopfes. Da zog er den Hut und grüßte zurück. Als sie wieder wegsah, wußte er, daß sie ihn nicht erkannt hatte.

Nach einer guten Stunde waren alle auf ihren Posten. Die Jagd begann mit dem Hifthornblasen. Uta von Tumberg hatte sich neben dem Scharfseder einen Steinwurf weit ins Gebüsch geschlagen. Dort steckte im Waldboden eine Holzgabel, auf die sie beim Anschlag ihre Büchsen legen konnte. Thomas, der etwa zehn Schritte hinter dem alten Herrn stand, sah von der Seite, daß sie schöner geworden war, freilich auch älter, als es die seit jener Zeit verflossenen elf Jahre eigentlich gerechtfertigt hätten. Ob sie wohl Sorgen hatte? Sie spürte, daß seine Blicke auf ihr ruhten, und schaute um. Als er verlegen wegsehen wollte, lächelte sie und winkte. Er schlich sich langsam zu ihr hin. Sie flüsterte: »Vielleicht gebt Ihr auch auf mich ein wenig acht, denn ich fürchte das Schwarzwild!«

»Seid ohne Sorge«, erwiderte er, »ein Keiler macht sich rechtzeitig bemerkbar!«

Darauf blinzelte sie ihm dankbar zu, und er zog sich wieder auf seinen Posten zurück.

Es wurde wirklich eine Großjagd. Die Leute hatten alle Hände voll zu tun. Manch ein schönes Stück Rotwild brach sogar durch und rettete sich. Als dann um elf Uhr aus den nahen Dörfern die Mittagsglocken läuteten, ließ der Rentmeister abblasen. Alle fanden sich wieder beim Jagdhaus ein. Jeder erzählte von seinen Heldentaten und zwar – wie sich's gehörte – mit entsprechender Übertreibung. Währenddem trugen die Treiber die Beute zusammen: sieben Keiler, acht Hirsche, fünfzehn Rehböcke und viele Hühner und Hasen machten die Strecke aus. Ein kurfürstlicher

Herrschaftskoch, der von Burghausen mitgekommen war, ließ durch die Knechte zwei offene Feuerstätten errichten und fing an, das Jägermahl zu bereiten. Fast alle schauten ihm interessiert zu, nur der alte Scharfseder meinte zum Schwanthaler, er wolle sich hinterm Hause ein Weilchen hinlegen und schlafen, die Waldluft habe ihn müde gemacht. Das hieß, daß Thomas seinen Schlaf zu bewachen habe. Als die anderen das vernommen, verzogen sie sich gern ins lauschige Niederholz, denn sie wollten doch die Ruhe des Jagdherrn nicht stören. Der Rentmeister setzte sich auf die halbmorsche Bank an der warmen Bretterwand unter den Vogelbeerbaum. Thomas schob ihm noch einen gerodeten Stock hin, an den sich der alte Herr behaglich anlehnte! Dann stützte er den Kopf in seine große Hand und nach wenigen Minuten schnarchte er aus offenem Munde. Wie ihn der Schwanthaler so liegen sah, blitzte in ihm der Gedanke auf: So schlief der Apostel Petrus auf dem Ölberge! Flugs zog er ein Blatt und den Rötel aus dem Mantelsack und zeichnete den Alten. Auf einmal knackten hinter ihm ein paar Ästchen. Uta stand da und schaute über seine Schultern ins Blatt. Sie sagte kein Wort, aber jetzt wußte sie, wem dieser schwarze Kopf gehörte. Genauso, mit der gleichen Eleganz des Strichs, hatte er damals sie selbst gezeichnet, und damit hatte ihr Schicksal begonnen! Wußte er, daß sie jetzt eine glücklose Freifrau von Rechlingen war? Daß sie sich hatte einlullen lassen wie ein verwöhntes Kind, nur weil sie nicht länger hatte warten wollen, bis der gekommen wäre, der nicht bloß ihren Leib gewollt hätte? Wußte er, wie hart sie dafür büßte?

Vielleicht hatte der Rentmeister eine böse Traumvorstellung, oder es lief ihm eine Waldfliege über die Nase—plötzlich war er wach und schaute verdutzt auf die beiden jungen Leute. »Was machst du da?« redete er unsanft den Schwanthaler an.

»Ich hab mir erlaubt, Exzellenz, Euer biblisches Haupt zu zeichnen. Ich könnte mir keinen besseren Petrus vorstellen.«

»Solches hast du dir erlaubt!« erwiderte er, und es klang schon sanfter. »Verstehst du etwas von dem Geschäft? Laß sehen!«

Thomas gab ihm das Blatt, er mußte es weit von sich weghalten. In sein Gesicht stieg der Glanz großväterlicher Güte. »Möcht meinen, daß du in deinem Handwerk kein Dummer bist!« sagte er dann, und zu Uta gewandt: »Ihr habt ihm wohl assistiert, Baronin?«

»Euer Exzellenz«, erwiderte sie, »nicht assistiert, sondern nur zugeschaut und ihn bewundert.«

»Weiß Gott, Ihr habt recht! Man muß ihn bewundern! Er läßt den alten Scharfseder glatt noch zum Verleumder Unseres Herrn werden! Für wen malst du?«

»Ich bin ein Bildhauer. Und es könnt sein, daß ich eines Tages einen Kreuzweg Unseres Herrn zu schnitzen hätt, dann müßtet Ihr, in Lindenholz geschnitten, ein schöner schlafender Jünger werden.«

»Du willst aber hoffentlich damit nicht sagen, ich hätt' meine Zeit verschlafen!«

»Gott bewahre, Exzellenz! Aber wenn Petrus nicht geschlafen hätt', wäre Unser Herr nicht in die Hände der Häscher gefallen, und mit unserer Erlösung wär's vorbei gewesen. Der Schlaf Petri war also ein notwendiger Schlaf, den darzustellen es Euch nicht gereuen sollte!«

»Da schau einer diesen Gesellen an! Der könnt einem gar noch das Sterben schmackhaft machen!«

Da kam der herrschaftliche Koch und meldete, daß das Essen gerichtet sei. Heiter und froh traf man sich auf der Lichtung vor der Jagdhütte. Es gab einen vortrefflichen Schmaus. Im Laufe des Nachmittags ging es dann in einzelnen Gruppen wieder zurück nach Ried, wo inzwischen das Tanzhaus geschmückt worden war.

Von der Jagdbeute brachte man einen Teil in die Lazarett-
küche, einen Teil ins Leprosenhaus, einen halben Keiler
erhielten die Kapuziner, den anderen halben schickte man
ins Jungfernklösterl. Alles übrige kam nach Burghausen
ins Armenhaus und in die Kosthäuser der Studenten.

## Der Jungfernkranz

Am 15. Dezember 1660, knapp drei Monate nach der
Hochzeit, brachte Eva Voglin eine Tochter, Christiane, zur
Welt. Der ganze Markt Ried — eingeschlossen der Pfarrer
Haurapp — war empört darüber, daß sie als Braut die Unverschämtheit besessen hatte, mit dem Jungfernkranz an
den Altar zu treten. Dieser allgemeine Unmut erstarb auch
nicht während des Weihnachtsfestes, sondern schwelte ins
neue Jahr hinein, immer wieder ein bißchen geschürt und
aufgerührt vom Totengräber-Lois. Der Loisl war ein armer
Schelm, denn mit ihm ließ sich kein Deandl ein. Kein Wunder, daß er ein sündhaftes Vergnügen daran hatte, wenn
er in den öffentlichen und geheimen Weibergeschichten
des Ortes herumstochern konnte.
Aber auch der Pfarrer fühlte sich gröblichst übers Ohr ge-
haun, abgesehen davon, daß die Philomena, seine Kocherin,
unaufhörlich an der jungen Voglin ihre Zunge wetzte. Er
sprach deshalb eines Tages den Marktrichter Aemersperger
darauf an und erfuhr den ganzen Sachverhalt.
Da war guter Rat teuer. Denn nun hing alles vom jungen
Vogl ab: Entweder mußte er sich im stillen damit einverstanden erklären, der Vater des Kindes zu sein und sich
darum wegen vorehelicher Schwängerung abstrafen zu
lassen; oder er mußte sagen, seine Frau habe das Kind von
einem anderen bereits unterm Herzen getragen, als sie mit
ihm zum Altare geschritten sei, sie habe ihn also hinters

Licht geführt. Es war nämlich nicht von ihm zu erwarten, daß er gestehen würde, er habe alles gewußt und die Evi nur des Geldes und einiger anderer Vorteile wegen geheiratet. Seine Frau selbst aber mußte unter allen Umständen bestraft werden, denn ob von ihm oder von einem anderen geschwängert, sie hatte den Jungfernkranz entehrt.

Die beiden Amtspersonen begaben sich also zum Vogl, um seine Entscheidung zu vernehmen. Es muß zu seiner Ehre gesagt werden, daß er seine Frau nicht bloßstellen ließ. So konnte man einige Wochen danach im Kasten am Rathaus dieses Protokoll lesen: »Um daß Veit Adam Vogl, Bildhauer dahier, seine Hausfrau Eva Almayerin vor der Hochzeit geschwängert, sind sie beide neben dreitägiger Fangnis mit Geld gestraft worden per drei Pfund Pfennig.« Darunter aber stand ein zweites Protokoll: »Daß aber sie, die Voglin, an ihrem Hochzeitstag einen Kranz auf dem Haupt getragen und für eine Jungfer auf der Kanzel verkündigt worden, wird sie mit Geld per ein Pfund Pfennig abgestraft.«

Ein Keller des Rathauses diente als Gefängnis für diejenigen Bewohner des Gemeinwesens, die sich eines leichteren Vergehens schuldig gemacht hatten. Als solches wurde zu Ried eine voreheliche Schwängerung betrachtet. Denn zum einen kam dergleichen öfter vor, zum anderen sagten sich die Bürger im stillen: Die beiden sind eben hereingefallen, viele andere, die's genau so treiben, haben Glück! Man machte deswegen nicht viel Aufhebens, als in der Fastenzeit Veit Adam Vogl mit Frau für drei Tage den Rathauskeller bezog.

Aber der junge Vogl hatte eine kaufmännische Seele. Ihm war es nicht gegeben, etwas zu tun, ohne daraus Gewinn zu schlagen. Gleich als er die Strafe abgesessen hatte, erschien er mit seinem Vater und dem Schwiegervater Almayer vor dem Magistrat und ersuchte um das Bürgerrecht auf die Weinwirtschaft, die ihm die Frau in die Ehe mitgebracht hatte. Der Magistrat erklärte, er wolle das Ansuchen beraten, und ließ ihn nach einigen Tagen schriftlich wissen, daß er das Rieder Bürgerrecht wohl auf seine Bildhauerei erhalten könne, nicht aber auf die Wirtschaft, weil es im Orte genug Wirte gebe. Dieser Bescheid war für Veit Adam ein harter Schlag, denn nun würde mit dem Tode des alten Almayer die Gerechtsame erlöschen, die seit Jahrhunderten auf dem Weinhaus lag. Er selbst aber sollte sich mit der Bildschnitzerei herumschlagen, an der er schon seit geraumer Zeit keinen Gefallen mehr fand. Seine ganze Zukunft schien also in Frage gestellt.

Da besann er sich darauf, daß zu München im Geheimen Rat der Freiherr von Rechlingen saß, der ihm verpflichtet war. Er sattelte ein Roß und ritt in die Landeshauptstadt. Und es zeugt von seinem diplomatischen Geschick oder auch von seiner Unverfrorenheit, daß er auf diesem Umwege beim kurfürstlichen Regiment in Burghausen einen Befehl an den Magistrat von Ried erwirkte, ihm das Bürgerrecht auf die Weinwirtschaft zuzuerkennen. Außerdem war in diesem Erlaß nicht die Rede davon, daß er deswegen die Bildhauerei aufzugeben hätte.

Als Thomas Schwanthaler davon erfuhr, wandte er sich an den Marktrichter und beschwerte sich: Es sei eine grobe Ungerechtigkeit, daß der Vogl zwei Gesellen in seine Werkstatt eingestellt habe, selbst aber ausschließlich als Gastwirt tätig sei, während er, Schwanthaler, kaum einen einzigen Gesellen zu bezahlen vermöchte. Der alte Aemersperger faltete die Hände wie zum Gebet und meinte, er sehe die Berechtigung dieser Beschwerde durchaus ein, rate aber dennoch von einer öffentlichen Anzeige ab. Thomas, deutete er ihm, sei ja nur Inwohner zu Ried, Vogl aber habe das Bürgerrecht erworben und habe deshalb grundsätzlich den längeren Arm. Wenn nämlich ein Inwohner gegen einen Bürger aufmucke, hielte die Bürgerschaft immer zusammen, nicht etwa, weil man dem Vogl damit Recht geben wolle, sondern weil es stets so gewesen sei. In einer Familie werde ja auch der eheliche Sohn, selbst wenn er ungeraten sei, dem angenommenen, möge er auch noch so anständig sein, bei der Erbschaft vorgezogen. Gegen diesen eingewachsenen biblischen Rechtsgrundsatz anzugehen, verstoße nun mal gegen jegliche übernommene Ordnung.

Diese Erläuterung schmeckte dem Schwanthaler bitter. Wieder einmal empfand er die Härte der Armut. Er schluckte also und arbeitete fleißig weiter am Hochaltar, um sich vielleicht auf diese Weise die Aufnahme in die Bürgerschaft zu verdienen. Und eine große Freude widerfuhr ihm noch in diesem Jahr. Am 8. August 1661 gebar seine Frau den Sohn Johann Franz, den Stammhalter.

Im Herbst war wieder die Zeit des Rieder Roßmarkts gekommen. Heuer verband man mit diesem bedeutenden Markttag sogar die Einführung des neuen Burggrafen, des Herrn Franz Heinrich Joseph Mägerl von Wegleiten, in sein hohes Amt auf dem Schloßberg von Ried. Es war kein anderer, als jener noble Herr, dem Thomas früher im Kosthaus zu Burghausen ebenso wie dem Herrn von Rechlingen, als Kammerdiener zugeteilt gewesen war. Er hatte einige Jahre in Ingolstadt studiert, weil die Eltern gemeint hatten, er könnte Priester werden. Doch dann war die Zuneigung zu Komteß Elisabeth von Franking auf Hueb stärker gewesen als der elterliche Wunsch. So war er in den kurfürstlichen Dienst getreten. Und weil er nicht über allzu große Geistigkeit verfügte, seinen ererbten Edelsitz Wegleiten aber in guter Ordnung zu halten verstand, glaubte der Geheime Rat, ihn, gleich seinen Ahnen, in der Nähe unterbringen zu müssen. Von Ried konnte er jeden Abend heimreiten und in Ried konnte er auch nicht viel verderben.

Kaum hatte er in den Amtsstuben seine Leute begrüßt und sie nach ihrer Tätigkeit befragt, befahl er ihnen, mit ihm in den Markt hinabzugehen. Er wollte das geschäftige Treiben der Roßhändler sehen und seinen Stall um einen guten Hengst vergrößern, wenn sich dazu die Gelegenheit böte. Er hatte nämlich eine Schwäche für schöne Pferde. Als er nun vom Burgberg herunterkam und durch die Wies ritt, wo der Schwanthaler wohnte, trat der gerade aus dem Haus. Die beiden sahen einander und erkannten sich sofort. Der Mägerl stieg ab, und es gab eine herzliche Begrüßung auf der offenen Gasse: »Bist du's wirklich, Thomas? Ich hab' oft an dich gedacht und an unsere Zeit im Kosthaus! Du warst doch damals in die Affäre mit dem Rechlingen verwickelt? Was treibst du jetzt?«

»Ich bin ein Bildhauer geworden und hab' die Werkstatt von meinem Vater.«

»Und ein vortrefflicher Bildhauer! Anders kann's ja gar nicht sein!«

»Nun ja, der schlecht'ste bin ich nicht. Aber man muß schon ordentlich werkeln, daß man Weib und Kind ernähren kann.«

»Wer müßte das nicht, Thomas! Ein ganzes Jahrzehnt hab ich hinwarten müssen, ehe mich das hohe Regiment zu Burghausen für würdig befand, hier im Rieder Kreis den Pfleger zu machen.«

»Ich freu' mich, daß Ihr's geworden seid! So wird mir jetzt nicht mehr jeder feiste Pflastertreter auf der Nase herumtanzen.«

»Hat man das getan?«

»Mein Gott, Herr, was ist denn schon der arme Bildschnitzer Schwanthaler angesichts eines eingesessenen, wohlbestallten Bürgers!«

»Wenn ich mich recht erinnere, so bist du doch in Burghausen ein sehr gescheiter Bub gewesen. Gibt's denn für dich kein besseres Geschäft?«

»Glaubt mir, ich möcht' gar kein anderes! Aber es ist hart,

mit vollgefressenen Hamstern, wie es die Rieder sind, guten Umgang haben zu müssen.«

»Willst du mich hinüberbegleiten auf den Markt?«

»Laßt es mich erst meiner Frau sagen!«

Thomas ging ins Haus zurück und war nach kurzer Zeit im Sonntagsstaat wieder da. Die Rieder machten rechte Kuhaugen, als sie den neuen Herrn Pfleger mit dem Schwanthaler in gemütlicher Unterhaltung daherschlendern sahen.

Während sich die beiden Männer dem Roßmarkt zuwandten, ereignete sich in Schwanthalers Haus ein fast alltäglicher, hier aber folgenschwerer Unfall. Die alte Schwanthalerin, die trotz ihrer Jahre wie ein Roß durchs Haus werkelte und eine sehr robuste Gangart hatte, stieß – man weiß nicht wie – im Hausflur mit der zarten, erneut schwangeren Schwiegertochter so hart zusammen, daß beide Frauen übereinander hinfielen, die Alte schwer auf die Junge. Nach einer Weile arbeitete sich die Mutter keuchend wieder hoch und sah nach der Evi. Die lag ohne Besinnung vor der Kuchltür. Die Alte schleppte sich zur Haustür hinaus und schrie hinaus auf die Gasse. Ein Kind, das gerade vorbeikam, schickte sie zum Marktphysikus.

Nach einer guten Stunde kam endlich Dr. Gottfried Zauner und brachte gleich die Hebamme mit. Gemeinsam trugen sie das zarte Weib, das noch immer ohnmächtig war, ins Bett. Erst nach mehreren Stunden gelang es ihnen und den erprobten Heilkräutern, einen erlittenen Blutfluß einzudämmen. Der Herzschlag der jungen Frau war kaum noch vernehmbar.

Eva Schwanthaler erwachte an diesem Tage nicht mehr. Die Alte mußte den im Sommer geborenen Johann Franz der Mutterbrust entwöhnen, was ihr nicht leicht fiel. Erst am Abend des folgenden Tages glückte es dem Arzt, die junge Frau wieder ins Leben zurückzuholen. Aber es war noch kein rechtes Leben, sondern bloß ein stilles Dahindämmern.

In den folgenden Wochen des späten Herbstes verging kaum ein Tag, an welchem Doktor Zauner nicht bei der jungen Schwanthalerin nachgeschaut hätte. Sicher war es nur seiner ärztlichen Kunst zu danken, daß sie in den Weihnachtstagen wieder leidlich beieinander war.

Unter solchen Voraussetzungen brach dann das neue Jahr 1662 an, ein Jahr, das man in der Landeshauptstadt freudig begrüßte, denn dort hoffte man darauf, daß die Frau Kurfürstin Henriette Adelaide endlich den heißersehnten Prinzen dem Land schenken würde. Dies wurde am 11. Juli schließlich Gewißheit: Der spätere »Blaue König« Max Emanuel betrat damit die Bühne seiner Zeit. Zur gleichen Zeit sah auch Frau Evi in der Wies zu Ried abermals einer Niederkunft entgegen.

## Das große Fest

Mit Beginn des Jahres 1663 rüstete sich der Markt Ried zu einem großen Fest. Anlaß war einmal bei St. Peter und Paul der Hauptaltar des Thomas Schwanthaler, zum anderen das Anhanger-Denkmal des Veit Adam Vogl über dem Marktbrunnen, die beide gleichzeitig aufgerichtet werden sollten. Man wollte das Doppelfest, das in die Marktgeschichte einging, am Tage des Kirchenpatroziniums, dem 29. Juni, feierlich begehen und hatte darum auch die Herren des Burghauser Regiments eingeladen, zumal diese hohe Behörde etliche hundert Gulden zur Erstellung des Altars und der Brunnenfigur beigesteuert hatte. Leider fiel in diese Zeit geschäftiger Vorbereitung der plötzliche Tod des alten Marktrichters Wolf Aemersperger, der sich der Verehrung aller erfreut hatte. Der Innere Rat trat zusammen

und wählte zum neuen Oberhaupt den ehemaligen Bäckermeister Matthias Gerhard Rosenkranz, der zwar wesentlich jünger, aber doch ebenso geschätzt war wie sein Vorgänger. Zur gleichen Zeit wurde noch ein anderer würdiger Mann vom Tode hinweggerafft: der Rentmeister Scharfseder. Der Geheime Rat bestimmte zu seinem Nachfolger und Vicedom in Burghausen den noch recht jungen Herrn Heinrich Adam Plank von Plankenberg. Darüber freute sich vor allem der Freiherr von Rechlingen, denn die beiden waren Freunde vom Gymnasium her, wenn auch der von Plankenberg um einige Jahre älter war. Beide Herren erschienen in Ried und bezogen Unterkunft im Almayer'schen Weinhaus. Zur Altarweihe in Ried hätte das Bistum Passau, dem der Markt unterstand, durch den Fürstbischof vertreten sein müssen. Doch der derzeitige Herr von Passau, Erzherzog Karl Joseph, war erst vierzehn Jahre alt und zudem todkrank. Auch hielt er sich in Graz auf. Die Domherren des Hochstifts schickten also den Kanoniker Wenzeslaus Graf Thun zur Rieder Feierlichkeit. Der übernahm diese Aufgabe gern. Er reiste im fürstbischöflichen Sechserzug an und nahm Wohnung im Pfarrhof in der Priesterzeile. In seiner Begleitung befanden sich der Propst Adam Pichler von Reichersberg und der Pfarrer Balthasar Gleisser von Atzbach.
Und weil in Salzburg der Graf Ernst von Thun ebenfalls als Domkanoniker saß, wollte er seinem Bruder die Ehre geben und kam, ohne viel Aufhebens zu machen, im einfachen Landauer angefahren. Auch er war ein junger, leutseliger Herr, liebte das Leben und die heitere Geselligkeit und haßte jeglichen Streit. Sein erster Gang führte ihn in die Kirche zum neuen Altar, denn er verstand viel von den schönen Künsten. Eine geschlagene Stunde lang betrachtete er das Werk. Dann bat er den Pfarrer Haurapp, die Festpredigt halten zu dürfen. Da kam der Pfarrer in Bedrängnis, denn

dafür war der Propst Pichler, ein geborener Rieder Bürgerssohn, schon seit Wochen vorgesehen. Als aber der vom Anliegen des Salzburgers erfuhr, trat er bereitwillig zurück, war er doch nicht mehr der Jüngste, und bequem war er auch schon geworden.

Darauf eilte Graf Ernst von Thun in die Wies zum Schwanthaler.

»Meister, mir ist die Ehr' widerfahren, während des morgigen Festgottesdienstes eine Preisrede auf Euren Altar zu halten. Könnt Ihr mir eine Frage beantworten?«

»Dann widerfährt auch mir eine Ehr', Graf Thun! Fragt mich immerzu!«

»Welcher Grundton schwingt in Eurem Herzen, wenn Ihr arbeitet? Anders gefragt: Aus welcher seelischen Mitte stammen Eure Werke?«

Thomas überlegte eine Weile: »Herr, alles, was ich bisher hervorgebracht hab, ist aus der Freude geboren worden.«

Da begann das Gesicht des jungen Grafen zu strahlen. Er drückte ihm impulsiv die Hand: »Das habe ich mir gedacht, als ich vor Eurem Altar stand! Denn in Eurem Streben nach Ausdruck ist keine Faser von Effekthascherei. Dies kann aber nur sein, wenn der Mensch ein ausgewogenes Herz hat, ein Herz voller Freude. Ich danke Euch für dieses Wort!«

Er drückte dem Schwanthaler fünf Dukaten in die Hand – und draußen war er.

Thomas schaute dem Davonreitenden durchs Werkstattfenster nach und dachte sich: Diese böhmischen Grafen sind doch wunderliche Männer!


Am Sonntag, den 29. Juni, fand das Fest der Apostelfürsten Peter und Paul und das Patrozinium der Pfarrkirche Ried statt.

Als die Sonne hinter dem Geiersberg hervorkam, brannten die Feuerwerker des Rieder Landfahnens auf dem Burgberg zwanzig Böller ab. Der Herr Pfleger hatte ihnen dazu die Erlaubnis erteilt. Sofort wurden in allen Marktgassen die Banner mit dem Bundschuh, dem Rieder Wappen, aufgezogen, und aus den Fenstern hängte man bunte Decken und Tücher heraus. Die Bauern fuhren auf die Wiesen und brachten frisches Gras, das auf dem Hauptplatz, um die Kirche herum und durch die ganze Priesterzeile verstreut wurde, so dick, daß die Gassen aussahen, als hätte man grüne Teppiche ausgelegt. Nach dem frühen Angelusläuten bliesen die Marktpfeifer unter der Leitung des Lehrers der Lateinschule vom Kirchturm ihre Weisen, während sich die Nachtwächter und die Schergen hoch zu Roß bei den Toren postierten, um die zu erwartenden Abordnungen von Schärding, Braunau, Reichersberg und Mattighofen gebührend zu empfangen. Die Frühmessen fielen zwar aus, aber die beiden Kapläne waren mit dem Allerheiligsten unterwegs zu den Kranken und den Behinderten. Bei der Schießstätte am Marktweiher sammelten sich die Mitglieder des Landfahnens. Thomas Schwanthaler hatte für diesen Tag Urlaub erhalten und brauchte nicht mit ihnen auszurücken. Am rührigsten ging es vor dem Schärdinger Tor zu. Hier am Schwarzmann – so nannte man diesen Ortsteil – lag das Tanzhaus, wo die illustren Gäste zu Mittag abgespeist werden sollten. Im kleinen Wandelgarten davor hatten die Fleischhacker unter der Aufsicht des Marktkochs offene Feuer angezündet, über denen in Kesseln und Pfannen gesotten und gebraten wurde. Und weil die Redensart bei den Fleischern nicht sehr höflich war, hatte der Koch seine liebe Not, sich Autorität und Gehör zu verschaffen – nicht zu denken an die armen Gassenbuben, die er auch bändigen mußte. Denen lief nämlich das Wasser im Munde zusammen ob des herrlichen Bratengeruchs. Sie waren ständig darauf aus, da und dort einen Happen zu erwischen. Schon vor acht Uhr eilten die sogenannten Betschwestern und die Nonnen aus dem Jungfernklösterl ins feierlich geschmückte Gotteshaus, vor dessen neuem Altar ein langes weißes Linnen niederhing. Und eine Viertelstunde später waren alle Bänke dicht besetzt. Wer jetzt noch kam, mußte stehen – zunächst bis zum Beginn um neun Uhr und danach während der ganzen Feier des Hochamtes.

Gegen dreiviertel neun Uhr erfolgte der Einzug der Herrschaften, der Delegierten und des Magistrats. Für sie waren die vordersten Bänke mit roten Tüchern ausgeschlagen worden. Zehn Minuten später erschien hinter dem silbernen Vortragskreuz die große Vertretung der Geistlichkeit, hinter ihnen aber die vier Meister des Altars: der Bildhauer Thomas Schwanthaler, der Faßmaler Francesco Gamann, der Vergolder Johann Koch und der Schreiner Peter Widmann. Alle erfreuten sich des Rieder Bürgerrechts, nur Thomas nicht. Trotzdem ging er ihnen voran. Während für die Priesterschaft unter der Kanzel samtene Sessel gerichtet waren, setzten sich die Meister auf der gegenüberliegenden Epistelseite ins Chorgestühl.

Der Gottesdienst begann mit dem feierlichen Psalmengesang *Asperges me*, den der Propst von Reichersberg anstimmte und den Orgel und Kirchenchor fortsetzten. Da war manch einer unter den Sängern, der in diesem Augenblick glaubte, herzhaft drauflosbrüllen zu dürfen. Denn jetzt zählte nicht die Korrektheit der Stimmführung, sondern allein die Mächtigkeit des Organs. Und wer weiß, ob nicht die Schwanthaler'schen Heiligen hinter dem weißen Linnen, die erstmals dieser elementaren Bürgerkraft ausgesetzt waren, ein leises Zittern ankam. Wenn dem so war, dann gelang es ihnen jedoch bald, sich in ihrer hohen Abgeklärtheit wieder zu fangen, als der junge Graf Thun die Kanzel zur Festpredigt bestieg.

Es war eine großartige Rede, in der er allgemein die Kunst als die vornehmste Magd im Dienste Gottes pries und die Künstler als Herolde des Allerhöchsten bezeichnete. Dann ließ er mit den Worten »Empfanget denn, was euch die Männer eures Geistes und Herzens bereitet haben!« das lange weiße Linnen mittels eines Seilzugs aus der Höhe des Gewölbes niederfallen. Ein lautes Raunen der Bewunderung ging durch das Gotteshaus. Das also war er, der Altar, auf den man sich schon fast drei Jahre gefreut hatte! Und schön war er, viel schöner, als man sich's vorzustellen gewagt! Unten, neben dem Tabernakel, fielen zuerst die beiden in Silber getriebenen Büsten der Apostelfürsten auf. Im hohen Mittelstück, beiderseits der zum Himmel auffahrenden Muttergottes, standen die beiden Kriegerheiligen Georg und Florian, gewandet wie römische Zenturionen. Der Aufsatz war eingerahmt von den Figuren der gemarterten Diakone Stephanus und Laurentius, und überall sah man beflügelte Engelköpfchen, feines Knorpelwerk und üppige Fruchtbuschen. Die Kriegerheiligen waren im Schreiten erfaßt und hielten ihre Fahnen sieghaft in den Wind. Diese Sieghaftigkeit strahlte überhaupt aus dem ganzen Altar, besonders aus den vom Flugwind zerzausten Lockenköpfen der Engel.

Wenzeslaus Graf Thun, der das Hochamt begann, wandte sich an Pfarrer Haurapp und flüsterte: »Man muß reich sein, um ein solches Werk zu schaffen!«

»Euer Gnaden«, erwiderte der, »der Schwanthaler ist es in schier überschäumender Fülle!«

Nach dem feierlichen *Ite-missa-est* zogen alle zum Hauptplatz vor den ebenfalls verhüllten Brunnen beim Rathaus. Jetzt waren die, welche in der Kirche hatten stehen müssen, ganz vorne dran und ergingen sich in schadenfrohen Bemerkungen über die, welche in den Bänken gesessen waren. Bald wurde es jedoch auch hier ruhig, denn der neue Herr

Rentmeister betrat die kleine Rednerbühne. Er war kein Redner, der junge Baron von Plankenberg. Er wußte das und spiegelte daher in seinem blassen Gesicht die innere Erregung wider. Zunächst las er aus einem Buche die Legende vom berühmten Rieder Kreuzzugshelden Dietmar Anhanger vor. Dieser war während der Einnahme Jerusalems von seinen Leuten getrennt worden und hatte sein Banner im Kampfgewühl verloren. Weil er aber im ganzen Heer wegen seiner riesigen Bundschuhe bekannt war, zog er einen aus und steckte ihn auf seine Lanze. Das wies seinen Leuten den Weg beim Sturm auf die Mauern der Heiligen Stadt.

Die Vorlesung dieser Geschichte war das Ungeschickteste, was der Baron hatte tun können, denn jedes Kind auf der Gasse von Ried kannte sie. Viele hörten nicht mehr richtig zu, als er mit seinem Lobspruch auf den Bildhauer Veit Adam Vogl begann. »Der junge Meister«, sprach er, »hat in zähem Fleiß im Laufe vieler Monate den weißen Marmor aus Untersberg behauen und hat ihm Tag um Tag mehr von den Zügen des großen Helden eurer Heimat entlockt.« Er machte eine Pause, weil er im Augenblick den Faden verloren hatte. Da wurde die peinliche Stille durch einen lauten und kreischenden Zuruf von ganz hinten her unterbrochen: »Stimmt nit, Euer Ehrenvest! Der Vogl hat an dem Steinklotz nix gemacht, bloß seine beiden Gesellen!« Das war ein sehr böses Wort! Wer hatte es gesagt? Einer fragte den anderen, und bald antwortete einer dem anderen: »Der Totengräber Loisl, der Falott!«

Es dauerte einige Zeit, bis sich auch der Herr Rentmeister wieder gefangen hatte und seine Lobrede fortsetzte. Die Aufmerksamkeit war freilich vollends dahin. Manch einer, der den Vogl nicht leiden konnte – und solche gab es seit dessen Aufnahme in die Bürgerschaft viele –, gönnte ihm die Schmähung durch den Totengräber. Nicht, weil die

Gesellen das Werk geschaffen hatten, dergleichen gab's bei anderen Meistern auch, sondern weil er so vermessen war und entgegen allem Herkommen zwei Gewerbe auf einmal betrieb. Das war eine Ungerechtigkeit!

Schließlich zog der Rentmeister von der Brunnenfigur des Dietmar Anhanger die Umhüllung herab. Aber kein Ruf des Erstaunens unter den Zuschauern wurde laut. Warum auch? Sie hatten ja in den letzten Wochen, wo der Marktbrunnen gerichtet worden war, den weißen Mann in Marmor oft gesehen, der wahrhaftig nicht viel Heldenhaftes zur Schau trug, sondern eher einer walzenförmigen Dock'n glich, wie sie die Großmütter ihren Enkelkindern zum Spielen schenkten. Leidtun konnte einem nur der Veit Adam Vogl, der ganz vorne unterm Rednerpult stand. Das bißchen Beifall, das da und dort aus der Menge erklang, wirkte erbärmlich und fast verletzend. Das spürte auch der hohe Herr aus Burghausen, bezog es aber auf seinen Vortrag. Und auch die Festversammlung, die weithin den Hauptplatz erfüllte, empfand ein großes Unbehagen. Denn was war dieses Anhanger-Denkmal im Vergleich zu dem prachtvollen Schwanthaler-Altar für ein armseliges Ding! Es wäre wohl klüger gewesen, wenn man den Brunnen zuerst und dann den Altar enthüllt hätte. So wäre dem Vogl die Anerkennung nicht versagt geblieben. Aber so? Armer Veit Adam! Aber er war selber schuld! Mit lauter Rede war er selbst in der Bürgerversammlung für diese Reihenfolge eingetreten und man hatte ihm den Gefallen getan, den letzten Eindruck zu vermitteln, um den Rivalen auszustechen. Aber der Schuß ging nach hinten los!

In prozessionsartigen Wellen bewegten sich jetzt die Festgäste und nicht wenige der Einheimischen hinaus zum Schwarzmann ins Tanzhaus. Man hatte Hunger. Vom Magistrat war für das Hohe Haus und die Honoratioren eine Sitzordnung an den Tischen aufgestellt worden. Danach

saß der Bildhauer Vogl neben der weltlichen, der Bildhauer
Schwanthaler neben der geistlichen Obrigkeit. Während
sich Thomas vor allem mit den beiden Grafen Thun ange-
regt unterhielt, blieb das Gespräch Vogls mit den Baronen
von Plankenberg und von Rechlingen recht einsilbig. Was
den Letztgenannten betraf, hatte dies noch seinen ganz
besonderen Grund. Hatte der doch in der vergangenen
Nacht tatsächlich versucht, mit Vogls Frau wieder anzu-
bandeln, und es wäre sicherlich dazu gekommen, wenn er,
Veit Adam, nicht die ganze Nacht hindurch wie ein scharfer Hund auf ihn und auf sie aufgepaßt hätte.
Als die zwei Wildschweine, die Hirschkeulen, Rehrücken
und die vielen anderen guten Gerichte aufgezehrt waren
und die jungen hübsch herausgeputzten Riederinnen mit
den Weinkannen umgingen, erhob sich der neue Marktrichter zu einem Wort des Dankes. Und wahrhaftig, der
Rosenkranz verstand sich aufs Reden! Kaum war der Applaus, den man ihm zollte, verklungen, stand Veit Adam
Vogl auf. Danken konnte er seinen Mitbürgern nicht, denn
sie hatten ihn schmählich behandelt. So wollte er wenigstens dem Rebeller einen kräftigen Schluck Wermut ein-
schenken, damit er nicht in die Versuchung käme, seinen
Kopf gar zu hoch zu tragen. Er verstieg sich zu dieser Rede:
»Ist es nicht verwunderlich und traurig zugleich, liebe Mit-
bürger von Ried, daß unseren Hochaltar ausgerechnet einer
erstellen durfte, den die frommen Jesuitenväter zu Burghausen an die Luft gesetzt haben, weil er in punkto Moral
etliche starke Kratzer aufwies? Es ist ja nicht so, als ob wir's
ihm vergönnten, Gott bewahre! Wir sind ja keine Hunger-
leider und wären darum auch nicht auf die paar hundert
Gulden angewiesen gewesen, die der Altar eingebracht hat.
Aber was sind das für Umstände? Uns scheint, daß der
hochlöbliche Magistrat und der hochwürdige Kirchenherr
schlecht beraten waren, ihm, der sich als ein ganz gewöhn-

licher, hautiger Inwohner hier unter uns breitmacht, ein solches Werk anzudingen, das Gott wohlgefällig sein soll. Wie kann, was aus solchen Händen hervorgeht, gottgefällig sein? Das soll mir einer sagen!«

Veit Adam Vogl plärrte seine Vorwürfe so laut über die Tafel hin, daß auch die ganz hinten Sitzenden, die wegen des genossenen Weines schon ein bißchen unruhig geworden waren, mit einem Mal verstummten. In dieser vor allgemeiner Erregung knisternden Stille geschah etwas Seltsames: Zwei Männer erhoben sich zugleich wie auf ein Kommando und wollten zu reden beginnen: der Pfleger, Baron Mägerle von Wegleiten, und der Marktrichter Gerhard Rosenkranz. Sie schauten einander lächelnd an, und der Marktrichter setzte sich wieder hin.

»Hohe Herren, liebe Bürger von Ried!« begann der Pfleger. »Was da eben über den Meister Schwanthaler zu hören war, klang lästerlich und ist ganz falsch. Der Thomas und ich waren nämlich damals zusammen in Burghausen. Ich weiß genau, aus welchem Grunde es ihm nicht mehr möglich war, dort seine studia latinitatis fortzusetzen. Daß dies ein sehr ehrenwerter Grund war, könnte auch der Herr von Rechlingen bestätigen. Wir wollen jedoch die Geschichte hier nicht breittreten. Ich wollte hier nur etwas richtigstellen.«

Der von Wegleiten setzte sich wieder. Der von Rechlingen aber war schamrot geworden und stierte vor sich nieder. Nun erhob sich der Rosenkranz: »Veit Adam Vogl, angesichts dessen, was da in jüngster Zeit marktrichterlich über Euch niedergeschrieben ist, scheint Ihr mir der Letzte zu sein, der sich hier als Sittenrichter aufspielen dürfte. Dies nur als Schlußpunkt hinter Euere häßlichen Worte! Ihr anderen aber, tut, als hättet ihr's nit gehört! Eßt und trinkt, aber besauft euch nit zu arg!«

Ein allgemeines Gelächter, von lautem Applaus begleitet,

beendete dieses unliebsame Zwischenspiel. Die beiden Grafen Thun waren taktvoll genug, zu tun, als hätten sie den ganzen Vorfall nicht gehört. Was mochte sie auch dieses kleinbürgerliche Gerangel bekümmern! Sie hatten sich in ihren geistlichen Herrschaften um ganz andere Probleme zu sorgen als um die Eifersüchteleien zweier Bildschnitzer. Graf Wenzeslaus wandte sich daher an Thomas: »Welche größeren Aufgaben stehen Euch jetzt ins Haus?«

»Schöne Altäre, Herr Graf!« erwiderte Thomas. »In Senftenbach, in Niederhaag am Hausruck und in Zell am Pettenfirst.«

»Und wie ich ganz im geheimen erfuhr«, mischte sich der Pfarrer Haurapp ins Gespräch, »gedenkt unsere Bräuerzunft einen Floriani-Altar zu stiften. Dem Schwanthaler soll die Arbeit übertragen werden. Aber, wie gesagt, im Vertrauen!«

Thomas strahlte. Das war eine gute Nachricht. Der kluge Pfarrer hätte sie gewiß noch bei sich behalten; es schien ihm aber wohl richtig, dem jungen Meister gerade in diesem Augenblick eine frohe Botschaft mitzuteilen.

Wenig später erhob sich die hohe Geistlichkeit und verließ den Festsaal, nach allen Seiten grüßend und von allen Seiten umjubelt. Der Marktrichter und der Schwanthaler schlossen sich den Herrschaften an, denn beide wollten dabei sein, wenn sich die Grafen beim Pfarrhof verabschiedeten. Dies geschah in der frühen Nachmittagsstunde, als die Sonne noch hoch am Himmel stand. Da waren alle müde und redefaul. Das Auseinandergehen vollzog sich unter ein paar verbindlichen Worten des Dankes und des Wunsches auf ein gesundes Wiedersehen. Dabei drückte Graf Wenzeslaus seinem Schützling Thomas unauffällig noch hundert Gulden in die Hand und zeichnete ihm ein Kreuz auf die Stirn.

Als dann die Herren weggefahren waren, lud Pfarrer Haurapp den Richter und den Bildhauer noch auf ein Weilchen zu sich. Sie beredeten kurz die Unverschämtheit des jungen Vogl. Gerhard Rosenkranz meinte, es werde schwer sein, etwas gegen ihn zu unternehmen, weil er sich des uneingeschränkten Vertrauens dieses Herrn von Rechlingen erfreue, und der gehöre dem Geheimen Rat in München an. Den eigentlichen Grund dieses Vertrauens konnte der Richter natürlich nicht kennen, denn der lag — aufgezeichnet, noch von seinem Vorgänger selig — im Geheimfach der Marktrichterei. Auf Schwanthalers Frage, ob er denn künftig schutzlos der Willkür des Vogl ausgeliefert sei, meinte Rosenkranz: »Solang' er nicht selber Marktrichter ist, hast du nichts zu fürchten!«

»Könnt er das gar noch werden?« fragte Thomas.

Achselzuckend erwiderte der Marktrichter: »Beim lieben Herrgott und beim Geheimen Rat in München ist kein Ding unmöglich!«

## Bei der Göttnerin

Während in diesem Jahre 1663 vom Kaiser Leopold in Wien ein drohender Türkenkrieg nur mit Müh und Not um zwanzig Jahre hinausgeschoben werden konnte, war der bayerische Kurfürst Ferdinand Maria eifrig dabei, seine dem Osten zugewandte Festung Braunau zu verstärken und die bedeutenderen Orte im Rentamt Burghausen zu befestigen, denn von der Seite mußte der Feind kommen. Zu diesem Zwecke wurden Offiziere durch die Ämter geschickt, um den jeweiligen Stand der Befestigungen zu inspizieren.

Auch zu Ried erschienen solche Inspekteure reihum. Sie taten meist sehr wichtig, als hinge das künftige Wohl des bayerischen Vaterlandes von ihrer Begutachtung ab. Darum sah man sie in der Marktgemeinde nicht gern. Außerdem mußte man ihnen Unterkunft und Verpflegung kostenlos reichen, ihnen und ihren Rössern und Begleitern, und das machte stets einen ordentlichen Batzen Geld aus, denn die Kerle fraßen und soffen wie Scheunendrescher. Die Bierwirte lehnten dergleichen Einquartierungen meistens ab, denn da war auch kein Weiberrock im Hause mehr sicher.

Nur eine Wirtin scherte sich darum nicht, die Josepha Göttnerin draußen in der Wies. Die war kurz über die Vierzig und hatte vor vierzehn Jahren den Mann verloren. Der Blitz hatte ihn erschlagen. Sie wirtschaftete selbständig mit ihren alten Mägden, denn ein Knecht hätte es bei ihr nicht ausgehalten. Diese Josepha Göttnerin freute sich immer wieder, wenn so ein Reiter, Kundschafter oder Kurier, Landfahrer, Handwerksbursch oder auch ein Terminierer – ein nur vom »Abstauben« lebender Bettelmönch – bei ihr einkehrte. Da rührte sich dann was, zumal sich dann auch weitere Weiblein bei der Göttnerin einfanden, nämlich vernachlässigte Bürgerinnen, überzeitliche Jungfern und einsame Witwen. Sie alle wurden dort getröstet – zum großen Verdruß des ganzen Marktes. Doch weder der Magistrat noch die Geistlichkeit vermochte dieses sündhafte Treiben abzustellen. Die Josepha mit ihren Mägden wäre ja sonst nur dem Gemeindesäckel zur Last gefallen. Der Marktkämmerer hatte sowieso ständig Ebbe in seiner Kasse und segnete jeden, der ihm sparen half.

Die Wirtschaft der Göttnerin lag vom Schwanthaler nur zwei Häuser entfernt, so daß man an stillen Abenden den Lärm von dort bis in die Bildhauerwerkstatt hinüber hören konnte. Als Thomas noch ein junger Bursch war, hatte er sich öfter den Spaß erlaubt, in der Finsternis hinzuschleichen, um die Umtriebe dort genauer zu inspizieren. Bereits damals hatte er vor mancher wohlbestallten Bürgersfrau alle Achtung verloren, wie ihn später dann überhaupt die

Rieder Bürgerschaft anwiderte. Seit Vaters Tod jedoch kümmerte er sich um die Leut' und das Treiben bei der Göttnerin nicht mehr, denn tagsüber hatte er alle Hände voll zu tun, und abends saß er bei der Familie.

Neulich aber — es war bereits Oktober geworden — mußte er nach dem Abendessen noch einmal seine Werkstatt aufsuchen. Er nahm kein Licht mit, obwohl die Dunkelheit schon hereinbrach. Wie er nun über seinen Holzplatz ging, glaubte er hinter einem gut beleuchteten Zimmer der Wirtschaft die Almayer Evi gesehen zu haben, zwar kurz, aber ganz deutlich. Das kann doch nicht wahr sein, dachte er sich und beschloß, der Sache auf den Grund zu gehen. Er wartete noch eine gute Weile und pirschte sich dann nach alter Gewohnheit unter das bewußte Fenster und reckte sachte den Kopf in die Höhe. Da wollte es aber das Mißgeschick, daß er an den Riegel eines Fensterladens stieß. Durch den Laut aufgeschreckt, schaute die junge Voglin, die sich gerade mit einem Soldaten verlustierte, zum Fenster hin und dem Schwanthaler ins Gesicht. Der zog blitzartig den Kopf zurück, sprang in gewaltigen Sätzen davon und verschwand hinter seinem Holzstoß.

Es wurde Winter und es kam das neue Jahr. Ein neuer Frühling zog übers Land an der Antiesen. Überall blühte und sproß es. Die Almayer Evi aber hockte wie eine Verwaiste in ihrer Kammer und kochte einen teuflischen Plan aus. Sie schrieb einen Brief an den Freiherrn von Rechlingen nach München, des Inhalts, er möge getrost wieder zur Göttnerin kommen, denn sie habe sich etwas ausgedacht, wonach er ganz und gar nichts zu befürchten habe. Den Brief gab sie tags darauf den Münchner Taxis'schen Postknechten mit, die den Markt Ried dreimal in der Woche anfuhren. Daraufhin zögerte der von Rechlingen keinen Augenblick mehr und nahm frohgemut seine Besuche wie vordem wieder auf. Denn Veit Adam Vogl war seiner Frau aus mehreren Gründen auch überdrüssig geworden. Er sah sich nicht mehr imstande, ihrem ungezügelten Liebeshunger auf die Dauer zu genügen. Außerdem kroch da das Kind im Hause herum, dem die erbuhlte Vaterschaft auf dem Gesicht geschrieben stand. Und ständig mußte er sich noch von der Evi den Vorwurf anhören, daß er zu nichts tauge, weder als Mann, noch als Bildschnitzer und schon gar nicht als Gastwirt. Er vergälle und verprelle nur die Leute und mache große Sprüch', wo nichts dahinter sei. Sie warf ihm an den Kopf, daß sie es Tag und Nacht bedauere, den Schwanthaler laufen gelassen zu haben. Wie stehe der jetzt da! Geehrt, geachtet, umworben von der Geistlichkeit weit herum im Lande. Ein fleißiger und gerader Mann, bei dem man die Aufrichtigkeit schon an Gang und Geste kenne. Er dagegen sei ein alberner und hinterfotziger Hanswurscht, ein Kriecher, ein krummer Hund wie der Weinjud Ibrahim.

Für den »krummen Hund« hatte er ihr zwar das erste Mal ein paar saftige Watschen gegeben, aber sie wiederholte die Schmähung trotzdem, und fortwährend watschen konnte er sie ja auch nicht, zumal sich inzwischen der alte Almayer und die Knechte hinter sie gestellt hatten. Wenn hier überhaupt noch etwas zu retten war, dann blieb ihm nur der eine Ausweg: Er mußte so rasch wie möglich in den Magistrat gelangen, in den Äußeren Rat, dann in den Inneren, und schließlich die Marktrichterei. Dann wollte er's ihr zeigen und dem Schwiegervater und der ganzen Gemeinde auch!

Und noch eins: Den Rebeller, der ihm ständig als Vorbild hingestellt wurde, den wollte er ausmerzen in der Gemeinde Ried, so wie man auf der Frühjahrswiese den Distelstock ausmerzt, mit Stumpf und Stiel! Bisher freilich hatte ihn der andere immer wieder gedeckelt und angeprangert als einen Dummkopf und einen Narren. Aber kommt Zeit, kommt Rat! Nur eine einzige Blöße soll er sich geben, dann wird er ihn zerquetschen und zerreiben wie einen Floh auf dem Bettlaken. Dann soll sie sehen, die Evi, diese dumme Gans, ob er, Vogl, immer noch ein krummer Hund ist, ein Kriecher und ein hinterfotziger Hanswursch!

Um das alles durchführen zu können, braucht er allerdings den von Rechlingen. Den muß er sich verpflichten! Das geht aber nur durch sie. Gut denn! Soll sie der Rechlingen doch zuschanden machen! Die Hauptsache: er hilft ihm dadurch in die Steigbügel!

Wenn der von Rechlingen nun alle vierzehn Tage nach Ried kam, erschien er immer in der Uniform eines kaiserlichen Kavallerieoffiziers. Beim Torwärtl bezeichnete er sich auch als solchen und nannte sich schlicht Franz von Gruber, auf der Durchreise von München nach Wien oder umgekehrt. Veit Adam Vogl hatte die Uniform gleich als Tarnung durchschaut. Immer, wenn der Offizier zu Ried weilte, suchte Frau Evi die Göttnerin auf, die ja eine entfernte Verwandte der Almayerschen war, und blieb dann auch die Nacht über bei ihr. Er schaute mit geheuchelter Gelassenheit diesem Treiben zu und sagte nichts, sagte auch dazu nichts, wenn ihm ab und zu im Flüsterton und hinter der hohlen Hand gesteckt wurde, man habe da einen Soldaten gesehen und man wisse und man habe gehört und so weiter. Schließlich aber — es war im Sommer 1665 — wurden die Ärgernisse bei der Göttnerin so handgreiflich, daß der Marktrichter Rosenkranz unter anderen Rieder Bürgern auch den jungen Vogl zu sich kommen ließ.

»Was soll ich Euch sagen. Wenn man bedenkt, daß Ihr noch ein junger Mann seid und gesund dazu, dann fragt man sich, wieso Ihr Euer Eheweib in die Wies hinausstreichen laßt zur Josepha. Wollt Ihr sie denn zu einer Hübschlerin machen?«

»Die brauch ich nicht erst dazu zu machen, Euer Vest, die ist es schon!«

»Und wißt Ihr eigentlich, wer der Soldat ist, mit dem sie's hat?«

»Wie soll ich's wissen? Soll ich mich hinschleichen und dabei riskieren, daß mir der andere seinen Degen um die Ohren schlägt!«

»Mein Gott, was seid ihr doch heutzutage für Mannsbilder! Die meine hätt' mir ein solch Ding nur ein einziges Mal bewiesen; nach einem zweiten Mal wär sie auf Krücken gangen.«

»Ihr habt gut reden, Euer Vest! Der Almayer und die Knecht' halten ja die Hand vor!«

»Wollt Ihr dann, daß ich die Marktschergen einschreiten lass'?«

»Danke, Euer Vest! Laßt mich's mit ihr noch einmal im guten versuchen!«

Als an diesem Tage der Kavallerieoffizier Franz von Gruber Ried wieder verlassen hatte und die Evi ins Weinhaus zurückgekehrt war, eröffnete ihr der Vogl alles: daß er vor den Rosenkranz geladen worden sei und daß er wisse, wer sich hinter dem famosen Herrn von Gruber verberge, schließlich auch, daß er nun endgültig gewillt sei, die ganze Betrügerei sowohl zu Ried, als auch zu München in aller Öffentlichkeit auffliegen zu lassen.

Da grinste ihm aber die Gattin frech ins Gesicht: »Du armseliger Krauterer! Etwas Dümmeres ist dir wohl nit eingefallen, als mich für ein Soldatenweib zu halten!«

Dås war zuviel! Schon wollte er ihr den Namen des getarnten Herrn von Rechlingen ins Gesicht schleudern, hielt aber noch rechtzeitig an sich und fragte unverwandt: »Wer ist's dann also?«

Sie triumphierte, denn sie hatte auf diese Frage gewartet: »Wer's ist, willst wissen? Denk halt nach! Wer wohnt denn da draußen in der Wies? Nicht weit weg von der Göttnerin? Einer, den ich gern gemocht hätt'? Fällt dir gar keiner ein, der's sein könnt?«

Veit Adam schlug sich ans Hirn: »Ist's etwa gar . . . ?«

Sie unterbrach ihn hastig: »Na endlich hast du den Finger drauf!«

Da schaute er sie durchdringend an. Er sah ein unstetes Flackern in ihren Augen und erkannte im gleichen Augenblick, welche unverschämte Lüge da gerade über ihre Lippen gekommen war. Aber er tat so, als glaubte er ihr. Denn wenn er ihr diese Lüge abnahm, dann hatte er ihn, den Rebeller, den Floh, und konnte ihn zerquetschen und zerreiben. Ja, er konnte sogar den Marktrichter nötigen, diese Lüge abzunehmen. Das war das eine. Und das andere: Er wollte nun nach München fahren und dem Rechlingen sagen, daß er alles wisse, ihn aber großherzig schonen werde in der Hoffnung, die freiherrliche Großherzigkeit hinke der seinen nicht hinterdrein. Genauso wollte er's machen!

Die Evi aber schrieb in der folgenden Nacht einen längeren Brief nach München. Darin hieß es unter anderem: »Die Kammer in der Wies' ist unsicher geworden.«

Jetzt trieb es der Veit Adam Vogl wie der böse Feind in der Bibel: er ging heimlich aus und säte Unkraut, das heißt, er blies einigen Sensationslüsternen ins Ohr, daß seine Alte es nicht etwa nur mit dem einen oder dem anderen Soldaten gehabt habe, sondern weiß Gott und wahrhaftig sogar mit dem Rebeller. Und weil von denen, die Ohrenbläsern gerne Gehör geben, stets das Niederträchtigste als das Glaubwürdigste angesehen wird, so scheuten sie sich nicht, den Schwanthaler alsbald für den eigentlichen Verführer der jungen Voglin zu halten, zumal er ja sowieso mit ihr schon vor Jahren ganz dick verbunden gewesen sei.

Eines Tages aber stand diese Lüge breitspurig im Pfarrhof vor Johann Jakob Haurapp und in der Marktrichterei vor Matthias Gerhard Rosenkranz. Und weil beide Männer die schier ungeheuerliche Kunde nicht fassen konnten und auch gar nicht fassen wollten, kamen sie aufeinander zu und beschlossen, den Meister des Rieder Hochaltars unter sechs Augen zu vernehmen. Dazu beschieden sie ihn an einem Abend in der Woche nach Mariä Himmelfahrt ins Amtshaus.

Thomas erschien mit strahlender Miene, denn er erfreute sich nun schon seit Jahren der Gunst dieser Herren. Als er aber ihre ernsten Gesichter sah und dann gar vernahm, welcher Missetat man ihn bezichtigte, wurde er blaß – blaß vor Erregung, blaß vor Zorn.

»Und Ihr haltet das für wahr?«

»Wir halten es nicht für wahr! Aber wir müssen's dir doch sagen, damit du daraus deine Konsequenzen ziehen kannst. Es könnt ja sonst passieren, daß es die Spatzen von allen Dächern pfeifen, du aber hockst derweilen draußen in deiner Werkstatt und hörst und siehst nichts!«

»Herr Pfarrer, Konsequenzen? Was für Konsequenzen kann ich ziehen? Soll ich der lügenhaften Voglin ins Maul treten?«

»Nein, Meister Schwanthaler, nicht so!« begütigte der Marktrichter. »Wir wollen mit Euch reden und vorab von Euch bloß wissen, was daran ist. Wir meinen, daß Ihr Manns genug seid, uns hier keinen Bären aufzubinden. Wenn's nicht wahr ist, dann laß ich mir die Voglin und die Göttnerin kommen. Wir werden ja sehen und hören, was die zwei aussagen. Also, Thomas, wart Ihr mit der Voglin bei der Josepha in der Kammer oder nicht?«

»Euer Ehrenvest, ich rufe den Himmel zum Zeugen an! Er möge mir meine Hände, mit denen ich die Gesichter unseres Herrn und seiner Heiligen bilde und forme, auf der Stelle verdorren lassen, wenn ich seit meiner Hochzeit außer meinem Weibe ein anderes berührt hab!«

Der Rosenkranz erhob sich, ging in die Schreibstube nebenan und schickte den Gerichtsbüttel zu den beiden Frauen. Ehe noch eine halbe Stunde vergangen war, stellten sie sich in der Vorkammer des Marktgerichts ein. Es war um die achte Abendstunde, die Sonne ging gerade hinter den Höhen von Mehrnbach unter.

Der Richter rief zunächst die Bierwirtin herein und ließ sie vor sich und den Pfarrer treten, während sich der Schwanthaler in eine Kammer daneben zurückziehen mußte. Deren Tür blieb jedoch offen.

»Josepha Göttnerin«, begann der Rosenkranz, »ich frag Euch auf Ehr' und Gewissen: Habt Ihr in Euren Kammern die Eva Voglin, Gastwirtin beim Almayer, aufgenommen und nächtlicherweile beherbergt?«

»Euer Vest, indem daß ich der Almayerin ihr Basl bin, durfte sie mich besuchen und bei mir wohl auch zur Nacht bleiben, wenn's spät worden ist!«

»Richtig, Göttnerin! Dagegen hat niemand etwas. Nun geht's aber darum, daß durch den ganzen Markt hin das Gerücht von Ohr zu Ohr geblasen wird, die Almayerin, will sagen die Voglin, habe zirka alle vierzehn Tage in Euren Kammern mit dem Bildschnitzer Thomas Schwanthaler sich aufgehalten.«

»Je nun, Euer Vest, Ihr werdet mir nit unterstellen, daß ich den Gästen meines Hauses in die Kammern nachschleiche oder daß ich an den Schlüssellöchern lure, um zu erfahren, mit wem der oder die das Bett teilt!«

»Das ist sehr klug von Euch, Josepha Göttnerin, und wir haben niemals daran gezweifelt, daß Ihr Euer Geschäft versteht. Es könnt aber doch sein, daß Ihr rein zufällig gesehen habt, wie der genannte Schwanthaler, der ja in Eurer Nachbarschaft wohnt, zu besagter Almayerin in die Kammer geschlichen ist, sei's durch die Türe, sei's durchs Fenster. Das könnt doch sein!«

»Freilich hätt's sein können, Euer Vest, wenn's der Zufall gewollt hätt, aber er hat's halt nit gewollt!«

»Und daß Euch die Voglin erzählt hätt', daß der Schwanthaler bei ihr eingestiegen sei, wißt ihr davon auch nichts?«

»Nix ist gewesen, gar nix! Und überhaupt, fragt sie doch selber! Sie steht ja vor der Türe!«

»Wie recht Ihr habt, gute Frau! Zu dem Zweck haben wir sie auch kommen lassen! Aber es scheint uns doch verwunderlich und ganz und gar unglaublich, daß Euch von all dem nichts zu Ohren gekommen sein sollte, was sich in Euren eigenen vier Wänden zugetragen haben soll. Denn als einer wackeren Geschäftsfrau müßt es Euch doch am Herzen liegen, allweil zu wissen, was man über Euer Haus und die Gäste desselben redet.«

»Oh, Euer Vest, Ihr streicht mir da allerhand Honig ums Maul, damit Ihr mir ein Wort für oder gegen den Schwanthaler entlockt. Das solltet Ihr besser bleiben lassen! Und was man über mein Haus und meine Gäste redet, du lieber Himmel, das macht mir schon lange keine Kopfschmerzen mehr! Denn meine Gäste, das sind ja Eure Bürgerinnen ebenso wie des Fürsten und des Kaisers Soldaten. Und wenn auch der Herr Pfarrer ein schiefes Gesicht zieht, so bleibt's eine Tatsache: In meinem Hause suchen sie sich, die einen wie die anderen, und finden sich auch. Und es ist mir ganz und gar Wurscht, wer wen sucht und wen wer findet. Meinetwegen könnten's auch die Almayerin und der Schwanthaler sein. Die Hauptsach' ist, sie bezahlen mir Kammer und Bett! Habt Ihr mich, Euer Vest?«

Der Richter winkte kopfschüttelnd ab: »Geht in Gotts Namen, Göttnerin! Ihr habt ein Mundwerk wie ein Scherenschleifer. Aber Ihr müßt es wohl haben angesichts der Sorte Gäste, welche Euer Haus besucht.«

»Ein Haus wie mein Haus muß sein! Und wenn's mein Haus in der Wies nicht gäb', dann gäb's eben ein anderes in der oder jener Gassen. Pfüat Gott!« — Da schüttelte auch Johann Jakob Haurapp sein angegrautes Haupt. Und als sie die Türe hinter sich zugemacht hatte, raunte er dem Rosenkranz zu: »Trotz allem — ein kluges Weib!«

## »Ich schwöre vor Gott . . .«

Der Marktrichter schickte nun den Amtsbüttel zum Michael Perger, Gastwirt am Vormarkt, und zur Quartierträgerin Maria Weitingerin und ließ die beiden bitten, sofort zu ihm zu kommen. Kaum waren sie eingetroffen, wurde die Almayer Evi in die Gerichtsstube hereingerufen. Der Schwanthaler Thomas aber mußte immer noch hinter der offenen Tür warten.

Die junge Voglin war in den letzten Jahren ein noch festeres Weib geworden und verstand es, sich gut wienerisch zu kleiden und dabei ihre körperlichen Vorzüge entsprechend herauszustreichen. Um ihren schönen Hals trug sie eine dicke Goldkette, an der ein mit grünen Steinen besetztes großes Kreuz hing, ein Mitbringsel des Herrn von Rechlingen. Ihr Gesicht freilich hatte um den kleinen Mund herum mehr und mehr einen spöttischen Zug bekommen und wirkte lange nicht mehr so frisch wie früher. Auch schien es, als begänne sich ihre Nase zuzuspitzen, wie bei jemand, der sich dauernd ärgern muß.

»Eva Voglin«, fing der Rosenkranz an, während der Pfarrer, der Perger-Gastwirt und die Weitingerin sich neben ihm niedergesetzt hatten und nun über die Brüstung des hohen Pulttisches zu ihr herabschauten, »Eva Voglin, Ihr könnt Euch vorstellen, warum Ihr vor dem Marktgericht steht!«

»Vorstellen kann ich mir's, Euer Vest, aber für Recht kann ich's nicht halten! Denn was ich tu' und lass' draußen bei meinem Basl in der Wies, das ist meine eigene Sache und hat mit dem Marktgericht gar nichts zu schaffen. Warum geht Ihr immer bloß auf uns Weiberleut los? Wo sind denn die Mannsbilder, die dazugehören? Wo ist er denn, der ehrenwerte Meister Thomas Schwanthaler, der so lange mit Bitten und Penzen auf mich eingered't hat, bis ich's ihm verstattet hab , sich mit mir zu verlustieren? Wo ist er denn? Wo steht er denn?«

»Nun also, Eva Voglin, da wären wir ja rascher auf den Schwanthaler gekommen, als wir's uns gedacht hatten!« Der Rosenkranz rekelte sich behaglich in seinem Sessel und stützte sich schwer auf eine Armlehne. »Ihr behauptet auch hier fest und steif, daß es der Schwanthaler gewesen sei, mit dem Ihr's bei der Göttnerin gehabt hättet. War es denn nicht der Kavallerist Franz von Gruber?«

Als der Marktrichter den Namen Gruber nannte, stutzte die Voglin einen Augenblick und sah prüfend auf die Beisitzer: Von wem wußten sie diesen Namen und was wußten sie noch. Dann aber log sie weiter: »Franz von Gruber? Kenne keinen Gruber nit! Oder doch, wenn's der ist, der Franzl, der allweil zwischen Wien und München hin- und herreiten muß. Den kenn' ich freilich! Ein g'spaßiger Gesell, der allerhand lustig's Zeug zu erzählen weiß, wenn wir in der Gaststube beieinand sitzen.«

Da brauste der Perger auf: »Red' doch nicht so saublöd daher, Voglin! Es ist doch bereits Marktgespräch, daß du immer draußen hockst bei der Göttnerin, wenn der Mann da ist!«

Der Rosenkranz legte beschwichtigend eine Hand auf seinen Arm: »Warum denn so wild, Michl! Siehst doch, daß sie lügt!«

Nun begann auch die Evi zu keifen: »Ich soll lügen? Das müßt Ihr mir aber fein säuberlich beweisen! Es könnt sonst sein, daß ich mich über Euch beschwer , und zwar an einem ganz hohen Ort zu München!«

Der Rosenkranz lächelte: »Habt Ihr das gehört, Pfarrer Haurapp? In München an einem ganz hohen Ort! Sie scheint's auch mit den ganz Hohen zu haben. Vielleicht versteckt sich hinter dem Kavalleristen so etwas ganz Hohes? Wie wär's, Eva Voglin, mit einer ganz kleinen Aufklärung über diese Hohen zu München?«

Sie merkte, daß es dumm gewesen war, was sie da gesagt hatte. So würde sie den von Rechlingen ja nur hineinreiben. Mürrisch und mit aufgeworfenen Lippen fauchte sie: »Nix mehr sag ich!«

Meinte die Weitingerin: »Voglin, nix mehr sagen, das zählt jetzt nit! Denn wenn eins einmal angefangen hat zu reden und dabei Sachen geredet hat, die einem anderen geradewegs ins Aug' gehen, dann muß man sich auch fragen lassen . . .«

» . . . und auf Herz und Nieren prüfen lassen!« fügte der Pfarrer hinzu.

Der Richter pflichtete kopfnickend dem Pfarrer bei und fuhr fort: »Diese Prüfung, Eva Voglin, tut doppelt not, weil Ihr dem Marktgericht mit den ganz Hohen von München gedroht habt. Denn es stünd' schlimm um uns, wenn diese Hohen von München zwecks einer Untersuchung nach Ried kämen, und wir hätten uns einer Unterlassungssünde in marktgerichtlichen Dingen schuldig gemacht. Solltet Ihr es Euch versagen wollen, mit uns zu reden, dann müßten wir Euch gefänglich so lange einbehalten, bis Ihr zu einer anderen Ansicht kämet.« Die Beisitzer nickten.

Diese Überlegenheit des Gerichts und die Aussicht, eventuell hinter Schloß und Riegel gesteckt zu werden, bewirkten, daß die Voglin unsicher herumschaute, als ob sie etwas sagen wollte. Sie wußte aber nicht was. Bis sie dann jäh herausplatzte: »Es hat keine Drohung sein sollen, Euer Ehrenvest, und das mit den Hohen zu München stimmt auch nit!«

Dieser Rückzieher war viel zu durchsichtig, war auch viel zu rasch erfolgt, als daß der kluge Rosenkranz seine Befragung beendet hätte. Außerdem kannte er den schriftlichen Vergleich, der unter seinem Vorgänger zwischen dem Vogl und dem von Rechlingen dekretiert worden war. So konnte es nicht schwer sein, sich einiges zusammenzureimen und daraus zu erkennen, wer der Kavallerist war, zu erkennen auch, daß der Schwanthaler dazu herhalten sollte, einen Verdacht zu ersticken.

»Mir scheint, Eva Voglin, Ihr seid etwas verwirrt.« Der Richter nahm seine Untersuchung wieder auf. »Wenn Ihr zu verwirrt seid, gesteh ich Euch gerne das Recht zu, heut nichts weiter auszusagen. Ihr müßt Euch aber über Nacht im Rathaus einsetzen lassen, damit Ihr Euch alles in der gebotenen Stille überlegen könnt, was Ihr uns dann morgen zu sagen gedenkt. Denn das ist doch eine schreckliche Sache, die Ihr da dem Meister Schwanthaler anhängen wollt.«

»Das ist so fürchterlich«, ergänzte der Pfarrer, »daß darunter die bis heute so beispielhafte Ehe des Meisters ganz und gar zerbrechen könnte. Du weißt es ja, Eva, was die Schwanthalerin für ein empfindsames Wesen hat, ihr seid doch vor Jahren befreundet gewesen. Wie gallebitter müßt es für sie sein, wenn sie von ihrem Eheherrn ausgerechnet mit dir hinters Licht geführt worden wär! Bedenk' das gar wohl, Eva Voglin, und halt nicht mit der Wahrheit hinterm Berg!«

»Laßt sie schwören!« polterte der Gastgeb Perger wieder. Als dieses Wort gefallen war, schwiegen alle. Jeder erwog in seiner Brust, daß es nun zum Äußersten gekommen war und daß man damit rechnen mußte, sie würde einen Meineid leisten. Sollte man sie so weit treiben? Ist man denn nicht ein wenig mitschuldig, wenn man einen anderen in die Sünd' hineinhetzt?

Alle dachten über diese Frage nach, eine lange Weile. Dann rief der Marktrichter den Amtsbüttel und sagte schier tonlos: »Stell das Kreuz auf und zünd die Kerzen an!«

Inzwischen war die Sonne ganz untergegangen. Die Düsternis hockte in der Gerichtsstube in allen Ecken und Nischen. Die zwei brennenden Talglichter blakten gespenstisch vor sich hin.

Matthias Gerhard Rosenkranz, der Marktrichter von Ried, erhob sich hinter seinem Tische: zugleich mit ihm erhoben sich die Beisitzer.

»Eva Voglin, seid Ihr bereit, einen heiligen Eid zu leisten?«

»Bin bereit!«

Als sie das gesagt hatte, rief der Richter seitwärts zur offenen Tür hin: »Meister Schwanthaler, tretet heraus!«

Da trat der heraus und stellte sich neben den Richter hin. Für einen Augenblick begann die junge Voglin zu zittern und zu beben. Aber nur für eine Weile. Dann gab sie sich einen Ruck und stand kerzengerade.

Der Richter fuhr fort: »Eva Voglin, erhebt jetzt die drei Schwurfinger Eurer rechten Hand, schaut auf das Bild des Gekreuzigten und sprecht mir laut und deutlich nach: Ich schwöre vor Gott dem Allmächtigen — dem Allwissenden und Allweisen — daß ich all die Zeit — wo ich bei der Josepha Göttnerin nächtens verweilt bin — nicht mit dem Herrn Franz von Gruber — auch nicht mit einem anderen — sondern daß ich's mit dem Meister Thomas Schwanthaler — ehebrecherisch getrieben hab — so wahr mir Gott helfe!«

Mit kalter Stimme sprach die Evi jedes einzelne Wort deutlich nach.

Da schrie der Schwanthaler: »Ich bin weiß Gott kein Engel, wer aber unseren Herrgott so bescheißt wie du, ist ein Teufel!«

Sie lächelte. Das war jenes Lächeln, welches vor Zeiten ihrem Urgroßvater, dem Scharfrichter von Burghausen, übers Gesicht geflogen war, wenn er vor aller Augen auf dem Marktplatz einen geköpft hatte . . .

Rosenkranz sagte: »Voglin, Ihr dürft jetzt heimgehen. Gott sei Eurer armen Seele gnädig!« Dann blies er die beiden Talglichter aus und wandte sich den Beisitzern und dem Schwanthaler zu. Die Voglin aber entfernte sich ohne Gruß. Als hinter ihr die Tür hörbar ins Schloß gefallen war, meinte die Weitingerin: »Meister Thomas, laßt Euch nicht irre machen! Und was Euer Eheweib angeht, so will ich mit ihr reden, was da geredet werden muß. Denn bei mir geht allerhand Volks ein und aus, und ich erfahr' manches, was sonst nur hinter der Hand gesprochen wird, auch über die Voglin.«

»Wär es nicht unchristlich«, sagte der Perger, »so möcht man ihr den Rotlauf an den Hals wünschen, daß sie sich krümmen und kratzen müßt wie die Schweine! Doch die französische Krankheit, die sich bei derlei Gewerbe gerne einstellt, die möcht ich ihr schon gönnen!«

Der Schwanthaler sagte zum Richter: »Wenn ich den Vogl recht einschätz , so wird er jetzt gegen mich aufbegehren und an mir kein gutes Haar mehr lassen. Denn wer kann ihr den Meineid beweisen?«

»Den kann niemand beweisen! Was aber den Vogl angeht, so geb ich Euch Brief und Siegel, daß er kein Sterbenswörtchen gegen Euch verlieren wird!« Der Rosenkranz sprach's und verabschiedete alle.

Als sie draußen waren und die Nacht über Ried aufzog, begab er sich ins Almayer'sche Weinhaus. Er setzte sich in eine Ecke der großen Gästestube. Der Vogl brachte ihm den allabendlichen Etschländer im Steinkrug. Da lud ihn der Richter kurz zum Sitzen ein und meinte trocken vor sich hin: »Noch ein einzig Wort gegen den Schwanthaler und ich laß die Marktrichterei vom Geheimen Rat aus München inspizieren, aber nicht vom Herrn von Rechlingen!«

»Hab' verstanden, Euer Vest!« erwiderte der Vogl und ging, andere Gäste zu bedienen.

Kurz vor Weihnachten hieß es zu Ried, die Voglin sei in anderen Umständen, der Ehefriede im Almayerhause sei wiederhergestellt.

Da gab es etliche, die meinten, man müsse bei der Taufe genau hinschauen, ob das Kind den schwarzhaarigen Schwanthalerischen Quadratschädel habe. Andere wieder flüsterten, das Kind könnte wohl auch die enganliegenden Ohren haben wie der Voglin ihr erstes. Die so sprachen, waren welche, die es genauer wußten. Die ganz Ausg'schamten aber polterten, es werde schon so irgendein Zigeuner werden, denn bei der Göttnerin verkehre ja ganz Böhmen, Mähren, Schlesien und Ungarn und der übrige Balkan dazu.

## Grausiges Intermezzo

Am 9. Januar 1666 fand in der kurfürstlich-bayerischen Residenzstadt München eine Hinrichtung statt. Es wurde der welsche Räuber Aristide Varreni enthauptet, der sich über ein Jahr in den Wäldern des Samerberges herumgetrieben und die Salzsäumer überfallen hatte.

Trotz fürchterlicher Kälte stand eine zahllose Schar von Neugierigen in den Gassen, angefangen vom Falkenturm, über den Schrannenplatz, bis hin zum Schönen Turm. Auch beim Neuhauser Tor war schon eine große Menge von Schaulustigen zusammengeströmt. Sie wollten alle den Zug begleiten bis hinaus zum Galgenberg. Unter ihnen befand sich auch Thomas Schwanthaler. Er war mit dem Burggrafen, dem Baron Mägerl von Wegleiten, im Herrschaftsschlitten am Dreikönigsmorgen von Ried weggefahren. Nach zweimaligem Pferdewechsel hatten sie die

Hauptstadt des Kurfürstentums durch das Isartor betreten. Sie waren ausgeruht, denn in dem geräumigen Schlitten hatte sich's ganz gut schlafen lassen; außerdem waren beide noch jung und gesund. Der Baron hatte sich sofort in einer dienstlichen Sache zum Geheimen Rat begeben, während der Schwanthaler ins Rathaus gegangen war, um sich über Einzelheiten der durchs ganze Land angekündigten Hinrichtung unterrichten zu lassen.

Schlag acht Uhr öffnete sich das Tor des Malefizhauses. Der Profoß mit zehn Stadtschergen trat zuerst heraus. Er saß hoch zu Roß, während die anderen neben ihm hergingen mit blinkender Hellebarde. Die Münchner Bürgerschaft liebte es, diese Paradewaffe bei besonderen Anlässen in der Hand ihrer Schergen zu sehen. Es folgte, von zwei Bütteln an der Kette geführt, Aristide Varreni. Das schwarze Lokkenhaar fiel ihm so tief in die niedrige Stirn hinein, daß seine Augen kaum zu sehen waren. Er grinste verächtlich und spuckte fortwährend vor sich hin. Hinter ihm schritt, das breite Schwert über der Schulter, der mächtige Scharfrichter Lorenz Zürn, ganz in feierliches Schwarz gekleidet. Die Münchner wollten nicht, daß er — wie in anderen Städten — ein feuerrotes Gewand trüge. Das hätte sie zu sehr aufgeregt. Die schwarze Farbe war auch der Hauptstadt angemessener. Lorenz Zürn wußte das natürlich und pflegte darum sein Dienstgewand sorgfältig. Kein Spritzer Blut und kein Quentchen Straßenstaub klebte daran. Sein Richtschwert funkelte in der hellen Frühsonne. Die Zuschauer verstummten.

Als sie auf dem Galgenberge angekommen waren, verlas der Profoß das Urteil. Darauf wurde der welsche Räuber von den Henkersknechten auf die Richtstatt unter dem Galgen geführt. Sie verbanden ihm die Augen und ließen ihn mit aufrechtem Körper hinknien. Lorenz Zürn bestieg das Hochgericht. Langsam streifte er über seine Handgelenke die weiten, schwarzen Ärmel hoch, so daß man an seinen kräftigen Armen die geschwollenen Muskeln und Adern hervortreten sah. Er stellte sich halb hinter den Räuber und prüfte mit kaltem Auge seinen Hals. Dann ergriff er das Schwert, das ihm ein Knecht hinhielt. Im ganzen Kurfürstentum Bayern war Lorenz Zürn der einzige Scharfrichter, der es sich wegen übergroßer Kraft leisten konnte, das Schwert nur mit einer Hand zu führen. Während er die gespreizten Finger seiner linken Hand eine Spanne weit über dem Haupte des Räubers hielt, holte die rechte mit der gewaltigen Waffe in weitem Bogen nach hinten aus. Dumpf fielen Kopf und Körper des Gerichteten auf das Blutgerüst. Zürn reichte das leicht gerötete Schwert einem Knecht, wandte sich an den Profoß, der ihm zunickte, und verließ alsbald die Richtstatt. Dann steckten die Knechte einen Scheiterhaufen an und verbrannten den Leichnam.

Thomas Schwanthaler stand abseits beim Hochgerüst und sah vor sich immer noch die mächtig ausholende Gebärde des Scharfrichters. Was für eine gebündelte Kraft! Und auch welche Eleganz bei einem so blutrünstigen Handwerk! So ist es eben eingerichtet unter uns Menschen: Die Schönheit gedeiht direkt neben der Häßlichkeit, das Laster neben der Liebe! Wie einladend und einnehmend war ja auch die Gestalt der Almayer Evi – und wie niederträchtig ihr Herz! Der liebe Gott scheint nicht zulassen zu wollen, daß eines seiner Wesen so verwerflich und verworfen sei, daß es nicht ab und zu auch Blüten des Wohlgefallens hervorbrächte. So gibt es also keine reine Dämonie allein. Irgendwo schlummern auch unter den Krusten der Sünde die Knospen der Auferstehung, so wie jede Nacht, auch die längste, irgendwann dem Tage weichen muß und jedes Unwetter den belebenden Strahlen der Sonne. Und Thomas sagte zu sich: Ich werde in meinen Gestalten nur die Strahlen und die Knospen, die Liebe und die Schönheit lebendig werden lassen! Und brauche ich dennoch einmal die Dämonie, dann nur als Schatten, damit das Lichte besser zum Leuchten komme!

Baron Mägerle von Wegleiten hatte an diesem Tage noch einige Geschäfte in München zu besorgen und war dabei auch mit dem von Rechlingen zusammengetroffen. Der wußte es so einzurichten, daß die Rede auf den jungen Vogl kam und daß der halt gar zu gern in den Magistrat der Marktgemeinde aufgenommen werden wolle. Er als Pfleger und Burggraf möge doch ein wachsames Auge darauf haben, daß ihm kein anderer zuvorkomme. Der von Wegleiten meinte freilich, daß dies eine reine Angelegenheit der Marktgemeinde sei. Immerhin wolle er sich mit dem Marktrichter zu gegebener Zeit darüber unterhalten.

Tags darauf fuhren der Schwanthaler und der andere wieder in den Innkreis zurück.

## Auf Fürsteneck

In diesem Frühjahr erschien eines Tages der Atzbacher Pfarrer Balthasar Gleisser beim Vogl und beschwerte sich über die beiden Seitenaltäre, die er eben für die Kirche zu Zell am Pettenfirst geliefert hatte. Das sei doch keine Meisterarbeit, sondern die Pfuscherei zweitrangiger Gesellen, sagte er. Das Knorpelwerk hänge plump an den ungeschlachten Säulen, die Statuen stünden tolpatschig auf den Podesten, und die beflügelten Engelsköpfe glichen Fastnachtslarven. Den Judas Thaddäus auf dem Apostelaltar habe er gar nicht aufstellen lassen, weil er in seinem Mantel aussehe wie ein Böhmerwäldler Holzknecht im Winter. Außerdem möge der alte Ludwig Vogl, der Vater, endlich die siebzig Gulden bezahlen, die er noch nach Atzbach schulde, widrigenfalls er, der Pfarrer, gezwungen sei, sie einzuklagen. Was aber den Hauptaltar für die Zeller Kirche beträfe, so könne ihm dieser selbstverständlich nicht mehr übertragen werden. Man könne ja doch für sein gutes Geld ein richtiges Meisterwerk und nicht bloß ein Gesellenstück verlangen!

Der Pfarrer Gleisser begab sich dann vom Vogl weg geradewegs zum Thomas Schwanthaler. Er bat ihn um einen Judas Thaddäus. Er bestellte bei ihm auch den Choraltar für die Summe von zweihundertzwanzig Gulden. Außerdem wurde ihm noch die Ausstattung der Kirche zu Atzbach mit Hauptaltar, Tabernakel und Kanzel, sowie der Kirche zu Haag am Hausruck in Aussicht gestellt.

Das war viel Glück auf einmal. Die junge Schwanthalerin, die von ihrer Schwiegermutter ständig gehetzt und als ein faules Ding gescholten wurde, hoffte, daß die Not jetzt ein bißchen gemildert werden könnte und daß man nicht dauernd nur aus der Hand in den Mund leben müßte.

An einem Maimorgen brachte der Passauer Kurier einen Brief aus der dortigen Hofkanzlei. Der neue Herr Fürstbischof Wenzeslaus Graf von Thun lud darin den Meister zu einer Besprechung auf Schloß Fürsteneck ein. Die dem Brief beiliegenden fünfzig Gulden seien zur Bestreitung der Reisekosten gedacht. Er möge sich unverzüglich auf den Weg machen.

Thomas mietete sich ein Reitpferd und kam am Abend des zweiten Tages an jener bewaldeten Bergzunge an, die auf drei Seiten von der Wolfsteiner Ilz umflossen wird. Droben erhob sich, durch einen Halsgraben abgetrennt, die starke fürstbischöfliche Burg, um deren Bergfried Scharen von Turmfalken kreischten. Der junge Fürst, den die Passauer Domherren erst vor zwei Jahren aus ihrer Mitte gewählt hatten, liebte die Abgeschiedenheit dieses alten, festen Hauses und zog sich gern hierher zurück, wenn ihn in Passau die Geschäfte zu ersticken drohten. Und jetzt drohten sie ihn zu ersticken, denn seit dem Stadtbrand vor vier Jahren lag auch der Dom in Trümmern. Seine fürstliche Aufgabe sollte es sein, ihn wiederherzustellen. Vor allem deswegen hatten ihn die Herren gewählt.

Nachdem Thomas im Hofe abgesessen war, wurde er von einem Diener über eine Außentreppe in einen geräumigen Saal geführt. Hier lagen auf einigen ausladenden Tischen lauter Pläne, Zeichnungen und Skizzen. Es sah aus wie in einer Bauhütte. Ein schlacksiger Kerl kam ihm entgegen und redete ihn an: »Wenn die Meister kommen, werden die Hofnarren zu Kammerdienern degradiert! Folgt mir in Eure Stube!«

Thomas wußte nicht recht, was er darauf sagen sollte, und schwieg deshalb.

Als sie in der Stube angekommen waren, sagte der andere: »Solltet Ihr Hunger haben, so betrachtet das als ein Zeichen körperlichen Wohlbefindens, bildet Euch aber nicht ein, unter einer Stunde etwas zu essen zu kriegen. Bei uns wird nicht wegen Hungers, sondern wegen eines Glockenzeichens gegessen. Erwartet also das Zeichen und dann mich!«

Tatsächlich, nach einer guten Stunde erklang vom Kapellentürmchen die Glocke. Er wurde zum Abendessen in eine große Stube geholt, in der um einen altrömischen Speisetisch, den sie Triklinium nannten, Polsterbänke hingeordnet waren. Als er eintrat, verneigten sich drei ältere Herren vor ihm und nannten ihre Namen: Bildhauer Ignaz Platzer, Baumeister Carlo Lurago, Bildhauer Tomaso Soldati, alle aus Prag. Er erwiderte ihren Gruß ebenso vornehm und stellte sich als Bildschnitzer vor. Nun wußte er auch, worum es bei dieser fürstbischöflichen Einladung ging.

Wenig später erschien der hohe Herr selbst, vom Hofnarren begleitet. Zu sechst setzten sie sich in weiten Abständen um das Triklinium und aßen von den herrlichen gebackenen Forellen, die zwei Stunden zuvor noch lustig in der Ilz herumgeschwommen waren. Dabei führte seltsamerweise der Hofnarr oder »Kammerlappen«, wie ihn der Fürstbischof nannte, die Unterhaltung. Thomas begann jetzt zu verstehen, warum der Fürst diesen Mann gern um sich hatte, denn seine Reden waren voller Schläue.

Während er die Forelle für seinen Herrn zerteilte, eröffnete er so das Tischgespräch: »Verehrte Herren Künstler, wir haben euch hierher kommen lassen, damit ihr das durchführt, was wir beschlossen haben: Ihr sollt uns den Passauer Dom wieder aufbauen. Uns drückt zwar eine Schuldenlast von dreihundertzwanzigtausend Gulden, aber wir haben den Dom beschlossen. Und weil wir ihn beschlossen haben, müßt ihr eben sehen, wie ihr mit dem Hintern an die Wand kommt!«

»Konrad!« sagte der Fürst und schüttelte den Kopf.

Doch der Hofnarr ließ sich nicht stören und fuhr fort: »Freundliche Herren, ich will euch ein Beispiel nennen! Eines Tages ging der liebe Gott auf der Erde spazieren. Hinter ihm trugen zwei Engel einen Korb. In dem Korb waren Kronen und Turbane und Hüte und Mützen und Kappen und sonst allerlei Kopfputz. Als der liebe Gott zu den Menschen kam, rief er sie einzeln herbei und sagte: ›Du sollst ein Kurfürst sein, deshalb kriegst du einen Fürstenhut! Du sollst ein Bischof sein, deshalb kriegst du eine Bischofsmütze! Du sollst ein Narr sein, deshalb kriegst du eine Narrenkappe!‹ Da empörte sich der, dem der liebe Gott eine Narrenkappe gegeben hatte, und sprach: ›Warum muß ich ein Narr sein, und der dort darf einen Kurfürsten und jener einen Bischof machen?‹ Lächelnd antwortete ihm der liebe Gott: ›Freund, tröste dich! Die paar großen Dinge, die im Lande geschehen, werden von den Kurfürsten und den Bischöfen gemacht; doch die vielen Kleinigkeiten, aus denen sich die Welt zusammensetzt – die machen die Narren!‹«

Mit einer eleganten Handbewegung wies der Hofnarr dabei auf die vier Künstler.

Die Stimmung unter den sechs Männern wurde noch heiterer und gelöster, als ein paar Kannen Wein hereingebracht wurden. Der hohe Herr erklärte sogar ganz unverhohlen, daß er mit dem Bürgermeister seiner Stadt Passau wegen des Bauvorhabens auf Kriegsfuß lebe: »Die Bürgerschaft schuldet uns jährlich dreitausend Gulden. Seit dem Brand hat sie nichts mehr gezahlt – wir haben aber auch nicht insistiert. Nun brauchen wir jedoch das Geld. Als wir den Bürgermeister darauf aufmerksam machten, erdreistete sich der Mann zu erklären, er werde sich mit einer Beschwerde gegen uns an den Kaiser in Wien wenden. Da haben wir uns denn auch an den Kaiser gewandt und warten jetzt auf Antwort.«

Schließlich sprach man über den Wiederaufbau des Domes im allgemeinen und beschloß, am anderen Tage die vom hohen Herrn selbst erarbeiteten Pläne eingehend zu studieren. Alle vier Meister waren ja den künstlerischen Strömungen, die aus dem Welschland kamen, von Herzen zugetan und teilten die Absicht des Fürsten, einen eindrucksvollen Monumentalbau zu schaffen.

Gleich in den ersten Tagen ihrer gemeinsamen Studien erkannte Thomas Schwanthaler, daß ihm beim Passauer Dom wohl kein Weizen blühen würde. Wenn er sich auch auf die Behandlung des Steins verstand, so lag seine Stärke doch in der Bearbeitung des Holzes, und Holzfiguren waren für dieses Bauwerk kaum vorgesehen. Außerdem standen ihm ja schon einige große Aufträge ins Haus, die er nicht ablehnen konnte. Der junge Bischof sah das ein, bat jedoch, er möge noch eine oder zwei Wochen bleiben und das ganze Werk mitberaten, denn es sollte wie aus einem Guß sein.

Reich entlohnt kehrte dann Thomas Ende Mai wieder nach

Ried zurück. Beim Abschied hatte ihm der Graf noch gesagt, daß seine Vorschläge sehr konstruktiv gewesen seien und dem Ganzen überaus gedient hätten.

In Ried war natürlich nicht unbekannt geblieben, wohin man den Schwanthaler gerufen hatte. Dafür hatten schon der Pfarrer und mehr noch seine Kocherin gesorgt. Die Philomena hatte inzwischen zum »Rebeller« ein ganz anderes Verhältnis gewonnen und bedauerte im stillen immer wieder, daß gerade sie diesen in ihren Ohren häßlich klingenden Ausdruck von dem künstlerisch so hochbegnadeten Mann in die Welt gesetzt hatte.

Auch Veit Adam Vogl erfuhr von der Berufung seines Widersachers. Er gewann nun endgültig die Überzeugung, daß er auf dem Gebiete der Bildschnitzerei das Feld dem Schwanthaler wohl ganz räumen müsse. Immerhin aber wollte er seine beiden Gesellen vorläufig noch behalten, worüber freilich die gesamte Bürgerschaft des Marktes ungehalten war, denn in einem geordneten Gemeinwesen ginge es einfach nicht an, daß einer zwei Gewerbe zu gleicher Zeit betriebe. Veit Adam scherte sich jedoch nicht darum. Er traf jetzt sogar gezielte Anstalten, um in den Magistrat, zunächst in den Äußeren Rat der Gemeinde, aufgenommen zu werden. Auf Anraten des Liebhabers seiner Frau, der mit dem Rentmeister von Plankenberg immer noch eng befreundet war, schickte er ein Ansuchen an das Rentamt Burghausen und begründete es damit, daß er durch seine einstige Tätigkeit in der Kanzlei des Marktrichters in die Verwaltung Einblick bekommen habe wie kein anderer.

Doch der von Plankenberg hatte es nicht eilig und schob das Gesuch vorläufig auf die lange Bank.

Es wurde Herbst, und es fing an zu schneien. Da legte sich der alte Bildschnitzer Ludwig Vogl aufs Krankenlager. Am 13. November schied er aus dem Leben, das ihm künstlerisch wenig Erfolg, aber viel Kummer mit seinem Sohn Veit Adam gebracht hatte. Dieser machte sich aus dem Tode des Vaters, der ihm schon lange fremd geworden war, nicht viel. Dagegen wurde er Tag um Tag ungeduldiger, weil ihm das Rentamt Burghausen keine Antwort gab. Er setzte endlich dem von Rechlingen so lange zu, bis dieser bei seinem Freunde vorsprach.

So erging denn im Frühjahr darauf an den Magistrat von Ried der gemessene kurfürstliche Rentamtsbefehl, den Bürger Veit Adam Vogl in den Äußeren Rat aufzunehmen. Der Befehl erschien den Rieder Ratsfreunden so unerhört, daß sie ihn nicht beachteten und erst mal abwarteten; das Rentamt würde sich schon wieder rühren.

Abermals vergingen sechs Monate. Den Vogl trieb es umher wie Ahasver. Immer wieder klopfte er bei den Ratsfreunden auf den Busch, doch die taten, als wüßten sie von nichts. Und wieder bohrte er bei dem von Rechlingen.

Endlich kam von Burghausen der zweite Befehl. Darauf erwiderte der Marktrichter Rosenkranz, es sei zu Ried bis dato noch nie vorgekommen, daß ihnen ein Ratsmann aufgenötigt worden wäre. Immerhin wollten sie in absehbarer Zeit eine allgemeine Versammlung einberufen und die Angelegenheit beraten. Darüber ließen sie wieder drei Monate verstreichen.

Dann traten sie zusammen und beschlossen, das Vogl'sche Ansinnen abzulehnen, und zwar aus drei schwerwiegenden Gründen: Zum ersten stamme sein Eheweib mütterlicherseits von einem »unehrenhaften Gerichtsmanne« ab. Zum zweiten habe ihn seine Mutter schon wenige Wochen nach der Hochzeit zur Welt gebracht. Zum dritten habe er sein Eheweib vor der Verehelichung geschwängert, und sie beide seien deshalb abgestraft worden. Einer allgemeinen kurfürstlichen Landschaftsordnung gemäß dürfe darum ein solcher Mann nicht in den Magistrat eines Gemeinwesens aufgenommen werden. Nicht zu reden von dem Umstande, daß das Vogl'sche Eheweib in ihrem Privatleben schon seit Jahren dem Markte und der Umgebung zu einem ständigen Ärgernis geworden sei.

Zur gleichen Zeit aber erschien der Marktrichter Matthias Gerhard Rosenkranz beim Thomas Schwanthaler und teilte ihm mit, bei der allgemeinen Versammlung des Rieder Magistrats sei seiner rühmlichst gedacht worden, und er möge alsbald um die Gewährung des Bürgerrechts einkommen.

Der 1. Oktober des Jahres 1667 war dann ein großer Tag für den Meister, als er für sich, für seine Frau Eva und für die inzwischen vier Kinder auf die Bildhauerkunst das Bürgerrecht des Marktes Ried erhielt. Die dafür geforderten sechs Gulden erlegte er. Von nun an war er nicht mehr bloß geduldet, sondern durfte mitreden, und niemand – auch nicht der Vogl – konnte ihn ungestraft lästern. Als dieser an jenem Tage am Aushängekasten des Rathauses vorbeikam und die Bürgerrechtserteilung las, fuhr es ihm wie ein giftiger Stachel ins Fleisch: So ist er, der Rebeller! Schritt für Schritt gewinnt er an Boden, während sie mir dauernd Prügel zwischen die Beine werfen! Schuld ist am End nur der Rosenkranz! Der Rosenkranz muß weg von der Marktrichterei!

Den gleichen Gedanken erwog auch der Rentmeister von Plankenberg in Burghausen, als er den ablehnenden Brief aus Ried erhielt. Das war doch die Höhe! Da wagt es so ein einfältiger Bäcker, einem hohen kurbayerischen Regierungsbeamten Trutz zu bieten! Nun, man wird ihm auf die Fersen treten müssen. Er wollte sich nun mit dem Geheimen Rat in München, das heißt mit seinem Freund Karl Heinrich von Rechlingen, in der Sache unterhalten ...

Wenige Tage, nachdem Thomas das Bürgerrecht erhalten hatte, erschienen bei ihm in der Abendstunde acht Rieder

Bierwirte, alteingesessene Familienoberhäupter. Nach einigem Hin und Her und Drumherum fragten sie ihn schließlich, ob es ihm denn nichts ausmache, daß der Bildschnitzer Vogl neben seinem Handwerk auch noch eine Weinwirtschaft betreibe.

»Und ob mir das was ausmacht!« erwiderte der Schwanthaler heftig. »Nur ist mir's als bloßem Inwohner bisher nicht möglich gewesen, gegen einen Bürger aufzubegehren. Das soll sich jedoch ändern!«

Darauf beschlossen sie gemeinsam, Thomas solle den Vogl zuerst angreifen, sie selbst wollten dann nachziehen. Wie unter dem 13. Januar 1668 in den Regesten der Marktrichterei von Ried aufgezeichnet ist, eröffnete dann auch Thomas den Angriff auf den Vogl mit folgender Eingabe: »Klage: Thomas Schwanthaler, Bildhauer, contra Veit Adam Vogl, Gastwirt, beide allhier. Ungeachtet dessen, daß der Beklagte bloß und alleinig auf die Wirtschaft Bürger geworden ist, so untersteht er sich dennoch, wie man weiß, Gesellen zu fördern und Bildhauerarbeiten zu verfertigen. Dadurch wird dem Kläger, welcher auf die Bildhauerei Bürger wurde, die Nahrung merklich entzogen. Es ergeht also die gehorsamliche Bitte, dem Beklagten aufzuerladen, daß er sich seiner Profession, id est der erlangten Weinwirtschaft, darauf er Bürger geworden, alleinig zu bedienen schuldig ist.«

Mit Befriedigung ließ der Marktrichter Rosenkranz den Beklagten kommen und legte ihm Schwanthalers Anschuldigung auseinander. Der Vogl erbat sich vierzehn Tage Bedenkzeit, dann wolle er Antwort geben.

Aus den vierzehn Tagen wurden freilich acht Wochen. Danach erwiderte er unter dem 2. März in einem langen Schreiben, als dessen Urheber der rechtskundige Freiherr von Rechlingen unschwer zu erkennen war, Thomas Schwanthaler sei eine »unangesessene Person« —dabei war

217

dieser in Ried geboren! – und möge daher, ehe er, Vogl, seine Antwort gebe, »laut Prozeßordnung Titl. 5, art. 4 et 5«, die Hälfte der zu erwartenden Prozeßkosten als Kaution bei Gericht hinterlegen. Nur so viel wolle er bemerken – nicht des Schwanthalers, sondern des Amtes wegen –, daß er keine Möglichkeit sehe, bei jetzigen Zeiten mit einer schlechtgehenden Wirtschaft allein seine vielen Angehörigen durchzubringen; außerdem betrieben sämtliche hiesigen Herren Wirte neben ihrer Wirtschaft noch ein anderes Gewerbe, freilich nicht öffentlich, sondern gleichsam hinter der vorgehaltenen Hand. Dies sei bei einem Kunsthandwerk leider nicht möglich, weil es seiner Natur nach darauf angelegt sei, vor aller Augen zu stehen.

Kaum hatten die acht Bürger und Bierwirte auf der Marktrichterei diesen Brief eingesehen, fingen sie an, in der ganzen Gemeinde gegen den »ausg'schamten Grünschnabel« Stimmung zu machen, und verfaßten nun gemeinsam eine Gegenschrift, darin unmißverständlich angedeutet wurde, man werde die Sache vor den Pflegerichter bringen. Und der Rosenkranz fügte noch drohend hinzu, daß ein Mann, in dessen Hauswesen der »zwiefach gehörnte Teufel« umgehe, schon gar nicht das Recht habe, das Maul so voll zu nehmen.

Diesen Brief las natürlich auch der von Rechlingen und erkannte, daß ihm die Angelegenheit allmählich zu heiß wurde. Denn eines war doch klar: der Marktrichter sprach aus der Kenntnis jener geheimen Abmachungen heraus, die unter dem alten Aemersperger vereinbart worden waren. Die Drohung mit diesen Aufzeichnungen konnte beliebig oft wiederholt werden, so lange sie in den Händen der Rieder existierten. Überhaupt hing ihm die ganze Affäre Vogl langsam zum Halse heraus, zumal sich jetzt das dritte Kind anmeldete, für das er erneut würde einstehen müssen. Er sah ein, daß nun etwas Grundsätzliches geschehen müsse.

So erbat er sich also von Veit Adam Vogl den Brief und erklärte, die Sache mit Burghausen besprechen zu wollen. Und wirklich, als er wenige Tage später den von Plankenberg traf, legte er ihm nahe, vom Geheimen Rat in München eine amtliche Visitation des Marktes Ried zu fordern; deren Durchführung würde dann sicherlich ihm, von Rechlingen, übertragen werden. Er würde dann schon so viel Belastendes finden, daß man den Marktrichter Rosenkranz unverzüglich seines Amtes entheben könne.

Der Rentmeister begrüßte den Vorschlag sehr, hatte er doch auch schon darüber nachgegrübelt, wie der unbequeme Marktrichter am günstigsten auszuschalten wäre. Außerdem hatte er dessen widerborstigen Brief, Vogls Aufnahme in den Magistrat betreffend, immer noch nicht beantwortet. So lief denn die Anzeige in aller Stille und Diskretion von Burghausen nach München, wurde dort verabschiedet und wieder an das Regiment an der Salzach zurückgereicht. Am 2. November 1668 fuhr der große Schlitten des kurfürstlichen Geheimen Rates an der Rieder Marktrichterei vor. Ihm entstiegen in der schulterlangen Perücke die beiden Kommissäre Karl Heinrich Freiherr von Rechlingen und Friedrich Sedlmayr. Niemand erkannte natürlich den bewußten Kavallerieoffizier, der sich so oft in Ried zu schaffen gemacht hatte. Und weil er nicht beim Almayer abstieg und nicht bei der Göttnerin, sondern in einem kleinen Gästehaus am Vormarkt, erfuhr auch der Vogl erst am dritten Tage der amtlichen Visitation, daß der Vater seiner Kinder zugegen war. Da überkam ihn eine schreckliche Ahnung: Was wäre, wenn der Rechlingen jenes Dokument verschwinden ließe, das ihn auf Jahre hinaus als zahlungspflichtig auswies? Jetzt, wo kein Scharfseder in Burghausen und kein Aemersperger in Ried mehr vorhanden war? Wo kein Zeuge da war, der den damaligen Sachverhalt hätte fixieren können, und wo jedermann in der Gemeinde wußte, was die Evi für ein

Luder war? Bei diesem Gedanken wurde dem Veit Adam heiß und kalt und speiübel.

Als an den nächsten Abenden der eine oder andere g'standene Bürgersmann, der dem Vogl wohlgesinnt war, im Weinhaus erschien, suchte der junge Wirt durch allerlei Fragen zu erfahren, was denn die beiden Visitatoren etwa schon beanstandet hätten, wie lange sie wohl noch bleiben würden und was mit dem Rosenkranz sei, weil er seit Ankunft der Herren die Marktrichterei meide.

Nun, so erfuhr er, er meide sie nicht freiwillig, sondern die geheimen Räte hätten ihn hinausgeschafft, nachdem er ihnen alle Kästen, Kommoden und Schränke aufgesperrt hatte. Sie arbeiteten bloß mit dem Sekretarius Regenhardt, der ja als ein rechter Arschkriecher bekannt sei. Der werde ihnen sicher alle hübschen kleinen Unschönheiten des bürgerlichen Gemeinwesens aufdecken.

Vogls Unruhe steigerte sich nun ins schier Unerträgliche, und er versuchte das Äußerste: Am Abend des fünften Visitationstages schickte er die Evi in das Gästehaus auf dem Vormarkt. Sie sollte die Stimmung des Freiherrn erkunden. Doch der von Rechlingen ließ sie gar nicht vor. Der Sedlmayr mußte ihr im Treppenhaus erklären, es widerspreche den Gepflogenheiten, daß sich Visitatoren während der Ausübung ihres Dienstes mit Bürgern oder Bürgerinnen des jeweiligen Ortes in private Gespräche einließen. Sie war also abgeblitzt und der Vogl mit ihr.

Bevor dann die beiden Herren am 9. November Ried wieder verließen, sorgten sie für ein paar böse Überraschungen: Der Magistrat wurde in neunundzwanzig Punkten zu schriftlicher Verantwortung gezogen, so wegen nachlässiger Bierbeschau, wegen Fleischverkaufs zum gleichen Satz, wegen viel zu teuren Brotes, wegen zu häufiger Ratsmahlzeiten, wegen Trunkenheit der Männer des Inneren Rates und so weiter.

Die Folge davon war die sofortige Absetzung des Marktrichters Rosenkranz. Sein Amt hatte provisorisch der Sekretarius Simon Regenhardt zu übernehmen und so lange zu verwalten, bis die besagten neunundzwanzig Punkte bereinigt seien. An Visitationsgebühren aber waren hundertzwei Gulden fällig, eine irrsinnige Summe für die paar Tage. Kaum hatte der kurfürstliche Amtsschlitten das Schärdinger Tor passiert, eilte Vogl auf die Marktrichterei und bat den Regenhardt, er möge bei den geheimen Dokumenten nachsehen, ob sich nicht darunter auch eine Verfügung, seine erstgeborene Tochter betreffend, befände. Der neue Amtmann wühlte sich zwei Stunden durch sämtliche einschlägige Akten, konnte jedoch nichts dergleichen finden. — Der Vogl berichtete das seiner Frau, und sie beschlossen, vierzehn Tage abzuwarten, denn der »Kavallerist« pflegte alle vierzehn Tage zu Besuch zu kommen. Diesmal aber vergingen zweimal vierzehn Tage, und der Ersehnte kam nicht. So reiste der Vogl Mitte Dezember mit dem Postschlitten nach München. Er erkundigte sich und erfuhr, daß der Geheime Rat im Alten Hof seine Diensträume hätte. Er begab sich also dahin und bat den Bediensteten beim dritten Aufgang, ob er nicht den Freiherrn von Rechlingen in einer sehr dringenden Angelegenheit sprechen könne. Darauf wurde er in eine unbenutzte Wachstube geführt und mußte dort vier Stunden warten, weil der Herr Rat dienstlich verhindert war. Als dann der Rechlingen schließlich kam, führte er den völlig durchfrorenen Vogl in eine gewölbte Schreibstube, die auch nicht geheizt war, und tat mit ihm sehr gnädig.

»Ihr kommt in dringender Angelegenheit?«

»Nun ja, Herr Baron, es handelt sich da um das zweite Kind, das Euch mein Weib zur Welt gebracht hat, und um das kommende dritte.«

»Ja, und?«

»Ich hätt halt gemeint, daß Ihr uns da einen ähnlichen Revers unterschreibt wie bei dem ersten und auch die gleichen Verpflichtungen übernehmt.«

Da verzog der Freiherr sein Gesicht zu einem hämischen Grinsen und sprach: »Lieber Meister Vogl, es scheint Euch entgangen zu sein, daß sich mittlerweile das Blatt gewendet hat. Ihr und Eure Leute habt mir seinerzeit ein paar häßliche Daumenschrauben angelegt. Deren habe ich mich jetzt entledigt. Sagt Eurem Weibchen, daß ein Mann auch des temperamentvollsten Schoßes einmal überdrüssig wird. Ihr selbst aber – ich bedaure Euch wirklich – nehmt meine ungeschriebene Versicherung, daß ich Euch in den Magistrat von Ried bringe, vorausgesetzt jedoch, alles, was war, ist erloschen und vergessen. Sollte das nicht so sein und solltet Ihr nur mit dem kleinen Finger an die Vergangenheit rühren, dann habe ich weder Euch noch Euer Weib jemals gekannt. Ich wünsche Euch eine gute Heimfahrt! Kauft Euch für diesen Gulden ein Fäßlein gebrannten Korn, damit Ihr bei dieser Kälte von innen heraus warm werdet! Im übrigen aber belästigt mich nicht mehr!«

Er legte den Gulden auf einen Tisch hin und verließ ohne Gruß die Wachstube.

Ein Gulden für zehnjährige Gastfreundschaft und Liebe! Veit Adam Vogl saß da und ähnelte dem zehnjährigen Fichtenbäumchen, das der üppige Schnee seitlich ganz niedergebeugt hat. Sollte nur noch der kleinste Frostwind kommen, dann wird es knacken und abbrechen.

# Wortgefechte

Auf der Heimfahrt faßte er wieder Mut. Er mußte sich eingestehen, daß es von diesem Lump von Rechlingen zwar schuftig war, sich auf diese Weise aus der Schlinge gezogen zu haben, aber sicher hätte es jeder andere in seiner Situation genauso gemacht. Für ihn, den Vogl, zählte jetzt nur das Versprechen — und das mußte der niederträchtige Bengel halten, denn es kostete ihn nichts. Einer freilich war noch da, der vieles verderben konnte: der Rebeller. Den mußte er ständig in Schach halten und durfte ihm keine Ruhe lassen. Auf die Nerven gehen mußte er ihm. Denn wer fortwährend gereizt wird, vergißt sich und begeht schließlich den oder jenen groben Fehler.

Vogl beschloß also, wieder einen zweiten Gesellen in seine Werkstatt zu nehmen. Er hatte zwar nicht viel zu tun und kaum einen größeren Auftrag zu erwarten. Aber der Rebeller sollte das Gefühl haben, daß sein Gegenspieler noch da war. Als daher in den ersten Märztagen des Jahres 1669 die Handwerksburschen, wie üblich, wieder durchs Land walzten, kam auch ein Bildschnitzergesell mit Namen Wolf Weissenkirchner aus dem Salzburgischen daher. Er hatte unterwegs vernommen, daß es zu Ried einen guten Meister gebe. Da er sich aber bei seiner Wurschtigkeit dessen Namen nicht gemerkt hatte und den Torwärtl, den alten Himbler Sepp, fragte, wies ihn dieser an den Vogl, da der Torwärtl seine alte Wut gegen den Schwanthaler seit jener Geschichte mit dem Hirschen immer noch nicht ganz verwunden hatte. Der stellte den Weissenkirchner gleich ein. Und weil es so üblich war, daß sich ein fahrender Gesell bei allen Meistern des jeweiligen Ortes blicken ließ, kam der Vogl seiner Frage zuvor und meinte, da sei zwar noch ein Bildhauer im Markt, doch sei er weder Meister, noch habe er überhaupt einen Lehrbrief: »Halt so ein Kratler, heißt

Schweinthaler! Manchmal hat er ein paar brauchbare Einfälle.«

Aber eines Abends klopfte der Weissenkirchner doch beim Thomas an. Als er eintrat, erschrak er fast vor der hochragenden Gestalt des schwarzhaarigen Mannes.

»Guten Abend, Schweinthaler! Ich bin der Wolf Weissenkirchner aus Salzburg, eingestanden als Gesell beim Meister Vogl.«

Er wollte noch etwas sagen, kam aber nicht mehr dazu, weil ihm der Schwanthaler eine derartige Watsch'n verpaßte, daß er gleich seitlich umkippte. »Wenn dich der elende Fretter, der Erzschelm Vogl, zu mir geschickt hat, dann sag ihm, die geschwollene Backe, die du jetzt kriegen wirst, hätt' ich lieber ihm zugedacht! Und sag ihm auch, er kann sich jederzeit ein paar ähnliche oder noch kräftigere bei mir abholen. Sag ihm das alles!«

Und tatsächlich, die Backe war angeschwollen, als der Weissenkirchner dem Vogl die Empfehlung Schwanthalers wortgetreu berichtete. Der Vogl, der gerade im Weinhaus den Gästen aufwartete, zog sofort einige als Zeugen herbei und bat sie, anderen tags zum Schwanthaler zu gehen und ihn zu fragen, ob er nach wie vor zu der Aussage stehe, die er dem Gesellen gegenüber gemacht habe.

Als diese — es waren ihrer fünf — tags darauf Thomas zur Rede stellten, bekräftigte er nicht bloß das Gesagte, sondern fügte noch hinzu: »Ihr Herren Ratsfreunde, ist es nicht eine seltsame Geschichte, jemand den Schiefer aus dem Aug' ziehen zu wollen, während man selber einen fünfgriffigen Lindenbaum darinnen hat, von dem einige Dutzend Scheiter gemacht werden könnten?«

Die braven Bürger waren zwar über diese Rede des Schwanthalers erheitert, hinterbrachten sie jedoch dem Vogl genau, so daß sich der unverzüglich klagend an den neuen Marktrichter wandte. Simon Regenhardt, der seine Aufgabe darin sah, es allen recht zu machen oder, wenn das nicht ging, den Mantel nach dem Winde zu hängen, hielt es mit dem Vogl, denn der hatte ihm inzwischen einige Weinkrüge heimlich zugeschanzt. Er verpflichtete den Schwanthaler, Abbitte zu leisten. Das führte nun zu einer bitterbösen Auseinandersetzung.

»Ich, Abbitte? Euer Vest, wenn einer hier abzubitten hat, dann ist's er, denn er hat durch seinen Gesellen meinen ehrlichen Namen geschmäht!«

»Das war keine Schmähung, denn Eure Altvordern haben ja so geheißen.«

»Geheißen oder nit geheißen, ich heiß' Schwanthaler! Und wenn er auch zu blöd ist, die Provenienz des Namens Schweinthaler zu erkennen, so macht er sich strafbar, denn er will mich beleidigen.«

»Beleidigt er Euch etwa auch, wenn er behauptet, Ihr wäret kein Meister und hättet auch keinen Lehrbrief?«

»Euer Vest, gut, daß Ihr die Red' darauf bringt! Der Vogl ist nämlich ein Meister, und sein Vater selig war auch ein Meister. Aber die Weilheimer haben seinen Vater hinausgeekelt, weil er nichts gekonnt hat. Und der Veit Adam muß Wein ausschenken und seinen Gästen die Rösser putzen, weil er in puncto Bildhauerei ein Versager ist! Ich aber, der ich kein Meister bin und keinen Lehrbrief hab, ich kann — Gott sei's gedankt! — die mir zufließenden Aufträge kaum bewältigen. Besagt das etwa nichts, Euer Vest? Und überhaupt, wieso macht Ihr Euch zu Vogls Anwalt? Ich dacht', Ihr wäret Richter?«

»Wollt Ihr Euch jetzt auch mit mir anlegen?«

»Geht's ums Recht, Euer Ehrenvest, so leg ich mich mit jedem an!«

»Ihr macht Eurem Spitznamen alle Ehre!«

»Dieses Wort aus Eurem Mund beweist, wir irrig es war, Euch in dieses Amt einzusetzen!«

»Um dieser Bemerkung willen werdet Ihr Euch höheren Orts zu verantworten haben!«

»Nichts ist mir lieber als das! Und ich bitt' Euer Vest und den Vogl, mich ohne Verzug zum Herrn Burgvogt zu begleiten!«

Diese Wendung des Streitgesprächs war dem Marktrichter aber gar nicht recht, wußte er doch wie jeder andere in Ried, daß der Herr Mägerl von Wegleiten und der Schwanthaler miteinander einen guten Faden spannen. Er schlug daher einen anderen Ton an und meinte, es sei im Grunde genommen kindisch, wenn man wegen ein paar hitziger Worte gleich das Pflegegericht anrufe.

Darauf entgegnete Thomas: »Ihr selber habt an einen höheren Ort appelliert! Jahrelang hab ich euer aller Demütigungen schweigend ertragen müssen, weil ich kein Bürger war. Und ihr meint, das werde so weitergehen? O nein, das geht so nicht weiter! Ihr, Euer Ehrenvest, mitsamt dem Vogl sollt erkennen, daß auch Euch Grenzen gesetzt sind und daß man mit mir nicht Schindluder treiben darf!«

Simon Regenhardt mußte also die Sache vor den Pflegerichter tragen. Das geschah gleich am Tage darauf.

Der Herr von Wegleiten nahm sich Zeit. Er ließ sich nämlich von dem Grundsatz leiten, daß Streitigkeiten, in denen es vornehmlich um Wortgefechte ging, wie die Plänkeleien zehnjähriger Lausbuben zu behandeln seien: man mischt sich am besten nicht hinein! Auch sollte sich bei den Parteien erst einmal die aufgestaute Angriffslust etwas abbauen. Wenn sie dann – nach ein paar Wochen – immer noch von einem Kampfhahnkoller beseelt seien, wollte er in seiner versöhnlichen Art beide Seiten zum Einlenken bewegen und zur Mäßigung verhalten. Denn das Leben sei zu kurz, als daß man es sich auch nur eine Minute mit solchen Bagatellen vergälle.

So ließ er tatsächlich volle zwei Monate vergehen, ehe er die drei Männer vor sein Tribunal zitierte. Er ließ sie reden. Auch das war eine seiner juristischen Erkenntnisse. Je mehr die Streitenden redeten, desto deutlicher schälte sich die Schuldfrage heraus.

Nun, der Vogl redete wie ein Wasserfall, und der Marktrichter plätscherte ihm mit guten Worten dauernd dazwischen. Das wälzte sich pausenlos dahin, so daß der Schwanthaler überhaupt keinen Ansatz fand, auch nur ein Wort anzubringen. Immer wieder schaute er hin auf den Wegleiten. Der aber machte gar keine Miene, sondern hörte interessiert zu, wie die beiden Kumpane Schwanthalers harte Worte vom Lindenbaum und seine Watsch'nandrohung ausschlachteten. So schwieg denn Thomas auch und horchte. Weil aber die zwei immer wieder von vorn anfingen und mit anderen Worten stets dasselbe sagten, riß ihm die Geduld. Er stand auf von seinem Stuhle, ging zum Vogl hin und hieb ihm kurzerhand eine Saftige herunter. Veit Adam und der Marktrichter waren wie gelähmt und starrten nun ihrerseits den Burggrafen an.

Der hatte noch immer sein Kinn in die Hand gestützt und schaute seelenruhig auf die drei Männer. Schließlich sagte er: »Meister Thomas Schwanthaler, ich danke Euch für Eure Erklärung, und auch Euch, Marktrichter Regenhardt und Meister Vogl, danke ich für die langen und wohldurchdachten Ausführungen! Ich bin tief beeindruckt. Wenn man euch miteinander so betrachtet und dabei erwägt, daß ihr daheim in euren vier Wänden Frau und Kinder habt, von denen ihr Respekt und Gehorsam verlangt, könnte man aus vollem Halse lachen. Erwägt man noch dazu, daß Ihr, Regenhardt, eine Amtsperson seid, und daß Ihr, Vogl, als Amtsperson in den Magistrat aufgenommen werden wollt, dann muß einem die Marktgemeinde Ried leid tun. Was aber Euch betrifft, Schwanthaler, so kann ich nicht verstehen, daß einer liebliche Madonnengesichter schaffen und zugleich einem lebendigen Menschen ins blutwarme Antlitz schlagen kann. Irgendwo ist bei euch allen etwas faul! Das ändert jedoch nichts an der Tatsache, daß ich hier über euch ein Urteil zu sprechen habe.«

Alle erhoben sich, nur der Pflegegerichtssekretarius blieb vor seinem Papier sitzen und tunkte den Gänsekiel ein. Baron von Wegleiten sprach: »Angesichts der Würde und des Ansehens, das ihr alle in diesem Gemeinwesen genießt, verpflichte ich euch, am künftigen Sonntag nach vorher ehrlich abgelegter Beichte während des Pfarrgottesdienstes gemeinsam an den Tisch des Herrn zu treten und anschließend hier auf dem Schloß meine Gäste zu sein! *Actum et perfectum!*«

»*Actum et perfectum!* Am 23. Juni 1669«, wiederholte der Sekretarius und schüttelte die Streusandbüchse über dem Papier.

Als am darauffolgenden Sonntag die drei Männer vor der ganzen gläubigen Gemeinde an die Kommunionbank traten, wußte jeder im weiten Gotteshaus, worum es sich handelte. Denn der Herr von Wegleiten war dafür bekannt, daß er Unstimmigkeiten seiner Untertanen, wenn sie nicht kriminell waren, auf dem Umweg über die Religion löste. Er pflegte zu sagen, daß alle Dinge besser gediehen, wenn der Herrgott mit im Spiele sei.

Die gemeinsame Brotzeit, üppig und kräftig, die man im Schloßkeller einnahm, verlief recht harmonisch, wenigstens nach außen hin, denn man unterhielt sich über ganz persönliche Dinge. So empfahl der Mägerl dem Vogl, seine Weine nicht aus dem Salzburgischen kommen zu lassen, sondern beim Rosenheimer Schiffmeister Rieder zu kaufen, denn der sei der bedeutendste Handelsherr mit Oster- und Südweinen. Dem Simon Regenhardt gab er den guten Rat, sich in der Gemeindeführung nicht in Einzelheiten zu ver-

lieren, sondern den Blick stets aufs Ganze zu richten. Dem
Schwanthaler aber verriet er, daß die Witwe des Latein-
schulmeisters ihr Haus in der Priesterzeile für dreihundert-
achtzig Gulden verkaufen wolle, er müsse aber sofort zu-
greifen.

Als dann Mägerl die drei verabschiedete, richtete er es so
ein, daß einer nach dem anderen den Schloßberg verließ;
man konnte ja nicht wissen ...

Thomas Schwanthaler kam nach Hause und sah vor seiner
Haustür ein stattliches Gefährt stehen. Seine Frau unterhielt sich gerade mit dem Kutscher. Der zog sofort seinen
Hut und machte eine tiefe Reverenz: »Verehrter Meister,
der hochwürdige Dechant Andreas Kyrmayer des Kollegiatsstifts Mattighofen entbietet Euch seinen besonderen
Gruß und bittet, Ihr möchtet ihn auf etliche Tage besuchen,
weil er mehreres mit Euch besprechen muß.«

Da das Mattighofener Stift bekanntlich im ganzen Rentamt
Burghausen das reichste war, konnte dem Thomas Schwanthaler dieses Angebot nur recht willkommen sein.

»Ich fühle mich sehr geehrt«, entgegnete er, »dem geistlichen Herrn Dechant dienen zu dürfen. Ich wüßte nicht,
wem ich's lieber tät. Soll ich demnach gleich mitfahren?«

»So hat es sich der Hochwürdige gedacht, verehrter Meister!«

Der Schwanthaler teilte noch schnell seiner Frau mit, daß er
wahrscheinlich das Schulmeisterhaus in der Priesterzeile
kaufen werde. Dann verabschiedete er sich von ihr.

Die arme Evi ging nun bereits mit dem fünften Kinde
schwanger und sah recht elend und verhärmt aus. Mit der
alten Schwanthalerin zusammenzuhausen, war auch kein
Honigschlecken. Deren derbes und herrschsüchtiges Wesen hatte die junge Frau schon viele heimliche Tränen ge-
kostet. Es war eine traurige Tatsache, daß die Evi überhaupt
nichts zu sagen, sondern nur Kinder zu kriegen hatte. Diese

durfte sie einige Monate ernähren und mußte sie dann zur Erziehung der Großmutter übergeben. Im übrigen versah sie die Stellung der Hausmagd, weil man sich ja eine solche noch nicht leisten konnte. Wäre sie nicht so fromm gewesen, sie hätte dieses Leben kaum ertragen.

## Der Henker

Schon von weitem leuchtete ihnen in der verglühenden hochsommerlichen Abendsonne das kurfürstliche Schloß von Mattighofen entgegen. Dort, bei der gleichnamigen Marktgemeinde im westlichen Innviertel, hatte der Pfleger seinen Sitz. Das weltpriesterliche Kollegiatsstift, das sich an die Mariä-Himmelfahrtskirche anschloß, stand unter der geschickten Leitung des Dechanten Andreas Kyrmayer, dessen Kunstsinn überall zwischen Inn und Salzach bekannt und geschätzt war. Sogar bis ins Salzburgische hinein zog man ihn zu Rate. Bei seinen geistlichen Herren Kollegen von Tittmoning war er deshalb nicht sonderlich beliebt. Diese betont gottesfürchtigen Männer vertraten nämlich die Meinung, die mit der savoyschen Frau Kurfürstin ins Bayernland gekommene Barockkunst sei nichts anderes als eine Verherrlichung des nackten Fleisches. Deshalb sei es eine Todsünde, wenn man sie in den kirchlichen Raum übertrüge. Dagegen konnte sich Herr Kyrmayer an dem Gedanken begeistern, daß der liebe Gott den menschlichen Leib nur darum so schön gemacht habe, daß auch durch ihn der Geist zu den himmlischen Schönheiten emporgetragen würde. Darüber schüttelten die anderen freilich nur ihre Köpfe und schlossen den »verirrten Mitbruder« in ihr Gebet ein.

Als nun Kyrmayer neulich beim Bischof in Passau gewesen war und ihm von seinen Plänen zur Neugestaltung einiger

Gotteshäuser gesprochen hatte, war er von dem hohen Herrn auf den begnadeten Meister Schwanthaler in Ried hingewiesen worden.

Die Kutsche mit Schwanthaler fuhr in den Stiftshof ein. Wenige Minuten später standen sie einander gegenüber, der kleine, zierliche Dechant und der lange, stattliche Künstler. »Ich dank Euch, Meister, daß Ihr gekommen seid!«

»Wer würde nicht kommen, Euer Gnaden, wenn Mattighofen ruft! Auf unsereinen wirkt ein solcher Ruf so, als stünde man mit dem Propheten auf dem Berge Horeb: Siehe, Herr, da bin ich!«

»Ihr habt aber eine gar hohe Meinung von uns, Meister! Doch die unsrige von Euch ist nicht geringer.«

»Das ist sehr ehrenvoll, Euer Gnaden!«

»So! Nachdem wir uns nun allerhand Liebenswürdigkeiten an den Kopf geworfen haben, könnten wir zur Sache kommen! Ich will's kurz machen: Wir brauchen zum einen den Altaraufsatz für unsere Barbara-Kirche in Schalchen, zum anderen den Hochaltar und vier Seitenaltäre für unsere Stiftskirche hier in Mattighofen. Wir wollen Euch gut und ohne Verzögerung bezahlen. Seid Ihr willens, diese Arbeiten zu übernehmen?«

»Wenn Ihr mir noch verratet, bis wann ich liefern muß, könnt ich Euch vielleicht sofort eine Zusage geben.«

»Ihr liefert, sobald Ihr fertig seid. Es ist nicht unsere Art, ein Kunstwerk zu erzwingen.«

»Gebt mir Eure theologischen Instruktionen, und ich werde sofort anfangen!«

»Heut geb' ich Euch gar nix anderes mehr als nur ein ordentliches Abendessen und für die Nacht eine Kanne Stiftswein aus unseren Gärten in der Wachau. Morgen beraten wir dann an Ort und Stelle.«

Am anderen Tag fuhren sie gemeinsam hinaus nach Schalchen, wo sich auf einem Hügel die alte Kirche der heiligen

Barbara erhob, in ihren Ausmaßen ein beachtliches Gotteshaus. Allein schon der Hauptaltar ragte bis zu einer Höhe von gut drei Metern empor. Die Altarbühne über dem Tabernakel war leer.

»Meister Schwanthaler, da hinauf sollt Ihr uns das Martyrium der heiligen Jungfrau Barbara stellen.«

»Und wie hat sich dieses Martyrium abgespielt?«

»Alles in allem recht ungewöhnlich. Weil sie nämlich nicht hat heiraten wollen, ließ sie der eigene Vater foltern und dann zur Enthauptung auf den Richtplatz führen. Hier verlor der Henker plötzlich den Mut. Da nahm ihm der entmenschte Vater das Schwert aus der Hand und führte selbst gegen den Nacken der Tochter den tödlichen Streich.«

Bei diesen Worten des Dechanten überkam den Schwanthaler mit einem Male eine Vision: Er sah das Hochgericht von München, das die gleiche Höhe hatte wie diese Altarbühne, sah den Räuber Aristide Varreni und den großartigen Scharfrichter Lorenz Zürn, wie er mit einer Hand das gewaltige Richtschwert führte.

»Euer Gnaden, und wenn ich diesen allerletzten großen Akt im Leben der heiligen Jungfrau darstelle?«

Der Dechant schaute den Schwanthaler fragend an: »Ihr meint, die Enthauptung in ihrer äußersten Dramatik?«

»Auf ihrem absoluten Höhepunkt! Henker und Heilige in ihrem stärksten Bezug aufeinander!«

Wieder schaute der hochwürdige Herr: »Meister, mir scheint, Euch hat Gottes Geist selbst angerührt!«

Schwanthalers Augen weiteten sich und flackerten unruhig hin und her: »Der Henker müßte wie ein Türke, ein blutrünstiger Janitschare, aussehen. Wir würden damit der großen Angst in unserer Zeit Rechnung tragen. Die Heilige aber könnte wie ein Mädchen aus unseren Dörfern und Weilern sein, eine Anna, eine Maria, eine Agnes oder Uta.«

Da wurde auch der Dechant von der Schau des Künstlers

mitgerissen: »Und Euren herrlichen Kopf müßt' er haben, der Henker, so schwarz und so eckig und mit dieser gewölbten, strahlenden Stirn, damit man an ihm sogar in der Ausübung seines fürchterlichen Handwerks noch die Prägung eines göttlichen Geistes erkennt.«

»Meinen Kopf, sagt Ihr? Dann muß ich mir aber zumindest einen gewichtigen Bart hinmachen dürfen, denn keiner soll behaupten, der Rebeller hätt' sich zur Ehre der Altäre erhoben.«

»Gut, dann einen Bart! Doch sagt, warum nennen sie Euch Rebeller?«

»Als Schmähwort hat's die geistliche Kucheljungfer Philomena des Herrn Pfarrers von Ried erfunden. Ihr müßt nämlich wissen, ich hab ein sehr hitzig Gemüt und geh jedem, der mir übel will, gleich an die Halskrause.«

»Ich könnte mir vorstellen, daß aus dem Schmähwort noch ein Ehrenwort wird, denn Ihr seid doch ein richtiger Umwerfer, ein echter Rebeller — auch auf dem Felde der Kunst!«

»Da tut Ihr mir wohl zuviel der Ehren an, Euer Gnaden! Denn wenn ich anders bin als manche Bildschnitzer hierzulande, dann nur deshalb, weil ich mir meine Heiligen zuerst als Menschen vorstelle, auch unseren Herrn Jesus Christus, denn alles Menschliche war ja sogar an ihm. Und der Mensch ist halt das schönste Geschöpf auf dieser Welt!«

»Weiß Gott, Meister, wenn ich nicht Pfarrer wär, ich wollt' ein Bildhauer sein — aber nur einer wie Ihr!«

»Laßt's gut sein, Euer Gnaden!«

An diesem Tage sprachen die beiden Männer noch vielerlei über Gestalt und Ausstattung der fünf Altäre in der Pfarrkirche. Sie wurden sich auch einig über die Bezahlung. Thomas Schwanthaler sah, daß seine Arbeit gesegnet war. Sobald er heimkäme, wollte er neben seinem Bruder Matthias noch einen Gesellen einstellen.

Ehe die Nacht einbrach, zog sich Thomas noch einmal allein

in die Barbarakirche zurück. Er setzte sich zuhinterst in eine Bank und blickte zur hohen Altarbühne hinauf. Auf die leere Apsis fiel durch ein in die Höhe gezogenes Fenster der letzte Schimmer von Abendröte. Er stellte sich selbst im Türkengewand und mit der Geste des Münchner Scharfrichters vor. Sein Schwertstreich aber — es kam ihm wie ein Spuk vor — war nicht auf irgendeinen Mädchennacken gerichtet, sondern auf die vor ihm kniende Almayer Evi. Sie schaute, Verzeihung heischend, zum düsteren Nachthimmel empor. Doch er vollzog mitleidlos an ihr das Strafgericht für den vor Gott geschworenen Meineid. In ihrem bekannten Brokatkleid sah er sie knien, die Kette mit dem grünen Edelsteinkreuz hing ihr am Halse. Evi Almayerin, so sieht die Rache des Rebellers aus! Mit diesem gewaltigen Streich befreie ich auf eine nur dem inneren Auge erschaubare Weise mein Herz endgültig von dir! Dann ist alles vorbei! Ein fliegender Engel über der Szenerie möge den Frieden ansagen.

Etliche Tage später kehrte Thomas nach Hause zurück. Bald darauf gewann er den fähigen Bildhauergesellen Andreas Thamasch als Mitarbeiter und vertraute ihm die Gestaltung eines Teiles der eingegangenen Aufträge an. Inzwischen hatten nämlich auch die reichen Stifte Lambach, Kremsmünster und Sankt Peter zu Salzburg je einen Altar bestellt, ebenso der Pfarrer Gleißer noch ein Altärchen für seine Kirche in Ungenach. Die Rieder Brauerzunft aber dingte ihm einen Floriani-Altar an, bat ihn jedoch, das Werk in die eigenen Hände zu nehmen. Eine Visier verlangten sie nicht von ihm, wußten sie doch, was er konnte. Nur eine Zeichnung wollten sie vorher sehen.

So entwarf er ihnen jenen Altar, der im Laufe von fast dreihundert Jahren viele Nachbildner gefunden hat: Mitten in der schwarz-goldenen Altarfassung steht anstelle eines üblicherweise gemalten Bildes die Halbfigur des heiligen

Kriegers Florian. Das ist kein ausgemergelter Heiliger, sondern ein kraftvoller junger Mann mit aufgezwirbeltem Schnurrbart, ein bereitwillig sich anbietender Helfer. Er beugt sich aus einer Wolke, die von Engeln getragen wird, nach vorne und über die Umrahmung heraus. In der Linken schwingt er eine Fahne, die Rechte schüttet aus einem hölzernen Eimer Wasser über das vom Pulverturm her brennende Ried.

Dieser Schutzgedanke wiederholt sich dann in den beiden Seitenfiguren: dem heiligen Joseph als Beschützer des Jesuskindes und dem heiligen Joachim als Vater Mariens. Seine Krönung aber findet der Gedanke in jenem Schutzengel mit Kind, den Thomas neunzehn Jahre zuvor geschnitzt hatte, damals, als ihm die Gräfin Anna von Tattenbach mit ihrem und seinem Töchterlein auf der Brücke des Schlosses Eberschwang entgegengekommen war. Hier sollten sie stehen, diese beiden, und aus über vier Meter Höhe allen Betern den Schutz und Schirm des Himmels künden!

Thomas ging nach dem Sonntagsgottesdienst mit seiner Zeichnung ins Zunfthaus der Bräuer und rollte sie vor seinen Auftraggebern auf. Da gab es ein Schauen und Staunen, ein Bewundern und Fragen! Schließlich meinte der Zunftmeister, ob's denn möglich wär, daß er auch die Faßmalerei des Altares selbst übernehmen könnt. Er wisse ja doch am besten, wie alles aussehen sollte. Thomas sagte auch das zu und beschloß, das Barbara-Martyrium für Schalchen ebenfalls selbst zu fassen.

Und dann begann die Arbeit in der Werkstatt. Woche um Woche, Monat um Monat zeichnete, schnitzte, schabte, glättete und malte der Bildschnitzer an seinem Werk. Die Zeit verstrich, der Winter kam erneut ins Land. Irgendjemand aus Wien brachte die Nachricht nach Ried, ein paar Herren vom hohen Adel hätten versucht, das Ungarland, das doch dem Kaiser gehörte, an die Türken, diese Erzfeinde der Christenheit, zu verraten. Als der Schwanthaler das vernahm, fühlte er sich in seiner Absicht abermals bestätigt, dem Henker von Schalchen die Ausstattung eines Türken zu geben.

Einige Tage später war über den Hochverrat mehr zu hören. Die ganze Geschichte hätte sich nämlich in Graz abgespielt, hieß es. Neben dem Grafen Zriny und dem Grafen Wesseleny, dem Pfalzgrafen von Ungarn, sei auch der Graf Johann Erasmus von Tattenbach, der Stadtkommandant von Graz, der Konspiration mit den Türken beschuldigt worden.

Als Thomas den Namen Tattenbach hörte, horchte er auf. Und dann erfuhr er, dieser Graf, der Bruder des Herrn auf Eberschwang, habe mit fünf Rüstwagen voller Janitscharen die Burg von Graz einnehmen und plündern wollen, sei aber nicht dazu gekommen, weil die mißtrauische Burgbesatzung die Schlagbrücke nicht heruntergelassen habe. Nun sitze der Graf mit den anderen Verschwörern im kaiserlichen Gefängnis zu Leutschau und erwarte gemäß der geltenden Halsgerichtsverordnung, daß ihm die rechte Hand abgehauen werde, daß aus seiner Haut Riemen geschnitten werden und daß er dann durch den Henker drei Nackenstreiche erhalte. So hätte, wie es weiter hieß, das deutsche Kammergericht zu Speyer entschieden. Alle seine Güter seien bereits konfisziert worden, auch die Reichsgrafschaft Rheinstein im Harz.

Rheinstein!

Thomas überlegte: Dieser Graf Erasmus war sicher der Bruder der Gräfin Anna von Tattenbach. Sie war ja vor achtzehn Jahren mit dem Töchterlein zwangsweise auf Schloß Rheinstein gebracht worden. Wie mochte wohl das Leben der beiden sich inzwischen entwickelt haben?

# Das Volksfest

Pfarrer Haurapp freute sich, daß Thomas Schwanthaler nun solche Erfolge hatte. Oft erschien er in der Werkstatt, zusammen mit dem Zunftmeister Martin Kainzinger, um das Entstehen des Floriani-Altars zu verfolgen. In den ersten Frühjahrsmonaten des Jahres 1671 war es dann abzusehen, daß das Werk zum Namenstage des Heiligen, dem 4 Mai, fertig sein würde. Darum beschloß man, für diesen Tag im ganzen Markt Ried ein Volksfest auszuschreiben mit Schaubuden und Tingeltangel und Ringelspiel und all dem verrückten Drum und Dran, so wie am Kirchweihfest. Die Bierbrauer, deren Tag es ja war, sagten Freibier zu, was allen Mannsbildern natürlich hochwillkommen war.

Thomas hatte schon die Schnitzarbeiten beendet und begann mit der Faßmalerei. Dazu hatte er sich aus Wien, Salzburg und München für fast hundert Gulden Ware kommen lassen: Fünfzig Pfund Bologneserkreide, zwanzig Pfund Stockkreide, einunddreißig Pfund Leim, neunzehn Buch Schecksengold von Augsburg, zwölf Buch Nürnberger Schwanengold sowie zwei Buch Nürnberger Silber; zwölf Pfund Venezianisches Bleiweiß zum Marmorieren und dann fast doppelt so teueres Kremserweiß; je ein halbes Pfund Grünspan, Azurit, Berlinerblau und Berggrün; in kleineren Mengen Neapelgelb, roten Ocker und Zinnober sowie die Erdfarben Umbra und Siena, desgleichen Kasseler Braun und Pflanzenschwarz; schließlich spanischen Firnis und Florentiner Lack, auch zwei Pfund Leinöl, und zum Glätten der Grundierung Schachtelhalmbüschel und Bimsenstein.

Es war eine Freude, ihm bei der Arbeit zuzusehen. Zwar sollte in seiner unmittelbaren Umgebung während des Malens nicht geredet werden, weil ihn das abgelenkt hätte. Ausgenommen davon waren aber die drei größeren Kinder, die beim Schnitzen schon eifrig mitmachten. Sie durften jederzeit zuschauen und auch ihre Fragen stellen. Da wurde er nicht müde, zu antworten und zu erklären. Oft mußten deshalb die beiden Frauen die Kinder in die Wohnung holen, damit er besser vorankomme.

Ende April wurde der Altar in der Seitenkapelle der Pfarrkirche aufgestellt und zugehängt. Die Bräuer legten Wert darauf, daß es am Festtage dann eine richtige Enthüllung gebe.

Herr Dechant Kyrmayer vom Stift Mattighofen hatte sich erbötig gemacht, die Festpredigt zu halten, während Pfarrer Gleißer vom Ordinariat in Passau delegiert worden war, den Altar zu weihen. An Gästen hatten sich angesagt der Baron Mägerl von Wegleiten und der Freiherr Eucherius von Aham auf Wildenau. Warum dieser, wußte niemand zu sagen. Man war aber trotzdem froh, daß er kam, denn in den Augen der biederen Leute erhöhte jeder Name von Adel die Bedeutung des Festes.

Wie üblich, hatte man schon vor Sonnenaufgang die Bürger mit Böllerschüssen geweckt und den Haupt- und Kirchenplatz mit zartgrünem Gras bestreut.

Gegen neun Uhr trabten die beiden Viererzüge von Wegleiten und von Wildenau durch das Braunauer Tor, während Pfarrer Gleißer als fürstbischöflicher Delegierter vom Ortspfarrer mit einer kleinen Prozession Ministranten beim Schärdinger Tor eingeholt wurde.

Der Burgvogt und seine Frau gesellten sich auf dem Kirchplatz gleich zu Herrn von Aham und den beiden ganz in Schwarz gekleideten Damen, die seinem Wagen entstiegen.

Der Marktrichter Simon Regenhardt und der Zunftmeister Kainzinger pirschten sich sofort an die hohen Herrschaften heran und brachten ihre Begrüßungsreden vor.

Dann läuteten die Glocken, und alles drängte in die große

Kirche St. Peter und Paul. Die Herrschaften drängelten natürlich nicht, denn für sie standen ein paar Betstühle vor dem verhüllten Floriani-Altar bereit, ebenso einer für den Meister Schwanthaler. Der schritt jetzt beim großen Einzug ins Gotteshaus gleich hinter der Geistlichkeit mitten unter den Nonnen aus dem Jungfernklösterl. Diese ehrwürdigen Frauen liebten den jungen Meister, weil er ihnen immer wieder aus der Not half und erst neulich das alte, wurmstichige Chorgestühl umsonst ausgebessert hatte. Außerdem hatte er ihnen versprochen, drei heilige Könige für sie zu schnitzen, und zwar genau so, wie sie auf dem Hochaltar zu Zell am Pettenfirst standen.

Er trat in die Seitenkapelle an den bereitgestellten Platz und setzte sich nieder. Die adligen Herrschaften saßen schon da, und der Pfleger begrüßte ihn mit einer leichten Kopfverneigung, die er ebenso erwiderte. Dann schaute er unverwandt auf die beiden verschleierten Damen. Eine Ahnung stieg in ihm auf. Doch erst beim Evangelium, als sie sich aus ihren Sesseln erhoben, wurde diese Ahnung zur Gewißheit: Die ältere war Gräfin Anna von Tattenbach. Dann konnte aber die andere nur ihre – und seine – Tochter sein!

Da begann der Dechant seine Predigt: »Gläubige Christen, ihr dürft euch glücklich preisen, daß ihr in eurem Burgfrieden einen Künstler von Gottes Gnaden beherbergt! Nicht genug, daß ihr ihm diesen Hochaltar verdankt, er beschert euch heute den von eurer Bräuerzunft so großherzig gestifteten Altar des heiligen Florian, jenes römischen Offiziers, der unter dem Kaiser Diokletian grausam zu Tode gemartert wurde. Erlaubt mir deshalb, christgläubige Bürger von Ried, daß ich euch jetzt das neue Kunstwerk vorstelle!«

In diesem Augenblick zog der Mesner, der seitlich in einer Nische gestanden war, an einigen Schnüren, und der Vorhang vor dem Altar öffnete sich langsam, während der

Redner fortfuhr: »Das ist er, euer Floriani-Altar, ein Altar, in welchem der Künstler den Gedanken Gestalt werden ließ, daß wir Menschen allezeit des Schutzes der Heiligen bedürfen. Fangen wir doch ganz oben an! Da seht ihr den Schutzengel in goldenem Gewande. Mit seiner Linken langt er nach dem ausgestreckten Ärmchen des zu straucheln drohenden Kindleins, während seine Rechte hinweist auf einen anderen Weg, auf den richtigen, denn das Kleine war einen irrigen Weg gegangen. Betrachtet das liebreizende Gesicht des Engels, wie es in himmlischem Glanze erglüht! Dieses Gesicht ist von dieser Erde genommen. Oder tragen nicht unsere sauberen Jungfern landauf, landab die gleiche Lieblichkeit auf ihren Gesichtern? Aber das Schutzengelgesicht dort droben ist noch mehr! Aus diesem Gesicht leuchtet nämlich das Wissen um die Gefahren, die uns Menschenkindern auflauern in den Lüften, in den Wassern, auf den Fluren und in den Wäldern. Und das Kindlein dort droben, seht hin, wie es spielerisch, hilflos und unbekümmert daherläuft! Spiegelt es nicht all die Gedankenlosigkeit und Unbekümmertheit wider, mit der wir oft durch unsere Tage rennen? Ja, liebe Brüder und Schwestern, darum ward uns ein gottseliger Schutzgeist gegeben mit weitgebreiteten Fittichen, die uns vor den Dämonen des Tages und den Lemuren der Nacht schützen. Atmet darum auf und befreit eure Herzen und schaut empor in dieses von Freude gerötete Gesicht! Denn wahrlich, es ist für die Schutzengel eine Freude, um uns Menschen zu sein!«

Der in der Kunst der geistlichen Beredsamkeit geschulte Dechant sprach dann in ähnlicher Weise über die anderen Heiligen auf dem Altar, vor allem natürlich über den Titelheiligen, über die unter ihm sich breitende Ortschaft Ried und sagte zum Schluß: »Danken wir jetzt gemeinsam dem lieben Gott, daß er dem Meister Thomas Schwanthaler so viel Geist und Kunstfertigkeit geschenkt hat! Danken wir der edlen Zunft der Bräuer, daß sie es an Hochherzigkeit nicht ermangeln ließen, sondern tief in die Lade hineingegriffen haben! Euch alle aber, die ihr hier versammelt seid, segne der allmächtige Gott, der Vater, der Sohn und der Heilige Geist. Amen.«

Danach weihte der Pfarrer Gleißer den Altar und feierte als erster auf ihm das eucharistische Opfer.

Der Schwanthaler hatte die Rede seines geistlichen Gönners nur wie aus der Ferne gehört. Seine Gedanken waren um viele Jahre zurückgewandert in jene Tage und Nächte, da dieses »liebreizende Gesicht« an seinen Schultern geruht hatte und dieses unbekümmerte Kindlein an seinem Halse gehängt war. Und da knieten sie jetzt neben ihm, Mutter und Tochter, und er wußte nicht, durfte er sich ihnen zu erkennen geben oder durfte er nicht.

Die Messe endete mit feierlichen Chorälen und hochaufbrausendem Te Deum. Die Herrschaften erhoben sich von den rotdrapierten Sesseln, der Mägerl drehte sich um und stellte vor: »Die Gräfinnen Anna und Anette von Tattenbach, der Freiherr von Aham auf Wildenau – Thomas Schwanthaler, der Meister dieses Altares!« Thomas verbeugte sich, auch der von Aham deutete eine leichte Kopfneigung an. Gräfin Anette, schwarzhaarig und mit einem feingeschnittenen Gesicht, reichte dem Meister lächelnd die Hand. Gräfin Anna wandte sich aber ab, trat einen Schritt zurück zum Freiherrn und hängte sich an seinen Arm. Dabei schaute sie den lattenlangen Wildenauer von unten her an und meinte: »Die Zeremonie hat mich müde gemacht. Bitte bring mich heim!« Und sie drängte ihn zur Kirchentür hinaus.

Dem Burgvogt und der jungen Gräfin Anette war es peinlich zu sehen, wie beleidigend diese abweisende Art der Gräfin Anna gewesen war. Sie nahmen sich deshalb bewußt freundlich des Meisters an.

»Bei so viel Kunst«, sagte Anette, »ist es schwer zu wissen, wo man mit der Bewunderung anfangen soll. Vor allem wär ich begierig zu erfahren, wie lange Ihr, verehrter Meister, an diesem Werk gearbeitet habt.«

Thomas, der fast zwei Köpfe größer war als sie, neigte sich väterlich zu ihrem Gesicht herab und erwiderte: »Hochgeschätzte Gräfin, unser Arbeiten verläuft etwas anders als das eines üblichen Handwerkers. Nehmt beispielsweise diese beiden Seitenstatuen Joachim und Joseph. An ihnen habe ich fast drei Wochen herumgeschnitzt, während der Schutzengel da droben das Werk einer Nacht war, freilich einer begnadeten Nacht, wenn ich so sagen darf.«

Sie ergriff seine Hand und streichelte über seine langen Finger hin: »Ihr habt eine schöne Hand, Meister Schwanthaler. Verzeiht mir diese Bemerkung!« Sie schaute ihn kurz an und verließ dann hastig die Kirche.

Nun standen sie allein da, der Schwanthaler und der von Wegleiten. Da sagte der Wegleiten: »Merkwürdig, wie verwandtes Blut sich offenbart!« Und darauf der Schwanthaler: »Merkwürdig auch, wie man im Herzen einer einst geliebten Frau ausgelöscht sein kann!« Im Gehen erwiderte Wegleiten: »So muß es wohl sein! Denn wie furchtbar für dein Eheweib, wenn's anders wär!«

Die drei geistlichen Herren, der Schwanthaler, der Marktrichter, der Burgvogt und der Freiherr von Aham mit den beiden Damen waren von den Bräuern ins Zunfthaus zum Mittagessen geladen. Die drei Letztgenannten hatten sich jedoch wegen Unpäßlichkeit entschuldigen lassen. Sie waren gleich nach dem Gottesdienst weggefahren.

Als man dann zu Tische saß, erzählte der Dechant von Mattighofen, daß der Herr von Wildenau zu heiraten gedächte, und zwar eine Dame aus dem Rheinland, eine Verwandte des Herrn von Eberschwang. Unter den Gästen interessierte sich jedoch weiter niemand für den Wildenauer, so daß die

Bemerkung des geistlichen Herrn wie im Sande verrann. Der Burggraf freilich, der Pfarrer Haurapp und der Schwanthaler sahen einander vielsagend an.

Inzwischen war auf den Gassen und Plätzen zu Ried das Volksfest in vollem Gang. Die Kinder lärmten und schrien bei den Buden, die Mädchen und Frauen standen schüchtern und bewundernd bei den Schmuckkramern, die Mannsbilder postierten sich an den Gasseneccken. Hier standen nämlich die Karren der zehn eingesessenen Bierbräuer mit etlichen Fässern, und die Bräuknechte schenkten wacker aus. Da gab es manch einen armen Schlucker, der sich das Mittagessen sparte und stattdessen Maß um Maß des Freibiers hinter die Halsbinde goß. Als es dann am Nachmittag gegen zwei Uhr zur Vesper läutete, sahen die Kirchgänger bereits die ersten Bierleichen seitlich an den Gassengräben liegen. Sie boten keinen erhebenden Anblick. An anderen Stellen wiederum standen die Mannsbilder noch in Gruppen zusammen, fuchtelten mit den Kannen herum und hielten große Reden.

Eine solche Schar g'standener Zecher diskutierte am Hauptplatz, nicht weit weg von Almayers Weinhaus. Darunter befand sich auch der Totengräber-Loisl. Er ließ für die besseren Bürger immer wieder die Kannen füllen, was ihm jedesmal ein paar Kreuzer Trinkgeld einbrachte.

Und wie mit dem Bierverbrauch die Zungen immer lockerer wurden, ein Wort das andere gab, da kam mit einem Male die Rede auf den Vogl. Und damit, daß es ihm immer noch nicht gelungen sei, in den Äußeren Rat zu kommen, daß ihm alle Beziehungen nach München nichts genützt hätten. Man gab ihm im Gespräch auch offen die Schuld dafür, daß es zur Visitation der Marktrichterei und der Absetzung des Gerhard Rosenkranz gekommen war, nicht zu reden von den Gebühren, die man dafür hätte zahlen müssen. Überhaupt sei der Vogl ein hinterfotziger Hund. Wenn er nicht gerade hier im Almayerhaus säße, so auf dem Präsentierteller, dann müßt' man ihm einmal gründlich zeigen, wo der Barthl den Most holt. Denn einen so ausgemachten Stänkerer wie ihn, einen solchen Pöstchenschleicher, habe es in der Marktgemeinde seit langem nicht mehr gegeben.

Als in diesem Zungengewetze der braven Bürgersleut eine Pause entstand, mischte sich der Loisl ins Gespräch:

»Wenn ich der Vogl wär«, sagte er, »ich tät in die Münchner Stadt einigehn.«

»In die Münchner Stadt? Du Narr!« erwiderte ihm einer.

»Pfeilgrad in die Münchner Stadt!« entgegnete er hartnäckig.

»Die haben doch zu München Weinhäuser gerade genug!«

»Wer red't denn von Weinhäusern!«

»Was sollt' er nacher sonst in München machen?«

»Was er sollt'? Studieren soll' er!«

Da brüllten die anderen, daß es über den ganzen Platz hallte und durch die offenen Fenster beim Almayer bis in die Gaststube hinein zu hören war. Dort stand der Vogl hinter der Gardine und lauschte schon die ganze Zeit.

»Du Erznarr, Lois, warum sollt' er denn studieren?«

Der Loisl druckte ein bißchen herum und trat von einem Bein aufs andere. Dann meinte er: »Die Almayer Evi, sein Eheweib, die hat's doch allweil bloß mit die G'studierten gehabt: mit dem Herrn Schwanthaler, mit dem Herrn Kavallerieobristen, jetzt mit dem Herrn Posthalter, und wer weiß, ob etwa der Herr Physikus und der Herr Pfleger auch noch auf ihrer List'n stehen. Zeit also, daß er selber studieren tät, nacher grast sie nit mehr aussi!«

Wieder erhob sich ein Gejohle und Gewieher. Das schallte so laut über den Platz, daß jetzt auch andere Bürgersleut aus den Nachbargassen dahertorkelten und auch gleich mitschrien, obwohl sie nicht wußten, worum es ging. Als sie aber nach einer Weile mitgekriegt hatten, daß es sich um den Vogl drehte, machten auch sie ihrem Unmut Luft und schimpften wie die Rohrspatzen.

Veit Adam hatte hinter der Gardine alles mitgehört und bebte vor Wut. Er eilte hinten aus dem Haus, zog einen griffigen Prügel aus dem Schuppen und schlich über die Rathausgasse auf den Platz. Mit einem Male stand er mitten unter den Lästerern und schlug erbarmungslos auf den Totengräber-Lois ein, daß der zusammenbrach. Das Blut rann ihm aus Mund und Nase. Und immer noch schlug der Wüterich auf ihn ein.

Die anderen waren zunächst starr vor Entsetzen. Dann wurden sie blaß und atmeten tief durch, bis dann plötzlich der Höfer Bernhard, der Nagelschmiedgesell, über den Vogl herfiel. »Du Hund, du g'selchter!« gurgelte er und lag auch schon auf ihm. Er packte ihn an den Haaren und schlug seinen Kopf auf die Pflastersteine. Das sah böse aus, und der Vogl verlor sofort die Besinnung.

Gleichzeitig rannten andere, es mochten etwa dreißig gewesen sein, hinüber zum Weinhaus, drangen dort ein und fingen an, alles, was ihnen unter die Hände kam, sinnlos zu zerschlagen. Die paar Gäste, die um den Stammtisch saßen, flohen zu den Fenstern hinaus. Tiegel und Teller, Kannen und Gläser flogen ihnen nach. Dann jagten die angetrunkenen Männer wie eine Meute wütender Hunde die Treppe hinauf und fielen in die Gästezimmer ein. Sie rissen die Fenster auf und warfen samtene Sessel und gepolsterte Stühle auf die Gasse hinab. Die gestickten Behänge zerrten sie von den Wänden und trampelten mit ihren derben Stiefeln in den Betten herum. Einer machte sich mit Schwamm und Stein an einem Kienholz zu schaffen, brachte aber kein Feuer zustande, weil er immer danebenschlug.

Der Marktrichter Regenhardt und der von Wegleiten saßen zu dieser Zeit noch im Zunfthaus und unterhielten sich gemütlich. Da wurde ihnen das schlimme Ereignis hinterbracht. Sie ließen sofort die Marktschergen ausrücken und gaben dem Türmer Befehl, die Feuerwehr zusammenzublasen. Die zwölf Marktschergen kamen vollzählig, von der Feuerwehr aber sah man nur siebzehn Mann, ein schwaches Drittel. Sie stiegen und drangen gemeinsam beim Almayer ein. Was dort dann geschah, ist nicht aktenkundig geworden. Nur soviel wurde aufgezeichnet, daß es eine zwar kurze, aber sehr herzhafte Rauferei gegeben habe. Das ist sicherlich nicht übertrieben, denn die Mannsbilder von Ried galten damals als die gefürchtetsten Raufbolde zwischen Traun, Inn und Salzach. Jedenfalls wurden die Eindringlinge ins Almayerhaus von den anderen so gründlich bedient, daß ihnen in den darauffolgenden vierzehn Tagen weder Wein noch Bier schmeckte.

In der Zwischenzeit wurde auch der alte Marktphysikus Dr. Gottfried Zauner herbeigerufen. Der sah sich den Vogl und den Loisl an und erkannte, daß ihre Gehirne sehr böse erschüttert worden waren. Er ordnete an, sie unverzüglich ins Lazaretthaus außerhalb der Mauer zu bringen, denn nur dort sei jene absolute Ruhe gewährleistet, derer sie in den kommenden drei Wochen bedürften.

Natürlich hatte das Ereignis sein Nachspiel auf der Marktrichterei, und zwar in Gegenwart des Pflegers. Alle wurden verurteilt, den Almayer'schen Hausfrieden gebrochen zu haben. Sie erhielten dafür eine Buße von je neun Gulden zugesprochen, die sofort in die Leprosenkasse zu zahlen war. Außerdem hatte der Herr Syndikus den im Weinhaus angerichteten Schaden auf sechshundertzwanzig Gulden geschätzt, einschließlich zwölf Gulden und vierzig Kreuzer Schätzungsgebühr. Dieser Betrag wurde auf alle zweiunddreißig Eindringlinge gleichmäßig aufgeteilt und war binnen sechs Monaten zu begleichen. Die Sache des Totengräber-Lois, des Veit Adam Vogl und des Bernhard Höfer sollte nach der Genesung der zwei Erstgenannten separat verhandelt werden.

Herr Mägerl von Wegleiten ließ einen ausführlichen Bericht über dieses Rieder Volksfest an das Rentamt Burghausen ergehen. Herr Plank von Plankenberg las ihn etliche Male durch und kam dann zum Entschluß, die Aufnahme Vogls in den Äußeren Rat der Marktgemeinde nunmehr zu erzwingen. Denn er sagte sich, wenn einer so gehaßt ist wie dieser Weingastwirt, dann kommt er als Amtsträger nicht in die Versuchung, denen, die ihn hassen, etwas nachzusehen. Im Gegenteil, so rechnete der von Plankenberg, er wird sie wohl ständig sekkieren – und ein bißchen Sekkatur tut den Riedern bitter not!

## Der von Wegleiten

Im Spätsommer dieses 71er Jahres mußte sich der Physikus auch der jungen Schwanthalerin annehmen. Sie erholte sich von ihrem achten Kind lange nicht. Sie war inzwischen so dünn, daß man fast durch sie hindurchleuchten hätte können. Gottfried Zauner zog deshalb den Thomas eines Tages zur Seite und meinte: »Wenn sie Euch noch eine Weile leben soll, dann müßt Ihr sie jetzt einige Jahre schonen! Freilich glaube ich, daß ihr Hauptleiden seelischer Natur ist. Könnt Ihr nicht Eure Mutter aufs Altenteil setzen? Eure Mutter ist für dieses zarte Weiberl zu robust. Sie ist gewohnt, jedermann ihren Willen aufzuzwingen. Das verträgt aber nicht jedermann. Die Evi jedenfalls verträgt das auf die Dauer nicht!«

Thomas zuckte mit den Achseln: »Herr Physikus, wir haben uns aus Liebe zur Ehe genommen. Darin hat sich in den vergangenen Jahren nichts geändert.«

»Meister Schwanthaler, Ihr könntet jedoch Eure Liebe zu ihr sogar noch steigern, wenn Ihr sie in Ruhe ließet!«

»Ich will's versuchen. Was aber unsere Mutter betrifft, Gott sei's geklagt, die hat schon den Vater selig aufgearbeitet. Bei ihr heißt's nur biegen oder brechen! Und aufs Altenteil kann ich sie kaum setzen, dann müßt' sich die Evi ja auch noch um die Kinder alle kümmern.«

»Ich seh' die Schwierigkeiten schon, lieber Meister, aber ich hab Euch das sagen müssen! Und merkt Euch noch dieses: Die größte Lieb' zu einem Menschen heißt nicht selten Rücksicht!«

Tatsächlich merkte man der Evi an, daß sie bald nicht mehr konnte. Hatte sie in den ersten Jahren ihrer Ehe Glück und Gesundheit ausgestrahlt, so kroch sie jetzt nur noch verdrossen durch das Haus. Ihr einst so liebliches Gesicht sah aus, als wollte es sich jeden Augenblick zum Weinen verzerren. Diese Stimmung färbte auch auf ihre Umgebung ab. Im Schwanthalerhaus — jetzt an der Priesterzeile — war kaum ein fröhliches Kinderlachen zu hören, aber um so mehr wurde geschrien. Die Kinder plärrten, die Großmutter fauchte, er selber fuhr dann tobend dazwischen, die Evi entwich dann meist in den Garten und fütterte zum soundsovielten Male die Hühner. So ging das tagein-tagaus. Und jetzt riet der Physikus auch noch, er solle sein Weib auf Jahre hinaus nicht mehr anrühren! Da würden sie sich ja noch mehr entfremden!

Am selben Abend redete er mit ihr über das, was der Physikus gesagt hatte. Sie erwiderte ihm fast tonlos: »Mir ist schon alles egal!« Dann wandte sie sich ab. Als er ihr nachging und meinte, das könne doch nicht ihr letztes Wort sein, gab sie zur Antwort: »Thomas, eines lebt vom anderen. Der Frosch frißt den Wurm, die Natter frißt den Frosch, der Storch frißt die Natter — und das Weib muß leiden, damit der Mann sein Vergnügen hat! Ist's nit so?«

Diese Rede war hart, so hart, daß er kein Wort der Entgegnung fand. Sie hatte ihm die Stimme verschlagen. Und obwohl es schon dunkel war, ging er in die Werkstatt und hantierte dort mit dem Ahorn- und Lindenholz herum, das er sich für den Altar der Andorfer Filialkirche zurechtgelegt hatte. Er schichtete es einmal auf diese Seite der Werkbank, dann auf jene. Immer sah er dabei das leidende Gesicht seiner Frau vor sich und hörte ihre bitteren Worte. Eines lebt vom anderen! Das klang wie eine Anklage und ein Urteilsspruch zugleich.

Da hielt er es plötzlich nicht mehr in der Werkstatt aus. Er nahm Umhang und Hut und eilte auf die Gasse hinaus. Ein kühler Wind strich vom Hausruck her. Hinter den Fenstern des pfarrlichen Inhauses war ein Lichtschein zu sehen. Sollte er zum Herrn Haurapp gehen? Was sollte er ihm sagen? Und war von ihm nicht die gleiche Antwort zu erwarten wie vom Physikus?

Er wandte sich um und ging durch das Braunauer Tor hinaus auf den Vormarkt zum Lohnrößler Höchstetter: »Gebt mir ein Roß! Es braucht kein Renner sein, doch einen sicheren Gang durch die Nacht muß es haben!«

»Ist was passiert, Meister Schwanthaler?«

»Nix ist passiert, nur dringende Geschäfte!«

»Ja, ja, der Bürgersmann muß bei gegenwärtigen Zeitläufen Tag und Nacht auf dem Damm sein, wenn er sich einen bescheidenen Wohlstand sichern will!«

Thomas trabte durch die Nacht, die ein leichter Mondschein erhellte. In Mehrnbach schlugen die Hund an. In Kirchheim waren noch etliche Frauen mit Laternen unterwegs. Eine junge Bäuerin lag gerade in den Wehen und schrie, daß man's durchs ganze Dorf hörte. Auch eine — und Thomas dachte es mit einem sauren Geschmack im Munde —, auch eine, die leiden muß, weil der Bauer sein Vergnügen haben wollte!

Es war Mitternacht, als er sich plötzlich vor dem Schloß Wildenau stehen sah. Hierher hatte es ihn getrieben wegen ihr, der Gräfin Anna von Tattenbach, die jetzt hinter diesen gotischen Fenstern wohl in den Armen des Eucherius von Aham ruhte. Als sie damals in den seinigen geruht hatte, war nicht zu bemerken gewesen, daß sie etwa um seines Vergnügens willen gelitten hätte, weiß Gott nicht! Sie hatte jene Kraft gehabt, die Mann und Weib aneinanderkettet und aus ihnen ein Ganzes werden läßt.

Aber das war damals! Und heute, jetzt, in dieser Nacht? Da stehe ich wie ein siebzehnjähriger Ochsenknecht, der bei der Mitterdirn fensterln möcht'! Ich, Thomas Schwanthaler, geehrter Bildhauer, achtunddreißig Jahre alt, Vater von acht Kindern! Ich, der irre wird an seinem Eheweib, weil sie sich ihrer Haut wehrt! Ein jäher Ekel stieg in ihm auf, Ekel vor sich selber. Gewaltsam riß er das Roß herum, daß es schier über die eigenen Beine gestolpert wäre. Das hörte die Meute drin im Zwinger von Wildenau und gab laut. Vor zwanzig Jahren hatte ihn eine Meute in ihre Kammern getrieben, heute jagte ihn eine von dem Tore weg, hinter dem sie lebte!

Langsam ritt er danach wieder unter den mächtigen alten Rotbuchen zurück nach Kirchheim. Hier war alles ruhig geworden. Die junge Bäuerin würde wohl schlafen, in den Armen das inzwischen geborene Kind. Als er nach Mehrnbach kam, begann der Morgen zu grauen. Thomas Schwanthaler fror. War's ein Wunder? Da lag im Frühdunst der Wiesen das Schloß Wegleiten. Ja, zum Mägerl! Dem kann er vertrauen! Der ist ein Mensch, dem man alles sagen darf. Der hat eine Seele, die ist wie seine Augen, gütig und tief. Als von irgendwoher eine Morgenglocke klang, krachte er mit dem Türklopfer ans Schloßtor. Ein schlaftrunkener Knecht machte ihm auf. Er erkannte den Schwanthaler, nahm ihm das Roß ab und geleitete ihn in die Torstube:

»Müßt Euch halt noch ein Weilchen gedulden, Meister!«
Thomas warf sich auf die Holzpritsche und zog die Decke
übers Gesicht. Bald schlief er ein und träumte vom Schloß
Wildenau und von der Gräfin Anna. Als er wieder erwachte,
lächelte ihm der Pfleger entgegen: »Ich möcht bloß wissen,
was dich in der Nacht herumtreibt!«
Sie gingen miteinander in die oberen Stockwerke hinauf.
Es war Mittag geworden, als der Burggraf das lange Gespräch abschloß und meinte: »Schwanthaler, dich hat der
liebe Gott wunderbar begabt, er hat dir aber auch einen
Stachel der Leidenschaft ins Fleisch gesetzt, der dich wohl
ständig mahnen soll, wie armselig jeder trotz der großen
Begnadung ist. Deine hochfahrende Art braucht wohl solches Regulativ, du wärst sonst schwer zu ertragen. Jetzt
aber, scheint mir, solltest du einmal ausspannen. Du müßtest eine große Reise machen, vielleicht ins Welschland.
Unterwegs könntest du viel von deinem seelischen Wust
abladen und dabei von den Meistern des Südens lernen.«
»Wo denkt Ihr hin, lieber Baron! Ich habe noch große Aufträge zu bewältigen und mir fehlt auch zu einer solchen
Reise Geld und Gelegenheit.«
»Erledige zuerst deine Aufträge! Fürs andere laß mich sorgen! Und noch eins: Lerne die welsche Sprache, denn mit
den paar Vokabeln, die uns die Jesuitenväter zu Burghausen
beigebracht haben, lockst du keinen Hund vom Ofen!«
»Und die Evi?«
»Ich meine, daß ihr eine vorübergehende Trennung nur gut
tut.«
Es war ein richtiger Altweibersommertag, als Thomas
Schwanthaler nach Ried zurückritt. Große feine, silbrig-
glänzende Federwolken schwebten durch die klare Herbst-
luft, zart von einem leichten Windhauch getragen.
Beim Lohnrößler lieferte er das geliehene Roß ab und zahlte.
Daheim schauten sie ihn fragend an, wagten aber kein Wort,

denn er setzte sich sofort an die Werkbank und zog die Mappe hervor, in der er seine Zeichnungen und Skizzen verwahrte. Er nahm jenes Blatt zur Hand, das er damals auf der Walz in Freising flüchtig gemacht hatte: die Schutzmantelmadonna. Damals war das Gesicht der hohen Frau leergeblieben; er hatte ihr später das der Evi gegeben. Jetzt nahm er den Rötel und zog um die Mundwinkel des lieblichen Gesichts ein paar feine Schattenstriche. Da sah es aus, als begänne es bald zu weinen. Er ergriff das Ahornholz, legte sich Messer, Meißel und Geisfuß zurecht und fing an, den oberen Einsatz des Andorfer Altares zu gestalten.

Der Mägerl von Wegleiten war wieder einmal dienstlich zum Rentmeister nach Burghausen gefahren und besuchte dabei, wie jedesmal in den letzten Jahren, Frau Uta von Rechlingen. Er kannte sie ja von seiner Seminarzeit her, wo er mit ihrem späteren Manne das Zimmer im Kosthause geteilt hatte. Sie zählte jetzt vierzig Jahre und erkannte selbst, daß das ewige Einsamsein sie langsam, doch unaufhaltsam verblühen ließ. Wenn sie sich auch darüber im klaren war, daß sie nicht mehr zum Heiraten kommen würde, so litt sie doch darunter, gesetzlich immer noch an den von Rechlingen gebunden zu sein, und zog allen Ernstes eine Ehescheidung in Erwägung. Die klugen Väter der Gesellschaft Jesu, denen sie sich anvertraute, erklärten ihr, daß eine Ehe zwar nicht geschieden werden dürfe, daß aber in ganz besonderen Fällen der Heilige Vater in Rom eine Scheidung aussprechen könne, namentlich dann, wenn die Ehe kaum zustandegekommen und außerdem kinderlos geblieben sei. Eine solche Scheidung müsse natürlich streng geheimgehalten werden, sei auch mit erheblichen Unkosten verbunden, ganz abgesehen davon, daß Frau Uta ihr Ansuchen persönlich *ad pedes Sanctitatis Suae*, das heißt zu Füßen Seiner Heiligkeit vorbringen müsse. Denn

über ein solch heikles Problem werde schriftlich nicht verhandelt, gemäß der alten römischen Weisheit: *Quod non
est in scriptis, non est in mundo,* was zu deutsch bedeutet:
Was nicht geschrieben steht, ist nicht in der Welt!
Nun traf es sich aber günstig, daß der gegenwärtige Papst
Klemens X. ein ausgezeichneter Verwaltungsjurist war und
daß Uta selbst ebenfalls zu einem Papste in verwandtschaft-
licher Beziehung stand. Sie war nämlich die Großnichte des
vor siebzehn Jahren gestorbenen Papstes Innozenz X. aus
dem Hause Doria-Pamfili. Der Bruder dieses Papstes, also
ihr Großvater Camillo, hatte auf dem Stammsitz des Geschlechts, auf dem Felsennest Dolceacqua, zwei Kinder ge-
zeugt. Das erste, das Bastardtöchterlein Camilla, von einer
Schloßköchin; das zweite, den Sohn Ercole, zehn Jahre später von seiner Gattin. Wegen des Makels ihrer Herkunft
hatte die Tochter außer Landes heiraten müssen. Zur Ab-
nahme solch überzähliger welscher Jungfrauen erklärten
sich vor allem die bayerischen Adelshäuser gern bereit,
wenn sie als Mitgift gemünztes Gold spürten. So war Camilla an Sigismund von Tumberg nach Burghausen gekommen, und es war sogar eine leidliche Ehe daraus geworden.
»Ihr wollt also wirklich den Römerzug wagen?« fragte der
von Wegleiten die Frau Uta von Rechlingen.
»Auf jeden Fall! Nur bräuchte ich einen Marschall, denn
unsereiner darf nicht allein reisen, ohne in Verruf zu kommen.«
»Einen Marschall!« wiederholte der andere langsam.
»Einen standesgemäßen Marschall!« unterstrich Frau Uta.
»Die Welschen sind in diesem Punkte empfindlich.«
»Da werdet Ihr Euch hart tun, Uta!«
»Freilich, denn ein Junger schämt sich, mit mir zu reisen,
und ein Alter ist gefährlich.«
»Und wenn's einer wär, der kein Graf und kein Baron ist,
sondern bloß ein Wappenfähiger?«

Die Dame überlegte laut: »Ein Wappenfähiger, sagt Ihr? Gewiß, ein Wappenfähiger tät's auch. Denn wichtig ist, daß auf dem Verschlag des Reisewagens, auf den Roßdecken und an den Kumten auch das Wappen des Reisemarschalls zu sehen ist.«

»Es könnte sein, daß ich Euch einen solchen beschaffen kann. Ihr dürftet ihn jedoch drunten im Welschland nicht knechten, sondern müßtet ihm und seinen Interessen Verständnis entgegenbringen, denn es ist ein feiner, aber auch komplizierter Mann.«

»Und sein Alter?«

»Ein paar Jährlein jünger als Ihr. Doch stellt jetzt bitte keine weiteren Fragen! Zu vieles noch ist ungewiß.«

»Wann gebt Ihr mir Gewißheit?«

»Laßt noch ein kurzes Jahr vergehen!«

Wenige Tage später begab sich der Wegleiten zum Pfarrer Haurapp und erzählte, was er mit der Baronin von Rechlingen besprochen und daß er auf den Schwanthaler abziele.

»Ist das die«, fragte Haurapp, »um deretwillen ihn die Jesuitenväter damals hinausgeworfen haben?«

»Nicht um ihretwillen haben sie ihn hinausgeworfen, sondern weil er sie nackt gezeichnet hat und dann das Pech hatte, daß sein Blatt dem Rektor in die Hände fiel.«

»Ja freilich«, erwiderte der Pfarrer, »er war ja damals noch ein Kind. Wie ist das aber heut, wenn er die Dame begleitet? Er hat eine Frau und acht Kinder!«

Nun erzählte der Wegleiten auch, was er an jenem Vormittage von Thomas über dessen Ehe erfahren hatte und wie notwendig es darum in beider Interesse wäre, daß sie sich eine Zeitlang nicht sähen.

»Wenn Ihr damit meint, Baron, daß der Mann, um seine Ehe zu retten, zu einem anderen Weib unter die Zudecke kriechen darf, dann wär das ein grober Irrtum!«

»Das ist natürlich nicht meine Absicht, Herr Pfarrer! Außerdem hat die jahrzehntelange Einsamkeit die arme Baronin so ausgedörrt, daß glatt ein Wunder geschehen müßt', wenn sich die beiden fänden.«

»Na ja«, entgegnete Haurapp bedächtig, »mit den Wundern geht unser Herrgott recht sparsam um, und dennoch geschehen die unglaublichsten Sachen!«

Fast ein bißchen heftig sagte der andere: »Die Hand kann ich selbstverständlich nit dazwischenhalten! Aber so, wie's jetzt beim Schwanthaler aussieht, gehen er und sie zu Grunde, wenn sich nichts verändert. Das steht fest!«

»In Gottes Namen! Und was wollt Ihr, Baron, jetzt machen?«

»Ich muß ihm einen Wappenbrief beschaffen. Helft Ihr mir?« — »Wie kann ich das?«

»Stellt mir ein ausführliches Zeugnis über ihn aus: Wer und wie er ist, was er kann, was er für Euch und im Umkreis schon geschaffen hat, und geizt dabei nicht mit Lob und Anerkennung. Denn der Kaiser will betrogen sein!« Bei den letzten Worten lächelte der von Wegleiten und fügte dann beiläufig hinzu: »Nur hat der Kaiser wohl noch nie einen solchen Wappenbrief zu Gesicht gekriegt, ihm genügen die Gebühren!«

»Das Zeugnis könnt Ihr gerne haben. Ich vergönne dem Thomas diesen Wappenbrief — vor allem um der Evi willen, dieser armen, getretenen Hündin!«

An Weihnachten machten die Pfleger und Burggrafen des Bistums Passau dem hochwürdigsten Herrn Fürstbischof ihre Aufwartung und sagten ihm dabei ein glückliches Neujahr an. Danach lud er sie zur Tafel und anschließend unterhielt er sich mit jedem einzelnen ein paar Minuten privatissime. Denn wenn sie auch im Dienste des Kurfürstentums standen, so vertraten sie doch auch die Belange des Glaubens.

Als der von Wegleiten ins Audienzzimmer gerufen wurde
und Wenzeslaus Graf Thun vernahm, daß er von Ried sei,
fragte er ihn sofort nach dem Schwanthaler. Das kam dem
Burggrafen gelegen, und er brachte unverzüglich seine
Bitte um eine allerhöchste Empfehlung in Sachen Wappenbrief vor.

»Man muß ihm zur Hand gehen, diesem Schwanthaler«,
sagte der Graf. »Er lechzt nach Anerkennung und wird un-
fruchtbar, wenn man ihn nicht beachtet. Wir freuen uns,
Baron, daß Ihr ihm helfen wollt.«

Der hohe Herr klingelte nach seinem Sekretär. In böhmischer Sprache wies ihn der Graf an, ein Patent voll des Lobes
auf den Bildhauer zu verfassen und dabei nicht unerwähnt
zu lassen, daß er bei der Planung des Dombaues zu Passau
als fürstbischöflicher Berater mitgewirkt habe. An den
Wegleiten gewandt aber sagte er: »Die Gebühren für den
Wappenbrief werden aus Unserer Hofkammer beglichen,
denn der Künstler ist kein Krösus.«

»Weiß Gott nicht, Durchlaucht, bei acht Kindern!«

»Dann lassen Wir ihm über den Rieder Kirchenherrn noch
hundert Gulden anweisen. Sagt ihm das mit einem besonderen Gruß von Uns! Danken soll er Uns nicht, denn schon
daß es ihn gibt, ist eine Gnade für uns alle!«

Franz Heinrich Joseph Mägerl von Wegleiten begab sich
mit dem Zeugnis des Pfarrers und dem Patent des Fürstbischofs zum kaiserlichen Pfalzgrafen Metzger, der seinen
Amtssitz ebenfalls in Passau hatte. Der sah die Dokumente
an und beeilte sich, durch seinen Buchmaler ein Wappenbild und einen überschwenglichen Wappenbrief fertigen
zu lassen.

Der Wappenbrief lautet: »Ich, Ferdinand Wilhelm Metzger
zu Meggenburg, Pfalz- und Hofgraf zu Lodron, erkläre im
Namen Seiner Majestät des Kaisers Leopold, daß ich angesehen und wahrgenommen habe die Ehrbarkeit, guten

Sitten, Tugend, Vernunft und Künste, mit welchen mir der edle und kunstreiche Herr Thomas Schwanthaler, Bürger und Bildhauer des kurfürstlichen Marktes Ried in Bayern, nicht nur wegen seiner berühmten Kunst der Bildhauerei in Holz, Bein, Stein und Stahl, sondern auch als Maler, Inventor und Zeichner von hohen und vornehmen Leuten bestermaßen rekommandiert worden ist.

Darum habe ich besagtem Herrn Thomas Schwanthaler diesen Schild verliehen und gegeben: Er ist der Länge nach in drei Teile geteilt. Im oberen Teil siehst du das Malerwappen, auf rubinfarbenen Grund aufgestrichen. Im zweiten Teil ist auf lasurfarbenem Grund ein geschnitzter Engel gezeichnet. Im dritten Teil endlich siehst du ebenfalls auf lasurfarbenem Grunde einen weißen Schwan mit ausgespannten Flügeln, in dem Schnabel einen Reichstaler führend. Oben auf dem Schild hast du einen ausgemalten Stech- oder Turnierhelm samt zwei Helmdecken; die zur Rechten ist rot und weiß, die zur Linken in blauer und weißer Farbe ausgestrichen. Auf dem Helme selbst schließlich siehst du eine goldfarbene Krone; über ihr erscheint abermals, in dem Schnabel tragend einen Reichstaler, der nach vorwärts fliegende Schwan in seiner natürlichen Farbe...«

Als der von Wegleiten diesen bedeutenden Brief durch einen reitenden Boten zu Beginn der Fasten des Jahres 1672 zugestellt bekam, wunderte er sich, denn weder sein eigenes Wappen noch die der umwohnenden Adelshäuser wiesen eine ähnliche Pracht auf. Und er dachte sich nicht ohne Grund und sogar ein bißchen neidisch: Das macht der Krummstab aus!

# Der Aufbruch

Obwohl es sehr kalt war und eine dichte Schneedecke die
ganze Weite des Innkreises überzog, fuhr der Baron Mägerl
umgehend nach Burghausen. Auch Frau Uta staunte, als
sie das Wappenbildnis sah. »Und wer ist nun der Mann?«
fragte sie.

»Ratet selbst, denn es ist ein sprechendes Wappen!«
Sie sah über dem Turnierhelm den Schwan mit dem Taler
— da wußte sie es! »Ist das etwa der Bildhauer von Ried, der
damals als Lateiner mit Euch im Kosthaus gewohnt hat?
Der bewußte Zeichner?«

»Er ist's! Der bewußte Zeichner! Aber er weiß noch nichts
von seinem Glück, weder vom Wappenbrief noch von der
Welschlandfahrt. Wollt Ihr ihn überhaupt als Begleiter
mitnehmen?«

»Vor Jahren traf ich ihn schon einmal bei der Treibjagd im
Kobernauser Forst. Er scheint ein großer Künstler geworden
zu sein.«

»Ihr solltet Euch seine Altäre ansehen!«

»Glaubt Ihr denn, daß er mich begleiten will?«

»Ich hab ihm zu einer Kunstfahrt in den Süden geraten,
billiger und bequemer als in Eurer Begleitung kann er das
nicht haben.«

»Mir soll's recht sein!«


Uta von Rechlingen sandte einen umfangreichen Brief
nach Dolceacqua an Onkel Ercole, den Chef des Hauses
Doria-Pamfili. Er war der Halbbruder ihrer verstorbenen
Mutter, darum durfte sie ihm ohne Bedenken ihr Schei-
dungsvorhaben auseinandersetzen. Sie bat ihn um einen
welschen Cicerone, einen, der sein Vertrauen habe und
besonders in den vatikanischen Gepflogenheiten sich aus-

kenne. Diesen möge er ihr bis zu den Osterfeiertagen nach Innsbruck ins Jesuitenkolleg entgegenschicken. Sie werde ihn dort abholen.

Der von Wegleiten aber trat ins Schwanthalerhaus ein. Noch unter der Haustür rief er laut durch den Flur: »Gesegnet sei, der da kommt, denn dieser Behausung ist Heil widerfahren!« Alle stürzten aus Kuchel, Stube und Werkstatt heraus und begrüßten den freundlichen Herrn.

Er aber fuhr fort: »Weil ihr alle so schön dasteht, hört mir auch so schön zu!« Dann zog er umständlich den Wappenbrief heraus und las ihn mit Predigerstimme von oben bis unten vor, hielt auch das in satten Farben gemalte Wappenbild allen vor die Augen. Da weinte die Evi, die Großmutter Katharina würgte die Ergriffenheit in die Kehle hinunter, Bruder Matthias aber und der Gesell Andreas Thamasch schüttelten dem Meister die Hände. Nur die drei großen Kinder schauten ungläubig vom einen zum anderen und wußten nicht, was das alles bedeuten sollte.

»Das wär das eine!« begann der Wegleiten wieder. »Folgt das zweite! In etwa sechs bis acht Wochen steht zu Burghausen ein Wagen bereit, der den Meister zu einer Kunstfahrt in den Süden mitnimmt. Außer einem guten Gewand, Rötel und Papier braucht der Meister nichts weiter, denn Fahrt, Kost und Kammer ist ganz und gar umsonst.«

»Da legst di nieder!« rief der Gesell, und alle lachten fröhlich.

Der Burggraf aber war mit seiner Botschaft noch nicht am Ende: »Nach dem einen und dem zweiten kommt noch ein drittes: Damit der Familie die Abwesenheit des Oberhauptes nicht zu schwer fällt, werden euch Seine Gnaden der Herr Fürstbischof von Passau durch den Pfarrer Haurapp hundert Gulden zustellen lassen, und zwar mit einem besonderen Gruß, den ich hiermit ausgesprochen habe! Das wär's!« Da klatschten alle in die Hände, denn wenn es sich um das liebe Geld drehte, kamen sogar die Kinder mit. Der Wegleiten setzte sich darauf zu ihnen in die gute Stube und trank ein Kännchen Wein. Er erklärte noch eingehend den Wappenbrief. Über den Wagen aber, der den Meister mitnehmen wollte, sagte er nichts. Das sollte Schwanthalers eigene Sache sein, sobald er von den näheren Umständen wüßte.

Diese Umstände erläuterte er ihm einen Tag später auf der Burg und machte mit ihm auch einen Termin aus, an welchem sie gemeinsam zu Frau Uta fahren wollten.

Etwa zwei Wochen später saßen sie sich gegenüber.

»Was habt Ihr gedacht, als Ihr hörtet, daß es um mich ging?« Das war eine gezielte, messerscharfe Frage, die Frau Uta an den Schwanthaler stellte.

»Gedacht, Baronin? Gedacht habe ich mir gar nichts! Denn daß Ihr kein Durchschnittsmensch seid und somit — verzeiht! — Eure Marotten habt, glaubte ich zu wissen.«

»Es macht Euch wohl Spaß, mir über den Mund zu fahren?«

»Denselben Spaß, den es Euch macht, mich aushorchen zu wollen! Daraus wird aber nichts! Denn entweder reise ich mit Euch als Euer Beschützer — dann sitzen wir im selben Wagen, oder Ihr reist ohne mich! Euer Lakai bin ich nicht!«

Der Wegleiten sah, daß das Gespräch eine bedrohliche Schärfe annahm, und schaltete sich ein: »Wenn zwei, die sich mögen, ihre Zuneigung zueinander nicht zeigen wollen, dann nehmen sie die Stellung von Kampfhähnen ein, weil jeder meint, er könnte sich etwas vergeben. Eigentlich solltet Ihr aber an einem Strick ziehen, denn eine solche Reise ist mit Gefahren verbunden, in denen einer auf den anderen angewiesen ist!«

Da lenkte Frau Uta bei: »Meister, ich freue mich, daß Ihr mein Marschall sein wollt! Ich werde Euer Wappen und das meinige auf den Türen unseres Reisewagens anbringen lassen.«

Der Schwanthaler verneigte sich, griff nach ihrer Hand und küßte sie. Dann unterhielten sie sich noch über Probleme der Sicherheit. Drei Bedienstete sollten noch angeheuert werden, weil der Viererzug erhebliche Anforderungen an Kraft und Aufmerksamkeit stellen würde. Ein kleines, gediegenes Arsenal von Handfeuerwaffen sollte auch nicht fehlen. In den Bergtälern und auf den Straßen des Südens lauerten in jener Zeit allerlei Wegelagerer und Marodebrüder. Dann verabschiedete man sich.

Wenn auch Wunder auf dieser Welt selten sind — in den folgenden fünf Wochen geschah eines, nämlich das Wunder von Schalchen. Thomas Schwanthaler stellte in diesen Wochen das Barbara-Martyrium fertig: den Henker, die Heilige und den darüberschwebenden Engel, überlebensgroße Figuren von ungeheurer Dynamik. Man zählt sie später zu seinen bedeutendsten Werken. Sie wurden von ihm selbst in der Werkstatt geschnitzt, auch gefaßt — bis auf die Häupter. Diese wollte er ihnen erst an Ort und Stelle geben, sollte es doch in Ried nicht heißen: Seht, der Schwanthaler köpft die Almayer Evi!
Dechant Kyrmayer war entzückt, mit ihm das ganze Kollegiatsstift Mattighofen und alle übrigen Stifte und Klöster der Umgebung bis tief hinein ins Salzburger Land. Thomas Schwanthaler, hieß es, einer der schöpferischsten Bildhauer unserer Zeit! Und viele Äbte und Pröpste schauten in ihren Schatullen nach und zählten die Gulden, ob sie sich nicht auch ein Werk des Rieder Meisters leisten könnten.
Der aber war bereits von Ried aufgebrochen. Er hatte die Werkstatt dem Bruder übergeben, hatte den Seinigen kurz Lebewohl gesagt und war nach Burghausen geritten, um sich bei Uta von Rechlingen als Reisemarschall einzufinden. Dort, im Binnenhofe, stand der schwere Reisewagen. Prächtig glänzten an den Türen sein Wappen und das von

Tumberg, denn Uta hatte das angeheiratete bereits wieder
abgelegt. Die drei Diener, besonders kräftige junge Burschen, waren emsig dabei, Kisten und Kästchen raum-
sparend zu verstauen, während zwei Mägde etliche auf
einer Wäscheleine hängende Prachtgewänder ihrer
Herrin bürsteten und putzten. Die Vorbereitungen waren
also bereits in vollem Gange.
Thomas ließ sich melden und wurde sofort zur Herrin hin-
aufgeführt.
»Seid mir willkommen, Meister! Habt Ihr kein repräsen-
tatives Gewand mitgebracht?«
»Nein, Baronin, denn bei den Schneidern zu Ried wär's übel
aufgefallen. Außerdem sollte niemand wissen, daß ich als
Euer Marschall reise.«
»Auch Eure Frau nicht?«
»Vor allem nicht sie, sie ist nämlich eine sehr liebe Frau!«
Sie antwortete: »Meister Schwanthaler, es möge in dieser
Minute klargestellt sein: Ihr seid mein Reisemarschall,
sonst nichts!«
Er darauf: »Genauso habe ich Euren Auftrag verstanden!«
Etwas kühler, doch nicht unfreundlich fuhr sie fort: »Ein
Reisegewand aus Leder ist vom Vater selig noch da. Ihr
solltet es probieren, denn Vater war auch ein starker Mann.«
»Dafür danke ich, Baronin! Ein Tuchgewand will ich mir
sogleich hier anmessen lassen. Nennt mir doch einen Meister aus der Zunft!«
Sie nannte ihm den Hechenberger, der bereits für ihren
Vater gearbeitet hatte. Er wohnte jenseits des Mauttores
und gehörte zu jenen ehrbaren Männern der Herzogstadt,
die am Fronleichnamstag den Himmel über dem Allerheiligsten tragen durften. Seine Arbeit wurde weit über Burghausen hinaus gerühmt, wußte man doch, daß er seinerzeit
auf der Walz jahrelang bei böhmischen Schneidern in Prag
gearbeitet hatte.

In den folgenden Tagen gruppierte sich auf dem langen Burghausener Stadtplatz unter den Kastanien der allmonatliche Kaufmannszug nach Italien. Das waren einmal die Säumer des Halleiner Salzes, das in Burghausen von den Schiffen auf die Achse übernommen wurde. Sodann stellten sich die Regensburger Fuhrleute ein, die geschientes Eisen aus Amberg in die Waffenschmieden nach Pisa und nach Genua brachten. Zu ihnen gesellten sich die Passauer, die Schmelztiegel aus der Kropfmühl für die Eisengewerken in Schwaz im Tirol geladen hatten. Schließlich war noch ein Postwagen da mit dem Wappen der Altieri; er kam von Krakau und führte Gepäck der dortigen päpstlichen Nuntiatur. Der zur Zeit regierende Papst Klemens X., früher Emilio Altieri, war nämlich eine Zeitlang Nuntius in Polen gewesen und ließ sich jetzt seine Privatsachen nach Rom bringen. In diesen langen Zug reihte sich nun auch gleich hinter den Eisenfuhrwerken der schwere doppeltgewappnete Viererzug von Uta von Rechlingen ein.

Frühmorgens, am 16. April 1672, dem Tage der heiligen Benedikta, nahmen endlich alle Fahrenden ihre Posten ein. Ein Jesuit aus der St. Josephskirche kam zur Mitte des Platzes und sprach mit lauter, weithin vernehmbarer Stimme den Reisesegen:

> Der du verdient hast, Gottes Sohn
> Auf deinem Arm zu tragen,
> Sankt Joseph, sei mein Schutzpatron,
> Er kann dir nichts versagen!
> Maria, mache würdig mich,
> Daß ich recht kinne loben dich!
> Gib mir Kraft wider deine Feind',
> Beschütz all, die auf Reise seind!

Unter viel Geschrei und derben Worten setzte sich der Zug in Bewegung. Von den drei Knechten saßen zwei vornauf und zügelten die Rösser, der dritte hockte hinten über der Achse. Die ausladende Sänfte selbst hing an mächtigen Riemen und Gurten in einem schweren Eisengestell, das über beiden Achsen aufgebaut war.

Als die Morgensonne ins Salzachtal hereinleuchtete, hatten alle Wagen die Stadt Burghausen durch das Zagelautor verlassen. Sie rollten innaufwärts über Mühldorf, Wasserburg und Rosenheim und dann bei Kufstein hinaus ins Land Tirol. Wegen der schwerbeladenen Kauffahrteiwagen kam man nur langsam voran, doch reiste man in ihrer Begleitung ziemlich sicher.

Diesem Aufbruch in Burghausen stand fern im Süden ein anderer Aufbruch gegenüber, der des herrschaftlichen Cicerone Scozzari von Dolceacqua.

Als nämlich vor Wochen Onkel Ercole Doria-Pamfili jenes umfangreiche Schreiben der Frau Uta erhalten hatte, fuhr ihm ein finsterer Gedanke in den Sinn: Diese plötzlich aufgetauchte Nichte will wohl an mein Vermögen! Sie hat, wer weiß wie, erfahren, daß man ihre Mutter Camilla damals, als sie als Hochzeiterin nach Bayern gegangen war, um mehr als die Hälfte ihres Erbteils geprellt hatte. Jetzt will sie sich sicher den Rest holen, allenfalls sogar mit päpstlichem Beistand, denn das mit der Scheidung ist nichts anderes als Ablenkung vom wahren Sachverhalt!

Er ließ sich also von Ventimiglia den verschlagenen Cicerone Angelo Scozzari kommen, einen guten Erzähler und noch besseren Beobachter. Er sollte die Nichte in Innsbruck abholen und bis Dolceacqua begleiten. Bis dahin hatte er aus ihr die wahren Absichten herauszuspüren. Sollten diese Absichten tatsächlich auf ein nachzuholendes Erbteil abzielen, müßte man leider einen bedauerlichen Unfall der lieben Verwandten wahrnehmen, und zwar hinter dem

Schloß in den schauerlichen Tiefen der Nervia-Schlucht. Denn seit dem großen Andrea Doria, dem berühmten Diktator von Genua, hatte schon mancher willkommengeheißene Gast auf diesem Wege das Zeitliche gesegnet. Sollte sie jedoch, was bei einer mehr als Vierzigjährigen unwahrscheinlich war, dem Heiligen Vater wirklich nur ihre Ehescheidung ans zweiundachtzigjährige Herz legen wollen, dann würde man nicht zaudern, sie reichlich beschenkt ziehen zu lassen.

Angelo Scozzari, an die wilden Manieren und die unabdingbaren Grundsätze des hohen Patrons gewöhnt, reiste in einem Wagen des Hauses Doria-Pamfili nach Norden, über die Alpen Richtung Innsbruck, um dort wunschgemäß die unbekannte Nichte seines Herrn abzuholen und sie unter dem Schutz eines besonderen Geleitbriefes zum Stammschloß Dolceacqua zu bringen. Er hatte sich bereits einen Plan ausgedacht, wie er die echten Absichten seiner Schutzbefohlenen erkunden würde: Er wollte ihr an der Küste entlang von Genua bis San Remo die Größe und die Besitzungen der Doria demonstrieren. Hatte sie Raffsucht im Sinn, würde sie beim Anblick dieser Reichtümer nach deren Besitzern fragen. Dann wüßte man etwa, wieviel es geschlagen hat.

## An der Küste der Blüten

Kurz bevor der päpstliche Postwagen und der Tumberg'sche Viererzug — sie hatten sich inzwischen von den Regensburger Fuhrleuten abgesetzt — zu Innsbruck einfuhren, ergriff Frau Uta die linke Hand Schwanthalers und steckte ihm einen Siegelring an. Der Ring war aus schwerem Rotgold gearbeitet; in einen achteckigen indischen Karneol hatte sie das Wappen des Meisters schneiden lassen: Das Ganze war ein Glanzstück der Burghauser Goldschmiede. »Er gehört dazu«, sagte sie, »sonst ist Eure Erscheinung nicht vollkommen.«

»An dieser Erscheinung ist Euch wohl viel gelegen?« meinte er.

Darauf sie: »Irgendwie schon! Bei uns Bayern spielt die Erscheinung eine untergeordnete Rolle, aber bei den Völkern des Südens wird sie überbetont. Beides hat etwas für sich, deshalb beides zu seiner Zeit!«

In der Sillgasse stiegen sie im Kolleg der Väter der Gesellschaft Jesu ab. Der Cicerone, der schon acht Tage hier weilte, kam zum Empfang der Donna herbeigeeilt, musterte mit scharfem Auge die Wappen und den Reisemarschall zugleich und stellte sich vor.

Frau Uta verneigte sich leicht und zeigte auf den Schwanthaler: »Maestro Tomaso!«

Dann führte sie der Cicerone auf die Gästezimmer. Sie konnten sich ja zwei Tage Zeit lassen, bis die Regensburger Fuhrleut nachkommen würden. Ohne die wollten sie nicht weiterfahren. Diese vierschrötigen Gesellen konnten nämlich jeden noch so gerissenen Straßenräuber abschrecken. In diesen zwei Tagen sah Scozzari seine Hauptaufgabe darin, den Maestro Tomaso abzutasten und vor allem dessen Verhältnis zu seiner Schutzbefohlenen zu prüfen. Verwundert und verärgert stellte er bald die Lauterkeit dieser Beziehung fest.

Und dann waren die Eisenfuhrleut wieder da. Man begab sich auf den uralten Weg über die Alpen, auf dem schon die Bernsteinhändler, die Kelten, die teutonischen Germanen und die Römer, die friedliebenden Langobarden, die streitbaren Franken und die deutschen Könige gezogen waren, wenn sie vom Papst zu Kaisern gekrönt werden wollten. Es war der Weg jener großen Sehnsucht, die im Laufe der Jahrtausende alle jene beschlichen hatte, die vom Süden das Heil erwarteten. Auch Frau Uta erhoffte sich ein Heil, eine Befreiung von zwanzigjähriger Fessel, aber der andere unterschob ihr räuberische und erpresserische Absichten!

Angelo Scozzari war nicht sehr glücklich, daß ihn die Baronin nicht in ihren Wagen bat. So konnte er nur bei den einzelnen Poststationen seine gezielten Fragen stellen. Und er erfuhr bereits jetzt, daß die edle Donna ihren beunruhigten Onkel in Dolceacqua ja gar nicht sehen wollte. Nur um einen Begleiter nach Rom hatte sie gebeten, um einen Mann, der ihr Zugang zum Heiligen Vater verschaffte, und diesen Mann – so erklärte sie – habe sie doch jetzt in ihm erhalten. Wozu dann der Umweg über die Küste der Blüten? Der Cicerone hatte sich derart in die Meinung seines Patrons verrannt, daß er immer noch argwöhnte, die Donna wolle ihn hinters Licht führen. Als sie daher auf dem mächtigen Befestigungswall ankamen, der sich auf einer Bergkette im Halbrund vor Genua aufbaut, wiederholte er seine Bitte und flehte sogar, die Donna möge doch seinen Herrn Ercole nicht enttäuschen, sei er doch begierig, die noble Verwandte von Angesicht zu Angesicht zu schauen. Darauf stellte ihm Frau Uta die Frage, die ihr später beinahe zum Verhängnis geworden wäre: »Ist Herr Ercole verheiratet und hat er Kinder?«

Ecco, das war die Frage! Also hatte es die Donna doch auf den Besitz abgesehen! Sie wollte wissen, mit wem sie allenfalls zu teilen hätte!

Mit seinem glattesten Lächeln antwortete er: »Er war verheiratet, und die dreizehn Kinder, die es auch schon sind, entstammten nicht dem ehelichen Lager.« Wie ein Luchs starrte er ihr Gesicht an, ob er nicht einen Hauch von Befriedigung darüber hinhuschen sähe. Doch er sah nichts

dergleichen, Frau Uta erwiderte sogar sehr bestimmt: »Dann werden wir ihn nicht besuchen!«
Was soll das nun wieder? Erst Begierde, dann Abweisung! Der arme Angelo war ratlos. Aber nur ein paar Augenblicke lang. Die letzte Bemerkung der Donna war sicherlich bloß Heuchelei, argwöhnte er. Fest stand jedenfalls, daß sie nach möglichen Miterben gefragt hatte. Und die ursprüngliche Überzeugung des erfolgssüchtigen Mannes war wieder gefestigt. Jetzt brauchte er nur noch dem Strome seiner Beredsamkeit freien Lauf zu lassen, brauchte nur noch die Großartigkeiten des Besitzes der Doria zu zeigen und zu preisen — und die Donna würde entzückt sein und in ihrer Verzückung den Weg nach Dolceacqua gehen! Was dann geschehen würde, das sollte nicht mehr seine Sache sein!

Ratternd fuhr der Viererzug hinein in die stolze Stadt. Genua — la Superba hatte sie sich im Mittelalter nennen lassen. Am breiten Hafenbecken stand die Lanterna, der neunzig Ellen hohe Leuchtturm, der unter Andrea Doria erbaut worden war. Hier stand auch, mit dem Blick auf die Landebrücke, der Palast Doria Pamfili, unbewohnt, aber jederzeit zur Aufnahme edler Gäste bereit, ein herrliches Bauwerk mit einem weitgedehnten Terrassengarten und vielen Wasserkünsten. Die rotmarmorierte Halle vermittelte sanfte Kühle. »In diesen prunkvollen Räumen«, begann Scozzari zu dozieren, »mögen die alten Doria über Kartentischen und an Quadranten und Sextanten gesessen sein. Hier haben wohl auch ihre Frauen die geheimnisvollen Mittel der Hetären der Antike studiert, denn ihr Tagewerk ging in einem unerhörten Kult ihrer Körper auf.«
Danach fuhren sie in die Stadt hinein. Unter den zahlreichen Palästen, die von den Mitgliedern der weitverzweigten Familie Doria in Genua erbaut wurden, zeigte er ihnen die

ältesten. Sie lagen am stillen, verträumten Platz beim Mat-
thäuskirchlein. »Dieses Kirchlein«, setzte Angelo seinen
Bericht fort, »ist schon 1125 von einem Martino Doria er-
richtet worden. Drinnen in der kleinen Gruft ruht der große
Andrea. Unter dem Hochaltar findet ihr das kostbare
Schwert, das ihm der Papst für die Abwendung der osmani-
schen Gefahr geschenkt hat.«
Um den Platz gruppierten sich vier Doriapaläste mit den
für das Geschlecht typischen quergestreiften schwarzgel-
ben Marmorwänden.
Zur Nacht lud Scozzari die edle Dame in den unbewohnten
Palast Pamfili am Hafen. Er habe bereits Anweisungen ge-
geben; auch für die Knechte stehe draußen in Pegli eine
Unterkunft bereit.
Da fuhr ihm jedoch der Schwanthaler mit seinem unbehol-
fenen Italienisch hart in die Rede: »So nicht, Signore!«
Der schaute erschrocken den großen Reisemarschall an:
»Warum denn nicht, Maestro?«
»Weil ich das so will! Wir fünf bleiben immer beisammen!
Das sollt Ihr Euch auch für die Zukunft gesagt sein lassen!«
Der andere schaute betreten drein und zuckte mit den Ach-
seln: »Maestro Tomaso scheinen mir nicht trauen zu wol-
len?«
Auf diesen Fragesatz antwortete nun der Schwanthaler mit
einem Achselzucken.
Man fuhr also gemeinsam zum Palazzo Pamfili. Hier waren
zwei fürstliche Zimmer, die nebeneinander lagen, für die
Nacht vorbereitet worden; aber eben nur zwei. Das machte
jedoch den Trabanten nichts aus. Sie luden ein paar Futter-
säcke ab, nahmen die Roßdecken und legten sich unter den
Wagen, der mitten auf der Veranda stand. Die müden Rösser pflockten sie seitlich auf einem Parkrain an.
Die Nacht kam, eine laute Nacht, denn vom nahen Hafen
her hörte man die Schiffsleute schreien, Räder quietschen

und knarren und Ketten rasseln. Und die Feuer der Lanterna strahlten hell übers Meer.

Als der Cicerone alles überprüft und eine gute Nacht gewünscht hatte, ging er weg. Da wandte sich Frau Uta an den Schwanthaler: »Warum wart Ihr so grob zu ihm? Er bemüht sich doch redlich um uns!«

»Trotzdem gefällt er mir nicht. Doch darüber wollen wir uns morgen unterhalten. Schlaft gut!«

»Ihr auch, Maestro Tomaso!« Sie lächelte und verschwand mit der Kerze hinter der Tür ihres Gemachs.

Auch er betrat sein Zimmer, zog die Stiefel aus und stellte die Kerze vors offene Fenster, durch das der kühle Hauch der See hereinstrich. Dann verließ er das Zimmer wieder und ging nach vorne in die rotmarmorierte Halle. Hier standen vier weiße überlebensgroße Figuren, auf denen die flackernden Lichter des Hafens spielten. Er müßte sich auch einmal im weißen Marmor versuchen, überlegte er. Der Stein macht den Gestalten eine ganz andere Haut, eine Haut, die man am liebsten naß sähe oder wenigstens bedeckt mit perlenden Tropfen.

Da hörte er plötzlich draußen vor der Seitenfront des Palastes den Hufschlag eines Rosses und gleich darauf ein leises Gespräch. Mit ein paar Sätzen war er bei dem fensterlosen Durchblick und sah, wie Scozzari einem Reiter ein Papier hinaufreichte. Dann trabte dieser davon.

Also doch! dachte sich Thomas und begab sich in sein Zimmer.

Sie schliefen alle sehr lange in den anderen Tag hinein. Sogar die Rösser hatten sich hingelegt. Angelo schien schon eine geraume Zeit auf ihr Erwachen gewartet zu haben. Er ging auf der Veranda pausenlos hin und her.

»Je nun, Signore Scozzari!« rief ihm Thomas zu, »Ihr seid ausgeruht und habt keine Sorgen. Da könnt Ihr leicht einen aufrechten Gang haben!«

»Habt Ihr etwa schlecht geschlafen?« fragte der andere.

»Nicht schlecht, nur zu wenig! Deshalb werden wir heute noch hierbleiben und das *dolce far niente* pflegen.«

»Und ich wollte Eurer Donna die Stadt Saona zeigen und die Veste Priamar über ihren Dächern. Diese Festung hat der große Andrea Doria mit Waffen bestückt, die ihm anno 1528 die Erzgießer von Amberg und die Klingenschmiede von Passau gefertigt hatten.«

»In Eurer Liebenswürdigkeit übertrefft Ihr Euch selbst, Signore! Doch müssen wir haushälterisch umgehen mit unseren Kräften, denn Rom ist noch weit.«

»Darf ich dann morgen die Donna weitergeleiten?«

»Darüber wollen wir morgen reden, edler Signore!«

Der andere verneigte sich und ging.

Thomas aber erzählte seine Beobachtung der Baronin. Sie horchte auf: »Also müssen wir uns vorsehen!«

Als die Bediensteten gegessen hatten und wieder halbwegs guter Dinge waren, gab ihnen Thomas zu verstehen, daß man vielleicht mit Unannehmlichkeiten rechnen müsse. Er forderte sie zu ständiger Wachsamkeit auf. Auch sollten die Waffen stets griffbereit sein. Darauf grinsten die drei, und der Beni aus Helpfau meinte: »So eine kleine Ramassuri könnt nit schaden!«

Den ganzen Tag arbeiteten die Knechte am Wagen herum, auch führten sie die Rösser zum Hufschmied. Gegen Abend kam der Cicerone wieder vorbei, um nachzusehen, ob etwas fehle. Er benahm sich ein wenig unsicher, redete auch nicht mehr so unaufhörlich wie vorher. Mit seinen Berichten über das Geschlecht der Doria wandte er sich stets an die Donna; das war verständlich. Dem Maestro ging er tunlichst aus dem Wege. Als es dann Nacht wurde, verabschiedete er sich mit dem Versprechen, am anderen Tag in aller Frühe wiederzukommen, um die Wünsche der Donna zu vernehmen und seine Vorschläge zu machen.

Nun war auch der Baronin sein zwielichtiges Getue aufgefallen. Sie beschloß, auf ihrem Zimmer wachzubleiben, während sich Thomas wieder in der Marmorhalle hinter den weißen Statuen versteckte. Wie zu erwarten gewesen, kam der Reiter abermals an dieselbe Stelle und flüsterte mit dem Cicerone, der jetzt allerdings nicht zu sehen war. Thomas verstand von ihrer Unterhaltung nichts, glaubte aber, einigemale das Wort »borgo« gehört zu haben. Als sich die beiden nach wenigen Minuten getrennt hatten, meldete er Uta, was er vernommen, und unterrichtete die Knechte. »Wenn ich scharf durch die Finger pfeif', dann seid ihr mit den Büchsen da!«, mahnte er sie.

Doch die restliche Nacht verlief ohne weitere Zwischenfälle, so daß die Baronin am Morgen geneigt war, alles für einen Spuk zu halten. Sie mußte aber ihre Meinung ändern, als der inzwischen eingetroffene Scozzari erklärte, man werde sich auf der Weiterfahrt nicht – wie zunächst geplant – in Saona oder Priamar aufhalten, sondern erst kurz vor Finale Ligure die Wagen verlassen und zu Fuß das hochgelegene Bergdorf Borgo besuchen. Auf Schwanthalers Frage, warum diese Änderung erfolge, erwiderte er, man dürfe doch Herrn Ercole Pamfili nicht zu lange auf seine Besucherin warten lassen. Darauf der Schwanthaler, warum man dann nicht gleich zügig bis Dolceacqua durchfahre. Die Antwort: Borgo sei ein Juwel der Verteidigungskunst der Doria und einmalig an der gesamten Küste der Blüten. Diese Erklärung erschien sowohl der Donna als auch Thomas sehr verdächtig.
Beim Einschirren der Rösser und dem Bespannen des Wagens konnte Thomas den Knechten unauffällig ein paar Weisungen geben. Dann fuhr man auf der alten Via Aurelia weiter dahin. Der Cicerone saß jetzt mit bei der Baronin, er hatte sich selbst eingeladen.

Zu Mittag gelangten sie vor Finale Ligure in einen Talkessel. Die begrenzenden Berghänge waren mit dichtem Zypressenwald bewachsen. Hier ließ Angelo Scozzari anhalten und sagte, man werde in der Kühle dieses Waldes emporsteigen, etwa ein halbes Stündchen lang, dann habe man bereits die Gebirgsfestung vor sich.

Beim Aussteigen befahl Thomas den Knechten, sie sollten Wagen und Rösser ruhig stehen lassen und mit den Büchsen lautlos folgen.

Angelo war inzwischen wieder redselig geworden. Der Aufstieg ging zügig voran. Als sich der Wald lichtete, wunderte sich Frau Uta, daß es so rasch gegangen war.

Borgo lag vor ihnen, ein kleines Dorf, von mächtigen Mauern und Streittürmen umgeben. Beklommen folgten die Baronin und Thomas dem Cicerone durch den gedrungenen Torbogen. Da gab es einen Wehrgang, gab es Schießscharten und Pechnasen. Und Hütten gab es da, so niedrig, daß sich darin wohl fast jedermann ducken mußte. Kein Mensch war zu sehen. Thomas ahnte jedoch, wie es hinter den halboffenen Türen und handbreiten Fenstern hin- und herhuschte, wie sie glutäugig belauert wurden. Er hörte es geradezu wispern und fluchen. Und auf dem holperigen Pflaster der engen Gasse blendete die Hitze des späten Monats Mai die müden Augen.

»Wir gehen zurück!« entschied der Schwanthaler plötzlich, packte die Baronin am Arm und zog sie förmlich zum Torbogen wieder hinaus. Scozzari machte ein verdutztes Gesicht, folgte ihnen aber und erklärte vor den Mauern mit viel Pathos: »Hinter diesen Quadern haben sich die Jahrhunderte verhalten: Hier wurde man geboren und starb mit dem Blick auf das Meer, von wo der Feind kam; denn alles, was vom Meere kam, war Feind. Man ging aus den Mauern nicht heraus, man ließ auch niemanden hinein; so heiratete man untereinander, auf daß die Tradition erhalten bliebe.

Nur wenn der Herr heraufgeritten kam, der Doria, trat man vor die Tür, in der einen Hand die Waffe, um die es ihm zu tun war, die andere Hand zum Empfang des Soldes ausgestreckt. Das war Borgo!«

Thomas horchte kaum noch hin. Er hatte mit Frau Uta eben den abwärtsführenden Hohlweg eingeschlagen, da meinte der Cicerone treuherzig, er müsse noch einmal kurz ins Dorf zurückgehen, weil er etwas vergessen habe. Und er wandte sich um. Im nächsten Augenblick geschah vieles auf einmal: Thomas pfiff schrill durch die Finger und riß die Baronin mit sich auf den Boden nieder; auf der Höhe des Hohlweges erschienen zwei bedrohlich aussehende Männer, zugleich krachten etliche Schüsse. Die dunklen Gesellen schrien, sprangen herab über die Böschung, und die Knechte warfen sich auf sie. Ein kurzes Kräftemessen der ächzenden Körper, verbunden mit Hieb und Schlag, dann verschwanden die beiden Gestalten unter dem Torbogen von Borgo. Auch der Cicerone blieb verschwunden.

Thomas half Frau Uta auf die Beine, und sie eilten mit ihren Knechten den Hang hinunter. Der Wagen stand unberührt am Rande des Zypressenwaldes, nur die Rösser waren unruhig geworden, weil ihnen allerhand Geschmeiß hart zusetzte. Die Männer schauten sich gegenseitig an und grinsten. Die Baronin aber war blaß wie eine Kalkwand. Sie begann zu weinen.

»Nun ist alles vorbei«, sagte der Schwanthaler, »wir müssen sehen, daß wir schnell von hier wegkommen!«

Der Wagen wurde gewendet, die Rösser zogen kräftig an. Als die Nacht kam, hatten sie Genua bereits wieder hinter sich und richteten sich vor Camogli bei einer Kapelle unter hohen Akazien zum Lagern ein. Das nahe Meer plätscherte im warmen Ufersand. Thomas und Frau Uta standen da und lauschten.

»Ihr habt mir heute das Leben gerettet!« sagte sie.

»Nicht ich, Baronin, eher die Knechte. Auch ist uns wohl eine kleine Schar von Schutzengeln beigestanden. Ihr solltet nicht weiter darüber nachsinnen, das raubt Euch nur den Schlaf! Geht jetzt in den Wagen! Wir richten unsere Lagerstätten rings um Euch her. Außerdem scheinen wir hier auf einem Friedhof zu sein, da kann nichts passieren.«

»Auf einem Friedhof?« Sie schauderte zusammen.

»Keine Angst! Die Toten im Welschland sind sicher weniger gefährlich als die Lebendigen. Und wir sind sogar mit denen fertig geworden!«

Sie gab ihm stumm die Hand. Er sagte mit einer leichten Verneigung »Gute Nacht!« und betonte dabei das Wörtchen »gut«.

Kaum daß der Morgen graute, wurden sie von einem dahersausenden Reisewagen geweckt. Beim genauen Hinsehen erkannten sie den päpstlichen Postwagen von Krakau, der wegen eines Achsenbruchs unterwegs liegengeblieben war. Sie winkten, die zwei welschen Fuhrknechte winkten auch, hielten an, und gemeinsam richtete man sich ein Frühstück her. Dann sahen sie, daß sie tatsächlich auf dem Friedhof der uralten Abtei San Fruttuoso standen, neben der Gruftkapelle etlicher Capitani – aus dem Hause Doria. Eine graue Steinplatte war über der niedrigen Tür angebracht mit der Aufschrift in schwarzen Lettern: »Hier ruhen sie aus, diese Gejagten und Besessenen, vom Tempo ewiger Rastlosigkeit! Die Geschichte rühmt ihnen nach, daß sie mißhandeln konnten, Recht brechen konnten, aber sie konnten keine Bitte versagen.«

Thomas Schwanthaler zog sich ein Stück hinter die Abtei zurück, wo er allein war. Jenseits des alten Gemäuers bauten sich die Berge auf und ließen keinen Fremden herüber. An der Küste spielten Akazienblätter auf dem breiten Rükken der flachen Wogen. Ein paar Thunfischer zogen wortlos ihre Netze über den Sand. Es war unheimlich still. War das

Italien? Freilich, auch! Nur eben ein Ort, wo die Zeit den Mantelsaum der Unvergänglichkeit berührt, wo Leben und Sterben eng nebeneinander lagen. Thomas ergriff eine Stimmung, in der er an Ort und Stelle einen Totenengel aus weißem Marmor hätte hauen wollen.

## Roma aeterna

Thomas Schwanthaler ersuchte die zwei Päpstlichen, sie möchten ihn in ihrem Geleit mitfahren lassen. Darüber waren die sehr froh, mußte man ja doch auf den Straßen durch die Toskana und in den Herbergen auf allerhand Abenteuer gefaßt sein. Je zahlreicher ein Geleit war, desto abschreckender war es.

So trafen sie schließlich, ohne große Gefahren überstanden zu haben, während der ersten Junihälfte 1672 in Rom ein. Thomas und Uta hatten jetzt ganz verschiedene Aufgaben wahrzunehmen: Sie wollte ihre Ehescheidung betreiben, ihn trieb es zu den großen zeitgenössischen Werken seiner Kunst. So mußten sich ihre Wege durch die Ewige Stadt zwangsläufig trennen und führten nur abends in der anspruchsvollen Herberge hinter dem Lateranpalast wieder zusammen. Da gab's dann wechselseitig manches zu berichten.

Frau Uta war dank der von ihr entzückten päpstlichen Postler rasch bis zum einflußreichen Kardinal Paluzzi vorgedrungen, der ihrem Anliegen ein offenes Ohr lieh, ihr freilich auch zu bedenken gab, daß ein eherechtliches Verfahren bis zu seiner Verabschiedung mehrere Jahre dauere und darum auch mit hohen Kosten verbunden sei. Gleichwohl vermittelte er ihr eine allerhöchste Privataudienz.

Es vergingen zwei Wochen, während derer auch Papst Klemens X. unterrichtet worden war, daß es sich bei der Bittstellerin um die Großnichte eines seiner Vorgänger handle. Der gütige und schlichte alte Mann kam, schwer auf seinen Stock gestützt, auf Uta zu, faßte sie am Arm und führte sie zu seinem Thronsessel. Dann ließ er sie den Lauf ihrer Ehe erzählen. Am Ende sagte er: »Filia carissima, liebe Tochter. Uns scheint, du hast viel gelitten und hast lange gelitten. Wir werden Uns darum deiner sofort annehmen und durch Domenico Scarlatti, Unseren Legaten in München, eine Untersuchung deines Falles veranlassen. Gib deshalb alles, was du Uns jetzt so kindlich eröffnet hast, schriftlich in die Hände Unseres lieben Kardinals Paluzzi und reise dann mit Unserem hohenpriesterlichen Segen glücklich in das schöne Bayernland zurück, das Uns sehr am Herzen liegt! Und dann bete zu Gott um Geduld, um viel Geduld!«

Der Schwanthaler rannte in diesen vierzehn Tagen von einer Kirche zur anderen und schaute und zeichnete. In Sankt Peter hielt er sich am häufigsten auf, so daß ihn die diensthabenden Schweizergardisten bereits kannten und über ihn lächelnd die Köpfe schüttelten: Ein verrücktes Volk, diese Künstler! Verärgert über solche Bemerkungen, bezeichnete er sie einmal als spanisch behängte Latschenkiefern, was ihm fünf Stunden Arrest einbrachte – im Hause des Heiligen Vaters.

Vor allem waren es die Werke Michelangelos, die ihn begeisterten. Allen voran die Pietà, die er in Einzelheiten von vielen Seiten skizzierte. Als ihm die Baronin eröffnete, sie habe ihre Mission erfüllt und sei nun auf Jahre hinaus zu geduldigem Warten angehalten worden, beschlossen sie, in den nächsten Tagen den Heimweg anzutreten. Thomas besprach das auch mit den Bediensteten und forderte sie auf, Roß und Wagen und sich selbst in Ordnung zu bringen, denn diesmal reise man allein, weshalb doppelte Vorsicht geboten sei.

»Allein, sagt Ihr?« ließ sich da der Beni vernehmen. »Wird uns der saubere Herr Cicerone nit begleiten?«

»Wie kommst du da drauf?« fragte der Schwanthaler.

»Hab ihn hier herumschleichen sehen!« erwiderte der.

»Den Cicerone Scozzari? Hast du dich auch nicht getäuscht, Beni?«

»Ja, wenn ich's Euch sag! Hab doch noch meine gesunden Augen im Kopf! Fragt halt die anderen, die haben ihn auch gesehen!«

Die zwei anderen bestätigten Benis Aussage. Auch sie hatten gemeint, man werde mit dem Scozzari wieder zurückreisen.

Als die Baronin anderen tags den Meister nach St. Pietro in Vincoli begleitete, wo er den Moses des großen Michelangelo studieren wollte, erzählte er ihr auch von den Wahrnehmungen der Diener. Aber auch sie konnte sich keinen Reim darauf machen. Was sollte der Onkel Ercole eigentlich von ihr wollen?

Sie betraten das Gotteshaus und standen dann vor der berühmtesten Statue der Welt. Denn was in ein Menschenbild an Körperkraft und Geistesstärke zusammengeballt werden kann, das hat Michelangelo in diesem Moses vereinigt. Wie ein Urweltriese sitzt er da, den Blick in die Ferne gebohrt. Die rechte Hand wühlt nervös im wallenden Bart. Der linke Fuß ist zurückgestellt und bereit, jeden Augenblick den Körper in die Höhe zu schnellen. Denn dieser Moses fiebert vor Zorn über den Anblick seines auserwählten Volkes, das unten am Fuße des Berges Sinai um das goldene Kalb tanzt.

Thomas Schwanthaler machte einige Skizzen, Frau Uta schaute ihm interessiert zu.

Am Abend saßen sie alle fünf in der Herberge an einem Tisch

und besprachen die Heimfahrt. Den Knechten schmeckte der Wein nicht, sie sehnten sich nach einem ordentlichen bayerischen Bier. Die Baronin trank überhaupt nichts, Thomas jedoch, wie üblich, seine Kanne Rotwein. Das Gespräch mit den schwerfälligen Männern war gerade richtig in Gang gekommen, da machte der Schwanthaler plötzlich die Augen zu und schlief. Und er wäre zweifellos vom Stuhle gefallen, wenn ihn nicht einer noch rechtzeitig aufgefangen hätte. Sie schüttelten ihn. Darauf öffnete er wohl kurz die Augen, aber sein Blick war starr. Man merkte, daß er von der Umwelt nichts wahrnahm.

Die Baronin eilte sofort zum Wirt und bat ihn, umgehend einen Arzt herbeizuholen. Es währte höchstens zehn Minuten, da war der »Dottore« zur Stelle. Er schaute sich Schwanthalers Augen an und nickte befriedigt. Dann schrie er den Wirt an und verlangte einen Eimer kaltes Wasser, ein Seidel heißes Wasser, einige Löffel Salz und ein Glas Gurkensaft. Der sauste dahin und war im Handumdrehen mit dem Gewünschten wieder da. Nun begann die ärztliche Behandlung. Der Dottore rührte das Salz ins heiße Wasser und flößte dem Patienten den Trank löffelweise ein, gleich hinterdrein den Gurkensaft. Nach wenigen Minuten mußte sich der Schwanthaler heftig erbrechen. Darauf zerrte ihm der Arzt die Kleider vom Oberkörper und begoß ihn mehrmals mit dem kalten Wasser, zog dann einen seiner Pantoffel aus und schlug damit dem Schwanthaler kräftig auf die Schulterblätter. Da kam wieder Leben in den erschlafften Leib. Sofort befahl der Arzt den Knechten, ihn mit Gewalt aufzurichten, herumzuführen und dabei immer wieder kräftig zu schütteln. Das taten die auch, und sie taten es sehr herzhaft. Inzwischen mischte der Dottore ein Getränk aus Essig, Zitronensaft und abgestandener Kaffeebrühe. Auch dieses mußte Thomas einnehmen. Es hatte eine abführende Wirkung zur Folge. Bevor sich der Arzt, von der Baronin reichlich entlohnt, verabschiedete, erklärte er noch, daß es sich wahrscheinlich um eine Vergiftung mit der Milch des Schlafmohns handle und daß er empfehle, den Mann während der Nacht nicht einschlafen zu lassen, sondern ständig herumzuführen und immer wieder mit kaltem Wasser zu begießen. Wenn er nämlich einschlafe, bestehe die Gefahr, daß er von einer inneren Lähmung befallen werde, die unweigerlich den Tod zur Folge habe.

Es wurde eine harte Nacht für alle, die sich seiner annahmen. Auch die Wirtsleut waren ständig um ihn beschäftigt. Gleich in der Frühe kam der Arzt wieder und gab nun dem Schwanthaler ein paar Löffel heiße Milch ein. Als er dann sah, daß sich die Pupillen, die am Abend krampfhaft verengt gewesen waren, wieder zu weiten begannen, atmete er auf und die anderen auch.

Nun stellte Frau Uta die schon lange zu erwartende Frage: Woher und wie war die Milch des Schlafmohns in den Wein ihres Reisemarschalls gekommen? Sie wandte sich an den Wirt. Der zitterte und zagte und beschwor in pausenloser Rede seine Unschuld, ja, er warf sich sogar vor der Donna auf die Knie, hob die Hände zu ihr wie zum Gebet auf und beteuerte, er wisse nicht, wie es geschehen sein könnte. Ihm fiel der Arzt in die Rede, der den Wirt offensichtlich nicht leiden konnte, und forderte die Donna geradeheraus auf, den Vorfall der Polizei zu melden, denn die Herbergsleute in der Heiligen Stadt seien Mörder und Verbrecher. Darauf kam es zwischen dem Dottore und dem Wirt zu einem so heftigen Streitgespräch, daß sich die Baronin mit dem Schwanthaler zurückzog, während die Knechte kopfschüttelnd hinausgingen zu den Rössern.

Noch am Vormittag begab sich Frau Uta in Begleitung eines Knechtes zu Kardinal Paluzzi. Den beiden anderen starken Männern hatte sie die Bewachung des Meisters nahegelegt. Sie erzählte dem Kirchenfürsten den Vorgang und ersuchte ihn um Schutz für die Heimreise. Nachdem der hohe Herr sein Bedauern ausgesprochen hatte, erklärte er, daß er dem wilden Ercole Pamfili jede Schlechtigkeit zutraue. Er bot der Donna an, entweder in Begleitung der päpstlichen Post oder in seiner eigenen Begleitung zu fahren, denn er gedenke in den nächsten Tagen nach Mantua zu seinem Freund, dem kunstsinnigen Fürsten Gonzaga, zu reisen. Seine Route führe auch nicht nach Genua, sondern über Florenz und Bologna, so gehe man dem Wüterich aus dem Wege.

Es war Ende August geworden, als sie im Geleit der fünf schweren Reisekarossen des Kardinals die Ewige Stadt verließen. Sie hatten den Schwanthaler in den Wagen gebettet, denn er konnte vor lauter Schwäche nicht sitzen. Er redete auch kaum, nur beim Einsteigen in den Viererzug meinte er, es wären nun die Rollen vertauscht worden: Anstatt daß er ihr Marschall sein könne, müsse jetzt die Baronin für seinen Schutz sorgen. Sie beschwichtigte ihn jedoch sehr energisch: er solle sich keine solchen unnützen Gedanken machen, sondern alles tun, um möglichst rasch gesund zu werden, nämlich schlafen und essen. Die Knechte versicherten ihm ebenfalls, er möge ganz unbesorgt sein, sie würden alle Augen und Ohren offen halten. Dabei grinsten sie boshaft.

Man fuhr zunächst im Tibertal aufwärts und hielt dann auf Orvieto zu. Hier in den Vorbergen Umbriens war wegen häufig wiederkehrender Raubüberfälle Vorsicht geboten. Der Geleitzug des Kardinals nahm den Wagen der Donna in die Mitte. Alle Bediensteten wurden angewiesen, die Feuerwaffen bereitzuhalten. Mußte man bei einer Roßschwemme oder bei einem Albergo haltmachen, durften die Wagen nie ohne Bewachung stehengelassen werden. Diese Bewachung übernahmen jedesmal die drei bayerischen Knechte, worüber die anderen nicht ungehalten waren.

Als die Bayern am vierten Tage auf der letzten Station vor dem Trasimener See wieder die Wache hielten und der Kardinal die Donna und den noch wackligen Schwanthaler mit ins Posthaus genommen hatte, geschah beim Tumberg'schen Reisewagen etwas Merkwürdiges. Nachdem sich die drei versichert hatten, daß sie unbeobachtet waren, zogen sie ein großes geöltes Segeltuch, mit dem man bei Unwetter das Gefährt ganz bedecken konnte, unter der Sänfte hervor. Sie rollten es auf – und da entstieg ihm der Cicerone Angelo Scozzari. Er bebte wie Espenlaub, während sie das schwere Tuch wieder zusammentaten und an seinen Ort brachten. Dann schrien sie ein paar kernige bayerische Flüche in die Gegend, und der Beni feuerte einen Musketenschuß ab. Sofort waren alle Knechte zur Stelle und sahen den fremden Mann, der von den beiden anderen Bayern festgehalten wurde. Er begann nun in seiner Sprache auf die Leute des Kardinals einzureden, doch der Beni stopfte ihm einen Knebel in den Mund.

Mittlerweile waren auch die drei Herrschaften dazugekommen. Der Beni erzählte nun dem Schwanthaler, dieser lausige Gesell habe sich in das Segeltuch verkrochen gehabt und sei auf den Achsen mitgefahren. Wer weiß, was er im Schilde führe. Man möge ihn nur beriechen, er stinke ja ganz entsetzlich nach dem geölten Tuche.
Die Baronin übersetzte Benis Rede, und alle berochen den Cicerone. Sie fügte noch hinzu, dies sei der Mann, der sie bei Borgo habe überfallen lassen, möglicherweise sei er auch verantwortlich für die Vergiftung ihres Reisemarschalls.
Die übrigen Knechte hatten zugehört. Einige schlugen jetzt unter Geschrei auf den Cicerone ein, andere fesselten ihn

und ließen ihn in einem ihrer Wagen verschwinden. Sie beabsichtigten, ihn in Arezzo der Polizei zu übergeben, handle es sich doch gewiß um einen Straßenräuber, für die man gerade in der Toskana sofort einen Strick parat habe. Während der Weiterfahrt ließ der Schwanthaler den Beni in den Wagen kommen: »Wie war das nun wirklich mit dem Cicerone?«

»Ja mei, Meister, gelogen hab ich zwar nit, aber ins Segeltuch hab ich ihn selber eini'bunden.«

»Und wie hast du ihn gekriegt?«

»Das war's ja! Ich hab' vom Stall aus g'sehen, wie er dem Herbergswirt ein ganzes Sackerl voll Geld geben hat. Dabei hat er ihm immer wieder auf die Achseln geklopft und gesagt: ›Molto bene, molto bene!‹ Und was das heißt, das weiß ich. Wie er aber dann dem Wirt auch noch ein Büchserl geben hat, da bin ich zwischen die zwei gangen. Dem Wirt hab ich eine gelangt, daß er für ein paar Stunden eingeschlafen ist, den Cicerone hab ich mit der Gabel in den Stalltrog werfen müssen, der hat nämlich fortwährend mit dem Messer herumgetan, und das kann ich nit leiden. Das Büchserl aber mit einem braunen Zeug, das hab ich da. Ihr könnt's ja untersuchen lassen. Mir scheint, das hätt' Euer ganzer Tod sein sollen.«

Tatsächlich erklärten die Polizeileute in Arezzo, daß die braune Masse in dem Büchserl eingedickter Milchsaft vom Schlafmohn sei. Darauf nahmen sie den Cicerone doppelt gern in ihre Obhut.

In Florenz fühlte sich der Schwanthaler schon wieder so weit gekräftigt, daß er mit der Baronin und einem Diener die Kirche San Lorenzo besuchen konnte. Zwei Stunden verweilte er vor den Grabdenkmälern der beiden Mediceer und machte sich Skizzen von der Symbolfigur der »Nacht«. Und bewundernd las er auf einem danebenhängenden Täfelchen den Vers, den der Dichter Strozzi seinem Freunde

Michelangelo über diesen herrlichen Marmorleib geschrieben hatte:

> Die Nacht, die du in süßem Schlummer hier
> erblickst, ihr hat ein Engel Form gegeben
> aus Stein; doch schläft sie, darum hat sie Leben.
> Wenn du's nicht glaubst, ruf ihr; sie spricht zu dir!

Ob man wohl auch von meinen Figuren einmal ähnlich Schönes schreiben kann? Er stellte sich ganz im stillen diese Frage und mußte dann lächeln: Dummer Thomas, erst mußt du wieder gesund werden! Und dann mußt du fleißig sein und arbeiten und das tun, was sie von dir verlangen! Du kannst nicht hergehen und aus dem Lindenholz die Gestalten schneiden, die du dir etwa einbildest! O nein, du mußt ihnen brave Engel und brave Apostel und brave Madonnen machen. Vielleicht bist du mit deinem Henker von Schalchen schon zu weit gegangen! Wie hatte es der Herr Kyrmayer von Mattighofen formuliert? Du seiest, hatte er gesagt, ein echter Umwerfer, ein Rebeller auf dem Felde der Kunst. Nun, dann wirst du beides zu vereinen suchen: das Brave und das Rebellierende, denn die Wahrheit — und das ist ja wohl auch die Schönheit! — liegt meist in der Mitte.


Man schrieb den 1. September, Fest des heiligen Ägidius. Sie mußten an diesem milden Sonnentag auch noch zur Nacht in Florenz bleiben, weil der Kardinal in der Stadt eine geistliche Zusammenkunft zu leiten hatte. So schlenderten sie geruhsam durch die großherzogliche Metropole dahin, hinauf zur Zitadelle. Wenn ihnen auch die Miliz des Fürsten keinen Eintritt gewährte, so waren doch die Befestigungen schon von außen der Bewunderung wert. Viele Besonderheiten dieser mächtigen Anlagen — so hieß es in

Bayern – baue der Kurfürst Ferdinand Maria auch in seine Festung Braunau hinein.

»Wann werden wir wieder in Bayern sein, Baronin?«

»Wir brauchen uns nicht zu beeilen, Meister, denn ein alter Bauernspruch sagt: Wie Ägidi sich verhält, so ist auch der Herbst bestellt! Und was haben wir doch heute für einen herrlichen Ägiditag!«

»Und wann gedenkt Ihr abermals nach Rom zu reisen?«

»Das wird davon abhängen, wie rasch oder wie langsam der päpstliche Nuntius Scarlatti in München für mich oder gegen mich arbeitet. Wenn überhaupt, so ist unter zwei Jahren nicht daran zu denken. Würdet Ihr mich dann wieder begleiten?« – »Das würde ich mit Freuden, Baronin! Nur bin ich Euch leider kein erfolgreicher Marschall gewesen.«

»Vielleicht wart Ihr zu erfolgreich und hättet dafür sterben sollen! Wie fühlt Ihr Euch?«

»Ich bin zwar noch recht schwach, doch scheint es mir, daß ich über dem Berg bin.«

Von Florenz ging die Reise zügig durch die steilen Hohlwege des Apennin über Bologna nach Modena. Hier befanden sie sich bereits auf kaiserlichem Gebiet, denn Modena war Reichslehen. Sie fuhren auch an Canossa vorüber, wo sechshundert Jahre zuvor Kaiser Heinrich zur Winterszeit barfuß vor dem Palaste des Papstes Gregor drei Tage lang Schildwache stehen mußte. Wenige Tage danach kehrten sie in Mantua ein. Kardinal Paluzzi wünschte ihnen eine gute Weiterfahrt und bestärkte die Baronin in ihrer Hoffnung auf einen glücklichen Ausgang ihres Unternehmens. Er selbst wollte für einige Wochen die Gastfreundschaft des Großherzogs genießen.

Auf der Weiterfahrt kam ihnen nahe der Festung Serravalle ein freundlicher Zufall entgegen: Sie überholten ein Gefährt Regensburger Fuhrleut, das ebenfalls auf dem Heimwege war. Sie hatten geschientes Amberger Eisen in die

Festung gebracht. Natürlich beschloß man auf beiden Seiten, so lange wie möglich beisammenzubleiben, und sei es bis Burghausen.

## Vogl und Voglin

In Ried waren der Totengräber-Loisl, der Nagelschmiedgesell und Veit Adam Vogl drei Wochen nach jener Rauferei auf dem Marktplatz aus dem Lazaretthaus entlassen worden. Alle drei waren noch recht wackelig gewesen, als sie vor dem Pflegegericht auf der Burg erscheinen mußten. Baron Mägerl hatte sie, seiner Gewohnheit gemäß, den darauffolgenden Sonntag gemeinsam zu den kirchlichen Sakramenten beordert. Der Loisl war mit einer heilsamen Ermahnung davongekommen, der Gesell hatte einen Gulden in die Zunftlade zahlen müssen, dem Vogl jedoch hatte der Richter drei Tage einsitzen im Rathaus und zehn Gulden Schmerzensgeld für den Loisl aufgebrummt.

Dieses Urteil war vom Mägerl natürlich auch nach Burghausen berichtet worden, so daß der Herr Plank von Plankenberg seinen Plan, den Vogl in den Äußeren Rat von Ried zu bringen, wieder auf die lange Bank schieben mußte.

Als jedoch ein Jahr vergangen war — etwa um die Zeit, da Frau Uta von Rechlingen mit dem Schwanthaler nach dem Süden aufbrach —, teilte er dem Marktrichter Regenhardt in rentmeisterlichem Befehlston mit, den Vogl nicht nur in den Äußeren Rat aufzunehmen, sondern ihm auch einige ehrenvolle Ämter zu übertragen, als da seien die Vormundschaftsverwaltung, die Steuereinnahme, die Spitalsverwaltung, die Kirchenpropstei sowie die Hausarmenleut-Kassenverwaltung. Der Regenhardt war viel zu unterwürfig, als daß er auch nur den geringsten Widerstand gewagt hätte. So wurde der Vogl in all diese Ämter unverzüglich eingeführt, nachdem er etliche andere Bürger daraus entfernt hatte. Das gab viel Ärger im Markt. Und der Ärger wuchs, als der neugebackene Ratsmann mit rücksichtsloser Härte sofort alle Außenstände eintrieb, die er in den Büchern seiner Ämter feststellte. Da erinnerten sich die Rieder Bäcker und Metzger und Bierbrauer gern an seinen Vater selig, der bei ihnen oft monatelang hatte anschreiben lassen, weil ihm weder Geld noch Aufträge eingegangen waren. Ja, wenn der Bettelmann aufs Roß kommt, kann ihn kein Teufel derreiten! So murrten sie hinter den Fensterläden.

Veit Adam Vogl hielt jetzt auch die Zeit für gekommen, mit seiner Frau abzurechnen. Sie hatte ihn ja die ganzen Jahre hindurch wie einen besseren Deppen behandelt, als das Aushängeschild einer legalen Ehe. Das sollte sich ändern! Jetzt wollte er ihr und dem Schwiegervater gegenüber auftrumpfen. Er werde nun auf den Tisch hauen, daß die Krüge und Kannen hüpfen! Und wehe, wenn sie nicht tanzen, wie er pfeift! Er hatte ja jahrelang so viel Ärger in sich hineinfressen müssen, jetzt werde er ihnen auch jahrelang herausgeben können!

Zunächst erwirkte er beim Marktrichter die Ablösung des Posthalters Anton Dirrigl. Der mußte, um leben zu können, Ried verlassen. Damit hatte der Vogl den Hausfreund seiner Frau aus dem Wege geschafft.

Ihr selbst schärfte er ein, sie brauche sich um ihn nicht mehr zu bemühen, aber auch um keinen anderen. Käme er ihr in diesem Punkte auf irgendwelche Schliche, würde er sie windelweich schlagen. Damit sie gleich wüßte, wie das zu verstehen sei, prügelte er sie so kräftig, daß sie drei Tage nicht aufstehen konnte. Als sie danach aus der Kammer kam, hatte sie ein blaugelb unterlaufenes Gesicht. Dem Schwiegervater aber, der ihn zur Rede stellte, machte er klar, daß er sich überhaupt nicht zu mucksen habe, wolle er nicht sofort aufs Altenteil ins Hinterhaus verwiesen werden. Von den Knechten jagte er die zwei widerborstigsten wegen Aufhetzerei davon und ließ sie durch einen Schergen wissen, sie möchten tunlichst den Markt verlassen und sich anderswo eine Arbeit suchen.

Damit war im Weinhaus mit einem Male eine völlig neue Ordnung eingezogen. Veit Adam Vogl stand als Weingastwirt unangefochten im Mittelpunkt, er wurde von allen gefürchtet. In seiner Gegenwart wagte nur zu reden, wer gefragt worden war. Keiner wollte aber gern gefragt werden. Denn wenn er jemanden nach etwas fragte, dann hatte er ihm gewiß nur am Zeug zu flicken — und das ging nie ohne ein gewaltiges Donnerwetter ab. Die Evi und ihr Vater waren deshalb fest davon überzeugt, daß ihm bei der damaligen Rauferei der Hammergesell einen Schaden im Hirn geschlagen hatte.

Als er dann um sieben Ecken herum erfuhr, daß der Schwanthaler einen Wappenbrief erhalten hatte und zu einer Kunstfahrt nach dem Welschland aufgebrochen war, quoll ihm das Herz schier über vor Gift und Galle. Nach etlichen Tagen hintergründigen Nachsinnens nahm er sich sein Eheweib vor.

»Du hast einen Schwur getan, daß du's bei der Göttnerin mit dem Rebeller gehabt hättest. Dieser Schwur war ein Meineid, denn du hast's damals allweil mit dem Rechlingen gehabt. Du kannst das aber wahrmachen, wenn du mit ihm wieder anbandelst, sobald er zurück ist. Tust du nit, wie ich dir jetzt gesagt hab, nacher wird dir noch Hören und Sehen vergehn!«

Als die Evi zu fragen wagte »Wie stellst du dir das vor?« meinte er, sie habe ihn schon so oft betrogen, ohne ihn gefragt zu haben, wie er sich das vorstelle, und warf sie zur Tür hinaus.

In den folgenden Wochen überlegte sie nun hin und her, welchen Zweck er wohl mit dieser Verführung des Schwanthalers verfolgen könnte. Schließlich konnte sie sich nichts anderes denken, als daß er beabsichtige, den Thomas als Ehebrecher zu brandmarken und vor das Rentamtsgericht nach Burghausen zu zerren. Gewiß, für sie könnte es vielleicht vergnüglich sein, den Schwanthaler, der jetzt ein hochangesehener und bedeutender Mann war, herumzukriegen. Was hätte sie aber davon, wenn man ihn hinterher einsperren würde? Andererseits aber mußte sie's tun, wollte sie nicht von ihm mißhandelt werden.

Mitte Mai herum geschah es, daß die Eva Voglin und die Eva Schwanthalerin bei der allabendlichen Muttergottesandacht vor St. Peter und Paul einander in die Hände liefen. Die Voglin hatte es so eingerichtet und grüßte die andere überaus freundlich. Man kann nun nicht vor dem Besuch eines Gottesdienstes schnell noch eine Gehässigkeit begehen und einen Gruß nicht erwidern. Die Schwanthalerin dankte deshalb, zwar kurz und gemessen, aber doch mit der ihr angeborenen Liebenswürdigkeit. Darauf hakte die andere gleich ein: »Ich hätt' gern nach der Andacht mit dir noch ein Wörterl geredet!«

»Wenn's sein muß?«

»Mir wär's schon sehr recht, Evi!«

»Gut, ich wart' auf dich!«

Die Schwanthalerin hatte an diesem Abend der Muttergottes viele Bitten vortragen wollen: für die Kinder, daß aus ihnen etwas Anständiges werde, für den Mann, daß er verstehen lernt, wie leergeliebt sie war; für die Schwiegermutter, daß sie nicht fortwährend poltern und fluchen möge und für alle Wohltäter ihrer Familie und für alle Auftraggeber ihres Mannes. Jetzt aber kniete sie da, aufgewühlt in ihrem Herzen, und überlegte, was wohl die Voglin von ihr wollte.

Nach der Maiandacht trafen sich vor dem hohen Kirchenportal die beiden einstigen Freundinnen. Die Voglin begann: »Hättest du was dagegen, wenn wir ein Stück zur Tannreit-Mühl hinausgingen?«

»Hab' nix dagegen! Nur darf es nit zu lange dauern, du weißt's ja: die Kinder!«

»Ich glaub dir's, Evi, daß du wenig zu lachen hast!«

»Man darf sich nur nicht unterkriegen lassen, selbst wenn man manchmal überhaupt keinen Ausweg mehr sieht.«

»Schaust krank aus, Evi. Du solltest mehr an die Luft gehen!«

»Können vor lachen!«

»Wenn du nix dagegen hast, dann hol' ich dich in den nächsten Tagen ab, und wir fahren über Land.«

»Und meine Familie?«

»Die kriegt ein vierteltes Schaf und zehn Pfund Schweinernes! Ich kenn doch die alte Schwanthalerin!«

»Jetzt möcht ich doch nach all dem, was die Jahre her zwischen uns und euch gewesen ist, den Grund wissen, daß du wieder anfangen willst!«

»Das kann ich dir nit so kurz vor Sonnenuntergang sagen. Evi, das ist eine lange und eine harte Geschicht', soviel darfst du mir glauben!«

Als einige Tage nach diesem abendlichen Gespräch der beiden Frauen ein Almayer'scher Knecht tatsächlich das Schaf und das Schweinerne im Schwanthalerhaus ablieferte, fragte natürlich die alte Großmutter, was das zu bedeuten hätte. Die Evi erwiderte, daß es den Anschein habe, als wollte sich die junge Voglin wieder aussöhnen, denn sie habe sich auch schon erbötig gemacht, mit ihr, der Schwanthalerin, hie und da eine Ausfahrt über Land zu unternehmen. Die alte Kathrein meinte darauf geringschätzig, das sei ihr Wurscht, wenn nur immer etwas zum Kauen ins Haus käme.

Die Voglin hatte mit ihrem Manne ebenfalls über die Zusammenkunft mit der Evi gesprochen und erklärt, sie müsse sich jetzt, wo der Schwanthaler nicht daheim sei, in sein Haus einführen lassen, denn nachher könnte man zu leicht Verdacht schöpfen. Deshalb wolle sie auch mit der ehemaligen Freundin öfters ausfahren und so die alte Zuneigung zu erneuern versuchen. Sei sie dann erst in der Familie drin, werde der heimkehrende Rebeller nicht mehr viel gegen sie ausrichten können. Das andere werde sich dann von selber ergeben.

Dem Vogl war die Absicht dieses Manövers ebenso recht wie die damit verbundenen Fleischlieferungen in die Priesterzeile. Seine Frau aber dachte sich: So weit ist's also mit mir gekommen, daß ich ihm nur noch als Köder diene für seine niederträchtigen Pläne!

So sahen denn die Rieder Bürger während dieser hochsommerlichen Wochen die beiden Frauen immer wieder einmal im Almayer'schen Steyrerwagen auf Feld- und Waldwegen dahinfahren. Die Voglin lenkte den kleinen vorgespannten Falben selber. Das waren aber keine reinen Lustfahrten, denn bald war Wein auf diesen oder jenen Edelsitz zu bringen, bald galt es, Butter, Eier und lebendes Kleinvieh auf den Gutshöfen einzuholen. So bekam man's billiger als auf dem Markte.

Oft steckten die Leut die Köpfe zusammen und tuschelten: Pack schlägt sich, Pack verträgt sich! Das stimmte freilich nicht ganz, weil die Vorburgertochter aus einem rechtschaffenen Hause stammte, man ließ es aber trotzdem gelten, weil man einfach nicht begreifen konnte, wie dieses verrufene Weibsbild von Voglin wieder Umgang haben konnte mit der sauberen Schwanthalerin. Das störte aber die beiden nicht, kamen sie sich doch bei ihren Ausfahrten von Mal zu Mal näher, so nahe, daß schließlich sogar die Frage nach dem Meineid zwischen ihnen stand.

»Ich weiß nicht, ob du mich verstehst, Evi«, sagte die Voglin, »aber ich bin vom Thomas einfach noch nicht losgekommen. Und weil er mich damals bei der Göttnerin in der Kammer mit einem anderen gesehen hat, hab ich geglaubt, ich müsse den Spieß umdrehen.«

»So war's also eine Haßlieb', die du zum Thomas gehabt hast?«

»Eine Haßlieb'! Ganz wie du's sagst!«

»Und hast du die immer noch?«

Die Voglin bedachte sich und schaute in die Ferne: »Haßlieb' ist's nit mehr! Mir scheint, 's ist nur noch Lieb'!«

Die Schwanthalerin schlug die Hände vor der Brust zusammen: »Du spinnst ja, Evi!«

»Sag, was du willst! Aber wenn der Thomas heut daher käme und mir zuflüstern tät: Evi, komm! dann müßt ich einfach mitgehen!«

»Willst du ihn mir etwa gar ausspannen?«

»Wollen nicht, aber mögen tät ich schon!«

Da machte die Schwanthalerin ein schmerzliches Gesicht: »Acht Kinder in zwölf Jahren! Aber vielleicht hätt das dir nicht soviel ausgemacht, du bist kräftiger.«

»Ich hätt keine acht gehabt! Es gibt doch Möglichkeiten . . . !«

»Ach Gott, Evi, daran hab' ich auch gedacht, wenn's wieder einmal geschehen war! Aber dann sagt man sich halt doch: Gibt der Herr ein Häslein, so gibt er auch ein Gräslein! Und weiß der Himmel, meine Häslein sind recht munter!«

»Schön und gut!« erwiderte die Voglin. »Wenn du dich aber selber anschaust, muß dir doch vor Erbarmen das Herz wehtun, wie elend du aussiehst!«

»Mag sein! Aber in zwei, drei Jahren werden mir die Großen schon beistehen können. Dann wird's leichter für mich. Dann kann ich mich wieder erholen – vielleicht!« Sie fügte dieses »vielleicht« noch gequält hinzu, weil sie an ihre eigene Hoffnung nicht glauben konnte.

Die Voglin hatte diese Unsicherheit mitgehört. Sie fragte

direkt: »Und wenn du noch ein halbes Dutzend kriegst?«
Die Schwanthalerin zuckte leicht mit den Schultern,
schaute in den Schoß und schwieg.

Später, als es schon in den September hineinging, mußte die
Voglin nach Mattighofen fahren, um beim Bürger und Handelsmann Elias Dallinger einen größeren Posten Stockfisch
zu holen. Dieser Dallinger war Schwanthalers Schwager,
denn er hatte dessen älteste Schwester Maria geheiratet. Es
lag also nahe, die junge Schwanthalerin zum Mitfahren
einzuladen. Die Alte hatte nichts dagegen, auch nicht, daß
sie über Nacht in Mattighofen bleiben wollten. So fuhren
sie in aller Herrgottsfrühe weg, über Lohnsburg, am Fuße
der Hohenkuchel vorbei, dann um den Steiglberg herum
nach St. Johann und über Maria Schmolln nach Schalchen.
Vier Stunden hatten sie gebraucht, als sie kurz vor Schalchen durch einen Prozessionszug aufgehalten wurden. Es
war das Fest der Sieben Schmerzen Mariä, da pflegten die
von Helpfau, Uttendorf und Heizing alljährlich zur heiligen
Barbara zu pilgern, damit ihre Dörfer vor Feuersbrünsten
verschont blieben. Weil es nun nicht schicklich war, mit
einem Fuhrwerk an einem Wallfahrerzug vorbeizufahren,
noch dazu wenn ein Weibsbild die Zügel führte, stiegen
die beiden ab, stellten den Steyrerwagen in einen Hof ein
und schlossen sich der Prozession an.
»Ich glaub«, flüsterte die Schwanthalerin, »für diese
Kirch' hat der Thomas ein paar Figuren geschnitzt. Hab'
sie aber noch nicht fertig gesehen, weil's damals mit seiner
Reis' ins Welschland so pressiert hat.«
»Wir können ja mit hineingehen! Wir haben Zeit genug.
Hab' mir eh noch keinen Schwanthaler außerhalb von Ried
angesehen. Neulich hat einer bei uns in der Gaststuben
erzählt, daß der Henker ein ganz ein wilder Türk sein soll.

293

Möcht' bloß wissen, wo der Thomas allweil die guten Einfälle hernimmt! Der Meine hat nix anderes im Hirn als die Marktsachen und wie er den Leuten die Steuern herausschinden kann.«

»Ja mei, der Vogl ist jetzt ein großes Tier, wie man sagt. Der braucht sich mit der Bildschnitzerei nit mehr abplagen. Dem druckt's von anderen Seiten herein!«

Weil sie hinterdrein gegangen waren, kamen sie auch so ziemlich als die Letzten in die Kirche hinein und mußten sich ganz hinten hinstellen. Hier blieben sie auch stehen, als ein Mattighofener Kollegiatsherr das heilige Amt begann und ein zweiter nach dem Evangelium die Kanzel bestieg: »Christgläubige Wallfahrer! Noch vor Jahrhunderten ist's der Brauch gewesen, daß man um einer schweren Sünd' willen einen Pilgerzug ins Heilige Land machen mußte, wo man tausend Gefahren ausgesetzt war durch die Türken und die Seldschucken und die Mamelucken. Wer vermöchte diejenigen zu zählen, die – kaum daß sie von den Schiffen an Land gegangen waren – von diesen wilden Heidenvölkern gepackt, beraubt, geschändet, gemartert und in die Sklaverei verkauft worden sind. Und dennoch sind sie dahingepilgert, um ihrer Sünden und Sündenstrafen ledig zu werden und im Herzen wieder daheimzusein bei unserem Herrgott. Heutigentags brauchst du dich dergleichen Opfern und Gefahren nicht auszusetzen, christgläubiger Mensch! O nein, du brauchst nur reumütig hinzutreten zum Beichtstuhl, brauchst nur dem Manne Gottes, der dort drinnen sitzt und schweigen muß wie das Grab, dein sündhaft Herz abzuladen. Dann bist du rein. Hier gibt's kein Ansehen der Person, gibt's keinen Ober und keinen Unter, gibt's keinen Herrn und keinen Knecht, denn ein jeder von uns ist ein sündiger Mensch. Gleichen wir nicht alle der heiligen Barbara dort droben auf dem Altar? Sind wir nicht alle gebunden und gefesselt, von der Sünd' gebunden und gefesselt? Und hat nicht über all unseren Nacken der wilde Türkensatan schon das krumme Schwert gezückt, uns hinabzufällen in den Abgrund der Höllen? O du liebe Christenheit, schau sie dir doch an, diese unsere Heilige! Sieht sie nicht aus wie irgendein Mägdlein von Helpfau, von Uttendorf oder Heizing? Das ist die große Absicht des Meisters aus Ried gewesen! Nicht eine Heilige aus dem Kreise der himmlischen Heerscharen hat er uns auf den Altar gesetzt, sondern ein schlichtes Mägdlein vom Land. Nicht eine im Glorienschein zum Himmel auffahrende reine Magd, sondern ein Allerweltsdeandl, das sich hinkniet und fleht: Lieber Gott im Himmel, verzeih mir halt meine Sünd'!...«

Da waren aller Augen hingerichtet auf die Altarbühne, und die beiden jungen Frauen erkannten – die Almayer Evi aus Ried. Und sie schauten sich an und gingen still hinaus, und draußen vor der Tür fielen sie einander wortlos in die Arme. Sie weinten alle beide. Das war wie ein Versöhnungsfest, denn im Herzen der Voglin hatte sich ein bisher verschlossenes Fenster aufgetan, durch das ein göttlicher Gnadenstrahl hineinhuschte. »Meinst du«, fragte sie, »daß mich der Mattighofener von dem Meineid lossprechen wird?«

»Wie kannst du nur so fragen?«

Als dann die Voglin vorne an der Kommunionbank kniete und vor sich die gewaltige Barbara-Gruppe sah, dachte sie: Vergelt's Gott, Schwanthaler, daß du mich trotz allem so schön gemacht hast!

## Die Heimkehr

Am gleichen Feste der Sieben Schmerzen Mariä legte bei
Kirchbichl am Inn in Tirol eine Fähre des Rosenheimer
Schiffmeisters Rieder an. Darauf stand der schwere Tumberg'sche Viererzug, der fast das ganze Schiff ausfüllte.
Thomas Schwanthaler und die Baronin von Rechlingen
stiegen aus der Sänfte. Sie hatten sich in Hall dem erfahre-
nen Schiffmeister anvertraut und wollten jetzt nach Mariastein wallfahrten, weil ihnen schien, als hätten sie viel zu
danken. Thomas traute sich die halbe Wegstunde zu, die
sie bis zur steilaufragenden Burg zu gehen hatten. Sie gelangten auch ohne sonderliche Mühe dahin. Schlimmer war
es mit dem Aufstieg zur Burgkapelle, die hoch droben im
dritten Stock gleich unter dem Dache lag. Die vielen
Stufen strengten sein Herz an. Wiederholt mußte er stehen-
bleiben, um zu verschnaufen. Es erwies sich also doch als
zutreffend, was schon der Dottore in Rom gemeint hatte,
Schwanthaler werde an dieser Vergiftung sein Leben lang
zu leiden haben. Als sie dann endlich unter dem Dache waren und in der Kapelle, einem ehemaligen Fenstersaal der
Burgbewohner, vor der lieblichen gotischen Madonna
knieten, spürte Thomas Schwanthaler wieder einmal die
tiefe Unrast in seinem bisherigen Leben. Da thronte die
heilige Frau vor ihm — auch von einem bayerischen Meister, einem unbekannten, in einer gesegneten Stunde aus
Lindenholz geschnitten — fein und zart in der jungfräu-
lichen Anmut ihres Gesichts, in ihrer demütigen Gebärde
und in ihrem königlichen Gewand, auf welchem blau und
golden die Andachtslichter glühten.
Die Baronin kniete neben dem Schwanthaler und betete
um ein gutes Ende in der Angelegenheit ihrer Ehe. Sie dankte
auch für die glücklich bestandene Fahrt und dafür, daß es
dem Schwanthaler wieder besser ging. Er schien zu spüren,

daß ihre Gedanken bei ihm waren, wandte sich darum leicht zu ihr hin und sagte: »Bekümmert Euch nicht um mich, Baronin, denn Unkraut verdirbt nicht!«

»Ich hab Euch sechs Monate lang Eurer Familie entführt. Fürchtet Ihr nicht, Euer gemeinsames Leben könnte Schaden gelitten haben?«

»Über die Entfernung liebender Menschen voneinander habe ich eine eigene Ansicht: Sie zerstört vielleicht eine mittelmäßige Liebe, eine starke aber vermehrt sie. Das ist ähnlich wie mit dem Wind. Kleine Lichter löscht er aus, starke Brände facht er an.«

»Meister, haltet Ihr es überhaupt für möglich, daß Menschen in dauernder Liebe miteinander verbunden sein können?«

»In dauernder Liebe schon. Das muß jedoch nicht heißen, daß diese Liebe ungetrübt bleibt.«

»Eine getrübte Liebe – was ist das für eine Liebe?«

»Verehrte Baronin, mit denen, die wir lieben, leben wir dauernd an drei Stellen: im Vergangenen, im Gegenwärtigen und in der Zukunft. Taugt eine von diesen drei Stellen nichts, dann ist die Liebe getrübt. Aber erst, wenn alle drei nichts taugen, ist der Wurm drin und die Fäulnis.«

»Ihr habt eine mutige Lebensart, Schwanthaler!«

Er besann sich eine Weile und schaute auf den Tabernakel des Altares hin: »Ihr nennt mutige Lebensart, was eigentlich nichts anderes ist als der Glaube an den hilfreichen Gott unserer Kindheit. Ich glaube an diesen Gott und ich glaube an ein Glück, und dieser Glaube gibt mir Mut. Der Mut gibt mir wieder Glück, und das Glück noch einmal Mut, und so geht das fort und fort.«

»Ihr seid auf doppelte Weise ein Künstler, in der Bildhauerei und im Leben!«

»Ach Gott, Baronin, ich bemüh' mich halt, in meinem Herzen ein bisserl Kindsein zu bewahren. Das ist alles.«

»Das ist ungeheuer viel, Meister Schwanthaler!«

Er winkte ab.

Dann pilgerten sie wieder zu Tal, hinunter zum Inn. Der Schiffmeister hatte mit dem Mittagessen auf sie gewartet. Er führte sie auf sein Schiff, in die geräumige Hütte, wo er für vier Personen hatte decken lassen. Sein etwa vierzehnjähriges Töchterlein, ein bildhübsches Mädchen, war auch dabei. Die Baronin wollte erfahren haben, daß ihn der Kurfürst zu seinem Hof- und Leibschiffmeister ernannt hatte, und dies nicht zuletzt wegen der Verehrung, die die zarte Frau Kurfürstin Henriette für den stattlichen Mann hegte. Vielleicht war's nur Hofklatsch, aber ein Körnchen Wahrheit steckte wohl dahinter.

»Meister Rieder«, begann sie deshalb, »man erzählt, Ihr seiet zu einer Stellung aufgerückt, die es bis dato in der bayerischen Administration noch nicht gegeben habe. Man darf Euch darum beglückwünschen!«

Der andere verneigte sich: »Gnädigste Baronin, neue Verhältnisse stellen neue Aufgaben. Seitdem man auf dem Würmsee einen Zug von Lustschiffen eingerichtet hat, mußte man nach venezianischem Vorbild auch eine Kommandostelle schaffen.«

»Wohnt Ihr da ständig in München oder in Starnberg?«

»Weder da noch dort, gnädigste Baronin! Warum fragt Ihr?«

»Es hätte mich interessiert, ob Ihr einen Freiherrn von Rechlingen kennt.«

Als sie diesen Namen nannte, mußte das Mädchen lächeln. Uta merkte es und fragte: »Kennt Ihr ihn etwa, mein Kind?«

Der Schiffmeister meinte: »Meine Tochter lebt bei Hofe. So könnte ihr der Herr bekannt sein.«

»Ist es so?« fragte die Baronin weiter.

Das Mädchen schlug die Augen nieder: »Unter den Beschließerinnen und Zofen der Residenz wird es kaum eine geben, die dem Freiherrn nicht auszuweichen sucht, wo immer sie ihm allein begegnet.«

Mahnend sagte darauf der Vater Rieder: »Magdalena, diese Rede war unklug!«

Die Baronin unterbrach: »Aber ehrlich war sie, mein Kind! Und das mag ich!«

Das Mädchen errötete, und Frau Uta beschloß, dieses Thema nicht weiter zu verfolgen.

Man aß mit Behagen, während die Schiffe an den Festungen Rattenberg und Kufstein vorüberzogen. Abends kamen sie dann in Rosenheim an. Der Schiffmeister lud seine Gäste zu sich in ein stattliches Weinhaus, wo sie zur Nacht blieben. Am anderen Morgen fuhren sie auf der Plätte weiter und schließlich rollte der Viererzug auf der Poststraße über Altötting in Richtung Burghausen.

Es war ein diesiger Abend, als der Viererzug am Zagelautor der alten Herzogstadt vorfuhr. Ein unfreundlicher Wind pfiff durchs Salzachtal herein, und es dauerte eine ganze Weile, ehe sich's in der Torstube regte. Waren denn die Knechte schon eingeschlafen?

»Wie ham wir's denn?« brüllte der Beni.

Darauf ließ sich der Torwärtl Alois Mayr selbst sehen und herrschte ihn an: »Was schreist denn, wie wenn sie dich gespießt hätten, Hirsch, damischer?« Dann trat er an den Verschlag der Sänfte und flüsterte ans Fenster: »Frau Baronin, laßt Euren Reisemarschall bei mir im Torhaus, denn bei Euch daheim warten Knechte auf ihn! Ich mach' Euch gleich sein Wappen von der Tür weg!« Während er das sagte, zog er mit einer kleinen Zange die paar Nägelchen heraus, mit denen das Silberblech befestigt war.

Innerhalb weniger Minuten hatten sie Schwanthalers Habseligkeiten in eine Decke gewickelt, langten sie zum Fenster hinaus und fuhren langsam weiter ins Tor hinein. Hier zwischen dem starken Mauerwerk, wo von keiner Seite hineingespäht werden konnte, öffnete der Schwanthaler kurz die Tür, schlüpfte hinaus und verbarg sich in der Tornische. Und der Wagen rollte gemächlich in die Stadt hinein. Thomas zog seinen breitkrempigen Hut tiefer ins Gesicht und folgte dem Mayr unters niedrige Wetterdach, wo einige Wechselpferde standen.

»Da habt Ihr Euren Kram und das Wappen!« sagte er ziemlich mürrisch. »Will nit wissen, wie Ihr heißt und wer Ihr seid! Aber hütet Euch vor dem Baron! Und jetzt verschwindet!«

Der Schwanthaler hängte sich das Felleisen mit der Mappe über die Schultern, warf sich den dicken Pack mit den Kleidern auf den Buckel und schritt langsam dahin. Wie beschwerlich ihm doch das Tragen war! Bei St. Joseph bog er links zum Jesuitenkolleg ein und schlug mit dem kreuzförmigen Klopfer ans Tor. Bald öffnete ihm ein Laienbruder und fragte nach seinem Begehr.

»Habt Ihr den Pater Hacklinger im Hause, ehrwürdiger Bruder?« fragte Thomas bescheiden.

»Ihr meint unseren Pater Rektor?«

»Ich weiß nicht, ob er jetzt Euer Rektor ist. Jedenfalls hab ich ihn vor mehr denn zwanzig Jahren hier als Präfekten gehabt.«

»Ihr habt also bei uns studiert?«

»Fünf Jahr lang, ehrwürdiger Bruder!«

»Legt ruhig alles ab und kommt mit mir!«

Durch einen mit Kerzen beleuchteten Gang ging es über zwei steinerne Treppen empor zum Vorzimmer des Rektors. Der Bruder bat den Schwanthaler um seinen Namen und meldete den Ankömmling. Rektor Hacklinger, ein hochgewachsener, breitschultriger Mann mit leichtgekrümmter Nase, kam mit einer Kerze in der Hand im wehenden Talar aus seinem Zimmer. Er begrüßte den Mann im ledernen Reisegewand mit leichter Verneigung: »Entschuldigt, Herr, daß ich mich Euer nicht mehr erinnern kann. Wie lange ist's her, daß Ihr bei uns wart?«

»Hochwürdiger Pater Rektor, es war damals, als Ihr mich wegen Rauchens unter der Festsaaltribüne verhauen solltet. Und es war damals, als mich Euer Vorgänger aus dem Hause warf, weil ich ein tanzendes nacktes Mädchen gezeichnet hatte.«

»Seid Ihr der, dann seid Ihr ja auch der Meister von Schalchen!«

»Ihr kennt mein Barbara-Martyrium?«

»Erst vor vier Wochen hatte der Herr Dechant Kyrmayer einige der Unsrigen nach Mattighofen geladen. Da sind wir staunend vor Eurem gewaltigen Werk gestanden und haben Gott dem Herrn gedankt, der so Schönes werden läßt durch die Hände begnadeter Menschen. Nun freue ich mich um so mehr!«

Der Schwanthaler glaubte, zur Sache kommen zu müssen: »Ich betrete dieses Haus nur, weil ich in Not bin. Unter anderen Voraussetzungen hätte ich nicht gewagt, anzuklopfen.«

»Ihr solltet Unserem Vorgänger nicht böse sein, Meister, denn wer ist schon ohne Fehl!«

»Nein, nicht wegen damals, hochwürdiger Pater Rektor, sondern weil ich Euch möglicherweise Unannehmlichkeiten verursache. Ich bin soeben mit der Freifrau von Rechlingen aus Italien zurückgekommen. Nun wird mir hier von den Knechten ihres Mannes aufgelauert.«

»Sah Euch jemand zu uns hereingehen?«

»Keine Menschenseele! Auch war's schon recht schummrig.«

»Nicht daß wir ihn fürchten müßten, den Freiherrn, aber er ist ein unliebsamer Mensch. Mit seiner Tätigkeit beim

Geheimen Rat in München und durch seine Freundschaft mit dem Herrn Rentmeister von Plankenberg weiß er die Untertanen einzuschüchtern und Angst unter sie zu säen. Das soll Euch jedoch nicht hindern, Meister, unser lieber Gast zu sein!«

Rektor Hacklinger geleitete den Schwanthaler ins Refektorium und ließ ihm aufwarten. Dabei besprachen sie die Reise nach Rom und was sich im Hinblick auf das Anliegen der Freifrau getan hätte. Denn als ihr Reisemarschall konnte er darüber unterrichtet sein. Thomas erzählte bis in die tiefe Nacht hinein. Sie wären vielleicht noch lange gesessen, wenn nicht der Rektor die Müdigkeit und Schwäche seines Gastes erkannt und ihn darum zum Schlafen genötigt hätte. Am anderen Morgen ließ die Baronin auf Umwegen ins Jesuitenkolleg melden, der Schwanthaler solle das Haus ja nicht verlassen, denn alle Ausgänge würden beobachtet. Ihm kam diese Aufforderung nicht ungelegen, merkte er doch gerade bei dieser Aufregung, wie wacklig noch seine körperliche Verfassung war. Er blieb also noch acht Tage. In dieser Zeit kam auch die Baronin ins Kolleg. Sie hatte unter den hochwürdigen Vätern ihren Beichtvater, und das ganze Haus nahm überhaupt Anteil an ihrem Geschick. Sie unterhielt sich auch mit dem Schwanthaler. Gemeinsam beschlossen sie, eine Nachricht an Herrn Mägerl von Wegleiten, den Burggrafen von Ried, zu schicken, er möge den Freund auf irgendeine Weise heimholen. Bevor dies jedoch geschah, erlebte das Jesuitenkolleg eine seltene Begegnung.

Es war zwei oder drei Tage nach dem Besuch der Baronin, als morgens nach der letzten Messe im Kollegshof etwa fünfzig Landsknechte aufmarschierten, denen der Rentmeister Plank von Plankenberg mit dem Profos und etlichen Burgschergen folgte. Der arme Pfortenbruder war ganz verstört, als der hohe Herr die sofortige Auslieferung des hier — wie er sich ausdrückte — »untergeschloffenen Bösewichts« verlangte. Schnell hatte sich im ganzen Hause herumgesprochen, daß ein Haufen Kriegsknechte im Hofe stünde. Alle Studenten — unter ihnen der Schwanthaler — drängten sich an die Fenster und rissen sie auf. Welch eine Parade! Nicht einmal am Fronleichnamstage rückten soviele Uniformierte aus! Da scheint sich Großes anzubahnen! Jetzt knarrte unten das schwere Eingangstor. Rektor Hacklinger trat, vom Pater Minister begleitet, in den geräumigen Hof.

»Herr Rentmeister, Ihr beehrt unser Haus zu früher Stunde, noch dazu in martialischer Begleitung. Ist etwa ein neuer Krieg ausgebrochen? Der Herr verschone uns!«

»Kein Krieg, Pater Rektor, aber eine kleine Untersuchung Eures Hauses!«

»Da sei Gott vor! Unser Haus steht dem Kurfürsten und dem Fürstbischof offen, es ist jedoch kein Tummelplatz für verspätete Landsknechte! Solltet Ihr von einem der beiden erwähnten Herren einen gemessenen Auftrag haben, dieses von Seiner Durchlaucht persönlich gestiftete Kollegium zu visitieren, so laßt mich ihn sehen!«

Mit vorgewölbter Brust, gleich als forderte er den anderen zum Zweikampf, stand der Rektor Hacklinger da und wartete.

Der von Plankenberg verzog das Gesicht zu einer spöttischen Grimasse: »Man lernt nicht aus! Seit wann beherbergen denn die ehrwürdigen Jesuitenväter hinterhältige Ehebrecher?«

»Die Jesuitenväter beherbergen alles, was Mensch ist und ihres Schutzes bedarf. Ein Ehebrecher jedoch hat die letzten fünf Jahre, seitdem ich hier das Rektorat betreue, dieses Hauses Schwelle nicht übertreten!«

»Wollt Ihr leugnen, daß der Reisemarschall einer in heiliger Ehe gebundenen Dame dieser Stadt bei Euch Asyl gefunden hat?« Man hätte es kaum für möglich gehalten, daß der papierne Rentmeister so auftrumpfen konnte.

»Und wenn es so wäre«, erwiderte der Rektor, indem er sich dem anderen um einen weiteren Schritt näherte, »wenn wir tatsächlich einen verbärgen, der nicht bloß Ehebruch, sondern alle sieben Hauptsünden auf sich geladen hätte, dann beherzigt das Wort, das Ihr soeben selbst ausgesprochen habt: Asyl! Und überhaupt, wollen wir uns hier zanken wie die Ministranten vor einer Hochzeit? Schickt Eure Landsknechte heim, dann laßt uns ins Haus gehen und reden! Denn so gereichen wir der ganzen Umwohnerschaft zum Gelächter!«

Hacklinger wandte sich ab. Der Rentmeister ließ seinen Haufen unter dem Kommando des Profoses abziehen und folgte dann dem Rektor ins Kolleg. Im anschließenden Gespräch, das unter vier Augen geführt wurde, stellte Hacklinger klar, unter welchen Voraussetzungen damals die Ehe zwischen dem Fräulein von Tumberg und dem Herrn von Rechlingen geschlossen worden war und daß sich besagter Herr aller Diskretion befleißigen möge, um seine Position in München nicht zu riskieren. Man könnte nämlich allenfalls mit Zeugen aufwarten, daß selbst die Frau Kurfürstin, die doch einiges gewöhnt sei, bis unter die Haarwurzeln schamrot anlaufen würde. Diese Bemerkung wolle er, Hacklinger, als Drohung verstanden wissen!

Plank von Plankenberg war ein guter Verwaltungsjurist, sonst aber ein naiver Herr. Als er den Rektor verließ, war ihm klar, daß er für den von Rechlingen keinen Finger mehr krumm machen würde. Er entschuldigte sich vielmals und lud den anderen auf folgenden Sonntag zum Wildschweinessen ein.

Am anderen Morgen fuhr der Wagen des Rieder Burggrafen in den Hof des Burghauser Jesuitenkollegiums und nahm den Schwanthaler mit. Der hätte sich zwar noch gern von der Baronin verabschiedet, wurde aber vom Rektor gebeten, dies zu unterlassen. So kehrte er am 28. September, dem Fest des heiligen Böhmenkönigs Wenzeslaus, zu den Seinigen in die Priesterzeile zurück.

## Die Wende

Die Wiedersehensfreude im Hause Schwanthaler hielt sich in Grenzen. Nur der elfjährige Johann Franz strahlte übers ganze Gesicht, als er den Vater erblickte. Die zehnjährige Magdalena strahlte zwar auch, aber erst nachdem sie ihr Mitbringsel – fünf blanke Schlick'sche Taler – in Händen hielt. Der Bruder Matthias brachte gleich in der ersten Stunde seine Kündigung vor, weil er nach Krems verziehen und dort heiraten wolle. Und der Gesell Andreas Tamasch gestand, daß er sich nicht an die großen Apostelfiguren für Mattighofens Hauptaltar herangewagt habe. Die über sechzig Jahr alte Schwanthaler-Mutter meinte: »So, bist wieder da!« und rührte weiter an dem duftenden G'röstl in der mächtigen Pfanne. Nur die Evi, die sich auffallend gut erholt hatte, fragte schüchtern: »Bist wohl nit gut beisammen? Siehst so blaß aus! Und dünn bist worden!« Er erklärte, daß das auf eine Vergiftung zurückzuführen sei, die er jedoch schon überstanden habe. Er erzählte einige Stunden lang in großer Offenheit. Nur daß er als Reisemarschall der Frau von Rechlingen gereist war, erzählte er nicht. Am Ende hätte seine Frau nur ein unruhiges Herz bekommen – grundlos!

Als er dann am Abend mit ihr allein war, erfuhr er auch den Wandel der jungen Voglin. »Und glaub mir's, Thomas, sie hat in Schalchen eine ehrliche Beichte abgelegt!«

»Nach all dem, was war, Evi, ist's für mich arg schwer, bei

der Almayerin an eine Ehrlichkeit zu glauben. Doch sei's! Wir brauchen sie nicht und wollen nichts von ihr! Sie sollen uns in Ruh lassen – besonders er! Und trotzdem krieg ich bei dem Gedanken, daß euch der Vogl unterstützt hat, einen Brechreiz!«

»Verstehen kann ich dich«, erwiderte die Frau, »aber die Evi tut mir leid!«

Sie redeten miteinander noch über ein paar belanglose Dinge. Dann schrie der Kleinste, und die Schwanthalerin zog sich in die Schlafkammer der Kinder zurück.

Thomas zündete ein Öllicht an und begab sich in die Werkstatt. Auf seiner Werkbank lagen die zweiundvierzig Messer, Meißel und Eisen, der Größe nach aufgeschlichtet, noch in der gleichen Reihenfolge, wie er sie verlassen hatte. Auf seinen Bock, dessen Tisch man mittels eines hölzernen Zahnrades heben und senken konnte, hatten sie einen vier Ellen hohen Ahornklotz gestellt und daneben die Visierung des nackten Altaraufbaues, die für den Schreiner Wolfgang Weiß in Mattighofen bestimmt war. Thomas hatte sie noch vor seiner Reise dem Herrn Kyrmayer gezeigt und dessen Billigung erhalten. Als aber Matthias damit beim Weiß erschienen war, hatte der die Fertigung des Aufbaues abgelehnt, mit dem Hinweis, daß sich da ein Berechnungsfehler eingeschlichen haben müsse, denn der Raum für die Figuren der Apostelfürsten sei viel zu groß, solch mächtige Statuen vertrage das feingegliederte Altargerüst nicht. Danach war natürlich weder in der Weiß'schen noch in der Schwanthaler'schen Werkstatt etwas geschehen.

»Deppen, alle miteinand!« murmelte Thomas vor sich hin, stellte das Öllicht auf ein Postamentl und setzte sich vor den Bock mit dem Ahorn. Seine Blicke glitten an dem Klotz auf und nieder, während ihm war, als ob dahinter auf der kahlen Wand, wo im Öllicht sein eigener Schatten zuckte, eine Gestalt herausträte, vorstürmend und mit der Haltung eines, der sich zum Degengefecht bereitet. Der ausgestreckte rechte Arm mit dem vorgestreckten Zeigefinger schien zu bedeuten: Komm nur her, ich warte bereits auf dich! Und der herrische Blick über der starken Nase und den leicht geöffneten Lippen schien zu warnen: Hoffentlich hast du dir's überlegt! Es ist ein Wagnis, mit mir anzubinden! In den üppigen Bart dieser Gestalt, die jetzt Züge des Rektors Hacklinger und des Moses zugleich annahm, peitschte ein Sturm, der sogar den feinen Talar neben dem ausschreitenden linken Bein zu lauter Tütenfalten zusammenschob. Der weite Mantel aber wallte auf unter der Erregung dieses stolzen Mannes. Thomas Schwanthaler hörte sich selbst sagen: »Gib ihm noch ein mächtiges Schwert und ein heiliges Buch in die Hände, mach ihm einen Strahlenkranz aufs Haupt, der einem Bündel von Blitzen gleicht — und du hast den Apostel Paulus!«

Thomas erhob sich langsam aus seiner krummen, nach vorne geneigten Haltung. So als drücke ihm aufs Genick eine schwere Bürde. Mit der Rechten griff er unter die Bank nach der langstieligen Axt. Dann arbeitete er sich in der nächtlichen Werkstatt in ein rauschendes Furioso hinein. Er hackte auf den Ahornklotz ein, als wollte er ihn in lauter Stücke zerspellen. Das dröhnte durchs ganze Haus.

Da kam auch schon die junge Frau. Sie hatte noch nicht geschlafen. Sie blieb, eingehüllt ins schwarze Schultertuch, unter der Werkstattür stehen. Gleich darauf kamen der Gesell und der Bruder Matthias. Mit erschreckten Augen, aus denen der Schlaf gewaltsam vertrieben worden war, schauten sie neben der Evi unter dem Türstock herein. Um Gottes willen! Er wird doch nicht . . . !

Thomas aber tobte weiter. Er sah die drei Menschen nicht, die, in Sorge um seinen Geist, blöde auf ihn hinstarrten. Späne und Keile flogen vom Ahorn weg nach allen Seiten. Der Schweiß stand ihm in Perlen auf der Stirn. Da ging der

Gesell hin und zündete im Kachelöfchen das niederge-
brannte Feuer wieder an. Wenigstens sollte sich der Meister
nicht erkälten. Und die Evi eilte in den Keller hinab, holte
einen Krug mit Wein und stellte ihn dann wortlos auf die
Werkbank hin.

Je länger sie ihm nun unter dem Türstock zuschauten, desto
mehr erkannten sie, wie sich in groben Umrissen eine gewaltige Gestalt aus dem Holz schälte. Die Starre wich aus
ihren Gesichtern, aber keiner sagte ein Wort. Denn in solchen Augenblicken, wo er die Axt in der Hand hielt, hätte
ein unbedachtes oder unzeitgerechtes Wort lebensgefähr-
lich sein können. Sie spürten jetzt auch, daß seine Axthiebe
überlegter wurden, langsamer und sanfter. Schließlich
stellte er das Werkzeug weg, musterte kurz den ins Leben
drängenden Torso, drehte sich dann ruckartig zu den Seinen um und bleckte lachend die hellen Zähne: »So macht
man's, wenn man einen Paulus macht! Ein harter Mann
muß die Axt spüren! Vor zweihundert oder dreihundert
Jahren haben sich die Rittersleut auch noch mit Äxten
gedroschen!«

»Wenn du nur nicht immer gleich so wild dreinschauen
tätst! Wie der Henker in Schalchen!« sagte da die Evi.

Da ging er auf sie zu und umarmte sie, was er sonst nie in
Gegenwart eines anderen getan hätte.

Am anderen Tag ritt er nach Mattighofen, wusch dem dortigen Schreiner Wolfgang Weiß gründlich den Kopf wegen
des »zu feingegliederten Altargerüsts« und besuchte seinen großen Gönner Andreas Kyrmayer. Er versprach ihm,
den Hauptaltar für die Stiftskirche zum hochheiligen Weih-
nachtsfeste aufzustellen, vorausgesetzt, daß sich der
Schreiner und Faßmaler auch fest in die Speichen legten.
Darüber freute sich der geistliche Herr sehr und kündete –
wie um sich erkenntlich zu zeigen – dem Schwanthaler ein

bevorstehendes großes Ereignis an: »Im kommenden Sommer gedenkt der Salzburger Herr Fürstbischof dem Herrn Kurfürsten von Bayern einen Staatsbesuch abzustatten. Dazu sollen von beiden Seiten auch ein paar Landschaftsabgeordnete und ein paar Künstler eingeladen werden. Wie ich von unserem Passauer Herrn erfuhr, sollt auch Ihr unter den zu Ladenden sein.«

»Wie hab ich das verdient?«

»Das haben Euch die heilige Barbara und ihr Henker eingebracht. Herr Wenzeslaus ist nämlich an Mariä Himmelfahrt bei uns gewesen und ließ sich's nicht nehmen, nach Schalchen hinauszufahren.«

»Und was hat er gemeint?«

»Was er gemeint hat? Die Hände hat er vorm Gesicht zusammengeschlagen, hat dann den Burghauser Jesuitenrektor an den Schultern gepackt und gerufen: ›Das ist er selbst, das ist unser Schwanthaler!‹ Und eine geschlagene Stunde lang ist er von Eurem Werk nicht mehr losgekommen!«

Wie Öl gingen diese Worte des geistlichen Freundes dem Schwanthaler ein. Wenn solche Männer um ihn waren, was konnten dann ein Vogl in Ried oder ein Rentmeister an der Salzach gegen ihn ausrichten!

In den folgenden spätherbstlichen Wochen ging es in der Werkstatt an der Priesterzeile hoch her. Während der Gesell Andreas Tamasch Fruchtbuschen und beflügelte Engelsköpfchen schnitzte, während die vier großen Kinder emsig Knorpelwerk und Blätter gestalteten, entstanden unter des Meisters Händen die Figuren der heiligen Apostelfürsten: Ein kräftig zupackender, von sinnlicher Vitalität strotzender Paulus, daneben ein ruhiger, gelassener, von Vertrauensseligkeit geprägter Petrus. Als sie poliert waren, stellte sich der Maler Wolf Günzinger von Mattighofen ein. Beide erhielten Goldmäntel, das Futter und die

Kleider wurden abwechselnd leuchtend blau und rot lüstriert, während die Inkarnate, das heißt die Hände, Füße und Gesichter, mit zwei Schichten emailartiger Fleischtöne überzogen wurden. Auf der »feingegliederten« Altarretabel des Schreiners Wolfgang Weiß, die jetzt vom Günzinger auch noch die übliche schwarz-goldene Fassung erhielt, standen die Apostel wahrhaftig wie alles beherrschende Himmelsfürsten.

Weil die Kinder so fleißig mitgearbeitet hatten und weil Weihnachten vor der Tür stand, schnitzte ihnen der Vater ein Jesuskind, dem er das gelockte Köpfchen ihres Schwesterchens, der dreijährigen Susanne, gab und das er ebenfalls vom Meister Wolf Günzinger fassen ließ: glanzvergoldet das Kleid, mattvergoldet das Haar. Am Heiligen Abend stellte er zur Freude der ganzen Familie dieses ellenhohe Christkind mitten auf den weißgedeckten Tisch.

Gleich in den ersten Wochen nach seiner Heimkehr war die Almayer Evi einmal beim Schwanthaler eingekehrt, aber eben nur einmal. Sie hatte ihn um eine Unterredung ersucht, war jedoch brüsk abgewiesen worden. Er hatte ihr das nicht einmal persönlich gesagt, sondern durch seine Frau ausrichten lassen. Darauf hatte sie ihrem Mann erklärt, sie sähe keine Möglichkeit, mit dem Schwanthaler auch nur ins Gespräch zu kommen, geschweige denn zu etwas anderem. Der Vogl war zu klug, als daß er nicht von vorneherein die Zwecklosigkeit aller ihrer Bemühungen geahnt hätte. Denn so, wie seine Frau jetzt daherkam, aufgeschwemmt, bleichsüchtig und talgig, würde sie auf den Rebeller eher abstoßend wirken. Weil er aber das ganze »Rebellerpack« ein halbes Jahr »für nix und wieder nix durchgefüttert« hatte, glaubte er Grund genug zu haben, seine Frau täglich einmal zu verprügeln.

Die arme Voglin fand nirgendwo Trost, auch nicht beim

Vater. Der war selber so verschreckt, daß er jedesmal, wenn er ihr in den Weg kam, zu flennen begann. Seitdem ihm der Schwiegersohn nämlich jeglichen Weingenuß verboten hatte, verschaffte sich der alte Mann heimlich seine Getränke und stürzte sie dann vor lauter Angst gierig und meistens zuviel davon hinunter. Man konnte also nie sicher sein, ob er gelegentlich auch mal nüchtern war.

Die Evi irrte fast den ganzen lieben Tag im Hause herum, immer in Angst, ihrem Manne zu begegnen. Sicher fühlte sie sich nur, wenn sie in der Kuchel am Herd stand. Und selbst da konnte es passieren, daß er ihr vor den Mägden ein Holzscheitl an den Kopf warf. Sie kam sich vor wie ein ausgestoßener Hund, der dennoch immer wieder zurückkehrt, weil er einfach nicht weiß, wie und wo er anders weiterleben soll.

Dann kam Weihnachten, die Rauhnächte begannen. Eines Abends pochte jemand ans Tor der Weinwirtschaft. Es war der Dorfscherge von Aurolzmünster. Umständlich schüttelte er sich den Schnee von der Montur und berichtete dann, daß man die alte Muhm, die eine Verwandte zu den Almayer'schen gewesen sei, halb verhungert und halb erfroren hinter dem Hollenberge gefunden habe, nicht weit ab von ihrer Hütten. Ob das Begräbnis übernommen werde oder ob man die Leich' einfach einscharren solle. Der Vogl rief seine Frau und ließ sie mit dem Manne unter dem Tor allein. Das war freilich sinnlos, denn wie hätte sie eine Entscheidung zu treffen gewagt! Aber er wollte gefragt sein. Als sie das dann tat, spielte er sich vor dem Aurolzmünsterer Amtmanne als gönnerhafter Anverwandter auf: Natürlich sollte die Muhm eine »würdige Leich'« haben! Er werde für alles aufkommen, auch noch einen guten Groschen in die Gemeindekasse tun und auch nicht vergessen, dem dortigen Herrn Pfarrer drei Seelenämter zu bezahlen. Sein geschäftskundiger Sinn sagte ihm nämlich, daß jede Großzügigkeit einer Behörde gegenüber ihren Gewinn abwarf, wenn sie nur ordentlich ins Licht der Öffentlichkeit gerückt würde. Und was konnte öffentlicher sein als eine richtige Leich'?

Als der Dorfscherge weg war, fragte die Evi, ob sie den Kastenschlitten nehmen und hinausfahren dürfe zur Hütte der Muhme, denn möglicherweise sei da noch ein Nachgelassenes.

»Schlittenfahren?« fragte er voller Hohn. »Wer fährt denn mit dem Schlitten, wohin er auf Schusters Rappen kommen kann!«

Als er das gesagt hatte, fiel in Evis Herzen die letzte und ganz kleine Tür, die noch zu ihm hätte führen können, lautlos zu.

## Der Tod im Zickzack

Am anderen Morgen machte sich die Vogl Evi auf den Weg nach Aurolzmünster. Nicht daß sie die im dortigen Beinhaus liegende erfrorene Muhme hätte sehen wollen, aber in ihrer verlassenen Hütte konnten möglicherweise noch alte Heilmittel und Zauberkram verborgen sein, vielleicht sogar alte Schätze. Bei Hexen weiß man so etwas ja nie!

Sie stapfte im hohen Schnee dahin, den bekannten Weg der Antiesen entlang und dann hinein in den Hochwald. Es war ein hartes Gehen. Während der Weihnachtstage hatte sich kein Holzknecht da herausgewagt. Keine Spur war zu sehen, selbst die des Schergen von gestern abend war fast zugeweht und verriet nur noch die ungefähre Richtung. Über dem Hausruck und den Salzburger Bergen leuchtete ein heller Morgenhimmel, von grauen Wolkenbänken durchbrochen. Ein warmer Sturmwind pfiff herüber, der von Minute zu Minute an Kraft gewann. Die schlanken Fichten ließ er hin- und herwiegen. Dieser Wind drückte auf Lunge und Herz und ließ den hohen Schnee immer nasser werden und nachgiebiger. Evi sank bei jedem Schritt bis über die Knie hinein. Und die Gewalt des Sturmes nahm zu. Heiliger Gott, wenn ich jetzt steckenbleib! . . ., dachte sie. Fichtenzapfen, die nicht einmal der Herbstwind zu lösen vermocht hatte, sausten wie Steinlawinen nieder. Dürre Äste fuhren wie Speere rings um sie in den Schnee. Mächtige Schneebretter, die im breiten Geäst hingen, wuchteten mit dumpfem Krachen in das halbwüchsige Niederholz und knickten die zarten Spitzen.

Eva Voglin hatte noch kaum den halben Weg bis zum Hollenberg hinter sich und quälte sich jeden Schritt mühselig ab. Ringsum hörte sie nur Splittern und Krachen und das Prasseln berstender Stämme. Auf einmal brach über der aufschreienden Frau ein gewaltiger beschneiter Ast nieder und drückte dann die Erschlagene tief hinein ins weiße Grab.

»Der Tod geht im Zickzack!« sagten die, welche am späten Nachmittag das erfrorene und zerschundene Weib fanden. »Zwei vom gleichen Blut hat er sich geholt. Fehlt noch ein dritter!«


Veit Adam Vogl trug das Ableben seiner Gattin mit der Würde, die er seinem Amt eines Marktratsmannes schuldig zu sein glaubte. Zuerst ordnete er an, daß die ortsansässige Totenfrau nicht genüge, sondern die »Seelnonn'« von Obernberg her müsse, um den standesgemäßen Ablauf der Beerdigung zu sichern. Als diese Seelnonn' mit Namen Veronika Singerin eintraf, gab er ihr sofort genaue Anweisungen. Doch da hatte er die Falsche erwischt. Veronika erklärte nämlich, sie wisse genau, was sie zu tun habe, und verbiete sich jede Einmischung. Er brauche ihr nur Rede zu stehen, wenn sie ihn frage, so zum Beispiel, wer die beste Freundin der Verstorbenen gewesen sei, weil die das Totenlichtl neben dem Sarg einhertragen müsse. Darauf wußte Veit Adam keine Antwort. Erst die Mayerhoferin, die danebenstehende Totenfrau von Ried, brachte ihn auf den Gedanken, daß es die junge Schwanthalerin gewesen sein könnte, weil die beiden den Sommer über öfter miteinander ausgefahren wären.

»Ja, aber . . . !« sagte er dann, und die Weiterrede blieb ihm zunächst im Halse stecken. »Wird die's denn machen?«

Erwiderte die Mayerhoferin: »Mein' schon, denn die ist ein lieb's Weiberl!«

Kleinlaut erklärte sich der Vogl bereit, man möge die Schwanthalerin laden.

Nun begannen die zwei Frauen, die Tote herzurichten. Sie wuschen den Leichnam und schütteten das Wasser danach in den Mühlbach, damit die Dämonen übers Rad liefen und fortgeschwemmt würden. Alsbald trat die Seelnonn' vor die spärlichen Blumenstöcke am Fensterbankl und sagte ihnen laut den Tod der Hauswirtin an, rückte auch ein wenig an ihnen herum, damit die Verstorbene das Leben der Blumen nicht mit nachziehe.

Als gegen Mittag der Sarg eintraf, betteten sie die Evi hinein und stellten ihr zu Häupten sechs rote Wachskerzen auf zum Zeichen dafür, daß sie eines gewaltsamen Todes gestorben sei. Ihr zu Füßen stellten sie ein irdenes Schüßlein mit Weihbrunn und einem Buxzweiglein zum Aussprengen. Hinzu taten sie noch drei Krüge, einen voller Korn, den anderen voller Kümmel, den dritten voll rotem Weichsel, und ein Brot. Jeder Leichengast sollte davon ein Becherlein und eine Schnitte erhalten, sollte sein Vergelt's Gott! sagen und so der armen Seel' die Einfahrt in die Ewigkeit erleichtern.

Nachdem sie im Trauerhause auch noch den breiten gewölbten Flur mit schweren weißen Linnen ausgeschlagen hatten – weiß war damals noch die Farbe der Trauernden! –, ging die Totenfrau durch den ganzen Markt, um da und dort die Leich' anzukündigen, bei den Geschäftsleuten, bei den Verwandten und Bekannten, vorab jedoch bei den Ratsherren, so wie ihr's der Vogl eingebleut hatte – und schließlich auch beim Bildschnitzer Thomas Schwanthaler. Dann mußte sie im Vormarkt die sechs Klageweiber bestellen, die während der drei Tage, wo die Tote im Hause lag, allabendlich nach dem Rosenkranzgebet eine halbe Stunde lang zu klagen hatten, um mit ihrem durchdringenden Geschrei die Rückkehr des Geistes der Verstorbenen zu verhindern.

Am letzten Tag des Jahres 1672 war die Beerdigung.

Alle, denen die Leich' angekündigt worden war, kamen, um von der im Flur aufgebahrten Voglin Abschied zu nehmen. Hatten sie das getan, stellten sie sich draußen vor dem Weinhause auf. Die Frauen ratschten dabei mit unterdrückter Stimme, die Männer beobachteten die Weiber und flüsterten sich ab und zu eine stille, nicht immer gehörige Bemerkung zu. Zur rechten Seite des offenen Sarges stand der Vogl mit der zwölfjährigen Christiane und dem zehnjährigen Sohn Friedrich. Auf der linken Seite hatten sie den Almayer-Vater auf einen Stuhl gesetzt, denn er konnte kaum mehr stehen. Und die Seelnonn' kredenzte jedem, der Abschied nahm, Brot und Schnaps.

Auf einmal wurde es draußen und dann auch drinnen merklich unruhig. Ein Wispern und Flüstern ging von Mund zu Mund: der Schwanthaler kommt! Mit blassem Gesicht schob sich seine hohe Gestalt durch die Anverwandten den Flur entlang und stand zu Füßen des Sarges. Er nahm das Buxzweigerl, schaute der Toten noch einmal ins Gesicht und sprengte ein paar Tropfen über sie. Die Seelnonn' ergriff das Brot und das Messer. Da trat der Vogl vor, legte die

Hand aufs Brot und nahm ihr das Messer weg. Ein paar Sekunden lang schauten die beiden Männer einander in die kalten Augen. Dann schnitt der Vogl selbst vom Brote ab und reichte es dem anderen langsam hin, ebenso gab er ihm den Becher. Und der Schwanthaler sagte deutlich: »Vergelt's Gott!« Während dieser Szene war es den Umstehenden, als knisterte es über ihren Köpfen.

Die Leute hatten Abschied genommen, die vier Sargträger drängten sich herein und schlossen mit dem an der Wand lehnenden Deckel das letzte Menschenhaus, während die Klageweiber ein letztes Mal ihr Geheul anstimmten. Die Verwandten verließen den Flur, die Träger packten den Sarg und stellten ihn kreuzweise, einmal so, einmal so, auf die Haustürschwelle, damit die Tote nicht als Geist in ihre einstigen Räume zurückkehre. Darauf drehte sich einer um und rief im Namen der Toten in den langen Flur hinein: »Vergelt's Gott für die achtunddreißigjährige Herberg'!« Voraus schritten vier Tragerbuben, die abwechselnd eine mit schwarzseidener Schleife umwundene dicke Kerze trugen. Dann folgten die vier Nachbarssöhne als Sargträger, denn der Brauch wollte es, daß die tote Hauswirtin auf den nachbarlichen Schultern zum Gottsacker getragen werde, um dort von ihrem ewigen Wohnrecht Besitz zu ergreifen. Nebenher ging im weißen Kopf- und Schultertuch die junge Schwanthalerin, in der Laterne das schüchterne Totenlichtl. Sie weinte still vor sich hin.

Vor dem offenen Grab betete Pfarrer Johann Jakob Haurapp das »Libera Domine«, hielt aber keine Rede. Darüber waren nicht nur der Vogl, sondern auch viele Trauergäste entsetzt. Sie versenkten den Sarg, die Schwanthalerin löschte das Totenlichtl aus, die Seelnonn' lud im Namen des Wittibers zum Schwarzmann ins Tanzhaus auf ein »Hinuntertrinken«. Kaum war sie damit fertig, da brach vom Grabrand eine ganze Front Erdreich ab und rutschte nach. »Jessmarandjosef!« schrien ein paar Frauen laut auf. »Da folgt ihr bald eins!« Die Seelnonn' aber zerschlug mitten in das Geschrei hinein das irdene Weihwasserschüsselchen, das im Hause zu Füßen der Toten gestanden war. Durch diesen Schepperer sollte ihr abermals die Rückkehr ins Weinhaus verleidet werden.

Danach leerte sich der Gottsacker und der Totengräber-Loisl sprang in die Grube zum Sarg. Er schaute sich vorsichtig um, lupfte dann ein wenig den Deckel auf und schob einen handsamen Stein zur Toten hinein. Dabei murmelte er: »Evi, den kannst ihm in die Gosch'n schmeiß'n, dem Vogl, wann er dir in der Ewigkeit begegnen sollt'!«

Als sie nach dem Hinuntertrinken ins Weinhaus zurückkamen, erschraken sie: Der alte Almayer-Vater hatte sich am Fensterkreuz hinten in der Kuchel erhängt.

Die böse Kunde von diesem dritten erbarmungslosen Zuschlagen des Todes hatte sich bis zum Abend durch den ganzen Markt verbreitet. Dafür hatte vor allem der Loisl gesorgt, denn ihm war aufgetragen worden, das Grab der Voglin nur leicht zuzuschaufeln, weil man ihr den Vater an die Seite legen wollte.

Als die Schwanthalerischen zum Abendessen um den großen Kucheltisch herum saßen, sagte die alte Mutter: »S' ist ein großer Fallott g'wesen, der alte Schorsch, trotzdem hätt er ein'n bessern Tod verdient g'habt. Aber er hat sich halt g'fürch't vorm Weiterleben, wo's Deandl nit mehr da war.«

Thomas aber sagte über den Tisch hin, fast wie zu sich selber: »Mag sein, wie's will, ich bin mit denen quitt!«

»Freust dich vielleicht sogar ein bisserl darüber?« fragte die Evi.

»Freuen ist wohl nicht das richtige Wort. Aber sie hat der Ewige, und er hat mir Abbitt' getan. Mehr braucht's nit!«

Am 8. Januar 1673 – Thomas ging jetzt auf den Vierziger

zu — kam von Passau ein reitender Kurier nach Ried und verkündete dem Pfarrer Haurapp und dem Burggrafen von Mägerl, daß Seine Exzellenz der hochwürdigste Herr Fürstbischof Wenzeslaus Graf von Thun im Alter von vierundvierzig Jahren wegen eines qualvollen Steinleidens vom Herrn des Lebens abberufen worden sei. Sollte sich irgendein Bürger des Marktes bemüßigt fühlen, dem hohen Toten die letzte Ehr zu erweisen, so habe der Herr testamentarisch festgelegt, daß einem solchen die Reisekosten vergütet würden.

So fuhren denn am zweiten Sonntag nach Neujahr der von Wegleiten, der Pfarrer und der Schwanthaler im pflegsgerichtlichen Amtsschlitten mit Viererzug nach Passau, um einen der bedeutendsten Bischöfe seiner Zeit mit zu Grabe zu geleiten. Als die Kanonen von den Wällen der Veste Oberhaus vierundvierzigmal über den Wald gen Fürsteneck hinüberdonnerten, dachte Thomas an jene letzten Tage, die er mit seinem großen Gönner beisammen war. Er dachte auch angesichts des Doms, der noch eine Baustelle war, an das Wort des vorwitzigen Kammerdieners, wonach nicht die Herzöge, nicht die Bischöfe, sondern die Narren machen, woraus sich die Welt zusammensetzt!

## Am Würmsee

Beim Begräbnis in Passau war auch der Dechant Andreas Kyrmayer zugegen und erzählte dem Schwanthaler, wie sich der Jesuitenrektor Hacklinger über sein Abbild, den heiligen Petrus von Mattighofen, gefreut habe. Nur sei ihm — und das habe er lachend gesagt — unbegreiflich, woher der Meister seinen Nabel kenne, den er dem Heiligen zwischen die wulstigen Kleiderfalten so einprägsam hinein-

geschnitzt habe. Übrigens sei neulich auch der Abt Cölestin
Kolb vom Benediktinerkloster Mondsee in Schalchen zu
Besuch gewesen. Er habe sich derart lobend ausgesprochen,
daß von ihm möglicherweise ein Auftrag zu erwarten sei.
Ende Juni dieses Jahres war auch die Schwanthalerin wieder
einmal so weit und brachte ihr neuntes Kind zur Welt. Die
Wehmutter rief den Marktphysikus zu Hilfe, um einen
Zeugen zu haben, wenn etwas schief ginge. Als der alte
Herr in die Kammer trat, schüttelte er nur mit dem Kopfe.
Der Schwanthaler, der neben seiner Frau stand, sah es und
ging hinaus, denn es wäre sonst zu einer Auseinandersetzung mit Gottfried Zauner gekommen. »Das will ich aber
der Evi nicht antun!« sagte er zur Wehmutter, die ihm mit
dem armseligen Würmchen in der Wanne folgte. Doch die
Alte erwiderte kurz: »Besser, du hätt'st ihr das da nit angetan!« Sie konnte sich eine solche Bemerkung gestatten,
denn Thomas selber war mit unter den ersten gewesen, denen sie in diese Welt hereingeholfen hatte. Er gab ihr keine
Antwort, sondern ging zum Pfarrer Haurapp, um das Tauf-
datum zu besprechen. Auch der war betroffen und meinte:
»Die Evi wird sich an deiner Seite bald den Himmel verdienen!«
Einige Tage danach schickte Dechant Kyrmayer einen Boten, um den Schwanthaler nach Mattighofen zu holen. Von
da reisten sie nach München, erfuhren jedoch hier, daß sie
um einen Tag zu spät dran seien. Der feierliche Einzug des
Herrn Max Gandolph, Fürstbischofs von Salzburg, habe
bereits stattgefunden. Sie könnten aber gewiß noch die
große Promenade auf dem Würmsee miterleben, wenn sie
sich ohne Verzug nach Starnberg begeben würden.
Sie fuhren nach Starnberg. Hier waren auf einer Wiese
unterhalb des kurfürstlichen Schlosses Prunkzelte aufgebaut wie für ein nobles Heerlager. Kyrmayer und Schwanthaler bezogen das ihnen angewiesene und wuschen sich,

soweit das bei der Handvoll Wasser in einem zinnernen Lavoir möglich war. Dann mengten sie sich zusammen unter die vielen Gäste, die auf den eigens angelegten Wegen lustwandelten. Da sah man schöne Damen mit galanten Kavalieren, geistliche Würdenträger mit devot dreinschauenden Sekretären, aber auch gelehrte Männer von der Ingolstädter Universität, die Glatze mit schlichter und meist geschmackloser Perücke bedeckt. Sie diskutierten mit einigen folgsamen Studenten, während vom Seeufer her das Sprachrohr des Hof- und Leibschiffmeisters zu hören war, der vom mächtigen Steuerrad des Paradeschiffes »Bucentaurus« herab den hundertfünfzig Knechten letzte Ruderübungen kommandierte.

Mitten in diesem Durcheinander standen sie plötzlich dem Mondseer Abt gegenüber, der zum Gefolge des Salzburger Herrn gehörte. Der Dechant begrüßte ihn herzlich und machte ihn mit dem Meister Schwanthaler bekannt.

»Ja, es ist nicht zu verkennen, Ihr seid der Henker von Schalchen! Nur daß Ihr halt doch etwas gemäßigter dreinschaut! Ich hätt Euch gern heut abend noch in meinem Zelt gesprochen!«

»Ich stehe Euch zu Diensten, Herr!«

Dann trennten sie sich. Der Kyrmayer drückte dem Thomas die Hand: »Hab ich mir's doch gedacht!«

Am Abend begleitete er ihn bis ans Zelt des Abtes.

»Meister Schwanthaler, es ist nicht meine Art, viel zu reden. Ich bin auch kein guter Beschreiber. Aber ich habe für Euch einen großen Auftrag: Ihr sollt mir einen reichen Doppelaltar für unsere Wallfahrtskirche St. Wolfgang am Abersee schaffen, nicht in Eile, sondern in Vollendung. Wir machen den üblichen Vertrag, und ich zahle, was Ihr verlangt und wann Ihr's verlangt. Wollt Ihr?«

»Gnädiger Herr, wie könnt ich angesichts solcher Güte nicht wollen!«

»Wenn ich Euch so sehe, dann halt' ich Euch für einen echten Menschen. Mensch sein heißt, ein Liebender sein! Ihr müßt mir viel Liebe für dieses Werk mitbringen! Und noch eins müßt Ihr haben: Geist! Heiligen Geist! Der Heilige Geist will nämlich alles das, was uns menschlicher, liebender macht. Es ist nicht nötig, daß feurige Zungen über unseren Häuptern schweben, aber es ist nötig, daß das Feuer in unseren Herzen brennt!«

Thomas fühlte sich von den Worten des Abtes bewegt. Er sprang auf: »Ich versteh' Euch sehr gut, Herr!«

»Das hab ich gewußt, Schwanthaler! Und darum seid Ihr mein Mann! Kommt in den nächsten Monaten nach Mondsee, so will ich Euch meine Pläne zeigen und meine Vorstellungen zu erläutern versuchen!«

»Vergelt's Gott, Herr!«

Thomas Schwanthaler verneigte sich, verließ das Zelt und ging hinab ans Ufer des leise an die Archenbauten schlagenden Sees. Jetzt wollte er allein sein. Er ließ sein inneres Auge hinausschweifen in den weiten Garten Gottes, der die Welt ist und dankte dem Herrgott für seine Augen. Und er bat ihn darum, daß er in der Wirrnis, die allweil um ihn herum sei, seine inneren Gesichte nicht verliere.

Ein strahlender Morgen ging auf. Herrlich lag das Prunkschiff im See, auf allen Seiten bis ins Wasser hinein vergoldet, die leuchtenden Segel schon über alle Masten gesetzt. Herrlich knatterten im Wind die schier unzähligen Wimpel, Flaggen und Fahnen. Die Knechte waren nicht zu sehen, doch ihre hundertfünfzig goldenen Ruder standen in die Höhe, aufgereiht wie die Flügel eines Schwans, jeden Augenblick bereit, auf die Wellen zu schlagen. Dabei war von den hohen Herrschaften weit und breit noch niemand zu sehen. Nur der Schiffmeister, prächtig in Weiß und Blau gekleidet, ließ sich auf einem zierlichen Rennschiff zwischen den Galeassen und Brigantinen hindurchrudern und rief da und dort seine Befehle. Diese wurden auch von allen bereitwillig befolgt. Bald schauten die Suiten der Fürstlichkeiten erwartungsvoll von den Schiffen herab. Während der Abt und der Dechant mit vielen anderen geistlichen Herren auf eine Galeasse beordert worden waren, hatten sie den Schwanthaler auf eine weiß-rote Brigantine befohlen. Hier stolzierten ein paar Leute von niederem Kanzleiadel herum, die andere Hälfte des Schiffes nahm die türkische Musik ein. Als sie sich hatten trennen müssen, war ihm Abt Cölestin noch nachgegangen und hatte gesagt: »Meister, über die beiden Gründerheiligen unseres Ordens könnt Ihr Euch schon Gedanken machen!«

Da bestieg der Schiffmeister den Bucentaurus. Er ließ dem, der die weiß-rote Brigantine steuerte, sofort ein Flaggenzeichen geben, worauf der sein Schiff an die Seite des Prunkschiffes heranschwenken ließ. Thomas erkannte, daß dieses Manöver ihn dem Geschehen näher brachte, denn wo die Musik ist, dort würden wohl auch die Herrschaften sein. Und richtig! Da wurde schon vom Ufer her der lange Laufsteg zum Bucentaurus herausgefahren, Leibwächter breiteten Teppiche darüber und bildeten dann, sich beiderseits an den Händen fassend, eine lebendige Barriere. Schrill aufpfeifend setzte die Musik ein. Kurfürstin Henriette Adelaide betrat im weißen Perlenkleid, von ihrem hohen Salzburger Gast elegant am Händchen geführt, den Steg. Dahinter kam der Kurfürst Ferdinand Maria, begleitet von seinem elfjährigen Kurprinzen Max Emanuel und der dreizehnjährigen Prinzessin Maria Anna. Zurufe und Händeklatschen hörte man von allen Schiffen. Den Herrschaften folgten die Hofmeister, Hofdamen, Hofherren, Kammerherren, Beamten, Offiziere und Garden, und ganz am Schluß der Zwerg, der eine Zwergin war und auf der ganzen Länge des Laufstegs Purzelbäume schlug.

Patsch! Da tauchten die mit Goldblech beschlagenen Ruder

in die flirrende Fläche des Würmsees nieder, das Ankertau quietschte auf dem Sparrenrad, und die Segel stellten sich in den Wind. Lustig ging's dahin Richtung Possenhofen.

Als sie auf der Höhe von Schloß Berg waren, ließ der Schiffmeister Rieder auf dem Bucentaurus zehn Kanonenschüsse abfeuern, die wechselweise vom Wall des Starnberger Schlosses herüber beantwortet wurden. Das dröhnte und hallte ringsum von allen Hügeln.

Auf der mit kostbaren Bildern geschmückten Galerie, die sich balkonartig um den ganzen Bucentaurus herumzog, erkannte der Schwanthaler jetzt auch den Obristjägermeister, den Grafen Gottfried Wilhelm von Tattenbach. Da dachte er sich: Du hättest mich auch lieber erschossen oder von deiner Meute zerfetzt gesehen! Dabei sind wir Schwäger geworden!... Und er lächelte in sich hinein.

In Possenhofen gingen die hohen Herrschaften an Land und speisten unter offenen Zelten, die schon aufgerichtet waren, während man dem Gefolge auf den Schiffen eine echte bayerische Brotzeit servierte. Alle aßen noch gemütlich, als der Graf Tattenbach etwa dreißig wohluniformierte Armbrustschützen auf das Prunkschiff befahl. Die stellten sich in der Galerie auf.

Als dann die kurfürstliche Familie wieder über den Laufsteg ging, fiel die Eleganz der jungen Prinzessin Maria Anna allgemein auf. Das Mädchen hatte nicht die fast zerbrechliche Grazilität ihrer Mutter, ebensowenig die kränkliche Zartheit des Vaters. Eher glich sie – dachte sich Thomas – einer jener klassischen Niobidentöchter des Praxiteles, die er in der Galeria zu Florenz gesehen hatte. Darum wurde ja auch in München und an anderen europäischen Höfen von bösen Mäulern getuschelt, Madame Liselotte d'Orléans hatte es sogar schriftlich breitgedroschen: die Prinzessin soll von Henriettens stattlichem italienischen Leibarzt, dem Baron Simeoni, stammen. Dem Schwanthaler war das einerlei. Er zog seine Mappe und den Rötel hervor und machte von dem Edelfräulein eine Skizze nach der anderen. Und immer erschien sie ihm wie eine weiße Taube. Ihr besonderer Charme offenbarte sich, als die Lustflotte über den See gewechselt war und zwischen Assenbuch und Ammerland in Ufernähe festgemacht hatte. Da trommelten Hunderte von Treibern wohl ebenso viele Hirsche aus den Wäldern heraus ans Seeufer. Als nun die Herrschaften zu schießen anfingen, zeigte sich die Prinzessin geschäftig als Amazone. Sie lief auf der Galerie hin und her, nahm bald diesem, bald jenem Jäger Büchse oder Armbrust ab und schoß in einer Tour. Max Gandolph war von ihrem Jagdeifer so entzückt, daß er selber gar nicht ans Schießen dachte, sondern sich fortwährend in Ovationen über das noble Fräulein erging.

Am Abend ergoß sich zwei Stunden lang vom Starnberger Schloß herab auf den See ein großartiges Feuerwerk. Dabei schossen, im Ufergebüsch versteckt, zwei Bataillone Infanterie, vier Schwadronen Kavallerie und zwölf Feldstücke unaufhörlich dazwischen. Bombenschüsse spien Hunderte von Feuerballen aus, die beim Zerplatzen in der Luft je zweihundert Schläge ausschütteten und auf den glatten Wasserspiegel niederrieseln ließen.

Der Schwanthaler konnte das gewaltige Farben- und Feuerspiel gar nicht so recht von Herzen bewundern, denn er dachte an seine Frau daheim, die jeden Kreuzer zwei-, dreimal umdrehen mußte, während man hier Tausende von Gulden für ein gelangweiltes »Ah!« in den Nachthimmel schoß und dann im See versenkte.

Noch spät, ehe sie schlafen gingen, bat der Abt von Mondsee den Meister kurz in sein Zelt und erzählte ihm die Lebensgeschichte der beiden Gründerheiligen seines Ordens, des heiligen Benedikt und dessen Schwester Scholastika. Und weil er ein Mann war, der seinen Mitmenschen ins Herz

schauen konnte und darum auch die Sorgen des Schwanthalers erkannte, sagte er zum Schluß: »Meister, ich emp-
fehl' Euch meinen eigenen Wappenspruch: In adversis fir-
mior! Widerwärtigkeiten können mich nur stärker machen!«

## Unter der Kapuze

Kaum war Thomas von der ihm aufgenötigten Lustreise an
den Würmsee nach Ried zurückgekehrt und hatte sich mit
dem Gesellen und den großen Kindern wieder in die Arbeit
an den Mattighofener Altären gestürzt, da erschien in der
Werkstatt der Leineweber Adam Carlberger mit seinem
sechzehnjährigen Sohn Paulus. Es schicke ihn der Ratsmann Veit Adam Vogl, und er habe ein großes Anliegen.
Sein Sohn habe zweieinhalb Jahre in Krems die Bildschnitzerei gelernt. Weil aber der Meister krank geworden sei und
ihn an den Meister Veit Adam Vogl verwiesen habe, seien
sie miteinander bei diesem gewesen. Der wiederum habe
erklärt, daß er wegen seiner in der Marktverwaltung über-
nommenen Verpflichtungen sich nicht mehr der Ausbildung eines Lehrlings widmen könne, seinen beiden Gesellen aber diese nicht übertragen dürfe.
»Hat Euch der Vogl wirklich zu mir geschickt oder hat er
bloß den Buben nicht annehmen wollen?«
»Er hat uns wirklich zu Euch geschickt!« bestätigten die
beiden kräftig.
Dies zu hören war für den Schwanthaler eine Genugtuung,
denn damit erkannte ihn der Vogl jetzt endlich als Meister
an. Und weil er sah, daß bald der Mondseer Auftrag auf ihn
zukommen würde, behielt er den Paulus und versicherte,
ihn zu Ostern nächsten Jahres freizusprechen. Bis dahin
war's zwar fast noch ein Jahr, doch der Leineweber ging

beglückt und wollte das Bett und die Wäsche sofort bringen, denn der Bub könne ja gleich dableiben.

Der Meister nahm sich den Paulus auch gleich vor, gab ihm einen Satz Messer und Eisen und ließ ihn nach der Zeichnung ein Akanthusblatt schneiden. Paulus stellte sich sehr geschickt an und verstand, das Werkzeug kunstgerecht zu führen. Er war auch kein Langsamer.

Die Arbeit in der Schwanthaler-Werkstatt ging gut voran. Es wurde Herbst. Da sandte der Augustinerpropst Adam Pichler von Reichersberg an den Schwanthaler einen Brief und bat, er möge gelegentlich ins Stift kommen. Thomas beeilte sich.

Im Prälaturtrakt empfing ihn der Kirchenherr, der ja den Schwanthaler kannte, und gab ihm den Auftrag, in zunächst unbefristeter Zeit die Hochaltäre für die beiden Konventpfarreien Orth und Münsteuer zu errichten. Eine Visierung wolle er nicht sehen, denn der Name des Landsmannes – Pichler war ein Bürgerssohn aus Ried – bürge für Qualität. Als Entgelt erklärte er sich zur Zahlung von hundertfünfzig und hundertachtzig Gulden bereit, auf die nötigenfalls ein Vorschuß genommen werden könne.

Nun hatten aber während der letzten Jahrzehnte Vater und Sohn Vogl alle Bildhauerarbeiten des Chorherrenstiftes durchgeführt.

»Hat's da etwas gegeben?« fragte Thomas.

»Ja, minderwertige Arbeit!« erwiderte Pichler. »Ich will die Gesellen des jungen Vogl nicht schmähen, doch seit er selbst nicht mehr dahintersteht, schludern sie. Und gerade unsere Hochaltäre möchte ich nicht gern verhunzen lassen.«

»Das wird zu Ried – Ihr erlaubt den Ausdruck, hochwürdiger Herr – einen Stunk geben und Vogls Haß auf mich von neuem entfachen.«

»Das ist dann Euer Sach und Sorge, lieber Meister! Denn Ihr werdet verstehen, daß ich mich bei meinen Aufgaben nicht kümmern kann um eure Rivalitäten. Nehmt Ihr nun meinen Auftrag an, oder sollt' ich Euch damit lieber verschonen?«

»Natürlich bin ich Euch gerne zu Diensten, Herr!« Und der Schwanthaler fuhr beglückt mit der Post nach Hause.

Kurz nach Neujahr 1674 reiste er dann nach Kloster Mondsee, nicht ohne sich vorher mit seinen Rieder Freunden, dem Altarschreiner Matthias Weber und dem Faßmaler Francesco Gaman unterhalten zu haben. Er wollte versuchen, den Auftrag ganz und gar nach Ried zu bekommen, was gewiß nicht leicht war, weil das Kloster ja seine eigenen und darum billigeren Schreiner und Maler besaß. Die beiden Männer vertrauten sich ihm an und erteilten ihm vollgültiges Verhandlungsrecht.

Es war ein Wiedersehn wie unter Freunden, als sich der Benediktinerabt und der Bildhauer an der alten bayerischen Kulturstätte begegneten.

»Ich bitt Euch«, sagte Cölestin, »bleibt in Eurem eigenen Interesse ein paar Tage unter uns! Ich weise Euch eine Zelle an, und Ihr kleidet Euch in eine Mönchskutte und betet und arbeitet, eßt und schlaft wie einer von uns. So brauche ich nur die Aufgabe zu stellen und sonst kein Wort darüber zu verlieren. Alles Einzelne werdet Ihr dann in unserem Geiste aus Euch selber herausgebären. Seid Ihr damit einverstanden?«

Thomas war völlig überrascht: »Wenn dieses Experiment aber schief gehen sollt', darf ich dann trotzdem noch mit Euren Weisungen rechnen?«

Der würdige Abt lächelte und fuhr fort: »Dies ist die Aufgabe! Nach Altötting gilt St. Wolfgang am Abersee als der bedeutendste Wallfahrtsort in dieser salzburgisch-bayerischen Grenzmark. Ihr werdet dort eine zweischiffige Kirche finden, für die Ihr einen Doppelaltar zu schaffen habt; der eine Teil sei dem heiligen Wolfgang geweiht, der andere der Heiligen Familie. Zu beiden Seiten des ganzen Altars hätten wir gern die schon einmal besprochenen Gründergestalten unseres Ordens: den heiligen Benedikt und seine heilige Schwester Scholastika. Die Krönung Unserer Lieben Frau soll in der Mitte des Aufsatzes sein, begleitet hier vom Täufer Johannes, dort vom heiligen Wassermann Christophorus. Über allem aber sollte der Herzog des himmlischen Heeres, Sankt Michael, schweben. Das wär Eure Aufgabe!«

»Und in welcher Art wollt Ihr sie ausgeführt haben?« fragte der Schwanthaler.

Der Abt tippte mit dem Zeigefinger auf des Meisters Brust: »In Eurer Art! Ihr habt noch etwas Altmeisterliches in Eurer Schnitzkunst. Behaltet das bei, trotz der großen Pathetik, die Ihr aus dem Welschland mitgebracht habt! Behaltet es auch bei, trotz der fast zu freien Darstellungsweise des menschlichen Leibes, den Ihr so gut erfaßt habt!«

Als ihn zur Nacht ein Klosterbruder in die ihm zugedachte Zelle führte, fand er auf dem Bett eine schwarze Kutte samt ledernem Leibriemen, unter dem Bett ein Paar Sandalen. An der nackten Wand hing die geschriebene Hausordnung neben einem schlechtgeschnitzten Kruzifixus. Der Bruder verneigte sich, flüsterte »Laudetur Jesus Christus!« und schloß die Tür. Thomas Schwanthaler war in den Lebensbereich der Söhne des heiligen Benediktus eingegangen.

Um Mitternacht – kaum war er richtig eingeschlafen – rief die Glocke in den Chor zum nächtlichen Stundengebet. Er verließ seine Zelle. Rechts und links von ihm und auch gegenüber traten die Mönche aus ihren kleinen Behausungen, die Kapuze über den Kopf gestülpt. Er tat dasselbe und folgte ihnen ins schwere eichene Chorgestühl der Kirche. Ein großes Buch lag vor ihm aufgeschlagen, herrlich gemalte Initialen und Lettern waren zwischen die großen blauen Choralnoten hineingemalt. Der Abt stimmte den ersten Satz an: »*Aufer a nobis, Domine, iniquitatem nostram!* – Nimm, o, Herr, meine Bosheit von mir!« Und Thomas betete still weiter: »Ja, Herr, meine Bosheit! Nimm sie hinweg, damit ich das schauen kann, was ich schauen soll: *altare Dei,* einen Opfertisch Gottes!«

Da war ihm plötzlich, als säßen sie mit einem Male mit im Chorgestühl, das heilige Geschwisterpaar, und neigten sich ihm zu. Den Sankt Benedikt hörte er zu sich reden: »Ich stand siebzehnjährig auf der geborstenen Rednerbühne des römischen Forums – du kennst, was von ihr geblieben ist! Ich wollte ein Rechtsgelehrter werden, wie man es vom Sohne eines sabinischen Patriziers erwartete. Da sah ich sie unter mir vorbeipromenieren, die römischen Stutzer mit den ostgotischen Mädchen im langen Blondhaar und die ostgotischen Soldaten mit den römischen Hetären. Und ich sagte mir: Benedikt, so retten wir das Römische Reich, das große Imperium Romanum, nicht in eine neue Zeit! Darauf legte ich auf dem Forum meine seidene Toga nieder, zog ein härenes Gewand an und ging in die Berge. Ich sammelte andere gleichgesinnte Römer um mich, damit es uns vielleicht gelänge, Roms geistiges Erbgut, seine eiserne Disziplin, seine Staatskunst und Organisationsgabe weiterzureichen durch ein christliches Leben an ein barbarisches Zeitalter. Und siehe, Schwanthaler, schon über ein Jahrtausend reichen wir weiter!«

Jetzt flüstert ihm vom anderen Chorstuhl Scholastika lächelnd herüber: »Meister Thomas, ich bin dir nicht unbekannt. Du hast das Töchterlein des Kurfürsten skizziert. Ich war eine weiße Taube wie dieses Kind. Fragtest du mich, was etwa ich weitergereicht habe, welche Antwort würdest du erwarten?« Dann kommt die Antwort von ihr selbst: »Ich habe gezeigt, wie man den Frühling seines Lebens, die Morgensonne seiner Tage lächelnd in die Hände der Not und Armut legt, für die Letzten der Menschen sorgt, für sie betet – und dann wegfliegt wie die Taube, die den Zweig der Fruchtbarkeit gebracht hat.«

»*Adjutorium nostrum in nomine Domini* – Unsere Hilfe ist im Namen des Herrn!« sang Abt Cölestin und bekreuzigte sich. Da stülpten sie wieder die Kapuzen über die Häupter und schritten – das brennende Öllicht in der Hand – ihren Zellen zu.


Als Thomas nach den fünf Tagen unter der Kapuze wieder heimkam, war dort der Teufel los. Der Lehrjunge Paulus hatte soeben nachweislich dem Gesellen zwei Schabeisen gestohlen, außerdem hänselte er fortwährend die Magdalena.

Da erwachte in Thomas der alte Rebeller. Noch im ledernen Reisegewand, wie er war, packte er den Buben und verprügelte ihn jämmerlich. Dann ließ er ihn auf ein Kantholz knien und schickte seinen Großen zum Carlberger Adam. Der kam eilends herbei und mußte nun eine Kanonade von Flüchen, Beschimpfungen und Schmähreden auf sich niedergehen lassen. Als ihm das zu dumm wurde und er auch etwas erwidern wollte, ergriff ihn der wilde Mann am Kragen und schleuderte ihn in die Ecke, wo der Paulus kniete. Dann erwischte er den Rutenbesen und hätte zweifellos beide windelweich gedroschen, wenn ihnen nicht die Flucht um Haaresbreite noch geglückt wäre.

In dem Zustand, wie sie waren, stürzten die beiden Malträtierten aufs Rathaus, wo sie den Vogl vorfanden. Der war unglückseligerweise tags zuvor in Reichersberg gewesen und hatte erfahren, daß die zwei erhofften Altar-Aufträge dem Schwanthaler übergeben worden waren. Und nun kamen die daher und vermaledeiten den Rebeller auch noch. Was sollte man da sagen? Trug sich der etwa mit der Absicht, den Markt wieder einmal aufzuwühlen und durcheinanderzubringen? Dem mußte vorgebeugt werden!

Er bat die beiden, ihn auf das Marktgericht zu begleiten. Als der Regenhardt die Aussagen der Carlberger angehört hatte, sandte er einen Amtsboten zum Schwanthaler mit der Aufforderung, unverzüglich zu erscheinen. Der kam auch. Bei dem folgenden Verhör stellte sich freilich der richtige Sachverhalt heraus, und der Paulus mußte seine Missetaten eingestehen. Trotzdem glaubte der Marktrichter, dem Rebeller, den er noch nie gemocht hatte, bei dieser Gelegenheit eins auswischen zu können und zwar nach dem Vorbild des Herrn Pflegers Mägerl von Wegleiten auf die religiöse Art.

Er setzte sich in seinem Amtssessel würdevoll zurecht und begann: »Es hat sich erwiesen, daß Euch, Thomas Schwanthaler, seitens des Lehrbuben Paulus Carlberger an Sach und Kind Unrecht getan wurde. Darum stand es Euch als seinem Prinzen, das ist Lehrherren, auch zu, den Buben gehörig abzustrafen. Doch entnehmen wir den hochheiligen Schriften, daß Gott der Herr zu verschiedenen Malen Himmel und Erde gegen den Menschen mobilisiert hat, um ihn zu bessern. Denken wir an Sodom und Gomorrha, denken wir an die Sintflut, denken wir an die Plagen über Ägypten! Hat er damit den Menschen gebessert? O nein, mit seiner ganzen Allmacht hat Gott beim Menschen nichts erreicht! Erst als er selber Mensch geworden ist und Barmherzigkeit geübt hat, erst da ist es ihm gelungen, den Menschen zu bessern. Deshalb bitt ich Euch, Meister Schwanthaler, im Namen des alten Carlberger, Ihr möget den Lehrbuben noch einmal behalten und der Vereinbarung gemäß zu Ostern freisprechen. Denn schließlich sind wir alle immer wieder auf jemandes Güte und Barmherzigkeit angewiesen!«

So kann man's natürlich auch sehen, dachte sich der

Schwanthaler und gab dem Leineweber die Hand. Der war über die plötzliche Wendung so beglückt, daß er seinem Sohne gleich ein paar Watschen gab und eine eindringliche Mahnung hinzufügte.

Und wieder zogen ein paar ruhige Monate ins Rieder Land, bis eines Tages im August auf der Marktrichterei folgendes namenlose Schreiben — es liegt heute noch in den Aktenbündeln — durch ein streunendes Armeleutkind eingebracht wurde: »An ehrenveste, hoch- und wohlvornehme, vorsichtige, ehrsame und wohlweise Herren Richter und Rat des kurfürstlichen Marktes Ried. Großgütige und gebietende Herren! Man leidet Leut im Rat, welche von zweien Vätern geboren, und dies ist der Vogl und ist ein Pfaffensohn — ein Hurensohn und ein Kind verdammter Geburt!« Dem Vogl fiel das Blatt aus den Fingern, als er es las, so zitterten seine Hände. Er sah um sich. In den Augen der älteren Ratsfreunde war eine Frage zu lesen. Sie erinnerten sich nämlich, daß der Ludwig Vogl nach Ried gekommen war, die mitgebrachte junge Frau Knall auf Fall geheiratet hatte — und ein paar Wochen drauf war Veit Adam zur Welt gekommen. Was hatte hinter dieser Hast und Hetze gesteckt? Woher war sie gewesen, die da so überstürzt geheiratet und geboren hatte? Warum war damals nicht genauer nachgeforscht worden?

»Ja, die Zuag'roasten!« Plötzlich stand dieses Wort mitten in der Amtsstube. Alles beklagte wortreich und laut, daß von diesen Zuag'roasten einer dem anderen die Luft nicht gönne. Da sei der Vogl noch schlechter als der Schwanthaler. Dabei sollten sie doch froh sein, daß man sie überhaupt eingebürgert hatte! Aus Dank dafür vergifteten sie jetzt durch ihr Gezänk das in früheren Jahren so friedliche Klima des ganzen Marktes!

Mit einem Male rief der Pfarrer Haurapp laut durch den

Saal: »Ratsfreunde! Wer kann beweisen, daß diesen Schmähbrief der Schwanthaler geschrieben hat? Denn darauf läuft's doch hinaus!«

Eine Zeitlang Stille.

»Wer beweist's?« wiederholte er.

Die gleiche Stille.

»Dann bitt ich Euch alle, den Brief schweigend ad acta zu legen und zu warten, bis sich der Schreiber meldet. Ist's der Schwanthaler oder sonst einer gewesen, dann wird er sich früher oder später nach der Wirkung seines Schreibens erkundigen, denn den Verbrecher treibt's zum Ursprung seiner Missetat zurück. Erkundigt er sich nicht und auch sonst niemand, dann, liebe Ratsfreunde, hat diesen Brief einer von uns geschrieben!«

Da brauste es im Saal auf wie die überkochende Suppe. Das war eine Beleidigung, eine Verhöhnung des gesamten Rates, eine Verdächtigung und Anschuldigung zugleich! Der Pfarrer aber stand da gleich einem Pfahl im rauschenden Wildbach. »Ratsfreunde«, sagte er, »ich weiß, daß der Vogl in unserer Marktgemeinde seine Feinde hat, und nicht wenige davon kenn' ich!«

Da wurde es langsam wieder ruhig, und Haurapp fuhr fort: »Freilich kann ich jeden verstehen, der ihm feind ist, denn sein Ehrgeiz treibt's zu weit!«

Nun wurde es ganz ruhig im Sitzungssaal . . .

Dann griff einer nach dem anderen zum Hut, der seitlich am Holznagel hing, und verließ mit einem Brummer, der einen Gruß bedeuten sollte, den weiten, holzgetäfelten Raum.

In der folgenden Zeit hat nie jemand nach jenem Briefe gefragt. Der Schwanthaler hat gar erst ein Jahrzehnt später erfahren, in welchem Verdacht er damals gestanden war.

# Zwei Blumensträuße

Während die von Reichersberg bestellten Altäre in der Schwanthaler'schen Werkstatt mit Bedacht begonnen wurden und der Gesell Tamasch daran seine eigene künstlerische Handschrift bezeigte, stürzte sich Thomas in die Arbeit am Doppelaltar.

Es war schon ein Kreuz mit dem Herren Abt von Mondsee! Anstatt zu sagen, wie er sich, das heißt, in welcher heiligen Eigenschaft er sich St. Wolfgang vorstelle, hatte er dem Schwanthaler damals im Winter nur eine Litanei mitgegeben, die von den Wallfahrern gern gebetet werde. Da würde er Eigenschaften genug finden, hatte er gemeint.

Immer wieder zog Thomas das abgegriffene Papier aus dem Schubkasten der Werkbank hervor und las die Anrufungen und Bitten: Sankt Wolfgang, du Heiliger der richterlichen Erleuchtung! – Du Steinerweicher! – Du Heiliger des gerechten Beilwurfs!

Freilich, ein Beil wird er dem Heiligen in die Hand geben müssen. Doch das alles sagt zu wenig aus!

Und weiter hieß es da: Sankt Wolfgang, bewahr uns vor Brünsten und Feuersnöten! – Vor den Wehtagen der Augen! – Vor langwierigen Gefängnissen! – Vor Gicht, Blattern und Veitstanz! – Vor Blutfluß, Herzsucht und Harnstein! – Vor schädlicher Verführung und arglistigem Betrug des Teufels!

Das waren alles lauter echte Anliegen der gequälten Pilger, die sie dem großen Heiligen vortragen. Wie soll er, Thomas Schwanthaler, diesen großen Heiligen gestalten, daß sie ihre Bitten von ihm angenommen sehen, ihre Nöte wiedererkennen? Thomas sann und grübelte. Und plötzlich kam ihm der Gedanke: Die Nöte sichtbar machen? Nein, das wär müßig, denn die trugen die armen Leut ja an ihren Leibern! Aber die Güte und den helfenden Willen des Heiligen und

seine Freundlichkeit, die mußten zu sehen sein! Darum wird
er ein plastisches Bild schnitzen, auf welchem sich der heilige Wolfgang aus dem Altarrahmen herausbeugt und
seine Arme ausbreitet, als wollte er all die in den Litaneien
tausendfach hinaufgerufenen Bitten an sein mitleidendes
Herz nehmen und dem Himmelvater vortragen.

Jetzt machte er sich mit Begeisterung ans Werk. Ebenso
eifrig waren die beiden anderen, der Schreiner Weber und
der Maler Gaman. Sie waren ihm dankbar, denn er hatte
beim Abt einen guten Lohn ausgehandelt: zweihundert-
achtzig Gulden für die Retabelarbeiten, siebenhundert
Gulden fürs Fassen. Dem Schwanthaler selbst hatte der
ehrwürdige Herr siebenhundertfünfzig Gulden zugesagt.

Winter und Frühjahr vergingen während der Arbeit an
den Altären. Auch die Kinder, besonders Johann Franz,
wurden von der Schaffensfreude des Vaters mitgerissen.
Der Bub war geschickt und außerordentlich begeisterungs-
fähig. Ihm traten Freudentränen in die Augen, wenn der
Vater in seiner bildhaften Sprache ihm eine Figur in der
Phantasie ausmalte.

Nachdem er das hohe Reliefbild des heiligen Wolfgang
dem Meister Gaman zum Fassen, also zum Bemalen, übergeben hatte, entwarf er auf einem großen Pergament die
heilige Scholastika. Drei Tage brauchte er, bis er das Bild
voll durchgezeichnet hatte. Dann war er damit hoch zufrieden. Das war wirklich die Prinzessin von Wittelsbach,
die geschmeidige Tochter der Frau Kurfürstin Henriette
Adelaide, so wie er sie auf dem Prunkschiff am Würmsee
gesehen hatte, halb Amazone, halb Göttin. Er heftete das
Bild den Fenstern gegenüber an die Wand.

Am vierten Tage legte er die Axt an den aufgerichteten
Hohlbaum, stellte sie aber bald wieder zur Seite. Diese Frau
mußte er mit behutsamerer Hand formen. Sie sollte eine
Gewandung von niederwogenden und sich wieder aufkräu-

selnden Falten tragen, ein Kleid wie ein Hauch von morgen-
ländischer Seide. Da konnte er kein grobes Werkzeug brauchen. An dieser jungen Gestalt mußten die feinsten Messer
Form und Fülle, Gang und Gebärde herausschälen. Wer wie
dieses Mädchen den Frühling des Lebens und die Morgensonne der Tage in die Hände der Armut gelegt hatte, der
mußte bereits in seinem ersten Werden als zarte Kostbarkeit behandelt werden.
Thomas Schwanthalers Arbeitstage an dieser Heiligenfigur
vergingen wie im Flug. Wenn die gezwirbelten Späne zu
beiden Seiten niederfielen, kam es ihm vor, als ob die Tage
und Stunden von stiller Weihe angefüllt seien.

Mit seiner Frau ging es in dieser Zeit bergab. Nicht, daß sie
geklagt hätte. Das hat sie nie getan. Aber jedermann sah,
daß sie weniger wurde. Thomas horchte sich darum um und
erfuhr, daß eine gewisse Maria Katharina Zetler, eine
Wirtstochter von auswärts, fünfunddreißig Jahre alt, nach
einer Dienstbotenstelle im Markt herumgefragt hatte. Er
ließ sie kommen und stellte sie ein, denn sie schien nicht
dumm zu sein, besaß eine kräftige Statur und verstand zu-
zupacken. Sie war genau das, was man im Eckhaus an der
Priesterzeile brauchte. Die Zusammenarbeit der drei Frauen
gestaltete sich recht harmonisch, denn die alte Schwanthalerin hörte auf zu befehlen. Die Evi hatte ja nie zu befehlen
vermocht, und der Neuen, der Katharina, brauchte niemand zu befehlen, denn sie sah den Dreck von selber.
Als nun Thomas Anfang Mai eine Einladung vom hochwürdigen Kanonikatsstift St. Peter in Salzburg erhielt,
schlug er seiner Frau vor, doch mitzureisen, so wie damals
vor siebzehn Jahren, als sie kaum ein Brautpaar gewesen
waren. Doch die Evi meinte, das sei jetzt nicht mehr möglich, denn sie sei schon wieder in anderen Umständen.
Das war dem Thomas in der Seele zuwider. Aber was sollte

er machen. Wenigstens erhoffte er sich von den Stiftsherren in Salzburg einen Auftrag. Und seine Hoffnung trog nicht. Drei Altäre sollte er ihnen schaffen für die Wallfahrtskirche Maria Plain, einen Josephi-Altar, einen Benedikti-Altar und einen Altar der Heiligen Sippe. Je einen davon wollten die Stifte Lambach und Kremsmünster bezahlen. Die Not im Hause Schwanthaler schien also nun nahezu endgültig gebannt zu sein. Seine Frau sollte es nun leichter haben, nachdem ja auch die neue Magd da war.

Der armen Evi jedoch half weder das in Aussicht stehende Geld noch die tüchtige Magd. Kurz nach Weihnachten – sie war im siebenten Monat – traten Blutungen ein, so stark, daß der Marktphysikus den sowieso erwarteten Abgang gewaltsam herbeiführen mußte. Auch danach hielt der Blutfluß an. Und Mitte März erklärte Gottfried Zauner dem Schwanthaler unter vier Augen, daß es mit Evis Leben zu Ende gehe, es könne sich nur noch um Tage handeln.

An einem dieser Tage kam es dann zwischen den beiden Eheleuten zum letzten Gespräch. Eines Abends, die Evi hatte die Kinder, die so gern um sie waren, fast mit bösen Worten aus der Schlafkammer geschickt. Thomas stand in einer Ecke des Zimmers. Da begann die Todkranke im Bett zu reden: »Thomas, wir wissen beide, wie's um mich steht. Wir haben beide nie große Worte gemacht. So können wir's uns auch jetzt sparen!«

»Hast wirklich keinen Funken Hoffnung mehr, Evi?«

»Keinen! Und ich möcht auch keinen mehr haben!«

»War das Leben mit mir so hart?«

»Es war nicht leicht, Thomas; aber mit einem anderen Manne wär's wahrscheinlich auch nicht leichter gewesen. Ich hätt eben nie heiraten dürfen!«

»Oder ich hätt dich mehr schonen müssen!«

»Ja, wie weiß man, wenn man jung ist, ob man's richtig macht!«

»Ich, Evi, hab's jedenfalls nicht begriffen. Ich hab immer nur an mich selber gedacht.«

»Mach dir deshalb keinen Vorwurf, ich mach dir auch keinen, im Gegenteil, ich dank dir für das viele Schöne, das ich mit dir hab erleben dürfen. Ich hab mich immer mit dir gefreut, wenn dir dies oder das gelungen war, auch wenn ich's nicht so recht hab zeigen können. Und die Kinder, die du von mir hast, ich glaub, die werden dir's lohnen!«

Da konnte er sich nicht mehr aufrecht halten. Langsam kniete er neben das Bett hin und senkte den Kopf. Sie erkannte, das war seine stumme Bitte um Verzeihung. Es war ihm nicht gegeben, bittende Worte zu sagen. So fuhr sie noch einmal mit der Hand in sein schwarzes, gewelltes Haar, ganz kurz nur, und sagte dann: »Schön war's doch!« Darauf drehte sie sich zur Wand, und er ging hinaus.

Am 22. März 1677 ist sie dann im Alter von einundvierzig Jahren gestorben. Noch nie bisher hatte eine junge Frau bei ihrem Leichenbegängnis so viele Trauergäste gehabt. In seiner Grabrede erklärte der Pfarrer, er stehe noch ganz unter dem Eindruck dieses Todes und sei tief erschüttert von der Herzensreinheit und der charakterlichen Sauberkeit dieses jungen Menschen. Und er bitte, es nicht als ein billiges Nachwort oder gar als Blasphemie zu betrachten, wenn er zu behaupten wage, daß sie zeitlebens unverrückbar den ihr bestimmten Pfad der Heiligkeit gewandelt sei. Ihr Sterben aber sei ein Opfertod gewesen. Diese Bemerkung war auf ihren Mann abgezielt und wurde von ihm, wie auch von der ganzen Pfarrgemeinde verstanden.

Gleich nach der Beerdigung bestellte Thomas über seinen Schwager Dallinger, den Handelsmann zu Mattighofen, für achtundfünfzig Gulden aus Nürnberg einen »elfenbeinernen Zahn« und schnitt daraus einen vollrunden Kruzifixus für den Grabhügel. Rund fünfundzwanzig Jahre später – der Meister hat es selbst noch erlebt – wurde dieses

Kreuz während der bayerischen Bauernerhebung von der österreichischen Soldateska geraubt.

Es war wohl eine schicksalshafte Fügung gewesen, daß der Schwanthaler die Katharina Zetlerin eingestellt hatte, vor allem für die Kinder. Sie übernahm jetzt mit der ganzen ungebrochenen Kraft ihrer starken Persönlichkeit die Pflichten der Mutter in allen Bereichen. Selbst die Großen kamen ihr, wenn auch ein bißchen schüchtern, so doch respektvoll entgegen. Bald konnte man feststellen, daß es im Hause nicht mehr so laut herging. Gewiß, sie wollten alle miteinander den traurigen Vater nicht kränken, empfanden aber auch eine stille Zuneigung zur Katharina und hielten sich deswegen in allem zurück. Und es waren noch keine vier Wochen seit Evis Tod verronnen, da wurde sie auf dem Markte von ein paar Schwachköpfen schon als »Schwanthalerin« angeredet.

Das war nun aber gerade der Punkt, in welchem sie außerordentlich empfindlich war. Am gleichen Abend bat sie Thomas auf ein Wort. Bei dieser Unterredung, die in der Werkstatt geführt wurde, erzählte sie nüchtern, was geschehen war, und fuhr dann fort: »Ihr werdet verstehen, Meister, daß eine Magd wie ich nur eins hat, was sie nie verlieren darf: ihren guten Ruf. Deswegen kündig' ich jetzt, und in vier Wochen geh ich!«

»Ich seh's ein, Katharina, wenn's mir auch wegen der Kinder leidtut!«

In der Folgezeit überlegte sich der Schwanthaler seine Lage: Neun lebende Kinder, davon das älteste sechzehn; eine alte, zusammengerackerte, böse Mutter; ein Gesell, dem wohl bald bei den sich mehrenden Aufträgen ein zweiter beigegeben werden mußte; er selber, häufig tagelang unterwegs und – ehrlich bedacht – zum Alleinbleiben noch zu jung. Freilich, ein solcher Gedanke war schier frevelhaft angesichts des unbewachsenen Grabhügels ...

»Dieser Gedanke, lieber Thomas, ist nicht frevelhaft, denn er steht ja nicht für sich allein, sondern muß im Zusammenhang mit den anderen gesehen werden!« So sagte der Pfarrer Haurapp, an den sich der völlig ratlose vierundvierzigjährige Wittiber gewandt hatte. »Und eben deswegen muß der Gedanke deiner Wiederheirat zu Ende gedacht werden! Daß sich viele Bürger das Maul zerreißen und die Betweiber die Zungen verrenken werden, das mußt du mit in Kauf nehmen, ob du die oder eine andere heiratest, ob das morgen geschieht oder überhaupt innerhalb dem Trauerjahr. Wichtig ist allein das Wohl deiner Familie, und zu der gehörst du selber auch! Und da lob ich mir die Katharina sehr, daß sie Klarheit will und nicht mit dir ein g'schlampert's Verhältnis führen, darauf abzielend, dich im Lauf der Zeit doch noch kirre zu machen. Sie ist wahrhaftig ein ganz gerader Michl, die Katharina!«

Der Schwanthaler ließ den Kündigungsmonat nicht verstreichen. Er traf sich mit der Magd wieder in der Werkstatt.

»Wie wär's, Katharina, könnten wir nit heiraten?«

»Heiraten? Ihr mich? Nein, das ist kein Zusammenstand nit!«

»Hat etwa nicht schon mancher Bauer die Magd in die Kammer geführt?«

»Ihr seid kein Bauer!«

»Wär ich bloß einer! Dann hätt ich dir mehr zu bieten!«

»Ich kann mit den Leuten nit reden, mit denen Ihr Umgang habt!«

»Hast du's schon versucht? Glaub mir, Katharina, eine ehrliche Red', frisch von der Leber weg, respektiert auch der Kaiser!«

»Aber da ist noch etwas anderes, Meister! Wenn Ihr mich nur heiraten wollt wegen der Kinder, dann taugt diese Ehe

nichts. Dazu bräuchtet Ihr bloß eine Putzerin und eine Wä-
scherin und eine Kocherin. Die kann ich Euch aber nit machen, weil ich mich kenn'.«

»Was soll das heißen?«

»Das heißt ganz einfach, daß ich Euch mag und daß ich
eines Tages schwach werden tät, und dann wär meine Ehr'
dahin!«

»Ja, wenn du mich magst, dummes Ding, warum magst
mich dann nit heiraten?«

»Weiß ich denn, ob Ihr mich mögt?«

»Mein Gott, Katharina, daß ich dir noch nicht um den Hals
gefallen bin, mußt du doch verstehen! Denn das kann ich
vor Unserem Herrgott sagen: Aussigegrast hab ich nie in
all den siebzehn Jahren, wo ich mit der Evi verheiratet war.
Und solche siebzehn Jahr' vergißt man nit von heut auf
morgen.«

»So war's auch nicht gemeint, Meister! Aber Ihr müßt halt
auch mich verstehen: Ich hab ein Herz, und das will ich
nicht wegwerfen. Ich will auch nicht, daß mir's ein anderer
wegwirft!«

Da trat der Schwanthaler einen Schritt näher an sie hin:
»Was machen wir also?«

Sie war ihm nicht ausgewichen: »Wenn Ihr mich heiraten
wollt, will ich Euch auch! Laßt Euch aber Zeit! Ich dräng'
Euch nit!«

Am 14. Juni 1677 feierten sie eine schlichte Hochzeit. Als
sie nach dem Essen, das der Pfarrer der ganzen Familie im
Widum gerichtet hatte, auf den Gottsacker gingen, legte
Katharina ihren Brautstrauß auf den ganz verwelkten letzten Gruß, den Thomas drei Monate zuvor auf Evis Grab
getan hatte.

# Der von Rechlingen

Papst Klemens X. hatte die Eheangelegenheit der Freifrau
Uta von Rechlingen, geborenen von Tumberg, durch den
Kardinal Paluzzi an den päpstlichen Legaten in München,
Monsignore Domenico Scarlatti, zur Untersuchung weiter-
gereicht. Dem Monsignore seinerseits standen, wie das bei
Diplomaten üblich war, an gewissen Brennpunkten be-
zahlte Informanten zur Disposition. So bekam er bald her-
aus, wie es um das Privatleben des Hof- und Kammerrats
Karl Heinrich Freiherrn von Rechlingen bestellt war. Damit
war es übel bestellt, so übel, daß schon aus dieser Sicht eine
Ehescheidung als Verhöhnung des heiligen Sakraments
hätte empfunden werden müssen, weil man dadurch dem
Herrn noch zusätzlich einen Freibrief für sein lasterhaftes
Treiben gegeben hätte. Die Ehefrau war freilich die Leid-
tragende, denn sie blieb an diesen Mann gefesselt. Aber —
mitgegangen, mitgefangen, mitgehangen! Warum hatte
sie ihn geheiratet!
In diesem Sinne argumentierte der Monsignore nach Rom,
in diesem Sinne auch wurde dort der Fall verabschiedet und
nach einer Frist von drei Jahren der Freifrau bekanntgege-
ben. Eine abermalige Reise nach der heiligen Stadt wäre
also sinnlos gewesen.
Mit dem Herrn von Rechlingen ging die Sache aber nicht
glimpflich aus. Nicht daß ihn Monsignore Scarlatti bei den
hohen Beamten des Geheimen Ausschusses in München
hingehängt hätte. Diese Beamten waren aber selbst hellhö-
rig genug und verfolgten den Fall weiter. Wie kann ein Mann
— so fragten sie sich —, dessen Lebensführung eine Kette un-
moralischen Verhaltens aufweist, in einer Behörde sitzen,
die über Sitte und Gewissen anderer zu urteilen hat? Und
im Handumdrehen hatten sie ihn mit einer mäßigen Ab-
findung an die Luft gesetzt.

Zunächst trieb er sich eine Zeitlang auf den Gütern seiner Verwandten herum. Als aber die Hintergründe seiner Entlassung mehr und mehr ruchbar wurden, distanzierte sich die ehrbare Rechlingen'sche Familie von ihm, so daß er allenthalben kleinere Kanzleidienste ausüben mußte, um leben zu können. Die Folge davon war, daß er körperlich und seelisch herunterkam, so daß er am Ende kaum mehr seine nackte Existenz fristen konnte. Dazu wurde er auch noch ernstlich krank. Und weil das gerade in der Gegend von Braunau war, steckte man ihn kurzerhand ins dortige Lazaretthaus. Hier blieb er den ganzen Winter über und konnte erst in der Fastenzeit des Jahres 1678, als die laue Luft die Heilung seiner Lungen begünstigte, zur weiteren Betreuung ins Burghauser Lazarett entlassen werden. Von dort schrieb er an seine Frau einen Brief . . .

Es war Samstagnachmittag. Vater Schwanthaler saß mit seinen größeren Kindern auf der Bank vor dem Hause und erzählte ihnen von seiner Studierzeit in Burghausen und von der großen Reise nach Rom. Auf diese paar Stunden freuten sich die Kinder schon die ganze Woche, denn was Vater erzählte, das konnten sie leibhaftig vor sich sehen. Da kam ein Viererzug die Priesterzeile herunter und blieb vor ihnen stehen. Thomas erkannte sofort das Wappen. Er erhob sich von der Bank, die Kinder auch. Der Kutscher machte den Verschlag auf, Frau Uta stand unter der Tür der Sänfte. Er trat hin und half ihr beim Aussteigen.
»Maestro Tomaso, wie viele Jahre ist's her?« fragte sie und lächelte.
»Ob Jahre, ob Tage — setzt Ihr Euch ein wenig zu mir?«
Die Kinder verneigten sich vor der Dame und gingen ins Haus. Schade, sie hatte sie um Vaters Erzählungen gebracht!

»Ihr habt schöne Kinder! Ihr seid ja auch ein schöner Mann!«

»Ich hatte eine liebenswürdige Frau!«

»Ich habe mir sagen lassen, sie sei Euch gestorben.«

»Leider! Gott hab sie selig! Aber ich bin schon wieder verheiratet.«

Der Baronin schien der Atem zu stocken: »Was? Schon wieder?«

Dann holte sie eine Schatulle aus dem Wagen und entnahm ihr ein Schreiben: »Meister Schwanthaler, lest diesen Brief und gebt mir einen Rat! Laßt Euch aber noch schnell sagen, daß mein Scheidungsgesuch von einem richterlichen Kardinalskollegium in Rom abgelehnt wurde. Und jetzt lest, bitte!«

Es war ein Fetzen Papier, wohl aus einer Kladde gerissen, mit fahriger Schrift beschrieben: »Ich wage es nicht, Euch als meine liebe Frau anzureden, aber zu schreiben zwingt mich die Not. Ich liege lungenkrank im Stadtlazaretthaus und lebe von der allgemeinen Wohltätigkeit der Bürger. Ich will wahrhaftigen Gottes nicht, daß Ihr mich als Euren Mann betrachtet, ich möchte nur heraus aus dieser tödlichen Atmosphäre. Vielleicht könntet Ihr mir in Eurem Gartenhaus eine Bleibe gewähren und mir von den Überbleibseln der Mahlzeiten Eurer Diener geben lassen. Dies soll aber − und das versichere ich! − nur vorübergehend sein, bis sich meine körperlichen Kräfte wieder gefestigt haben. Sollten sie sich jedoch wider Erwarten nicht festigen, dann bitte ich Euch jetzt schon, mich erneut ins Siechenhaus einliefern zu lassen. Voller Verehrung und Dank: Rechlingen.«

Frau Uta sah, wie der Schwanthaler den Brief zur Seite legte: »Nun, was soll ich tun?«

»Baronin, ich weiß nicht, ob hier ein Mann das Richtige raten kann. Vielleicht solltet Ihr eine Frau befragen.«

Heftig widersprach sie: »Nein! Frauen sind stets geneigt, den Mann ins Recht zu setzen, selbst nach zwanzigjährigem Unrecht! Übrigens, ich habe mir dieser Tage in Arnsdorf den neuen Hochaltar angeschaut. Ihr Bösewicht, da habt Ihr doch tatsächlich unter den goldenen Kleidern der heiligen Katharina jene verfängliche Zeichnung des Fräuleins Tumberg versteckt — womit die ganze Misere begann. Doch lassen wir's! Ich wünsche Euch Glück im Kreise Eurer Kinder und auch mit der neuen Frau!« Und rasch flüsterte sie ihm noch ins Ohr: »... die ich beneide!«

Er küßte ihr die Hand und stützte beim Einsteigen leicht ihren Arm. Der Kutscher drückte den Verschlag zu.

Freiherr von Rechlingen ist nicht mehr ins Gartenhaus gezogen, sondern kurze Zeit später im Lazarethaus an der Auszehrung gestorben. So wollten es der Marktrichter und über diesen der Pfarrer Haurapp erfahren haben.

Maria Katharina Schwanthaler schenkte am 14. Juli 1678 ihrem ersten Sohn das Leben. Schon Monate zuvor hatte sie mit Thomas ausgemacht, ihn — wenn bei der Geburt alles gut ginge — Bonaventura zu nennen: der Gutankommende. Zwar bezeichnen alle Eltern ihr Neugeborenes, selbst wenn es noch so verquetscht und zerschunden ist, als schönes Kind, aber dieser kleine Schwanthaler war wirklich schön. Darum lästerten auch manch junge Rieder Mütter mit einem gehässigen Unterton untereinander: So hat ihm die Dirn wenigstens ein neues Engelsgesicht gebracht! Die Haut des Kindes glänzte wie matter Seidensamt, das Gesichtchen schien aus weißem Onyx geschnitten. Bereits zwei Monate nach der Geburt begann sich der wohlgeformte Kopf mit lauter blondem Ringelhaar zu bewachsen, wohl ein mütterliches Erbteil.

Die anderen Kinder, namentlich die jüngeren, nahmen das Geschwisterchen herzlich auf. Überhaupt strömte jetzt durch das ganze Schwanthalerhaus mehr Freude als früher, eine glückhafte Freude, von der sogar die alte Großmutter angesteckt wurde. Bezeichnend dafür ist ein liebes Relief- bildchen, eine »Ruhe auf der Flucht«, das Thomas in jenen Wochen geschnitzt hat. Auf diesem Birnholztäfelchen — nur etwa 25 Zentimeter hoch und nicht ganz so breit — sind eine ruhig sitzende Maria, seine Frau Katharina, zu er- kennen, die das Kind stillt, während zwei Engel, seine bei- den Jüngsten, mit fliegenden Lockenköpfen herbeieilen, der eine, um der hohen Frau den Mantel zu halten, der an- dere, um dem heiligen Kinde die zerknitterte Windel zu glätten. Dahinter sitzt der heilige Joseph mit seligem Ge- sicht und kämpft deutlich gegen den Schlaf an. Das könnte ebenso die alte Schwanthalerin sein. Das Ganze ist mit nadelzarten Messern geschnitten und wirkt schon fast wie ein Stahlstich. Dieses Bild hat Thomas später dem Augu- stinerpropst von St. Florian für dessen besonderes Wohl- wollen geschenkt.

## Der Kaiser kommt!

Im Mai 1679 mußte sich das Bayernland in Trauer hüllen: Kurfürst Ferdinand Maria war in Schloß Schleißheim ver- storben. Nach dem Tod seiner Gemahlin Henriette hatte er drei Jahre hindurch kaum mehr eine glückliche Stunde verlebt.

Sein inzwischen achtzehnjähriger Sohn Max Emanuel mußte noch über ein Jahr warten, ehe er die Regierung an- treten durfte. In diesem Jahre ging es zu München geschäf- tig her, denn sowohl Frankreich wie auch Österreich war- ben um die Gunst des jungen Fürsten, kannten sie doch seine außerordentliche Tatkraft, die ihn zu den größten Unter- nehmungen, besonders auf militärischem Gebiete, befähigte. Außerdem besaß er, von seinem sparsamen Vater aufgefüllt, eine gesunde Staatskasse. Einer solchen konnten sich weder Frankreich noch Österreich als führende europäische Großmächte jener Zeit rühmen. König Ludwig XIV. war als Verschwender bekannt, und Kaiser Leopold in Wien galt als ein in Günstlingswirtschaft verfangener Schwächling.

So ging denn in jenen Tagen zu Ried plötzlich die Rede, der Kaiser beabsichtige eine Wallfahrt zur wundertätigen Muttergottes nach Altötting zu machen, um sich dort mit dem Kurprinzen zu treffen. Diese Fahrt werde auf den Lust- und Leibschiffen Seiner Majestät die ganze Donau herauf durchgeführt, und wer im Markte Zeit habe, möge nicht versäumen, nach Urfahr bei Obernberg oder nach Braunau zu eilen, denn solcher Glanz sei alle Jahrhunderte nur einmal zu sehen.

Kein Wunder, daß sich vor allem das junge Volk begeistert zusammentat und auf Platten- und Leiterwagen zur Donau fuhr. Johann Franz Schwanthaler und seine sechzehnjährige Schwester Magdalena durften sich ebenfalls anschließen, wenngleich die Maria-Plainer Altäre noch nicht fertig waren. Vater Thomas ließ jedoch die Kinder ziehen. Es hätte ihn selber ja auch sehr gereizt, dieses Schauspiel zu sehen, um wieviel mehr die Kinder, die über die Marktgrenzen von Ried kaum hinausgeschaut hatten.

Die jungen Leute, die nach Obernberg fuhren, verteilten sich auf vier Wagen. Einen davon stellte der Weingastwirt Veit Adam Vogl, denn sein siebzehnjähriger Sohn Friedrich fuhr auch mit. Das gab an jenem Julimorgen einen Jubel und ein Geißelknallen auf dem Hauptplatze zu Ried! Und fast wär es unter den Burschen auch noch zu einem »Raufert« gekommen, weil die Mädchen in der Minderzahl waren und jeder Bursch gern ein Deandl an seiner Seite gehabt hätt. Doch Veit Adam wußte in seiner Eigenschaft als Ratsmann die Gemüter schließlich zu beruhigen, indem er einfach erklärte, er ziehe notfalls seinen Wagen zurück, dann könnten etwa zwanzig Burschen zusehen, wie sie an die Donau kämen.

Das gewichtige Wort einer Amtsperson tat seine Wirkung. Bald fuhren sie vergnügt durch den frühen Morgen im Tal der Antiesen dahin. Unterwegs wechselte man von einem Wagen auf den anderen und trieb auch sonst allerlei Schabernack. Gegen Mittag langten sie auf dem weiten Marktplatze zu Obernberg an. Weil der kaiserliche Schiffzug erst für den nächsten Tag angesagt war, galt es jetzt, sich um eine Nachtherberge zu kümmern. Die meisten zogen es vor, in den umliegenden Heustadln und Feldscheunen zu kampieren. Friedrich Vogl, der eine Tante im Markt hatte, wandte sich plötzlich an die Geschwister Schwanthaler und meinte, sie könnten getrost mit ihm kommen, im Haus der Tante sei Platz genug. Magdalena schaute den Bruder an, und der musterte einen Atemzug lang den Vogl.

»Wenn du's so meinst, Friedrich, wie du's sagst, dann danken wir auch recht schön!« sagte er.

»Mir liegt nix daran, große Sprüche zu machen«, erwiderte der andere. »Ihr seid mir jedenfalls die liebsten!«

Dann fuhren sie zum Hause des Bäckermeisters Groll, der die Schwester des Veit Adam Vogl geheiratet hatte, und wurden hier mit Roß und Wagen sehr freundlich aufgenommen. Die Bäckersleute, die selbst keine Kinder hatten, bemühten sich um die drei, als wäre ihrem Hause ein Heil von oben widerfahren. Der Jungfer wurde die Gästestube angewiesen, während die beiden Burschen eine geräumige Kammer erhielten. Den Nachmittag verbrachten sie zu dritt, indem sie durch den Markt schlenderten. Sie waren das Nichtstun nicht gewöhnt, und so vergingen ihnen die Stunden, in denen sie die anderen geschäftig werkeln sahen, nur sehr langsam. Gegen Abend begleitete sie der

Onkel aufs Schloß, weil er Brot dahin zu liefern hatte. Er bestieg mit ihnen sogar den mächtigen Wehrturm. Da konnten sie den Inn hinabschauen bis zur Veste Neuburg und hinauf bis zur Festung Braunau, deren Bau noch unter dem Herrn Kurfürst Ferdinand Maria abgeschlossen worden war. Im weiteren Umkreis zählten sie an die dreißig Burgen und Kirchen, über die sich der Abend zu senken begann.

»Weiß Gott, es ist schon ein schönes Land, unser Bayern!« sagte der junge Schwanthaler und legte die Hand um die Schulter des jungen Vogl.

Der nickte und meinte: »Leider machen wir uns darin selber das Leben schwer!«

»Wie meinst du denn das?« fragte Magdalena.

»Wir ja nit, aber unsere Väter!«

Da krächzte mit schnarrendem Ton der bekropfte Bäckermeister Groll in die plötzliche Stille hinein: »Wie's mit dem Schwanthaler ist, weiß ich nit, aber der Vogl ist ein ewiger Streithansl. Ein friedlich Auskommen ist mit dem nit möglich!«

Ihm erwiderte nun der junge Schwanthaler: »Unseren Vater heißen sie allweil den Rebeller. Bei der geringsten Gelegenheit braust er auf wie ein Topf voll kochender Grütze. Sonst aber ist er seelengut und auch gerecht.«

»Wenn ich mich nit täusch'«, sagte der Bäcker, »dann hat doch euer Vater den Henker von Schalchen geschnitzt.«

»Hat er!« entgegnete Johann Franz nicht ohne Stolz.

»Wart Ihr schon in Schalchen?«

»Freilich! Mit der Prozession beim letzten Barbarafest. Mein Lieber, das ist dir vielleicht ein wilder Gesell, der Henker! Die Leut sind dortgestanden und haben gegafft und sind schier nimmer losgekommen. Der Schwung in dem aderigen Arm und der kalte Blick! Da läuft's einem grad gruselig über den Buckel hinunter!«

Da sagte Friedrich Vogl, der etwas abseits stand: »Hab auch schon gehört, daß er so gut sein soll. Soll ganz so aussehen wie euer Vater selber. Und die heilige Märtyrerin soll unserer gottseligen Mutter ähnlich sein, sagen die Leut. Freilich, die Leut sagen viel!«

Rasch erwiderte die junge Schwanthalerin: »Die Leut sagen sogar, unser Vater hätt gern deine Mutter zur Frau gehabt, sie habe ihn aber nicht wollen. Und vor lauter Wut sei dann eben der Henker von Schalchen entstanden.«

»Glaubst du das?« fragte der junge Vogl.

Entgegnete Magdalena: »Warum soll's nit so gewesen sein? Das einzige Deandl vom reichen Weingastwirt war sicher eine gute Partie, und unser Vater war ein armer Bursch.«

»Daß meine Mutter reich war, das stimmt, Magdalena«, sagte der Vogl. »Aber mein Vater hat auch nix g'habt. Jedenfalls nicht mehr als der eure. Und dabei ist der eure doch eigentlich der feschere. Man braucht ja nur dich anzusehen: Du bist sein getreues Abbild.«

Magdalena lachte: »Willst du mir schön tun, Friedrich?«

Er darauf: »Zier' dich nicht, Magdalena, du weißt's doch selber! Alle Burschen in der Lateinschul' schwärmen von dir.«

»Du auch?« fragte sie kurz.

»Ehrlich gesagt: ich auch!«


In aller Frühe des anderen Tages – die jungen Leute im Hause des Bäckermeisters Groll schliefen noch – ritten drei Schwadronen prächtig montierter kurfürstlich-bayerischer Soldaten durch das Nonsbachtor in Obernberg ein. Ihnen folgten drei mit Gold beschlagene schwere Reisewagen. Sie waren leer. Hinter ihnen ritt, von etwa zwanzig Kavalieren begleitet, der angehende Kurfürst Max Ema-

nuel. Drei weitere Schwadronen beschlossen den Zug. Bei
der Roßtränke auf dem neuen Markt machten die Soldaten
halt, während der junge Prinz mitsamt der Begleitung durch
die Gerichtsgasse hinüberritt ins Schloß. Die Wagen folgten.

Bald erschienen auch die ersten Bürger am Marktplatz und
horchten. Natürlich! Man hatte sich's ja gleich gedacht,
daß der kaiserliche Schiffszug nur bis Obernberg herauf-
kommen würde! Nicht bis Braunau oder gar noch weiter
hinauf! Von da droben kamen ja fortwährend die Laufener
Nauflözer mit ihren Salzzillen und die Raitenhaslacher
Flößer. Die konnten dem kaiserlichen Zug allenfalls gefährlich werden. Hier in Obernberg wollte der Kaiser in die
Wagen umsteigen, denn er wollte ja nur mit ganz kleiner
Suite kommen, wie sich's gehört, wenn man wallfahrten
geht.

Da fragte der junge Vogl seinen Onkel: »Was steckt hinter
dieser kaiserlichen Wallfahrt? Wenn der Kaiser, der soviel
schöne und berühmte Wallfahrtsstätten in seinem eigenen
Österreich hat, wenn der ausgerechnet zu uns ins bayerische Altötting kommt, dann hat er doch was im Sinn dabei.«
Mit gewichtiger Miene erwiderte der Gefragte: »Da hat
uns neulich der Marktrichter in der Ratssitzung erzählt,
daß man doch wissen sollt, daß der zwanzigjährige Friede
mit den Türken übernächstes Jahr ausläuft. Was aber dann,
wenn Wien ohne Bundesgenossen ist? Die besten Bundesgenossen sind eben die geldigen und die, die gute Soldaten
haben. Und habt ihr sie gesehen, unsere Soldaten, drüben
am Markt, was das für schneidige Burschen sind! Und unser
neuer Herr ist genau so schneidig! Einem solchen muß
doch der Kaiser einen Besuch abstatten! Aber da ist noch
etwas! Der Kaiser hat eine Tochter drunt in Wien. Sie soll
zwar ein bisserl schiach sein, aber sie bringt — wie der
Marktrichter gesagt hat — das ganze Königreich Spanien in

die Ehe mit. Und in dem Königreich soll ja, wie man sagt, die Sonne nit untergehen!«

Die drei jungen Leut aus Ried staunten: Wie gescheit die da heroben sind zu Obernberg!

Die sechs Schwadronen ritten gegen zehn Uhr wieder durch das Rathaustor hinaus und dann den Uferberg hinab nach Urfahr an die Lände. Hier – so hatte es geheißen – sollte um die Mittagsstunde der kaiserliche Schiffszug an die Heftstecken gehen; hier wollte Max Emanuel den hohen Gast empfangen.

Um diese Stunde strömte dann auch alles Volk von Obernberg und was aus der Umgebung gekommen war hinab ans Ufer des Innflusses, denn wann würde man je wieder einen Kaiser sehen! Auch die jungen Leute aus Ried eilten, soweit sie nicht noch in den Heustadln schnarchten, begeistert hinunter.

Es war ein herrlicher sonniger Morgen über dem Unterinntal aufgegangen. Die Reiher standen zum Fluß gekehrt, und es schien so, als ob sie gern einen leichten Wind in ihrem flaumigen Gefieder spielen ließen. Wildenten pflügten ihre Keile ins Wasser, und im Ufergebüsch lärmte eine große Vogelschar.

Als sich die Schwadronen formiert hatten, sprengte ein Grenadier zu Pferde den Seilergraben hinauf, um dem Kurprinzen im Schloß Meldung zu machen. Kurze Zeit darauf kam dieser in Begleitung seiner Kavaliere den Jägersteig herabgeritten. Ihm hatten sich jetzt der fürstbischöflich Passauische Pfleger von Obernberg und der kaiserliche Gesandte in München, Graf Ferdinand August von Lobkowitz, angeschlossen. Max Emanuel saß auf einem Talerschimmel, als er jetzt die Truppe inspizierte. Seine Haltung war betont elegant, sein Gesicht strahlte noch in ungetrübter Jugend. Da wurden auf dem Burgberg die ersten schweren Salven abgefeuert, ein Zeichen, daß der hochherrschaftliche

Schiffzug in Sicht gekommen war. Der Ländhüter mit seinen Knechten ergriff die schweren Wurfseile, der Mautner schritt noch einmal den Treppelweg ab, der Zunftmeister der Obernberger Nauflözer brüllte ein paar Befehle über die Häupter seiner Mannen, worauf der Fahnenträger die schwere Zunftfahne hochstemmte, so daß sie sich im Winde leicht aufblähte. Der Bürgermeister trat an den Landungssteg, von zwei Mädchen begleitet, von denen das eine Brot, das andere Salz auf einem Zinnteller trug.

Abermals donnerten die schweren Geschütze von den Wällen der Burg, zum Zeichen, daß der Kaiser nahte! Acht feinbemalte Leibschiffe, darauf die sechzehn Förgen und die vierzehn Nachkehrer in schwarzgelber Livree an den mächtigen Rudern, während die achtundvierzig Knechte abrufbereit in Reih und Glied im hinteren Begleitschiff saßen. Vornweg ritt am Treppelweg der Vorreiter mit der Meßlatte daher. Immer wieder trieb er sein Roß in den Fluß hinein und prüfte mit der Latte dessen Tiefe. Hinter ihm schritten in munterem Gang paarweise die zweiundzwanzig Zugrösser mit gestutzten Schweifen, damit sie nicht, wenn sie durchs Wasser waten mußten, die Reiter vollspritzten. Im Gegensatz zu den sonstigen Schiffreitern, die man zu Urfahr tagtäglich vorbeiziehen sah und vor allem vorbeiziehen hörte, ging es bei den kaiserlichen höchst gesittet zu. Da war kein Fluchwort zu hören und kein unnützes Peitschenknallen. Selbst die Befehle des Vorreiters hallten nur in gemessener Lautstärke. Dann erschien auch auf dem Gransl des Hauptschiffes der kaiserliche Hof- und Leibschiffmeister. Als er den blauen Kurprinzen gewahrte, zog er seinen Degen und präsentierte. Da trat auch Seine Majestät, Kaiser Leopold von Österreich, auf den Dachgarten des Leibschiffes heraus und schwenkte grüßend den schwarzen Federhut. Wie auf Kommando fing jetzt alles Volk, das da in bunten Haufen an der Urfahrner Lände stand, zu rufen an: »Es lebe der Kaiser!« Und abermals dröhnten vom Schloßberg herab die fürstbischöflichen Böllerschüsse. Das Leibschiff fuhr in den feinen Kies der Lände.

Max Emanuel schwang sich vom Roß und ging dem Kaiser entgegen. Der verließ in Begleitung zweier Flügeladjutanten den Dachgarten und stieg über ein Treppengestell vom Schiff herab. Zuerst entbot der Sitte gemäß der Bürgermeister seinen Gruß mit Brot und Salz. Dann trat der Kurprinz hinzu und begrüßte die Majestät mit einem Kniefall. Leopold fing jedoch den jungen Herrn ab und umarmte ihn und küßte ihn auf die Stirn. Dann wandte er sich zur Seite und ließ sich von einem Adjutanten aus einem schwarzen Samttuch einen goldenen Degen reichen, der über und über mit Diamanten und anderem edlen Gestein besetzt war. Max Emanuel nahm das kostbare Geschenk mit beiden Händen entgegen und sprach, während ihm Tränen in den Augen glänzten: »Allergnädigster Kaiser und Herr, ich werde diesen Degen nur zu Eurer Majestät Nutzen und wider alle Eure und der Christenheit Feinde jederzeit gebrauchen!« Nun also! Jetzt wußte man's. Der Bayer hatte das Geschenk, das symbolische, aus Wien richtig gedeutet!

Da geriet der kaiserliche Hofzeremonienmeister in Not. Nicht genug, daß Seine Majestät vom Schiff aus mit dem Hute gewinkt und dadurch die spanische Etikette gröblichst verletzt hatte, lehnte sie nun auch den bereitstehenden mit Gold beschlagenen Kutschwagen ab und wollt gar noch zu Fuß die steile Mautnerstiege hinangehen! Pausanias von Cilly stand reglos da und erblaßte mehr und mehr. Dann klopfte er dem linken Flügeladjutanten sachte auf den Arm und flüsterte inständig: »Herr, haltet doch die Majestät ein!« Der Angeredete zuckte mit den Schultern: »Soll ich etwa mit dem Kaiser eine Rauferei beginnen?«

Der Kutschwagen mußte leer wegfahren. Leopold nahm den Arm des Kurprinzen, und gemütlich plaudernd schritten sie dahin, blieben immer wieder einmal stehen und erklommen schließlich die Mautnerstiege.

Dort standen die Schwanthalerkinder und der junge Vogl. Es hatte ihnen schon leid getan, daß sie weiter unten keinen Platz mehr gefunden hatten. Aber nun konnten sie dem Kaiser geradewegs ins Gesicht schauen. Der allerhöchste Kaiser war für weibliche Schönheit sehr empfänglich, deshalb verweilte jetzt Leopold vor der schwarzen Schwanthalerin ein Weilchen, tätschelte ihr mit der behandschuhten Rechten zart auf die Wange und meinte, zum Kurprinzen gewandt: »Lieber Bruder Max Emanuel, man müßt noch einmal in den seligen Jahren Eurer Jugend stecken!«

Herrn Pausanias von Cilly wandelte abermals eine leichte Ohnmacht an: Wie steht er da, wenn das alles am Hof zu Wien ruchbar wird! Man wird ihm Unfähigkeit in der Ausübung seines Amtes bescheinigen und ihn gleich einem Sündenbock in die Wüste jagen. Aber was soll er denn machen? Seine Majestät folgt ja nicht!

Kaiser Leopold nahm auf dem Schloß ein Dejeuner ein, während die bayerischen Schwadronen hinter dem Burggraben, in der Gerichtsgasse, der Kupferschmiedgasse und beim Zehenthof zur Wache aufgezogen waren.

Am frühen Nachmittag reiste er dann im Wagen über die Veste Braunau nach Altötting, wo zu Füßen der Himmelskönigin in goldenen Schreinen die Herzen bayerischer Fürsten ruhten. Hier sollte dann auch jene »Defensiv-Alliance zur Stabilisierung aufrechter Freundschaft« geschlossen werden, die das Haus Bayern an das Haus Habsburg kettete, falls es die Türken oder die Franzosen gelüsten sollte, ihre Hand nach dem Doppeladler auszustrecken.

Kaum war der hohe Herr hinter der Burgfriedensgrenze auf der Salzburger Straße verschwunden, drängte der junge Vogl zum Aufbruch. Während jedoch die übrigen Rieder Burschen durchwegs erklärten, sie wollten die den Vätern

355

abgerungene Gunst ausnützen und noch eine Nacht in Obernberg verbleiben, schlossen sich die Schwanthalerischen dem Vogl an. Man einigte sich dann, daß die Burschen und Mädchen, die mit dem Vogl gefahren waren, auf die drei anderen Wagen umsteigen und so erst am anderen Tag den Heimweg antreten würden.

Es war am frühen Nachmittag, als die drei auf dem Vogl'schen Fuhrwerk durch das Gurtentor den festen Markt Obernberg verließen. Sie waren in freudiger Stimmung, denn wer von ihnen hätte sich auch nur träumen lassen, dem Kaiser einmal so nahe gegenüberzustehen! Nicht zu reden von dem allerhöchsten »Backenstreich«, den die Magdalena erhalten hatte!

»Jetzt dürftest du dich eigentlich gar nit mehr waschen«, sagte Friedrich, »sonst wäschst du's weg!«

»Ist's euch eigentlich auch aufgefallen, wie sich die anderen geärgert haben?« sinnierte dazu die Magdalena.

Verständnisvoll entgegnete ihr Bruder: »Das war ja auch ärgerlich für die anderen! Da fährt man von Ried herein, muß sich um eine Nachtherberge kümmern, und dann kommt man hinter die Reiter und die Flößer zu stehen, wo außer mistenden Rössern nichts zu sehen ist!«

Darauf Friedrich: »Der Kaiser hätt's halt machen müssen wie der Hauptmann von unserem Landfahnen: Aufs Roß sitzen und die Front sachte auf- und niederreiten! Da hätten alle etwas davon gehabt. Ich glaub aber, daß sich die Unseren nit viel geärgert haben. Den meisten kam's ja doch nur aufs Saufen und auf den Heustadl an!«

Die Stunden schlichen mit den sich neigenden Sonnenstrahlen dahin. Es ging schon auf den Abend zu. Die drei jungen Leute redeten nicht viel. Sie fuhren durch Aurolzmünster und bogen ins Tal der Antiesen ein. Als sie um den Hollenberg herumgefahren waren, hielt der junge Vogl die Rösser an und stieg ab.

»Ist was los, Friedrich?«

»Nichts besonders. Ich möcht nur kurz zum Sterbeort meiner Mutter schaun.«

Er wandte sich seitlich hinter ein paar Haselbüsche. Die beiden Geschwister folgten ihm. Da standen sie mit einem Male vor einem neuen Marterl, einem überdachten Holzkreuz mit einem geschnitzten Christus daran, darunter eine Blechtafel mit der Aufschrift: »In memoriam Eva Voglin, geborene Almayerin, Weingastwirtstochter aus Ried, so allhier im Schneesturm verdarb am Tag der Unschuldigen Kindlein anno 1672.« Darunter war ein Vers in kunstreichen Lettern geschrieben:

> Auf Staub und Asch' ich schlafen tu,
> Bis Gott mich wird aufwecken.
> Jetzt lieg ich zwar noch in der Ruh;
> Wie werde ich erschrecken,
> Wenn Gott vor sich mich rufen wird
> Und auch von mir begehren,
> Was vor ein Leben ich geführt,
> Das will er von mir hören:
> Gib Antwort, heißt's, o Menschenkind,
> Tu dich nit lang besinnen,
> Sag an, sag her nur fein geschwind,
> Itzt kannst nix mehr gewinnen!

Als sie den Vers gelesen und ein Vaterunser gebetet hatten, sagte Friedrich: »Im vergangenen Herbst hab ich das Marterl gemeinsam mit der Schwester aufstellen lassen, weil der Vater davon nichts wissen wollte.«

»Sie haben wohl nicht gut gelebt miteinand?« fragte Magdalena.

»Weiß Gott, nein! Wißt Ihr das nicht? Ganz Ried weiß es doch!«

»Bei uns daheim wird über so was nicht geredet. Der Vater mag keine Ratscherei. Er sagt allweil, wer andere Leut ausrichte, der habe einen häßlichen Charakter.«

»Da mag der Schwanthaler recht haben, aber von ›ausrichten‹ kann da keine Rede sein. Es ist ein offenes Geheimnis, daß wir beide, die Christiane und ich, nicht vom Vogl sind, weil sich unsere Mutter mit so einem Perückenmann aus München eingelassen hat.«

Nach einer Weile des Schweigens entgegnete Magdalena: »Ich find' das großartig von dir, daß du so zu deiner Mutter hältst. Denn wer weiß, was für einen Grund sie dazu hatte, einen Grund da innen drin, den niemand kennt und niemand gekannt hat.«

Da begann das Gesicht des jungen Vogl zu leuchten: »Und ich find' es großartig, wie du meine Mutter verteidigst, an der kaum ein Rieder Bürgersmann ein trockenes Haar läßt!«

Lächelnd antwortete das Mädchen: »Das wäre ja noch schöner, wenn wir Weibsleut nit zusammenhalten täten!«

»Was aber hoffentlich nicht heißen soll, daß du deinem künftigen Manne ebenfalls aus der Schnur gehen willst!« Johann Franz sprach's und winkte ihr mit dem drohenden Zeigefinger zu.

Mit leicht zurückgeworfenem Kopfe erwiderte sie lächelnd: »Je nachdem, wie er's braucht!«

Lachend setzten sie dann ihre Heimfahrt fort und kamen gerade zum Sonnenuntergang in Ried an. Schon In-der-Wies stiegen die Schwanthalerkinder vom Wagen, denn sie wollten nicht, daß Friedrich ihretwegen vom Vater Grobheiten hören müßte. Beim Abschied sagte der Vogl zu Magdalena: »Daß du ein hübsches Deandl bist, das sieht man. Aber daß du ein so fein's Gemüt hast, hätt ich nit gedacht. Ich mag dich sehr gern.«

»Meinst, ich mag dich nit? Pfüat di!« Magdalena sprach's und wandte sich dann verschämt ihrem Bruder zu. Und so gingen sie gemeinsam nach Hause in die Priesterzeile.

Die ganze Schwanthaler'sche Familie, neun Kinder aus der ersten Ehe, zwei aus der zweiten, saßen um den großen Kucheltisch beisammen und lauschten den Berichten der Großen. Als Magdalena von der Geste des Kaisers erzählte, blitzte es in den Augen des Vaters auf. Er war stolz auf seine Brut.

»Und wie ist die Hin- und Herfahrt gewesen?« fragte er.

»Hinzu sind wir meistens beim Vogl mitgefahren und herzu überhaupt ganz, denn die anderen haben noch einen Tag zugegeben.« Johann Franz berichtete dann noch von dem Marterl draußen unterm Hollenberg und vergaß auch nicht zu sagen, daß der Friedrich ein netter Bursch sei und daß er sich ihn als künftigen Schwager durchaus vorstellen könnte. Dabei lächelte er die Schwester spitzbübisch an. Sie gab ihm dafür einen sanften Rippenstoß und erklärte mit liebenswürdig trotziger Miene: »Warum auch nicht? Magdalena Voglin — erste Weingastwirtin von Ried!«

»Laßt's gut sein, Kinder!« sagte Vater Thomas. »Bis dahin hat's Deandl noch etliche Jahre Zeit. Und wer weiß, was dann geschieht, denn es sieht nicht gut aus in der Weltgeschicht'. Da hört man jetzt, daß sich die Franzosen mit den Türken zu einem Bündnis zusammengetan hätten, um das Heilige Römische Reich in die Knie zu zwingen. Und der Ludwig von Frankreich, der sich Sonnenkönig nennt, trage sich ernsthaft mit dem Gedanken, dem Kaiser Leopold die Krone vom Haupte zu reißen. Wenn das alles stimmt, dann gehen wir schlimmen Zeiten entgegen.«

»Davor möge uns der liebe Gott bewahren!« sagte Frau Katharina und bekreuzigte sich.

# Wachablösung

Während der nun folgenden drei Jahre war Thomas Schwanthaler rundum vom Glück begünstigt. Es machte sich in
seinem Hauswesen sogar ein bescheidener Wohlstand
breit – trotz der reichen Kinderzahl, die auf vierzehn an-
stieg.

Freilich pochte eines Tages der Tod an die Tür und führte
die alte Mutter Schwanthalerin fort. Man spürte jedoch
den Verlust kaum. Sie war in den letzten Jahren nur noch
wie ein wertvolles Möbelstück gewesen, das man in eine
sichere Ecke gestellt hat, damit niemand daranstößt.

Die fünf Großen arbeiteten jetzt unentwegt in der Werkstatt
mit, so daß der Meister einen Gesellen einsparen konnte.
In diesen Jahren entstanden die großen Altäre von Gmun-
den, Waldzell und Münsteuer, lauter gediegene Werkstatt-
arbeiten, denen Thomas durch seine Figuren jeweils die
Glanzpunkte aufsetzte.

In der Marktgemeinde Ried sah es in jener Zeit aber böse
aus. Wieder einmal war es Veit Adam Vogl, der die Gemüter der Bürger erhitzte. Dabei geschah dies nicht einmal
durch sein Zutun, sondern durch die Herren des Geheimen
Rates in München. Aus Mitgefühl oder gar Mitleid mit dem
durch den Rechlingen betrogenen Ehemann Vogl hatten sie
nämlich den Rentmeister von Burghausen vor noch nicht
langer Zeit aufgefordert, den »Gehörnten« zu begünstigen,
wie und wann immer es ginge.

Baron Plank lud also den Rieder Gastgeb zu sich und horchte
ihn aus. Und von neuem fand er bestätigt, daß der Mann
von einer fast krankhaften Sucht nach Geltung im Ge-
meindewesen besessen war. Als dann der Vogl wieder
weg war, ließ er folgendes amtliche Schreiben an die Marktgemeinde Ried abgehen:

»In Ansehung dessen, daß der ehrsame Veit Adam Vogl, des Äußeren Rats von Ried, die Pflichten seines Amts zu unserer sonderlichen Zufriedenheit allzeit wahrgenommen hat und daß er vermöge seiner Wohlbestalltheit größeren Aufgaben sich unterziehen könnte, angesichts der Tatsache auch, daß der kurfürstliche Markt Ried nun schon etliche Jahr nur provisorie verwaltet wird, bestimmt dieses kurfürstliche Rentamt zu Burghausen besagten Vogl anstelle des Simon Regenhardt per 1. Januarium 1682 zum Marktrichter von Ried, ceteris non obstantibus.«

Dieser Brief war an das Pflegamt gerichtet und für die Marktrichterei bestimmt. Herr Mägerl von Wegleiten, der Burgvogt, war über diese Verfügung nicht wenig verwundert und gab sie, ehe er zum Regenhardt ging, dem Pfarrer Haurapp bekannt. Der schüttelte bloß den Kopf: »Mit dieser Verordnung wird die verbriefte Freiheit des Marktes, welche vom Jahre 1384 datiert ist, in puncto Richterwahl verletzt.«

Die beiden Männer begaben sich zu Simon Regenhardt. Als er jetzt sah, daß es um seine eigene Stellung ging, trat er aus seiner sonstigen bedächtigen Zurückhaltung heraus und meinte, man müsse eine geharnischte Eingabe nach Burghausen machen, um das drohende Unrecht abzuwehren. In den Privilegien heiße es nämlich, daß ein Weingastgeb niemals Richter sein dürfe. Die sofort herbeizitierten Ratsmänner stimmten seiner Meinung zu.

Darauf erging ein Schreiben an das hohe Rentamt des Inhalts, daß man das dort amtliche Ansinnen in aller Bescheidenheit, doch nicht ohne Entrüstung zurückweise, indem daß es die Rechte und Freiheiten einer ehrenfesten Bürgerschaft verletzte. Und Haurapp fügte kraft seines geistlichen Amtes noch die Bemerkung hinzu, er sei seit achtunddreißig Jahren Kirchherr in Ried, habe den Vogl und seine Verhältnisse von allen Seiten kennengelernt und halte eine

361

solche Maßnahme für verderblich, weil so die alte Volks-
weisheit wieder zur Geltung komme:

> Wo der Bürgermeister schenket Wein
> Und Metzger mit im Rate sein
> Und Bäcker, die da backen Brot,
> Da leidet die Gemein groß Not!

Es vergingen ein paar Wochen. Dann stand eines Tages ein
kurfürstlicher Kommissar von München vor der Tür der
Marktrichterei und verlangte die Einberufung aller Rats-
mannen. Als sie beisammen waren, gab er ihnen bekannt,
Veit Adam Vogl sei im Wort, daß er den Weinschank und
die öffentliche Wirtschaft einstellen werde. Er sei nunmehr
auf Befehl des Geheimen Rats zum Marktrichter zu wählen.
Das geschah denn auch sofort, und alle gaben ihm ihre
Stimme, nur der Pfarrer nicht.
Und wieder vergingen ein paar Wochen.
Da erschien im Widum bei St. Peter und Paul ein jüngerer
geistlicher Herr, der sich Joseph Crammer nannte. Er zeigte
eine Urkunde, die vom Passauer Hochstift signiert und vom
Rentamt Burghausen gegengezeichnet war. Darin hieß es,
er, Crammer, habe den hochwürdigen Herrn Johann Jakob
Haurapp abzulösen, weil man diesem in seinen letzten
Lebensjahren die Bürde des Amtes erleichtern und drinnen
im Gebirg eine kleinere Pfarrei anweisen wolle, wo er sich
von seinem segensreichen Wirken erholen könne.
So vollzog sich denn in diesen letzten Dezembertagen 1682
zu Ried in aller Stille die große Wachablösung. Und weder
der Vogl noch der neue Kirchherr feierten einen Einstand,
wie es sonst üblich war.
Der edle Herr Haurapp verließ den Markt bei Nacht und
Nebel. Kurz davor begab er sich noch zu Thomas Schwanthaler. Er habe sich zwar, so gestand er dem jüngeren Freunde, seinen Abgang von Ried anders vorgestellt, doch werde

es so wohl gut sein. Denn da er sich die Gunst der Großen verscherzt habe, seien ihm nun Wege geebnet worden zu den Kleinen und Bedeutungslosen.

An einem sonnigen, aber kühlen Morgen Ende April im gleichen Jahr 1682 ritt eine Abteilung glänzend montierter Kavaliere durchs Linzer Tor in Ried ein. Die Herren verlangten den Marktrichter zu sprechen. Der Torwärtl schickte einen Knecht weg, der alsbald mit dem Vogl zurückkam. Einer der Kavaliere sagte, sie seien von München und hätten den Auftrag, die Eingrenzung des Marktes auf ihre Festigkeit zu überprüfen, er möge sie dabei führen. Zuvor jedoch hätten sie gern einige Semmeln und eine Kanne Bier, denn sie seien noch nüchtern. Der Knecht eilte abermals davon. Inzwischen unterhielten sich die Herren auf französisch, was der Vogl nicht verstand. Der Knecht ließ sich Zeit, die Herren wurden ungeduldig. Als er dann schließlich kam, brachte er bloß das Bier. Er sei zuerst im Brothaus und dann bei allen vierzehn Bäckern von Ried gewesen, doch nirgendwo hätten sie eine Semmel gehabt.

Da schauten die Herren bitter lächelnd auf den Jüngsten in ihrer Mitte und einer sagte zum Vogl: »Unser gnädigster Herr Kurfürst hätte es nicht für möglich gehalten, daß es im reichen Bayernland einen Markt gäbe, in welchem so faule Bäcker sitzen. Geht also ruhig wieder in Euer Amtshaus, Richter, und kümmert Euch um Eure Bäkker! Um die Befestigung der Marktgrenzen kümmern wir uns selbst!«

Sie ritten seitlich in den Graben hinein und so um den ganzen Markt herum. Da und dort untersuchten sie die Mauern, besonders aber die einzelnen Tore. Und noch vor dem Mittagläuten verließen sie den Markt auf der Braunauer Straße. Wie ein getretener Hund begab sich der Vogl zurück in sein Amt. Er zitierte den Gemeindeboten herbei und erteilte ihm den Auftrag, die Bäckermeister des Marktes ohne Säumnis herbeizubringen.

Wie diese dann in breiter Behäbigkeit auf den Bänken der Amtsstube sich hingehockt hatten, trat er vor sie hin und schrie sie an, daß den Vordersten das Trommelfell zu flattern begann. Sein Geschrei dröhnte durchs ganze Haus, so daß die zwei Schreiber entsetzt herbeieilten, fürchtend, es könnte ihn jemand überfallen haben. Als er sich ausgetobt hatte, fügte er krächzend hinzu: »So ergeht an das ehrsame Handwerk der Bäcker zu Ried dieses richterliche Urteil: Alle, die schuldig geworden sind, werden am kommenden Sonntag nach dem Pfarrgottesdienst altem Brauch gemäß in der Roßschwämme geschutzt!«

Hochrot im Gesicht, wandte er sich jäh von ihnen ab und zog sich zu den Schreibern zurück. Die Bäcker aber standen da und taten keinen Muckser, bis der Mahner Sepp plötzlich vor sich hinmurmelte, die Straf' werde sein Gesell auszubaden haben, denn er selber sei schon drei Wochen nicht mehr in der Backstuben gewesen. Als die anderen das hörten, begannen ihnen die Augen zu strahlen, und in seltener Einmütigkeit stellten alle fest, daß bei jedem der Gesell, ob der erste oder der alte oder überhaupt der einzige, ganz allein die Schuld trüge, wenn heut morgen im Brothaus keine Semmeln greifbar gewesen seien. Die Gesellen müßten demnach auch das Schutzen über sich ergehen lassen. Freilich – und das meinten die ehrbaren Männer hinter der vorgehaltenen Hand – müßte man ihnen hernach ein paar Gulden Schmerzensgeld zahlen. Dies sei aber allweil besser, als wenn man selber in den Käfig hineinschlupfen müßte. Ja, dieser Käfig! Er hing am Rande der Roßschwemme an einem schwenkbaren Galgen. Er war nur so groß, daß gerade ein Mannsbild hineingepfercht werden konnte. Er bestand aus Latten und war nach der Art eines Vogelbauers gezimmert. Die Kette, die oben an seiner Spitze befestigt

war und über ein eisernes Rad am Galgen lief, war schon
ganz verrostet, hatte man doch gewiß schon seit mehr als
zehn Jahren niemanden mehr ins Wasser schutzen müssen.
Nachdem der Marktrichter das Urteil gegen die Bäcker erlassen und im Aushängekasten beim Rathaus öffentlich
verlautbart hatte, richteten die Marktschergen den Galgen
samt Kette und Käfig her: Sie ölten die Schwenkbolzen
und ersetzten ein paar morsche Latten. Viele Gassenbuben
standen um sie herum und stellten Fragen, die von diesen
Amtspersonen genießerisch beantwortet wurden.
Wie lange denn so ein Bäcker im Käfig unterm Wasser
bleibe? Das hänge ganz vom Willen des Profoses ab! Ob
denn da nicht einer sogar ersaufen könnt? Das sei durchaus
möglich, wenn er vor dem Tauchen nicht richtig eingeatmet
hätt. – Wie oft man denn geschutzt werde? Gewöhnlich
sechsmal; doch könne der ehrenveste Herr Marktrichter
das Verfahren auch abkürzen! – Ob in früherer Zeit beim
Schutzen jemals schon einer umgekommen sei? In den letzten Jahrzehnten zwar nicht, doch wenn man den Berichten
der Alten glauben dürfe, sei das früher gar nicht so selten
gewesen! – Ob man denn überhaupt den Atem so lange
anhalten könne, solange man unter Wasser sei? Da müßte
man schon einen sehr umfangreichen Brustkorb haben,
aber selbst dann sei es etwa ab dem vierten Mal unvermeid-
lich, daß Wasser in die Lunge eindringe! – Das sei aber doch
der Augenblick des Ersaufens! Nun, gar so schnell ersaufe
man nicht! Freilich, ein bisserl ersaufen müsse man schon;
das sei aber gerade der Sinn des Schutzens!
Nachdem so die Jugend von Ried hinreichend über das
aufgeklärt worden war, was den Bäckergesellen bevorstand,
sehnte man allenthalben den Sonntag herbei, der endlich
wieder ein wenig Farbe ins Alltagsleben bringen sollte. Die
Schergen mußten in der Erwartung eines großen Volkszu-
laufs um die Schwemme herum einen Zaun errichten, damit

nicht etwa einer ungewollt geschutzt würde. Außerdem waren zwanzig Mann des Landfahnens aufgeboten worden, die Schergen zu unterstützen.

Das ganze Frühjahr über war der Besuch des Pfarrgottesdienstes noch nie so zahlreich gewesen wie an diesem sonnigen Maimorgen. Und kaum einer, der nicht gehbehindert war, versäumte es, noch vorher den Umweg zu machen und bei der Roßschwemme vorbeizugehen: So konnte man sich auf das nachfolgende Erlebnis schon ein wenig einstimmen – zum Nachteil freilich der Frömmigkeit! Der neue Pfarrherr Joseph Crammer trug denn auch diesem Übelstande Rechnung und prangerte in seiner Predigt die Verwerflichkeit der Schadenfreude gebührend an, was bei den meisten allerdings nur den Erfolg hatte, daß sie noch viel mehr an das Bäckerschutzen dachten.

Als die Messe aus war, wäre es unter dem Kirchenportal bei St. Peter und Paul beinahe zu einer Rauferei gekommen. Die Kinder und die jungen Leute drängten derart ungestüm hinaus, daß einige fast erdrückt worden wären. Jeder wollte einen guten Platz bei der Schwemme ergattern. Die honorigen Bürger gingen ebenfalls hin, freilich gemessenen Schrittes. Die Bäcker waren nicht unter ihnen. Sie versammelten sich im Gildehaus, um über das Entgelt der geschutzten Gesellen zu beraten. Denn schließlich wollte ja keiner der braven Meister ins Gerede kommen, zuviel aber wollten sie auch nicht zahlen.

Bei der Schwemme gab es schon ein großes Gedränge und einige junge Burschen prügelten sich bereits. Der Hauptmann des Landfahnens aber, der heute beritten war, glaubte auf eiserne Disziplin halten zu müssen, sollte der reibungslose Ablauf dieses Vierzehn-Mann-Schutzens nicht gefährdet werden. Er ritt also ohne Verzug heran und schlug unter donnerndem Gebrüll mit seiner Karbatsche zu, während das geschulte Roß vorne hochging.

Auf der Gegenseite der Schwemme, wo die Gerber ihre Häuser hatten, standen mit gebundenen Händen und Füßen die vierzehn Bäckergesellen nebeneinander, jeder von einem Schergen am Strick festgehalten. Beim Galgen mit dem Käfig hatte man ein Podest aufgestellt.

Da blies der Trompeter des Landfahnens ein Signal, und augenblicklich wurde es still über dem weiten Platze. Die Gerbergasse herauf kamen der Marktrichter, ein Schreiber und der Profos. Alle drei stellten sich auf das Podest, und der Profos begann: »Diejenigen, so durch das Marktgericht von Ried zum Schutzen verurteilt worden sind, stehen zur Abbüßung ihrer Straf' bereit. Hat einer gegen vorhabende Abbüßung ein Contra?«

Die Frage zitterte in der Stille.

»Ich!« rief einer über den Platz; und noch einmal: »Ich, der Schwanthaler!«

Alles schaute gespannt in die Richtung, aus der der Ruf gekommen war.

»Tretet vor, Schwanthaler, und erklärt Euch!« sagte der Profos.

In langen Schritten eilte Thomas zum Podest hin: »Hohes Marktgericht! Der Altgesell Achaz Vorburger, der Letzte dort unten in der Reihe, ist dreiundsechzig Jahr' alt und leidet an einem harten Husten. Horcht nur hin! Er wird das Schutzen nit überleben. Weil er mein angeheirateter Onkel ist, so laßt mich die Abbüßung übernehmen!«

Der Profos schaute fragend den Marktrichter an.

Veit Adam Vogl wandte sich an den Meister: »Thomas Schwanthaler, habt Ihr dieses auch recht bedacht? Denn wie müßt Euer Eheweib mit der zahlreichen Kinderschar dastehen, falls Euch etwas zustoßen sollt'?«

»Euer Vest, ich tu' es im Angedenken an meine erste Frau, Gott hab sie selig!«

»Dann löst den Vorburger ab in Gottes Namen!«

Der Vogl sprach's, und der Marktscherge, der den alten Mann hielt, band ihn los. Ganz buckelig humpelte der Achaz davon, vom Keuchhusten geplagt. Dem Schwanthaler aber wurden Hände und Füße geschnürt.

Darauf erklärte der Vogl, daß sich das Marktgericht wegen der großen Zahl der Büßer zu einer anderen Verfahrensweise entschlossen habe, weil sonst der ganze Vorgang mehrere Stunden dauern würde.

Nun schritt der Profos die lange Reihe ab und überprüfte, ob die vierzehn Männer auch nahe genug am gemauerten Rande der Roßschwemme stünden. Zurückgekehrt zum Podest, rief er laut: »Werft sie!«

Da wurden die Gesellen durch einen Rückenstoß der Schergen vornüber ins Wasser gekippt. Und sogleich begann der Marktrichter mit weithin vernehmbarer Stimme das Vaterunser zu beten. Mit dem Amen des Gebets wurden die Armen wieder emporgezogen, für ein Ave Maria lang, dann stieß man sie erneut ins Wasser zurück. Wieder folgte das Gebet des Herrn — und so geschah es sechsmal.

Als der Marktrichter mit beschleunigter Stimme das letzte Vaterunser abgebetet hatte, wurden die vierzehn Männer über den Rand der Schwemme herausgezogen. Da war keiner imstande, sich aufzurichten. Alle lagen wie leblos da und wurden von den Schergen auf die rechte Seite gedreht. So konnte ihnen das eingedrungene Wasser leichter aus dem Munde herauslaufen. Zugleich schritt der alte Marktphysikus geflissentlich von einem zum anderen. Zwei ließ er von den Schergen an den Beinen in die Höhe heben, denn sie hatten fast zu viel Wasser geschluckt.

Johann Franz Schwanthaler, der älteste, eilte sofort zu seinem Vater hin und half ihm, sich aufzurichten. Auf der anderen Seite stützte der dreizehnjährige Basilius, ein hochgewachsener Bursch, den völlig Kraftlosen unter den Armen. Langsam schleppten sie ihn nach Hause.

Zwei der jungen Leute aus Ried waren nicht im Pfarrgottesdienst gewesen: Friedrich Vogl, Sohn des Marktrichters, und Magdalena Schwanthalerin, die älteste Tochter des Meisters. Sie hatten sich zur Konventmesse bei den Patres Kapuzinern verabredet, weil sie nicht willens waren, sich an der Tortur der armen Bäckergesellen zu weiden. Der Hauptgrund war jedoch, weil sie sich mit dem Pater Guardian in einer persönlichen Angelegenheit unterhalten wollten. So trafen sie sich denn nach der Messe im klösterlichen Sprechzimmer mit dem alten, weißbärtigen Manne.

»Du, schwarzes Deandl, gehörst sicher dem Rebeller, der jetzt so zahm geworden ist. Wer aber du bist, weiß ich mit dem besten Willen nicht!« Mit diesen Worten redete der Guardian die beiden an.

»Ich bin der Friedrich Vogl aus Almayers Weinhaus.«

»Der Sohn vom Marktrichter?«

»So ist's, Pater Guardian!«

»Hab ich recht, wenn ich glaub, daß ihr zwei etwas miteinander habt und daß der Guardian seinen Segen dazu geben soll?«

»Es steht aber kein ›Muß‹ dahinter!«

»Das hört sich gut an, junger Marktrichter! Und warum seid ihr nicht damit zum Pfarrer gegangen?«

»Der Herr Crammer ist kein Herr Haurapp!«

»Und was für ein Hindernis habt ihr?«

»Wir haben keins, nur unsere Väter!«

»Das sind ausgemachte Dickschädel, eure Väter!«

Sagte Magdalena: »Ich bin halt zu arm für den Marktrichter, und da meint er, ich wolle mich einschleichen in sein großes Haus.«

»Wenn er das meint, Deandl, dann könnt ich ihm einen nennen, der sich in ebendieses große Haus eingeschlichen hat, einen armseligen Bildschnitzer nämlich, dem's mit der Almayertochter sehr pressiert hat!« Der Guardian sprach's mit heftiger Gebärde, während Friedrich, peinlich berührt, wegsah. Dann fuhr er fort: »Mit dem Pfarrer will ich auch ein Wörtlein reden, denn der ist für dieses Rieder Mannsvolk viel zu fein und zu vornehm, und Angst hat er obendrein. Ihr aber geht jetzt heim oder geht, wohin ihr wollt, und habt voreinander allzeit einen heiligen Respekt! Dann wird euch auch das Eheleben richtig geraten! Ihr seid ja beide aus gutem Holz, wenn auch eure Väter manchmal sehr hölzern sind. Um Allerheiligen könnt ihr wieder einmal bei mir vorbeischauen und – wenn der Herrgott will – im kommenden Frühjahr heiraten! Bleibt inzwischen Gott befohlen!«

Magdalena war von der herzhaften Art des alten Mönches so entzückt, daß sie ihm die Hand küßte, während er ihr mit der anderen zart übers Haar strich. Friedrich machte eine Verbeugung, als ob er dies bei Hofe gelernt hätte.

Und wie es der Guardian richtig vorhergesagt hatte: Im Frühjahr 1683, kurz bevor es vom Lande der heidnischen Türken her zu wetterleuchten begann, führte Friedrich Vogl die Magdalena Schwanthalerin nach einer stillen und bescheidenen Hochzeitsfeier als Hauswirtin ins Almayer'sche Weinhaus.


## Krieg


Das Jahr 1683 war ein Schicksalsjahr für das ganze Abendland. Der türkische Sultan hatte beschlossen, den Kaiser in die Knie zu zwingen. Er setzte deshalb eine gewaltige Armee von zweihunderttausend grausamen Janitscharen in Richtung auf Wien in Marsch. Er hoffte, daß ihm Wien, dieses Einfallstor ins christliche Europa, in die Hände fallen würde. Von dort aus wäre ein Vorstoß durch Westeuropa zum Atlantik nur noch eine Frage der Zeit gewesen.

Kaiser Leopold begab sich vorsichtshalber nach Passau und rief von da aus durchs ganze Reich um Hilfe – auch in München wurde sein Hilferuf vernommen.

Für den jungen Kurfürsten Max Emanuel, der vor Tatendrang fieberte, war es Ehrensache, dem Kaiser gegen den Erzfeind der Christenheit beizustehen. Er stellte deshalb ein Heer von neuntausend Mann auf und fuhr damit auf Innfähren, die der Hofschiffmeister Rieder besorgt hatte, in den ersten Septembertagen hinab in die Kaiserstadt. Zugleich ließ er einen fulminanten Aufruf durch ganz Bayern ergehen mit dem Inhalt, daß sich die Kreuzzüge zur Zeit der alten Ritter in nichts von diesem Feldzug gegen die Türken unterschieden, beide seien gegen den Zerstörer christlicher Kultur gerichtet. Bayern ziehe also aus, einen ritterlichen Kampf zur Ehre Gottes zu kämpfen.

In jenen Tagen hatten sich auch die zweiundvierzig Burschen aus dem Rieder Landfahnen beim Kriegskommissar in Braunau zu stellen. Unter ihnen war Johann Franz Schwanthaler. Und weil in der Werkstatt gerade nicht viel zu tun war, glaubte Vater Thomas dem Buben eine Freude zu machen, wenn er ihn in die Festung begleitete. Sie langten also am 6. September zur Vergatterung der Kreistruppen in Braunau an. Johann Franz erhielt eine funkelnagelneue weißblaue Montur sowie einen Langspieß und wurde den Stanglern oder Pikenieren zugeteilt. Dies war eine Nahkampftruppe zu Fuß und hatte die Aufgabe, eine Schlacht zu eröffnen.

Bereits am Tage darauf gingen die Soldaten in aller Herrgottsfrühe zu Schiff, um bei der nachmittägigen Heerschau in der Passauer Dreiflußmündung zugegen zu sein.

Thomas Schwanthaler, der sich wie manch anderer Vater nicht von seinem Buben lösen konnte, fuhr mit nach Passau und wurde daselbst Zeuge der großartigen Parade, die der glänzende Kurfürst vom Schiff aus abnahm. Als er sich darauf vom Sohn noch einmal kurz verabschieden wollte, wies ihn der Leutnant brüsk zurück mit der Bemerkung, man sei jetzt im Krieg. Für zärtliche Gefühle sei da kein Platz! Darüber war Thomas so entrüstet, daß er sich auf der Stelle entschloß, mit nach Wien zu fahren. Auf einer Wasserburger Fähre, die Waffen und besonders die gefährlichen Feldschlangen geladen hatte, bekam er noch einen Platz als Wasserschöpfer. So brauchte er nichts zu zahlen und hatte auch noch das Essen umsonst.

Am 9. September legte die bayerische Flotte vor Wien an, und über Umwege gelangten die Soldaten auf den Kahlenberg, wo sich bereits der polnische König Johann II. Sobieski mit seiner Armee niedergelassen hatte. Hier war denn auch an den beiden folgenden Tagen große allgemeine Heerschau, während am Fuße des Berges auf das eingeschlossene Wien unaufhörlich Bomben niederregneten und die Explosionen unterirdisch vorgetriebener Minen die Mauern zersägten. In der Morgenfrühe des 12. September wohnte das gesamte Entsatzheer einer feierlichen Messe bei. Dann wurden die Losungen ausgegeben. Bei den Bayern lautete sie: »Max Emanuel, Gott mit uns!« Darauf begann der Sturm einer der weltgeschichtlich denkwürdigsten Schlachten. Es wird für alle Zeiten ein Rätsel bleiben oder eben für die Zeitgenossen damals ein Wunder der Göttlichen Vorsehung, wie achtundsiebzigtausend Mann zweihunderttausend türkische Elitetruppen schlagen konnten. Dieser Ausgang zeichnete sich bereits um die Mittagsstunde ab, als die ersten türkischen Kontingente in wilder Flucht gegen Osten zu ausbrachen und teilweise in das Sperrfeuer der eigenen Geschütze liefen.
Als diese glückliche Wendung bei den bayerischen Schiffen bekannt wurde, erkundigte sich der Schwanthaler, wo die Pikeniere eingesetzt worden seien. Dann eilte er, von einer

düsteren Ahnung getrieben, davon und kam auf das bereits leere Schlachtfeld. Dort irrte er suchend umher. Wenn er einen Verwundeten schreien hörte, wandte er sich zu ihm, aber helfen konnte er nicht. Er wollte bloß sehen, ob es nicht etwa sein Sohn sei. Indem er so Stunde um Stunde die Ebene des Grauens überquerte und vor lauter Tod und Entsetzen kaum mehr richtig atmen konnte, blieb er plötzlich, wie vom Blitz getroffen, stehen. Da lag er, Johann Franz, die Augen geschlossen, den Mund wie zu einem letzten Rufen geöffnet. Der Sturmhut war ihm vom Kopfe gefallen, das wellige Haar hatte sich nach einer Seite verschoben. Eine feindliche Kugel mußte ihm in die Lunge gedrungen sein, denn da stand eine Blutlache unter der Achsel.

Lange verhielt Thomas vor dem Leichnam seines Buben. Schließlich dankte er Gott im Gebet, daß er ihm trotz des bitteren Leids dieses Wiederfinden geschenkt hatte. Als dann – es ging schon auf den Abend zu – die ersten Totengräber mit Hacken und Schaufeln und zweirädrigen Plattenwagen übers Feld kamen, nahm er seinen toten Sohn auf die Arme und trug ihn zu einem Marterl hin, das an einem Feldwege stand. Er bat einen der Totengräber ums Werkzeug. Dann hob er vor dem Marterl ein Grab aus und bettete den Buben hinein, während ihm ein paar dieser Männer wortlos zuschauten: Warum auch nicht? Es ist einer weniger zum Wegschaffen! Und wer hier sein Grab hat, braucht keins am Gottsacker oder in der Massengrube! Als Thomas dem Totengräber Schaufel und Hacke dankend zurückgab, sagte der: »Tröstet Euch, Mann, so hat der Junge wenigstens sein eigenes Grab und findet bei der Auferstehung den Weg nach Bayern leichter, als wenn wir ihn in die allgemeinen Gruben geworfen hätten!«

Dann kam die Nacht, und rings im weiten Rund flammten die Lagerfeuer vor den Wagen und Zelten der siegreichen Soldaten auf. Da johlten die Männer im Rausch der Getränke, die ihnen die Stadt Wien herausschickte, und die Marketenderweiber kreischten. Die Totengräber aber, die zwischen den Rädern ihrer Wagen Laternen hängen hatten, warfen Mann für Mann auf das Gefährt und brachten ihre traurige Last zu ein paar Massengräbern, die in der Donauniederung ausgehoben wurden. Dort stand auch ein Kapuzinerpater, der abwechselnd das »Libera« und das »Dies irae« betete und immer wieder segnend die Hände über die Toten breitete, die man ehrfurchtslos in die große Grube warf.

Thomas Schwanthaler blieb die ganze Nacht am Grabe seines Sohnes stehen. Beim Morgengrauen nahm er eine Handvoll Erde vom Grabhügel und wickelte sie in ein Tüchlein. Dann wandte er sich ab und schritt der Schiffslände zu. Wie er so zwischen den Heftstecken dahinging, wurde er plötzlich von weitem angerufen. Es war der Hofschiffmeister Rieder aus Rosenheim, der ihn am dunklen Haarschopf erkannt hatte. Freundlich lachend kam er auf ihn zu. Als er aber die traurige Kunde erfuhr, legte er teilnahmsvoll seinen Arm um die Schultern des Meisters und sagte: »Man weiß nicht, was besser ist: ob ein Kind stirbt oder ob sich eines lebendig im Kloster vergräbt. Unsere Tochter Magdalena, die Ihr damals vor Mariastein kennengelernt habt, ist zu den Nonnen nach Wessobrunn und tut, als wollt' sie nichts mehr von uns wissen. Das ist hart! Und wie kommt Ihr jetzt wieder nach Hause?«

»Das hab ich noch nicht überlegt, Herr!«

»Ihr werdet mich doch nicht mit ›Herr‹ anreden!«

»Ehr', wem Ehr' gebührt! Ihr seid ein großer Mann im Bayernland. Das hab ich gesehen, als Ihr unsere Soldaten hierhergebracht habt. Sitzt Ihr vielleicht auch mit im Kriegsrat? Dann möcht ich Euch gern gefragt haben, wie lange denn dieses Morden noch dauern kann. Ihr müßt wissen, ich hab noch etliche Söhne, die in den nächsten Jahren an der

Reihe wären. Da möchte man sich als Vater gern drauf einstellen, was noch auf einen zukommen könnt.«

»Meister, Ihr überschätzt mich. Ich kann Euch nit die leiseste Antwort geben. Nur will mir nach dem, was man an Vorbereitungen sieht, scheinen, daß es kein kurzer Krieg werden wird. Doch das soll nicht Eure Sorge sein! Kommt Zeit, kommt Rat! Vorab möcht ich Euch raten, mich im Wagen heimzubegleiten, denn zu Schiff dauert's wochenlang.«

Thomas Schwanthaler, der jetzt fast fünfzig Jahre alt war, hatte das Angebot des Hofschiffmeisters gerne angenommen und war auf diesem Weg bereits Ende September wieder in Ried. Seine Frau war trotzdem zuerst befremdet über sein langes Ausbleiben. Dann aber trauerte sie mit den großen Kindern, denn Johann Franz war ein liebenswürdiger Mensch gewesen.

Zwei Tage nach seiner Heimkehr ließ der Schwanthaler in der Pfarrkirche für den gefallenen Sohn eine Seelenmesse lesen. Ganz Ried kniete vor dem Hochaltar, an welchem die kindlichen Hände des jungen Schwanthaler seinerzeit noch mitgeschnitzt hatten. Jeder Vater, jede Mutter bedachte, wieviele ihm noch folgen würden, hatte doch das Rentamt in Burghausen dem Pfleger bereits mitgeteilt, daß sich der gesamte Landfahnen von Ried einsatzbereit halten und nach Abzug der jungen Männer neu rekrutieren solle.

Noch ehe sich dieses erste Kriegsjahr seinem Ende zuneigte, ging in Ried die traurige Nachricht ein, daß siebenunddreißig Angehörige des Landfahnens gefallen seien. Von den zweiundvierzig Burschen lebten also nur noch vier. Und wie die lebten! Ein Burghauser Kavallerist, der um Ostern aus dem mährischen Winterquartier kam und über Ried heimwärts zog, erzählte, den Bayern gehe es dort unten so miserabel, daß sie gezwungen seien, Pferdefleisch zu essen.

Ja, manche hätten sogar schon Menschenfleisch verzehrt, weil sie nicht hatten elend verrecken wollen.

Aber auch in der Heimat machte sich der Krieg bemerkbar. Die Rieder Leinenhändler, die einst ihre Waren bis nach Italien und in die Schweiz geliefert hatten, klagten über schlechten Absatz. Außerdem waren die Handelswege durch desertierte Soldaten und räuberische Herumtreiber unsicher geworden. So war es nicht verwunderlich, daß auch beim Schwanthaler keine großen Aufträge mehr eingingen. Der Propst von Reichersberg erklärte ihm klipp und klar, er habe kein Geld für die Kunst, weil das Hofkriegszahlamt derart hohe Abgaben erhebe, daß die Chorherren bereits am Notwendigsten, nämlich an der Nahrung, sparen müßten.

Das war für den Meister wenig Trost. Denn wenn sich auch die älteren Töchter dahin und dorthin verdingt hatten, so saßen immer noch zehn hungrige Mäuler um seinen Tisch herum. Frau Katharina mußte bei den Bäckern und Metzgern schon seit Wochen aufschreiben lassen. Aber auch die konnten mit der hochheiligen Versicherung, sie werde beim nächsten Auftragseingang bestimmt zahlen, nichts anfangen. Im Gegenteil, einige wandten sich an die Marktrichterei und erkundigten sich, ob es sinnvoll sei, gegen den Bildschnitzer gerichtlich vorzugehen. Veit Adam Vogl, der Richter, der nun mit dem Schwanthaler verwandt geworden war, beschwichtigte die ungeduldigen Gläubiger mit dem Hinweis, er werde sich der leidigen Sache persönlich annehmen. Sie sollten ihm aber Zeit lassen, denn es sei doch sehr unchristlich, einer kinderreichen Familie den Brotkorb hochzuhängen.

Dank dieser marktrichterlichen Einwände konnten sich die Schwanthalerischen bis in den Sommer hinein durchfretten. Dann waren Langmut und christliche Barmherzigkeit der anderen erschöpft. Wie ein Mann traten sie vor den

Vogl und erhoben Klage. Der zitierte den Thomas zu sich und eröffnete ihm die peinliche Lage. Der Schwanthaler machte eine Handbewegung der Ohnmacht: »Euer Vest, du hast in deiner Jugend selber einmal von der Bildhauerei leben müssen und wirst wissen, was unsereiner für ein armer Hund ist, wenn er schaffen möcht und nicht kann. Oder sollen wir ins Armenhaus ziehen? Wenn man mich nicht mehr mitkommen lassen will, obwohl ich zahlungswillig bin, so müssen wir wohl! Dort dürft ihr uns nämlich nicht verhungern lassen!«

Der Marktrichter schaute verlegen drein: So ging es ja nun auch nicht! Man konnte den landauf landab bekannten und bewunderten Meister Schwanthaler nicht ins Armenhaus ziehen lassen! Das wäre eine Schande, die, würde sie zu Burghausen bekannt, ihn – den Vogl – um Amt und Ansehen brächte, ganz abgesehen davon, daß man ihm höheren Orts Unfähigkeit bescheinigen würde, wenn es ihm nicht gelänge, gesunde und arbeitswillige Leut so zu beschäftigen, daß sie nicht Hunger litten.

Während so der Vogl eine ganze Woche lang hin und her überlegte, kam ihm ein allerhöchster Erlaß des kurfürstlichen Kriegsrates in München zu Hilfe. Darin wurde der Markt angewiesen, »in Ansehung der noch bestehenden Kriegsgefahr und zur Abwendung etwaiger feindlicher Einfälle« den ganzen Markt Ried und alle seine Zufahrtswege mit Blockhäusern, Verschanzungen und Baumsperren abzusichern. Das hierzu erforderliche Langholz sei im Klosterwald von Raitenhaslach zu schlagen, bis Obernberg zu flößen und von dort mit Zugtieren heranzuschaffen – alles auf Marktskosten. Einen Festungsbaumeister werde das Rentamt stellen, allerdings müßten ihm Zimmerer und Taglöhner nach Bedarf bereitgestellt werden.

»Ich kann mir vorstellen, Thomas, wie hart dich mein jetziger Vorschlag ankommen wird. Aber ich kann dir nicht

anders aus deiner Misere helfen: Du kriegst zwei Markt-
rösser und schleifst mit ihnen die zu Urfahr anländenden
Langhölzer nach Obernberg hinauf. So wirst du länger als
ein halbes Jahr zu tun haben. Der Markt zahlt dir den Lohn
eines ehrsamen Handwerkers. Eine leichtere Tätigkeit
konnte ich dir nit finden.«
Roßknecht!
Als Thomas dieses Wort beim Abendessen vor der Familie
aussprach, verstummten die verständigen Kinder. Frau
Katharina legte beruhigend ihre Hand auf seinen Arm und
meinte mit begütigendem Lächeln: »Jeder weiß, wer du
bist und was du kannst. Genauso wie jeder weiß, daß
Kriegszeiten die Lebensgewohnheiten der Leut durchein-
anderbringen. Und wenn sich heute die Sonne hinter den
Wolken verbirgt, morgen schon kann sie wieder scheinen.
Und wenn nicht morgen, dann übermorgen. Kinder, viel
schlimmer wär's, wenn wir einen kranken Vater hätten.
Ein armer Vater ist in solchen Zeiten weiß Gott kein Un-
glück.«
Tapfer stand die Katharina mit den Kindern auch die folgende Zeit durch, die der Thomas in Obernberg aushalten
mußte. Jeden Samstag kehrte er kurz vor Mitternacht heim
und blieb bis Montag vor dem Hahnenschrei. Seine Tätigkeit bestand darin, immer je drei Baumstämme zusammen-
zuketten und in der »Schloapf« von den Rössern durch den
Schießgraben hinaufziehen zu lassen bis zur Kapelle beim
Alten Markt. Dort wurden sie von derben Holzknechten
»gegantert«, auf schwere Wagen verladen und über Aurolzmünster nach Ried gebracht. Die »Schloapf« war eine
mit Brettern ausgeschlagene Erdrinne, in der die Stämme
ohne viel Widerstand gleiten konnten.
Anfangs hatte sich Thomas über diese Arbeit geärgert.
Nach ein paar Wochen jedoch war er mit seinen Rössern so
gut Freund geworden, daß sie ihn jeden Montag, wenn er in

Urfahr morgens in ihren Stall trat, mit hellem Wiehern begrüßten. Das freute ihn jeden Morgen und machte die Tage angenehmer. Außerdem hatten sich seine Hände durch das harte Zupacken bald so gekräftigt, daß er diese Arbeit nicht mehr als Mühe, sondern als eine Abwechslung empfand, der zwar das harte Muß anhaftete, die aber nicht ohne Reiz war.

## Schiffschreiber

So wurde es Herbst 1684. Das zweite Kriegsjahr hatte begonnen. Der Kurfürst, so hieß es, hatte die Türken in der ungarischen Festung Ofen hundertneun Tage lang erfolglos belagert. Jetzt setzten starke Regengüsse ein, so daß das bayerische Heer, zu welchem weitere zwölftausend Mann gestoßen waren, die Winterquartiere im Slowakenland beziehen mußte.

An einem trüben Tag, es ging bereits in den Oktober hinein, saß der Schwanthaler in der »Laterne« zu Urfahr beim kargen Mittagessen, als Rosenheimer Schiffsleut einkehrten. Sie kamen mit ihrem Zug von Ungarn herauf und hatten auf der »Hohenau« — so nannte man das vorderste und größte der acht Schiffe — kriegsgefangene Türken geladen, »lauter erstklassige Ware«, wie sich die rauhen Gesellen ausdrückten, »Mannsbilder wie die Bäum' so lang und wild wie ein angestochertes Hornissennest«. Man müsse sie täglich ein paarmal richtig verhauen, sonst seien sie kaum zu bändigen. Einer von ihnen sei dem Schiffschreiber wie ein wildes Tier an die Gurgel gesprungen und habe ihm die Schlagader zerbissen; der arme Mann sei nicht mehr zu retten gewesen. Jetzt erwarte man jeden Tag den Schiffmeister selber. Er müsse entweder hier oder in Braunau, spätestens jedoch in Wasserburg zu ihnen stoßen und einen neuen Schreiber mitbringen, weil sich der Sößtaller, der

Förg auf der Hohenau, in dem Geschäft nicht auskenne. Der Rieder müsse überhaupt wieder einmal her, denn jetzt, wo alles teurer werde, wollten auch sie ein höheres Salär haben. Man könne sich ja auf dieser zehnwöchigen Fahrt kaum einmal eine halbwegs brauchbare Hübschlerin gönnen. Das seien doch keine Zustände mehr!

Indem man dann im allgemeinen die kriegsbedingte Teuerung beklagte und auch die wucherischen Bauern vermaledeite, trat der Hofschiffmeister Rieder in die Gaststube. Begeistert wurde er von den Männern begrüßt. Der Wirt mußte gleich eine Runde Branntwein herfahren, dann ließ sich der Rieder die Geschichte mit dem Schiffschreiber lang und breit erzählen. Und während er dabei seine Leut der Reihe nach musterte, gewahrte er auch hinten im düsteren Eck den Schwanthaler. Er sprang auf und begrüßte ihn wie einen alten Freund.

Was denn er hier zu Urfahr treibe? Ja nun, in der Not fresse der Teufel Fliegen, und so arbeite er hier als Roßknecht, erklärte der Schwanthaler. Das sei ja erschütternd! Und für das feine Gefühl seiner künstlerischen Hände sei das doch der Tod! Aber was solle er denn machen, wenn keine Aufträge eingingen, die große Familie aber ihr tägliches Brot bräuchte!

Nein, das gehe doch nicht, meinte der Rieder. Der Meister von Schalchen dürfe unter gar keinen Umständen so in den Dreck getreten werden! Wer das dulde, obwohl er helfen könnte, mache sich eines Vergehens gegen die Kunst schuldig!

»Was würdet Ihr also dazu sagen, Meister Schwanthaler, wenn ich Euch das Amt eines Schiffschreibers übertrüge? Der Schreiber, das ist im Zug derjenige, welcher den Schiffmeister vertritt. Er regelt den Kauf und Verkauf der Ladung, verhandelt mit den Kaufherren und erledigt die Zahlungen an die Schiff- und Fahrensleut.«

»Ja, meint Ihr denn, daß ich das kann?«

»Im Augenblick sicher noch nicht. Wenn wir aber jetzt in diesem Schiffzug miteinander bis Rosenheim hinauffahren — etwa fünf bis sechs Tage —, dann garantier' ich Euch, daß Ihr bei der Ankunft zu Rosenheim ein ausgekochter Schiffschreiber seid. Und daß ich Euch anders zahle, als man einen Roßknecht zahlt, dessen dürft Ihr versichert sein! Wollt Ihr also?«

Es war nicht Schwanthalers Art, sich lange zu bedenken. Er sagte zu und schrieb sofort zwei Briefe nach Ried. Dem Marktrichter Vogl dankte er für die Hilfe und bat ihn, er möge seinen Sohn Friedrich ab und zu in der Priesterzeile vorbeischauen lassen, denn es werde jetzt etliche Wochen dauern, ehe er selbst sich der Familie annehmen könne.

Und seiner Frau schrieb er: »Wir sind beide in gleicher Weise auf das Gedeihen unserer Kinder bedacht. Darum wirst du meinen Entschluß verstehen, daß ich mich, bis uns ein freundlicher Friede ein besseres Auskommen beschert, als Schiffschreiber beim Hofschiffmeister Johann Rieder verpflichtet hab. Ich werde zwar oft wochenlang zwischen Tirol und dem Ungarland auf Inn und Donau unterwegs sein, doch wird uns, was ich euch so bieten kann, zu einem sorgloseren Leben verhelfen. Friedrich, der Vogl, der ein braver Bursch ist, wird sich euer annehmen. Ich hab ihn durch den Marktrichter darum bitten lassen. Überhaupt glaub ich, daß dich auch der alte Vogl nit im Stich lassen wird. Sei aber immerhin vorsichtig, denn er ist schon jahrelang ein Wittiber! Dergleichen kann bei Weibern, die in Not sind, bisweilen einen erklecklichen Schaden anrichten. Wann ich heimkommen werd', weiß ich nit, aber wenn ich komm, bin ich wie immer dein Thomas.«

So fuhr also der Schwanthaler mit dem Rieder nach Rosenheim. Hier übergab ihm der den »Saubladern« mit etlichen tausend Gulden und ließ ihn gleich mit einem Getreidezug weiterfahren bis hinauf nach Hall. Hier wickelte Thomas sein erstes großes Geschäft mit den Heiliggeistbrüdern ab, indem er ihnen das Korn und den Hafer auf die Schranne warf und als Gegenlast Wein aus dem Etschland und verschiedene Güter des Morgenlandes, die über Venedig gekommen waren, auf die Schiffe lud. Wegen seiner verbindlichen Umgangsformen und der klugen Art zu reden, erklärte ihm der Spitalmeister bei Heiliggeist in Hall geradeheraus, daß er ihm lieber sei als der Rieder selbst. Der sei einmal ein Bräu gewesen, und die hätten nix anderes im Sinn, als die Leut ständig zu bescheißen. Das dürfe er dem anderen ruhig sagen!

Auf der Naufahrt, das heißt talwärts, nahm er in Schwaz einen großen Posten Schiffslaternen auf, die die Schiffmeister in Wels und Wien bestellt hatten. In Rosenheim schloß sich ihm ein sehr festes Schiff an, das sogar von etlichen stark bewaffneten Kriegsleuten bewacht wurde. Wie er erst später erfuhr, hatte dieses Schiff einen kostbaren Goldschatz geladen, das Hochzeitsgeschenk des Herrn Kurfürsten Max Emanuel für die sechzehnjährige Kaisertochter Maria Antonia. Nachdem die Schiffe leer waren, verkaufte er einige zu Wien als Brennholz, mit den schwereren fuhr er weiter. Als er bis in Höhe der Grenzfestung Neuhäusl gekommen war, die die Bayern und Österreicher soeben im Sturm genommen hatten, mußte er an die Heftstecken gehen. Kriegsgefangene und allerhand wertvolles Gut, wie Teppiche, Zelte aus Chinaseide und das seltene Kaffeegetränk, wurde auf die Schiffe verladen. Sogar einen hochgestellten Fahrgast mußte er im »Nebenbei«, dem zweitgrößten Schiff des Zuges, aufnehmen. Es war der schwerverwundete Obristhofjägermeister Graf Gottfried Wilhelm von Tattenbach, Herr auf Eberschwang bei Ried. Er hatte im Nahkampf einen Lungenstich erhalten und sollte nun ganz behutsam nach Hause gebracht werden, ohne jegliche Erschütterung. Ein Straßengefährt war dafür ungeeignet. Die Gegenfahrt begann Ende August, Mitte Oktober hoffte man daheim zu sein.

In den ersten Tagen war der Graf mürrisch und kaum für seinen Leibarzt zugänglich. Als aber das Lungenbluten langsam versiegte und eine heilsame Müdigkeit sich einstellte, ließ er sich gern den Schiffschreiber kommen, der ebenfalls auf dem Nebenbei wohnte. Mit ihm konnte er sich in leiser Rede unterhalten. Der Mann polterte nicht wie die Soldaten oder wie dieser Arzt.

»Ihr seid aus Ried, Schiffschreiber?«

»Ja, aus Ried, Herr Graf!«

»Hab' vor vielen Jahren auch in der Gegend gewohnt, in Eberschwang.«

»Gewiß noch im alten Schloß. Denn das neue, so heißt es, sei bis heute unbewohnt.«

»Stimmt! Das neue war noch nicht bis unter den Dachfirst gediehen, da haben sie mich nach München geholt. Hätten sie mich gelassen, wo ich hingehörte, wäre ich heut kein Krüppel!«

»Ihr solltet Euch nicht versündigen, Herr Graf; Ihr seid doch kein Krüppel! Laßt Euch jetzt in Eberschwang von Eurer Familie schön verwöhnen, und Ihr werdet sehen, wie rasch es aufwärts geht!«

»Hab keine Familie!«

»Das ist allerdings bedauerlich!«

»Was heißt bedauerlich! Muß der Mann, um leben zu können, Familie haben?«

»Er muß nicht, Herr Graf! Aber die Hände einer liebenden Frau sind in den Tagen der Krankheit besonders zart. Man sollte sie eigentlich nit missen.«

»Ich brauch' sie auch nicht zu missen. Ich hab eine Nichte, ein reizendes Ding, ist auch nicht verheiratet.«

»Dann ist ja alles in guter Ordnung!«

So erfuhr der Schwanthaler plötzlich wieder einmal von seiner Tochter. Und er mußte kurz nachrechnen. Er selbst zählte einundfünfzig, dann mußte sie jetzt einunddreißig Jahre alt sein. Zu spät, viel zu spät, um noch einen Mann zu kriegen! Und dabei eine so ansehnliche Edeldame! Leider lastete auf ihr der Makel der väterlichen Herkunft. Dagegen half nicht einmal das herrliche neue Wasserschloß zu Eberschwang.

Etwa vierzehn Tage später — man kam täglich rund sechs Wegstunden stromaufwärts — durfte der Graf bereits aufstehen. Da saß er mit dem Schreiber an der sonnigen Bretterwand der Schiffshütte und gemeinsam genossen sie den Altweibersommer.

»Es ist schön, auf dem Wasser zu fahren. Aber es muß mit der Zeit doch schrecklich langweilig werden.«

»Das kann ich noch nicht beurteilen, Herr Graf, denn ich hab erst angefangen.«

»So? Also ein Neuling! Und was habt Ihr vorher getrieben?«

»Bin ein gelernter Bildhauer.«

»Bildhauer? Was hat ein Bildhauer auf dem Wasser zu suchen?«

»Es gibt jetzt keine Aufträge für mich. Und der Mensch muß von etwas leben, besonders wenn man Familie hat.«

»Dann wird Eure Arbeit wahrscheinlich nicht viel taugen, wenn Ihr keinen Auftrag bekommt. Wer etwas kann, setzt sich immer durch.«

»Ihr irrt, Herr Graf! Schon die alten Römer haben den Satz geprägt: Inter arma silent musae (Im Krieg schweigen die Musen)!«

»Laßt mich doch ungeschoren mit den alten Römern! Wenn einer kein stichhaltiges Argument weiß, dann bringt er die alten Römer daher und glaubt, mit einem ihrer Kraftsprüch' etwas bewiesen zu haben. Für einen fähigen Bildhauer gibt es auch in dieser gegenwärtigen Kriegszeit zu tun. Ich selber hätte einen Auftrag zu vergeben, und nicht den kleinsten. Aber ich suche einen Künstler, ähnlich stark wie den von Schalchen. Kennt Ihr das Barbara-Martyrium von Schalchen?«

»Wie sollt' ich's nit kennen! Es ist doch zwischen dem Inn und dem Salzburgischen kaum ein ähnlich Werk zu finden.«

»Dieses Urteil lob ich mir!«

»Und warum wollt Ihr Euren Auftrag nicht dem Meister von Schalchen geben?«

Graf Tattenbach dachte eine Weile nach und fuhr dann fort: »Das ist eine recht unerquickliche Geschichte. Vielleicht erzähl' ich sie ein andermal. Übrigens habt Ihr mir noch nicht verraten, wo man eins von Euren Werken sehen kann. Oder gibt's da etwa nichts zu bewundern?«

»Mein Gott, Herr Graf, da und dort steht schon etwas von mir. Nur fürcht' ich halt, daß Ihr da kaum hinkommt. Ich mach' nämlich lauter Heiligenfiguren, und die stehen meistens in den Kirchen.«

»Ja, haltet Ihr mich denn für einen Gottlosen, der die Kirchen meidet?«

»Das nicht, aber Euresgleichen ist doch nur in den Basiliken und Domen und in den Kathedralen der Städte zu finden. Meine Heiligen dagegen stehen in Dorfkirchen.«

»Schiffschreiber, kein Wort gegen die Bauernkirchen! Ich habe da schon Kunstwerke gesehen, die besser anderswo stünden, dort nämlich, wo man sie zu würdigen weiß.«

»Kann sein!«

»Nehmt zum Exempel die unscheinbare Pfarrkirche zu Arnsdorf im Salzburgischen. Dort steht eine heilige Katharina, überlebensgroß, eine Frauengestalt, die an Adel und Würde kaum ihresgleichen hat. Soll übrigens vom gleichen Bildhauer stammen wie der Henker von Schalchen. Da fragt man sich dann mit Recht: Woher nimmt ein biede-

rer Dorfschnitzer solche schier erhabenen Inspirationen?«
»Verehrter Graf Tattenbach, himmlische Eingebungen
machen nicht Halt vor einem groben Kittel. Ebensowenig
sind sie ein Privileg der Glatzköpf' unter französischen Pe-
rücken – womit ich auf niemand angespielt haben will!«
»Da habt Ihr ein gutes Wort gesprochen, Schiffschreiber!
Wie heißt Ihr übrigens mit Eurem Namen?«
»Ihr werdet Euch vielleicht ein wenig verwundern, ich bin
der Thomas Schwanthaler!«
Dem Grafen stockte zunächst der Atem. Dann holte er tief
Luft: »Was? Und ich hab dich noch nicht erschossen?«
»Wollt Ihr's nachholen? Ich bring Euch die Pistolen!«
»Thomas Schwanthaler! Wilddieb, Mädchenschänder,
Bildhauer, Schiffschreiber! Ja, was bist du denn noch?«
»Mit Verlaub, Herr Graf, sachte! Bin weit davon entfernt,
Eure Schwester geschändet zu haben! Laßt Euch das von ei-
nem ehrlichen Manne gesagt sein!«
»Und wie ich dir das glaube, du unverschämter Lümmel,
du herrlicher Grünschnabel von damals! Hätt ich dich in
jener Nacht zwischen die Finger bekommen, du wärst von
meinen Hunden zerlegt worden wie ein Freitagskarpfen.
Dafür hast du in eben jener Nacht dem altehrwürdigen
Geschlecht der Tattenbach Hörner aufgesetzt! Nein! Und
der Mann steht vor mir und lebt und ist ein Künstler von
Gottes Gnaden geworden, ein Erwählter, vor dem ich mich
in Ehrfurcht verneige. Mein Gott, was machst du doch für
Schachzüge!«
Der alte Graf mußte ein über das andere Mal den Kopf
schütteln.
Dann ließ er sich durch seinen Kammerdiener ein erlesenes
Kännchen Wein bringen: »Thomas Schwanthaler, nach-
dem sich in meiner Nichte Anette deine Kunst und unser
Adel vermählt haben, sind wir Verwandte geworden!«
Und sie tranken und freuten sich alle beide. Noch ehe die

Nacht über dem nahen Linzer Freinberg heraufzog, mußte der Leibarzt den Abbruch ihrer Unterhaltung erzwingen, um den Verwundeten endlich zu schonen.

Die folgenden Wochen waren für die zwei Männer alles andere als langweilig. Thomas erzählte dem interessierten Grafen von seinen Werken, machte ihm Skizzen und ging vor allem auf seine Absicht ein, in der Kirche zu Eberschwang eine neue Orgel aufzustellen, zu der er sich vom Meister aus Ried einen harfenspielenden König David erbat.

»Harfespielend willst du ihn, Graf? Das tät ich mir gut überlegen. Wenn nämlich ein würdevoller König David den Abschluß einer Orgel krönen soll, dann muß er dastehen fast wie ein Maestro, wie ein Dirigent, und die beigegebene Harfe, dieses Instrument jenseits aller Zeit, hat nur zu zeigen, daß er seine Kunst von anderswoher empfängt.«

Und Thomas bekräftigte seine Gedanken sofort durch eine schwungvolle Rötelzeichnung, unter die er seine üblichen, ineinander verschlungenen Namensbuchstaben T und S setzte.

Der von Tattenbach war begeistert: »Also einen Dirigenten – und was noch?«

»Wenn du willst, kannst du noch eine temperamentvolle Engelschar haben. Die macht sich auf einer Orgel immer gut, weil jedermann glaubt, daß die lieben Engel Gottes im Himmelreich nix anderes zu tun hätten als zu singen und zu tanzen.«

»Laß uns doch diesen Glauben, alter Besserwisser! Denn lieber ist mir eine Ewigkeit voller Sang und Tanz, als eine mit lauter Mea-culpa und Miserere!«

»Dann werde ich zu Weihnachten nach Eberschwang kommen und den Orgelboden ausmessen, damit ich dir und dem Schreiner eine maßgerechte Visierung machen kann.«

387

»Bring deine Frau mit, daß die Anette auch jemanden hat, mit dem sie sich unterhalten kann.«

»Weiß deine Nichte alles?«

»Red' doch nicht immer von meiner Nichte, wenn es um deine Tochter geht! Sag: Weiß meine Tochter, daß ich ihr Vater bin?«

»Weiß sie's?«

»Ich glaub nicht, daß ihr's einer gesagt hat. Wenn sie aber jemals vor einen Spiegel getreten ist, dann konnte ihr nicht verborgen bleiben, daß sie deinen schwarzen Quadratschädel hat.«

»Daß doch die Männer, wenn sie alt werden, ein gehässiges Maul kriegen!«

»Ich werd' dir gleich geben, mir mein Alter vorzuwerfen!«

Als Graf Gottfried Wilhelm von Tattenbach in der zweiten Oktoberhälfte zu Schärding den Rieder'schen Schiffzug verließ, konnte er aufrecht dahinschreiten, so sehr hatte sich sein Gesundheitszustand gebessert.

Und in den ersten Neujahrstagen 1685 betraten der Schwanthaler und seine Frau Katharina die festgefügte Brücke zum Schloß von Eberschwang. Für einen Augenblick erinnerte er sich an jene jungen Nächte vor über dreißig Jahren.

Im Speisezimmer des neuen Schlosses war kaum jemals so festlich beleuchtet und so prunkvoll gedeckt worden wie an diesem Abend. Wenn sich Vater und Tochter nach einunddreißig Jahren offiziell das erste Mal begegnen, hatte Graf Gottfried gemeint, dann ist das ein viel bedeutsameres Ereignis, als wenn eins geboren wird oder heiratet oder stirbt. Geburt, Hochzeit und Tod sind im Menschenleben alltägliche Erscheinungen. Daß aber einer Tochter ein halbes Leben lang der Vater vorenthalten werden konnte oder mußte, das findest du in den Annalen selten!

Und es war eine ergreifende Szene, als die edle Anette von Tattenbach unter dem Schloßtor in der zugigen Einfahrt dem Schwanthaler wortlos in die Arme fiel. Sie schmiegte ihre Wange an seine und der Vater strich der Tochter zärtlich über das blauschwarze Haar. Erst als sie droben im Salon einander gegenübersaßen, fand Anette wieder die Sprache und verkündete: »Keine Erzherzogin kann so stolz sein auf ihren kaiserlichen Vater, wie ich es auf Euch bin!«

»Diesen Stolz«, erwiderte Thomas, »mußt du leider mit dem erzwungenen Stand der Jungfernschaft bezahlen. An dieses Verhängnis haben deine Mutter und ich damals, Gott sei's geklagt! nicht gedacht.«

»Jungfer hin, Jungfer her, ich hab einen Vater, der den Menschen Großes und Bleibendes geschenkt hat und noch schenken wird!«

»So Gott will!« ergänzte der Schwanthaler.

Jetzt kam man natürlich auch auf die neue Orgel zu sprechen, und alle staunten über die klaren Vorstellungen, die Gräfin Anette hatte. Überhaupt war zu erkennen, daß die Anregung des Orgelbaues von ihr stammte und daß ebenfalls sie es war, die das kostspielige Vorhaben zu finanzieren gedachte. Denn im weiteren Fortgang des Gesprächs wurde erkennbar, daß ihr der großherzige Onkel bereits alle Besitzrechte auf die Hofmark Eberschwang und die sechsunddreißig Untertanenhäuser eingeräumt hatte, damit auch das Patronatsrecht über die Kirche.

Mitten im Gespräch wurde der Graf auf einmal nachdenklich: »Ehe wir uns jetzt in Einzelheiten verlieren, was die Ausgestaltung der Orgel betrifft, habe ich noch dieses zu eröffnen: Als mir vor der Veste Neuhäusl das Blut aus der Lunge rann, habe ich bei der Muttergottes von Altötting gelobt, tausend Gulden für ein Gott wohlgefällig Werk zu stiften, wenn ich mit dem Leben halbwegs davonkäme. Nun, ich bin nicht nur halbwegs, sondern recht ordentlich davongekommen! Habe also die Summe auf der Bank von Venedig eingebracht, und hier ist der Wechsel! Den gebe ich dir, Thomas! Den kannst du zusammen mit deiner Tochter ziehen, sobald du für eure Kirche in Ried einen Ölberg gemacht hast mit einem Christus, einem tröstenden Engel und den drei Jüngern. Der Rieder Kirchherr ist von diesem Gelöbnis verständigt, denn man weiß nicht, ob ihr zwei mich nicht nach meinem Hinscheiden noch übers Ohr hauen wollt!«

Als man gemeinsam gegessen hatte, empfahlen sich die beiden Frauen, um trotz der Kälte mit Windlichtern einen Rundgang durchs Schloß zu machen. Sie fanden sehr rasch zueinander, denn dem Charme und Geist der einen hatte die andere ein großes Maß an Güte und Lebenserfahrung voraus. In der Zwischenzeit erfrischten sich die Männer am Wein und sprachen über den Krieg, denn Graf Tattenbach war mit fast allen Diplomaten bei Hofe befreundet und hatte so tiefere Einblicke gewinnen können.

Wie lange wird der Krieg noch dauern?

»Der Krieg mag dauern, so lange er will, Thomas, lieber Freund, – ist er zu Ende, dann folgt erst der echte Krieg, nämlich der Bruderkrieg zwischen Österreich und Bayern. Unser Herr Kurfürst mag ein guter Soldat sein, von Staatsgeschäften versteht er nichts. Er glaubt, mit Diplomaten umgehen zu können wie mit Pferden und Mädchen, die wiehern, wenn er kommt. Und so bildet er sich ein, Bayern werde einmal Spanien besitzen, weil er diese Erzherzogin mit dem unvorteilhaften Gesicht geheiratet hat. Sie ist zwar erbberechtigt auf die spanische Krone, aber – und das weiß ich aus geheimen Wiener Quellen – sie hat ihrem kaiserlichen Herrn Vater schon vor etlichen Monaten die Verzichtserklärung unterschrieben. Wenn diese Nachricht über Jahr und Tag nach München kommt, dann wird's dort ein Erwachen geben wie unter den Posaunen des Jüngsten Tages.«

»Und dann?«

»Dann werden Österreich und Frankreich um Spanien streiten, denn beide haben eine Schwester des kinderlosen Königs Karl zur Gemahlin. Wer wird sich dann noch um Bayern scheren!«

»Ja, und wenn dann auch Bayern zu den Waffen greift?«

»Siehst du, Schwanthaler, das wird es nämlich auch tun, und dann kommen die Österreicher und erfüllen sich einen uralten Wunsch: sie werden Bayern kassieren!«

»Siehst du da nicht zu schwarz, lieber Graf, wenn man bedenkt, daß Bayern den Wienern gegenwärtig die Kohlen aus dem türkischen Feuer holt?«

»Leichter traust du einer Wespe in der Hose als einem Diplomaten des Kaisers!«

Dieses Wort gefiel dem Tattenbach selber, und er mußte darauf noch einen Schluck trinken.

Die Schwanthaler'schen blieben zur Nacht auf Eberschwang und wurden erst am anderen Abend im herrschaftlichen Schlitten nach Ried in die Priesterzeile gebracht.

Bis Ende Februar arbeitete Thomas an der Visierung der Orgel, unterstützt von seinem sechzehnjährigen Sohne Basilius, den er als ältesten noch in der Werkstatt hatte. Vom Pfarrer in Mehrnbach war inzwischen auch eine mittelgroße Anna Selbdritt bestellt worden. Thomas konnte sie, nachdem er auf dem Holzblock einige markante Linien vorgezogen hatte, ganz dem Sohne anvertrauen. Kleinere Ausbesserungsarbeiten kamen noch dazu und hielten die Werkstatt leidlich in Gang.

Als der Rieder von Rosenheim Anfang Frühjahr 1685 seine Schiffe wieder von den Länden und den Schopperstätten zog, erschien der Schwanthaler und nahm die »Saubladern« in Empfang wie im Jahr zuvor. Wenn er von irgendwoher an seine Familie schrieb, so bezeichnete er sich jedesmal spaßeshalber als »kurfürstlich bayerischer Hof- und Leibschiffschreiber« − in Anlehnung an den Hof- und Leibschiffmeister Johann Rieder.

## Das Meisterwerk

Der Türkenkrieg zog sich noch bis zum neunundachtziger Jahr hin. Dann erst ging er für Bayern und den Kaiser siegreich zu Ende. Nur hatte Bayern dreißigtausend Mann verloren und seine einst prall gefüllte Staatskasse stark dezimiert. »Der Lohn für die Schiache!« sagten die Münchner. Max Emanuel ließ Adel und Geistlichkeit erneut hart besteuern, denn er brauchte Geld, viel Geld für seine neue Hofhaltung. Als ihn nämlich der spanische König Karl zum Generalgouverneur der Niederlande gemacht hatte, war er von München ausgezogen und residierte seitdem mit königlicher Pracht und Machtvollkommenheit in Brüssel. Die Kaisertochter Maria Antonia, die Kurfürstin, hatte ihn wegen seiner vielen galanten Abenteuer verlassen und war zum Vater nach Wien geflüchtet. Das tat dem bayerischen Lebemann zwar nicht weh, immerhin wahrte er wegen des vermeintlichen Anspruchs auf Spanien die Form und besuchte sie zu allen heiligen Zeiten − bis sie ihm tatsächlich im Oktober 1692 den Kurprinzen gebar. Als sie jedoch zwei Monate danach selber an Kindbettfieber starb, gingen Max Emanuel die Augen auf. Sie hatte wirklich für sich, ihren Sohn und ihren Gemahl auf alle spanischen Erbansprüche testamentarisch verzichtet. Nun hieß es in München: »Jetzt schaut er durch Lambrechts Ofenloch ins Gebirg!«
Im gleichen Jahr quittierte der fast sechzigjährige Schwanthaler beim Rieder seinen Dienst. Seine gräfliche Tochter drängte nämlich auf Vollendung der Orgel. Diese stand

zwar schon am Eberschwanger Kirchenchor, wurde auch bereits gespielt, nur fehlten noch der König David und die jubilierende Engelschar. Graf Gottfried Wilhelm hatte ihre Aufstellung nicht mehr erlebt. Ein plötzlicher Blutsturz draußen im Jagdrevier war ihm zum Verhängnis geworden. Thomas schuf nun seinen herrlichen Psalmenkönig in knapp vier Wochen. Er spürte nach den Jahren des Geldverdienens, daß er jetzt wieder er selbst war. Eine starke schöpferische Kraft erfüllte ihn. Wenn er am Morgen seine Werkstatt betrat und Messer, Meißel und Geißfuß blankgeputzt vor sich liegen sah, so war ihm jedesmal ganz feierlich zumute, als ob er beten müsse.

In der Christnacht nahm der Pfarrer von Eberschwang die Weihe der neuen Orgel vor. Thomas war natürlich dabei. Als er den Orgelboden betrat, gewahrte er am Spieltisch einen Mann, den er nicht kannte. Er fragte die Tochter. Sie errötete: »Ein Bekannter, der sich auf Musik versteht!« Da er ihre Verlegenheit sah, meinte er, indem er sich ihr zuneigte: »Gott segne jeden Bekannten, wenn er nur deiner Liebe wert ist!«

Der »Bekannte« spielte während der folgenden Mitternachtsmesse die Orgel mit großer Kunst und dirigierte zugleich den Sängerchor, der sich rings um ihn aufgestellt hatte. Nachdem das besonders festliche Gloria verklungen und das Evangelium über die Hirten auf den Feldern gesungen war, hielt der Pfarrer seine Predigt. Sie mündete in einer großen Danksagung an alle Spender und Wohltäter, vorab an den gottselig im Herrn entschlafenen Grafen, an seine Nichte, die Frau Gräfin Anette, dann an den Meister Schwanthaler, und schließlich an den Freiherrn Mägerl zu Wegleiten, der in aufopferungsvoller Weise den Kirchenchor einstudiert hatte.

Aha, dachte sich Thomas, offenbar auch ein Sitzengebliebener wie die Anette! So haben also selbst die Spätberufenen noch ihre Chance! Thomas wußte gar nicht, daß der Burggraf schon einen so alten Sohn hatte. Immerhin, wenn er eine so gute Haut ist wie sein Vater, dann darf die Anette sich beglückwünschen!

Ob sie das je tat, weiß keiner, aber am Weißen Sonntag 1693 hat sie ihren Eckbert geheiratet. Es gab eine große Hochzeit auf Eberschwang. Die Schwanthaler'schen sind nicht dabeigewesen, weil der eben erst in den Grafenstand erhobene Eucherius Aham von Wildenau mit der ihm angetrauten Gräfin Anna von Tattenbach, der Brautmutter, den Vorrang hatte. Die Braut hat das zwar tief bedauert, aber Thomas hat sie getröstet und hat ihr erklärt, man werde ja noch öfter beisammensein, ohne die Wildenauer, namentlich jetzt, wo es gelte, das Gelöbnis des alten Herrn wahrzumachen und den Rieder Ölberg zu schaffen.

In der Nacht nach diesem Weißen Sonntag begab sich Thomas in seine Werkstatt. Wie nach Gewohnheit zog er im Scheine eines Windlichts die Mappe hervor. Zwei Blätter nahm er heraus. Das eine, bald vierzig Jahre alt, war die Skizze vom sterbenden Vater, wie dieser seinen rechten Arm über das gebeugte Knie des Bruder Matthias hängen ließ. Das andere Blatt stellte den alten Rentmeister Scharfseder dar, wie er an jenem Mittag hinter der Jagdhütte eingeschlafen war. Zu diesen drei Toten auf den Blättern — Matthias war auch schon gestorben — traten zwei weitere hinzu, die vor Thomas' innerem Gesicht Gestalt annahmen: der gefallene Johann Franz auf dem Schlachtfeld bei Wien, und der Graf Gottfried, wie er auf dem Sterbbett lag. Diese fünf Gestalten geisterten durch die innere Vorstellungskraft des Meisters, bald in stiller Eintracht, bald in verworrenem Durcheinander. Mal meinte er, den Vater stöhnen zu hören, dann den letzten Atemzug verhauchen. Dann vernahm er das Schnarchen des Rentmeisters und die polternde Rede des Grafen. Schließlich glaubte er, niedergebeugt zum offenen Munde, das gurgelnde Röcheln seines Sohnes zu hören und seine Bitte: Vergeßt mich nit! Hoch über allen vieren aber kniete, den Kelch des Trostes in der erhobenen Hand, der Engel in strahlender Jugend, den einen Fittich wie ein Fanal zum Himmel emporgereckt, als wollte er sagen: Hier die Auferstehung, dort oben das Leben!

Thomas griff unter die Werkbank nach der Axt. Mit diesem Auferstehungsengel muß der Ölberg beginnen! Alles Leid, aller Schlaf und alles Sterben erhalten ihren Sinn durch diesen Engel, den Geist der Wegweisung und der Zielsetzung, durch diese Symbolgestalt ungebrochener Kraft und überirdischer Würde. Dieser Engel muß ein Leitbild werden, denn er soll der Leitgedanke sein alles zu Tode Sinkens und alles Hinübergehens, aller Schatten, die ins glorreiche Licht hinüberweisen.

Und wieder wütete Thomas Schwanthaler drauflos wie damals, als er den Mattighofer St. Paulus schuf: Mit der Kraft eines Besessenen hieb er auf den vier Ellen hohen Holzklotz ein. Er hämmerte und spaltete und schnitt, bis der Morgen graute. Jetzt hatte er das feine Haupt des Engels herausgeschält. Das war aber nicht der verstorbene Bruder Matthias von damals, sondern sein siebzehnjähriger Sohn Bonaventura, der die Züge seiner Mutter hatte.

Als dann Katharina in die Werkstatt trat und verwundert stehen blieb, fiel er ihr um den Hals und hing plötzlich wie leblos in ihren Armen. Die Visionen dieser Nacht hatten ihn erschöpft. Zusammen mit Bonaventura, der eben mit der Arbeit beginnen wollte, trug sie ihn in die Kammer. Er war jetzt einundsechzig Jahre alt. Die Zeit auf dem Wasser hatte an seinen Widerstandskräften gezehrt. Auch nagten die welschen Giftkeime immer noch am Gerüst seiner Nerven. Und nun diese übergroße Anstrengung!

Drei Wochen lag er darnieder, nicht krank und nicht gesund, sondern einfach kraftlos. Den Besuch der beiden Jungvermählten aus Eberschwang empfand er als Freude, wenngleich ihn die Gespräche ermüdeten. Am liebsten war es ihm, wenn Bonaventura kam. Der war mächtig stolz darauf, daß ihn der Vater für würdig befunden hatte, auf dem Ölberg zu stehen.

»Darf ich an diesem großen Stück auch mitmachen, Vater? Oder wollt Ihr, daß ich am Matthäus von Tumeltsham weiterarbeite?«

»Bub', mit dem Matthäus pressiert's, und der Ölberg hat noch Zeit. Aber das versprech ich dir: Die letzten Feinheiten am Ölberg übernimmst du, denn du wirst – so Gott will! – einmal noch besser als ich!«

»Ihr macht mich verlegen und stolz, Vater!«

»Stolz darfst du sein, nur nit eingebildet! Denn der Stolze glaubt zuerst an den Geber seiner Begabung; der Eingebildete glaubt zuerst an sich selber. Drum kann der Stolze auch demütig sein, der Eingebildete aber bleibt ein Narr.«

Anfang Juni griff Thomas wieder zu Messer und Meißel, Zirkel und Geißfuß. Die schöpferische Wut des ersten Augenblicks war abgeklungen, jetzt beherrschten ihn nur noch der klare Gedanke und das gezielte Maß. Tag um Tag saß er von früh bis spät in der Werkstatt. Als vier Wochen vergangen waren, stand die Hauptgruppe: der herrliche Engel und der bis zum Sterben erschöpfte Heiland.

»Bonaventura, du siehst, ich hab dem Heiland das Gesicht gegeben, das dein seliger Großvater dem toten Christus in der Eitzinger Grablegung gegeben hat. Vielleicht sollten alle schnitzenden Schwanthaler, wenn uns noch welche nachfolgen, nur ein einzig Christusgesicht kennen: das erlösende und erlöste.«

In der zweiten Hälfte dieses fünfundneunziger Jahres setzte eine Art stille Wallfahrt in die Priesterzeile ein. Um ungestört arbeiten zu können, hatte Thomas seine Gruppe in den Wurzgarten stellen müssen. Darüber beklagte sich freilich Katharina bitter, weil man ihr alle Kräuter zusammentrat. Trotzdem lauschte sie gern hinter der Gardine, wenn die Besucher vor dem Kunstwerk ihre Empfindungen aussprachen. So sagte zum Beispiel der Salzburger Fürstbischof zu seinem Sekretarius: »Hätte man nicht Komplikationen zu befürchten, man müßte diesen gottbegnadeten Mann dem bayerischen Kurfürst glatt entführen.« Und der Burghauser Jesuitenrektor sagte zu Herrn Kyrmayer von Mattighofen: »Der Henker von Schalchen ist grandios, doch der Ölbergengel von Ried ist ein Wunder! Jenen brächte vielleicht ein anderer auch zustande; diesen gibt's nur einmal, er ist unwiederholbar!« Tief beglückt aber war Katharina, als sie den Herren Burggrafen Mägerl zu seinem Gast, dem neuen Rentmeister, sagen hörte: »Das letzte Geheimnis der Kunst des Schwanthalers sind seine Frauen. Die, die er jetzt hat, ist von diesem Engel da die Seele!« Inzwischen hatten auch die drei schlafenden Ölbergjünger ihre endgültige Gestalt angenommen. Kein Zweifel, der schnarchende Herr Scharfseder wurde zum heiligen Petrus und der Graf von Tattenbach gab einen prachtvollen heiligen Jakobus ab. Volle zwei Wochen aber arbeitete Thomas am Gesicht des heiligen Johannes. Und als es fertig war, sagte er zu Bonaventura: »Alle anderen Gesichter magst du noch verfeinern, dieses aber rühr' mir nicht an! Ich bitt' dich drum!«

An Allerheiligen übernahm Pfarrer Joseph Crammer von Ried den Ölberg, und Frau Anette Mägerl, Baronin zu Wegleiten auf Eberschwang, ließ durch ihren Agenten auf der Bank von Venedig den Wechsel ihres Onkels ziehen.

Tausend Gulden standen ins Haus. Da fuhr Thomas Schwanthaler mit dem Postwagen nach München, stieg beim Hofjuwelier ab und kaufte für seine Frau ein Halsgeschmeide. Das bestand aus einem ovalen und einem tropfenförmigen Amethyst, die beide überaus zierlich in Gold gefaßt waren und von zwei silbernen Flugengelchen gehalten wurden. Dort aber, wo sie zusammenliefen, saß eine kleine Perle.

Zu dieser Zeit residierte im Augustiner-Chorherrenstift zu Reichersberg der Propst Theobald Antißner, ein hochgebildeter Mann. Weil er auch viel von Wirtschaft verstand, hatte er in den zehn Jahren seiner bisherigen Amtsführung die Finanzen des Stifts so zielbewußt angelegt, daß er nunmehr eine völlige Umgestaltung des Hauses und die Anlage eines fürstlichen Innenhofes ins Werk setzen konnte. Er gewann dafür den bedeutenden Architekten Carlo Carlone. Der entwarf für den Prunkhof einen hochragenden Marmorbrunnen und legte dem Bauherrn nahe, als krönende Brunnenfigur den Hausheiligen, St. Michael, zu wählen und das Standbild durch den Schwanthaler in Erz ausführen zu lassen.
Als Thomas die Rötelskizze dieses neuen Engels dem Propst und seinen Räten in der Prälatur vorlegte, konnte sich Theobald Antißner nicht enthalten zu sagen: »Ein Erzengel wie ein flämischer Kampfhahn! Mir scheint, im Schwanthaler feiert der einstige Rebeller fröhliche Urständ!«
Thomas erwiderte: »Euer Gnaden, ein gar alter Rebeller!«
Darauf der Propst: »Seit wann fragt man bei euch Künstlern nach den Jahren?«
Und Carlone meinte: »Er braucht nicht mehr zu rebellieren! Von ihm gilt schon das klassische Wort: ›Exegi monumentum, aere perennius!‹ Er hat, weiß der Himmel! mit seinem Ölberg ein opus grande geschaffen, das ewiger ist als Erz. Seinen Namen wird eine Generation der anderen zurufen!«
Thomas verneigte sich: »Meister Carlone, Euer Wort in Gottes Ohr!«

# Bonaventura Schwanthaler

Es vergingen die Jahre. Und es zeigte sich, wie recht doch der Graf von Tattenbach gehabt hatte mit seiner Vorhersage eines Bruderkrieges zwischen Bayern und Österreich! Verbittert über das Vorgehen des Kaisers, kehrte sich Kurfürst Max Emanuel den Franzosen zu, schloß sogar mit dem vierzehnten Ludwig ein Bündnis, das gegen Wien gerichtet war. Von des Kaisers Seite erfolgte die Verhängung der Reichsacht und der Einfall österreichischer Truppen in Bayern, vor allem in den Innkreis, ins Rentamt Burghausen. Am 3. März 1703 rückten sechzehntausend Kaiserliche in Ried ein, brandschatzten und erleichterten die Bürger um dreizehntausend Gulden. Die armen Leute mußten vier Tage und Nächte in der bitteren Kälte auf den Gassen verweilen, während sich die Soldateska in ihren Häusern gütlich tat.

Thomas Schwanthaler packte trotz seiner siebzig Jahre die Schnitzmesser ein und pilgerte mit seiner Frau und dem Sohne Bonaventura, der jetzt noch als einziges Kind im elterlichen Hause lebte, hinaus nach Eberschwang ins Schloß. Hier erfuhr man sehr bald, daß es rings im Lande zu massenhaften Rekrutenaushebungen kam: Die Österreicher ließen die Bauern- und Bürgersöhne bei Nacht überfallen, schmiedeten sie an Kriegskarren und führten sie durch Tirol ihrer Armee in Italien zu. Kaum hatte Bonaventura diese Greueltaten vernommen, war er auf und davon.

Bayern hatte jetzt keinen Landesherrn mehr. Der saß auf einem Jagdschloß bei Paris. Dafür bekam es harte Zwingherren.

Eines Tages stand der Husarenobrist Razgay auf der Schloßbrücke von Eberschwang. Der Torhüter öffnete. Ob die Gräfin von Tattenbach zu sprechen sei, wollte er wissen.

Mit Verlaub, wurde ihm vorgehalten, sie heiße seit ihrer Vermählung Baronin Mägerl von Wegleiten! Das sei völlig Wurscht! Sie solle herauskommen! Und Frau Anette trat schließlich aus dem Torhaus.

Ob sie verwandt sei mit der gräflichen Linie Rheinstein-Tattenbach?

Anette bejahte dies. Da brüllte der Obrist: »Bindet das Verräterpack!«

Vierzig Husaren nahmen sie und ihren Mann, der dazutrat, in die Mitte und schleppten sie fort.

Dann fuhr eine geräumige Karosse in den Gevierthof des Schlosses. Ihr entstieg eine Dame, die Frau des Obristen Razgay. Unter ihrer Leitung wurde nun der reiche Edelsitz ausgeplündert, Zimmer für Zimmer, Stockwerk für Stockwerk. Sie selbst wandte sich zuerst dem Schlafgemach der Frau des Hauses zu. Nachdem sie hier eine Stunde lang alles durchgewühlt hatte, kam die Hauskapelle dran. Mittels eines mitgebrachten Brecheisens hob sie die edlen Steine und kostbaren Beschläge vom Tabernakel ab. Währenddem schleppten zwei ihrer Knechte alle wertvollen Lampen und Leuchter, alles erlesene Küchengeschirr und Tafelgerät hinaus in die Karosse. Und das Gefährt füllte sich bis an den obersten Rand. Zum Schluß stöberte die räuberische Dame noch einmal persönlich alle Räume durch, zu sehen, ob gründlich gearbeitet worden sei. Dabei mußte sie entdecken, daß ein paar Perücken des Herrn von Wegleiten liegen geblieben waren. So raffte sie auch diese noch an sich, eilte hinaus und fuhr weg. Die Dienerschaft des Hauses durfte bleiben, aber Kriegsleute bewachten das Tor.

Gegen Abend kehrten die Schwanthalerischen mit dem fünfjährigen kleinen Eckbert zum Schloß zurück. Sie waren beim Großvater auf Wegleiten zu Besuch gewesen. Als sie die österreichischen Soldaten auf der Brücke sahen, ahnte ihnen nichts Gutes. Sie kehrten auf der Stelle um und fuhren nach Ried in die Priesterzeile. Hier sah es freilich aus wie nach einer Saalschlacht. Aber Katharina hatte bald für das Kind eine Schlafstelle gerichtet und etwas Milch bettelte sie bei der Nachbarin.

Der alte Wegleiten — er hatte jetzt das Burggrafenamt abgetreten — versuchte gleich am anderen Tage von der österreichischen Kommandantur auf der Veste Schärding zu erfahren, wohin man seine Leute gebracht hätte. Als der diensttuende Offizier den Namen Tattenbach hörte, schaute er in eine vor ihm liegende Liste und rümpfte die Nase: »Diese G'schicht', lieber Herr, müßt Ihr beim Kriegsgericht derfragen! Habe die Ehre!«

Das Kriegsgericht tagte in München. Ein Herr Reichsgraf von Löwenstein nahm es wahr. Eine Reise nach München aber wäre bei den gegenwärtigen Zeitläuften einem Selbstmord gleichgekommen. So wartete man auf Schloß Wegleiten und auch in der Priesterzeile zu Ried auf bessere Zeiten. Doch diese wurden nicht besser, sondern schlechter. Trotzdem hoffte man auch auf ein Lebenszeichen von Bonaventura.

Die Monate schlichen dahin, das Jahr 1704 verging. Thomas Schwanthaler wurde jetzt wirklich alt. Bis dahin hatte man seinem aufrechten Gang und seiner Haltung nichts angemerkt, daß er Siebzig zählte. Sein fülliges Haar war zwar schlohweiß geworden, aber bei Schwarzhaarigen pflegt das häufig schon mit Vierzig zu beginnen. Jetzt aber knickte er zusammen. Es war jedoch kein körperlicher Zusammenbruch, sondern eher ein seelischer. Trost war ihm dieses kleine Kind, das mit abgöttischer Liebe an ihm hing — ein Waisenkind. Und er sah seine Frau, die gern jedes Fältchen seiner Stirn und seines Herzens geglättet hätte und doch selber so unsagbar litt um ihren Erstgeborenen, den Stolz und die Hoffnung ihrer alten Tage, um Bonaven-

tura. Und da sah er, wie kein einziges seiner vielen Kinder
– fünfzehn hatte er gehabt – auch nur eine Hand ausgestreckt und gesagt hätte: Vater, bei mir ist für Euch noch ein
Platz auf der Ofenbank!
Ging er durch die verwüstete Werkstatt, so blieb er bisweilen stehen und ließ die Blicke umherschweifen. Da sah er
sie dann stehen, die vielen, vielen Gestalten, heilige und
unheilige, die diesen Raum im Laufe von Jahrzehnten be-
völkert hatten. Jetzt standen sie draußen im Land, in Städten und Dörfern, an Wegkreuzungen, in Feldkapellen und
auf samtbezogenen Betschemeln. Sie schauten von hohen
Altären herab, und fromme Leut schauten betend zu ihnen
hinauf. Da mußten doch die echten Heiligen im Himmel
droben ihre helle Freud' dran haben! Und lächelnd mußten
sie zueinander sagen: Ist wahrhaftig ein verrückter Kerl
gewesen, der Thomas Schwanthaler! In seiner Jugend war
er nicht zu bändigen, eben ein richtiger Rebeller. Und jetzt
schleicht er herum und weiß nichts mehr mit sich anzufan-
gen. Mit seiner Heiligenschnitzerei hat er vielen zum Beten
verholfen. Darüber aber hat er's selber verlernt, das Beten.
Jetzt duckt er sich unter der Last der Erinnerungen und der
Sorgen um die Entführten und den Verlorenen.
Da riß er sich zusammen. Als er hinüberkam in die Kuchel,
saß der Bonaventura bei seiner weinenden Mutter.
»Ja, was heulst du denn, Mutter, wo er jetzt endlich da ist!«
»Er muß ja wieder fort!« Und heftiger flossen ihre Tränen.
»Vater, seht, das ist so!« Und nun legte er ihnen klipp und
klar auseinander, daß es gegen die österreichischen Blut-
sauger kein anderes Mittel gebe als eine allgemeine Erhe-
bung. Er habe zusammen mit dem Meindl, dem Hoffmann
und dem Plinganser beschlossen, die von den Wienern be-
setzte Festung Braunau im Sturm zu nehmen. Vierund-
zwanzigtausend Landesverteidiger stünden hinter ihnen.
Da wär es doch gelacht, wenn man die paar Wachauer

Weinbauern und Wiener Würstlmacher eines Herrn General Schlick nicht ausräucherte wie einen Fuchsbau.

Und weil der Bonaventura so blühend aussah und so begeistert erzählte, glaubten ihm seine Eltern alles. Er glaubte es ja auch selber. Dann warteten sie wieder, bis im Krautgarten die paar Rüben reif waren und es anfing zu schneien.

Am 18. November 1705 hörte man zu Ried aus der Ferne her den Donner von Kanonen. Der Richtung nach mußte das Braunau sein. Also hatte der Bauernaufstand begonnen, die Landesverteidiger schlugen zu!

In der Erkenntnis, daß man mit den kleinkalibrigen Geschützen gegen die Festungswerke nichts ausrichten würde, hatte Bonaventura Schwanthaler, der die Artillerie und fünfhundert Mann befehligte, beschlossen, die Stadt mit glühenden Kugeln zu beschießen, um – wie es im Protokoll hieß – »der Bürgerschaft ein Licht anzuzünden, welches ihnen die Augen öffnen und sie wider die österreichische Garnison zu einem hitzigen Aufstand bewegen sollte«.

Er war ein guter Stratege. Denn obwohl er die Stadt Braunau mit nicht mehr als drei Kanonen von der Wasserseite her beschoß, erklärte sich der Stadtrichter Franz Diernhart von Diernhartstein schon nach acht Tagen zur Übergabe bereit. Die glühenden Kugeln hatten das ihre getan. Die Kapitulation wurde von Hoffmann, Plinganser und Schwanthaler gegengezeichnet, worauf die siebenhundert Mann starke Garnison freien Abzug ins Salzburgische erhielt. Danach rückte eine zwanzigtausend Männer zählende Bauernschaft, Fahne bei Fahne und mit dem Ruf »Vivat Maximilian!« in Braunau ein. Jeder Mann erhielt einundfünfzig Kreuzer auf die Hand. In der Veste waren fünfzig Kanonen und fünfhundert Zentner Pulver zurückgeblieben, für die Artillerie eine willkommene Beute.

Am 2. Dezember verließ der junge Schwanthaler mit seinen Getreuen die Festung Braunau und kam am Abend in Ried

an. Er und seine Offiziere wurden unentgeltlich vom Weingastwirt Vogl, dem Schwager, verköstigt. Die Zeche betrug
zehn Gulden, zwölf Kreuzer. Die Bräuwirte gaben ihnen
Bier für zwölf Gulden und dreißig Kreuzer, die Bäcker Brot
für zehn Gulden.

In der Nacht, als Bonaventuras scharfe Posten durch den
Markt patroullierten, begab er sich in die Priesterzeile zu
seinen Eltern.

»Bub, bist du glücklich als Soldat?« fragte Thomas.

»Glücklich nicht, Vater, aber ich wär todunglücklich, wenn
ich jetzt keiner wär! Denn was ist der Bayer in diesen traurigen Zeiten? Ein gescheuchter Feldhas', auf den jeder nach
Willkür dreinschlagen darf!«

»Und wann kommst du wieder heim?« fragte Katharina.

»Bald, Mutter, bald! Wir wollen nur noch das kaiserliche
Gesindel verjagen!«

Am anderen Morgen verließen sie den Markt, nicht ohne
vorher beim Marktkämmerer noch vierhundert Gulden
freiwillige militärische Subvention kassiert zu haben. Am
Nachmittag erschienen sie vor der Veste Schärding und
wurden von der kaiserlichen Besatzung vom Schloßturm
aus und von den Mauern mit Artilleriefeuer begrüßt. Um
halb neun Uhr abends eröffnete der Schwanthaler dann
seinerseits die Kanonade, wieder mit glühenden Kugeln.
Noch während der Nacht schoß er die Stadt in Brand und
brach nahe bei den Kapuzinern in die Mauer eine Bresche.
In der Morgenfrühe schickte der Festungskommandant
Obristwachtmeister Bittner einen Parlamentär und bot mit
seiner Garnison die Übergabe an. Der Schwanthaler nahm
sie entgegen und gewährte auch freien Abzug unter der
Bedingung, »daß die Abziehenden samt und sonders wider
Kurbayern, dero Conföderierte und die löbliche Landes-
defension keine Kriegsdienst' innerhalb sechs Monaten«
leisteten.

Die Kaiserlichen, die im Niederbayerischen und im Innkreis lagen, ersuchten nun um einen zehntägigen Waffenstillstand, angeblich um zu verhandeln. In Wirklichkeit jedoch wollten sie nur Zeit gewinnen, bis ihre Italienarmee unter General Kriechbaum da wäre. Die traf denn auch kurz vor den Weihnachtsfeiertagen ein. Und dann kam die Wende. Während sich die Landesverteidiger im Lauf dieser zehn Tage in leichtsinnigen Eifersüchteleien zerstritten, formierten sich die Österreicher jenseits des Inn bei Aidenbach, unweit von Vilshofen. Hier kam es am Freitag, den 8. Januar 1706, zur entscheidenden Schlacht, in der die Bauern des Innkreises trotz zahlenmäßiger Überlegenheit geschlagen wurden. Von Passau aus, wo er sein Hauptquartier hatte, richtete General Kriechbaum an die Bauern- und Bürgerschaft des Innkreises unter anderen auch ein Patent des Inhalts, wer ihm den Bildhauer Bonaventura Schwanthaler aus Ried überliefere, erhalte für den toten Mann zweihundert, für den lebendigen fünfhundert Gulden.

Da tauchte Bonaventura unter und blieb verschwunden — zehn Jahre lang, bis die Kaiserlichen das zerschundene Bayern wieder verlassen hatten. Im Jahre 1744 starb er dann in Enzkirchen. Den Vater hat er nicht mehr gesehen. Es wird berichtet, daß der greise Thomas Schwanthaler an manchem freundlichen Sommertage dieses blutigen Jahres 1706 mit seiner Frau hinübergegangen sei nach Geiersberg in die Bründlkapelle. Hier standen drei Figuren, die Bonaventura einst geschnitzt hatte. Und jedesmal habe sich da der alte Mann vor die »Madonna mit dem Kindl« hingekniet und zu Katharina gesagt: »Siehst du, er hat der Gottesmutter ganz und gar dein Gesicht gegeben!« Da habe sie aber nur mit dem Kopf genickt und gemeint: »Willst mir wieder was Liebes sagen, Vater! Hast's ja schon so oft gesagt!«

Ein halbes Jahr später, in der Nacht zum 13. Februar 1707, ist der Rebeller Thomas Schwanthaler im Alter von 73 Jahren in seinem Bett friedlich gestorben. Der Pfarrer Crammer trug folgende Notiz in sein Totenbuch von Ried ein: »13. Feber 1707: Sepultus est (begraben wurde) der vornehme und kunstreiche Herr Thomas Schwanthaler, und Bildhauer allhier.«

Nach seiner Beerdigung, als sich die vielen Trauerleute schon zerstreut hatten, schob sich ein altes Weiberl ans Grab hin und murmelte vor sich hin: »Meister, habt Ihr mir den Rebeller verziehen?« Es war die Jungfer Philomena.

# Die Wessobrunner

Roman von Peter Dörfler.
382 Seiten.

Peter Dörflers „Bericht" über die Wessobrunner
ist ein historischer Roman,
der mit viel Einfühlung und Wissen das Leben und
Wirken dieser Baumeister, Stukkatoren
und Maler aus dem Pfaffenwinkel beschreibt.

In weitgespannten Szenen entsteht aus vielen
Einzelheiten das große Gemälde einer der
bewegtesten Abschnitte bayerischer Geschichte –
der Zeit des Kurfürsten Max Emanuel
und seines Sohnes Karl Albrecht.
Dörflers Roman liest sich streckenweise wie ein
„Tatsachen-Bericht", wenn er den sozialen
Verhältnissen seiner Figuren nachgeht – wie sie
während der Wintermonate, da alle Bauarbeiten
ruhten, leben mußten; welche Rolle das Kloster
spielte oder wie sich die Bauernmoral dieser
Handwerker von der galant-verspielten Lebensweise
am kurfürstlichen Hof in München abhob.

# Süddeutscher Verlag

Das Churfü
dem. M